思行无界

俞敏洪 著

中国出版集团有限公司　现代出版社

图书在版编目（CIP）数据

思行无界 / 俞敏洪著. -- 北京 ：现代出版社，
2025. 6. -- ISBN 978-7-5231-1419-3

Ⅰ．K820.7

中国国家版本馆CIP数据核字第2025U5T017号

思行无界
SIXING WUJIE

著　　者　　俞敏洪

选题策划	大愚文化
责任编辑	司丽丽
特约编辑	慕　虎
产品监制	王秀荣
责任印制	贾子珍
出版发行	现代出版社
地　　址	北京市安定门外安华里504号
邮政编码	100011
电　　话	(010) 64267325
传　　真	(010) 64245264
网　　址	www.1980xd.com
印　　刷	天津盛辉印刷有限公司
开　　本	710mm×960mm　1/16
印　　张	27.5
字　　数	416千字
版　　次	2025年6月第1版　2025年6月第1次印刷
书　　号	ISBN 978-7-5231-1419-3
定　　价	68.00元

版权所有，翻印必究；未经许可，不得转载

前言

我为什么做直播对谈？

2020年到2022年这3年，也许会永远铭刻在中国人民心里。一场疫情，改变了很多人的生活，甚至改变了不少人的命运。就像我们无意中走进了一场沙尘暴，等到从里面走出来，已经满身烟尘。

这3年，我也经历了从事业到生活的剧烈改变，现在回顾起来，恍如隔世。一切都如一场电影，只不过我不是旁观者，而是成了电影的主角。回头看，在这千变万化的情景下，我还算是一个合格的演员，尽自己的努力，扮演一个正面的角色。

自2020年开始，由于疫情影响，地面教学全面停止，在线教育轰轰烈烈地发展起来了。各种培训机构如八仙过海，各显神通，最终演变成一场为了争夺学生，运用各种招生手段的"武林争霸"。紧接着，2021年，国家实施"双减"政策，让培训领域的硝烟戛然而止，所有培训机构几乎只剩下了一地鸡毛。

新东方算是做到了体面退场，把该退给家长的学费都退了，给该辞退的老师、员工结算了"N+1"的薪酬，把全国各地上千个教学区清退了，把不会再用的课桌、椅子全部捐献给了农村中小学。我和战友们一边在办公室里喝着酒，一边唉声叹气，不知道余生还能做些什么。回到家，整夜整夜睡不着，在星空下散步，一圈又一圈的，如丧家之犬一般。几十年一直和学生打交道，突然间人去楼空，好像自己的身体和灵魂都被抽空了。好在新东方人有一种无所畏惧、不放弃的精神，都能够背诵弗罗斯特的"我的前面有两条路，我选择了人迹更少的道路，因此生命迥然不同"的诗句。几十天的酒喝下来，大家灵光一现，决定用直播的方式做农产品带货。选择农产品，是因为觉得国家政策会一直支持；选择直播，不仅是因为有很多先行者在前面做了示范，更因为我在新东方已经成为一个直播行家。后面的故事，大家都知道了，东方甄选在2022年爆火，成为中国一个现象级的事情。

　　我参与直播这件事情，从某种意义上说也是被疫情逼出来的。我的重要工作之一，就是对员工和学生演讲。原来是地面演讲，面对面，可以互动，热闹、开心。疫情的来临，让绝大部分人只能居家，无法再举办公开的、聚集性的活动。坐以待毙不是我的个性，于是通过在线直播的方式和大家进行交流就成了我工作的一部分。最初，我同时用三个平台——抖音、快手、微博进行直播。我发现和面对面讲座相比，直播有很多好处：随时都可以开讲，没有什么成本，观众进出不影响情绪（地面讲座要是总有人进出，会让演讲者很慌乱），观众也可以随时提问，和我交流。

　　本来以为疫情能够很快结束，新东方的教学和我的工作都会很快重新回到地面。结果，一年过去了没有结束，两年过去了没有结束，第三年，防控措施反而变得更加严格了。于是，直播就变成了我的常态，玩得越来越熟练。直播平台也从多家变成了抖音一家，没有别的原因，只是因为抖音上粉丝更多，抖音直播带货的系统更加完善。随着直播的深入，我开始推荐各种我喜欢的书籍，而大部分书籍在抖音上都有售卖链接。

　　最初的直播，我就是自说自话，自己定一个主题，打开设备就讲，但讲多了，资源就枯竭了。人的知识就像一口井，不断汲水而没有新的水源补充进来，最终就没有水了。这让我想起了刘润的故事。在上海封控期间，刘润也被封在了上海，于是，他和我一样开启了直播。他准备了30讲内容，觉得最多30天，上海就解封了，所以他还把自己的直播叫作"开封菜"。结果，30天后，上海完全没有解封的迹象，他抓耳挠腮，才思枯竭，因为已经给听众许了愿，不解封不停播。情急之下，他突然想起来有那么多朋友可以利用，于是就到处发求救信，拉着朋友一起进行连麦直播，终于熬过了封控期，并且还有了很多意外的收获。我就是被他抓差的人之一，也成了他的一根救命稻草。

我的直播不是3个月，而是3年。我比刘润聪明一点，从来不承诺网友我会直播多长时间，会直播多少次。我这个人的本性充满了随意，说得好听点儿是喜欢自由，说得难听点儿是做事懒散，没有规划。我把自己的内容讲完了，半年过去了，疫情还没有结束，于是只能继续直播，开始介绍我读过的一些书籍。结果有些书籍就开始大卖，这让我喜出望外，因为卖书有佣金，算是物质刺激。更加有意思的是，有些出版社找上门来，问我想不想和作者对谈。我想，和作者聊天是我求之不得的事情，一是可以增加直播的吸引力，二是可以交到新朋友，何乐而不为呢。

这样，我的直播对谈就开始了。一开始，我几乎不做任何准备，聊到哪里算哪里。聊天也不是为了卖书，书挂在小黄车里，有粉丝想买就买，不买拉倒。再后来，我开始用了一点心，既然是对谈，为什么直播完了什么都没留下呢？如果我认真准备一下，对谈的内容可以更加精彩，对谈完可以整理成文字，在我的公众号上再次传播。再继续想下去，文字多了还能够整理成书出版，这是一件多好的事情啊。许知远就把他《十三邀》的内容出版了好几本书，充满成就感地送给了我；董卿把《朗读者》的内容整理成了书，也郑重其事地送给了我。我也可以把"老俞闲话"的内容整理成书，可以"趾高气扬"地送给他们，然后哼着鼻子说："看，你们做的，我也能做。"

有了这样的想法，我开始认真地做起直播对谈的策划。每次与嘉宾对谈前，都认真地准备——阅读作者的所有书籍，寻找有关作者的所有文字和视频资料，提前约作者一起共进午餐或者晚餐，一丝不苟地准备对谈提纲。于是，在短短的一年半时间里，我和60多位知名人士和作者进行了愉快而有一定深度的交流。每期对谈都有几百万粉丝参与互动，前前后后参与的粉丝总数超过1亿。

后来疫情结束了，但我的对谈延续了下来，一次为了对付现状的临时起意，现在变成了有计划、有目标的主动作为。迄今为止，我对谈的中国各个领域的名人，已经超过了150人。在对谈的过程中，我自己也有巨大的收获，是一种思想上和发展上的收获。因为对谈，我翻阅了几百本书，也因此结交了很多朋友，打开了自己的眼界，提升了自己的认知，真正理解了新时代的新的传播方式，并且因为这一理解，带动了新东方和东方甄选的发展。

疫情早就过去了，想起来好像已经是一件很遥远的事情。但我还记得，有一年春天，我只能在屋子周围徘徊，看到一株野雏菊，从屋角的水泥缝里钻出来，慢慢长大，最后终于在初夏的风里，开出了一簇美丽的黄色小花，如星星般照亮了周围的一切，也照亮了我的心灵，抚慰了我已然黯淡的心魂。世界上发生的一切，总有它自己的理由。我们作为人世间的过客，偶然飘过的一粒微尘，也许真的做不了太多的事情，但我们是有生命、有灵性的个体，即使有很多无奈，我们依然可以有自己的主张，部分地决定漂浮的方向，并尽可能和其他生命进行连接，让生命像黄色的小花一样，在适当的季节，绽放自己的美丽！

我当然也明白，对于很多事情，我们确实是无能为力的。但我始终认为，人是具备自由意志的，我们在很大程度上还是能够掌控自己的命运和生命轨迹的。我说过一句话："我听从命运的安排，但不服从命运的霸道！"我的人生态度是："在力所能及的范围内，宁战而死，不躺而生。"战，就是主动寻找出路，主动让自己的生命用更有尊严、更自主的方式努力绽放；躺，就是逆来顺受，习惯被笼子围困，放弃自己本来还有的希望。我坚信，即使身处无边的沙漠中，寻找方向，也比坐而等死让生命更有尊严和希望。因为在黑暗的夜空中，也会有北斗星闪耀，也许，那就是我们人生的方向。所以，更多的时候，我像一个勇者，挥舞着双臂，迈开脚步，或者独自一人，或者带领新东方的伙伴，一起为了未来披荆斩棘，勇往直前，逢山开道，遇河架桥，即使遍体鳞伤，也没有想过自暴自弃。

"宁移白首之心，不坠青云之志！"这也许就是我对自己的期许。在平凡的日子里，我不想让自己过得太平凡！

俞敏洪

2025 年 6 月 2 日

目录

001 / 前　言

第一部分　人生有答案

对话 周国平
3 / 走进思想的花园

对话 刘嘉
32 / 没有一个人是孤岛

对话 柳智宇
62 / 何处青山不道场

对话 曹晟康
93 / 我看不见世界,那就让世界看见我

对话 王笛
116 / 从微观的角度看历史

第二部分 一直在路上

对话 **莫言**
141 / 小小的故乡,大大的世界

对话 **尹烨**
172 / 生命唯一不例外的就是例外

对话 **吴京**
196 / 人生的任何经历都是你的财富

对话 **李小加**
222 / 用资本给劳动赋能

对话 **刘庆峰**
240 / 绝不能做"风口上的猪"

第三部分　一切源于热爱

对话 王金战
279 / 44年来，只做一件事

对话 刘慈欣、王晋康
306 / 用科幻致敬人类的想象力

对话 薄世宁
335 / 每个人都会经历一次不可治愈

对话 奚志农
365 / 大自然是人类生生不息的源泉

对话 李成才
390 / 热爱就是一切

423 / 后　记

第一部分
人生有答案

▷ **周国平**：哲学其实不是一门学问，而是人生或者世界本身包含的问题，需要我们去找答案。

▷ **刘　嘉**：碰到挫折的时候，第一件事是要接纳自己。

▷ **柳智宇**：人生是很宽广的，我们所在意的那些部分很多时候会受制于自己的局限性。

▷ **曹晟康**：尽管我看不见这个世界，但这个世界的人可以看见我。

▷ **王　笛**：我们每天的碌碌有为，就是对社会最大的贡献。要让每一个普通人都感到，我没有做大事业，但我们有尊严，我们有人格，我们也应该享有权利。

走进思想的花园

周国平，1945年生，哲学博士，毕业于中国社会科学院研究生院哲学系。中国社会科学院哲学研究所研究员，学者、作家、哲学研究者。

前言：前段时间，周国平老师的工作室"周国平思想空间"和郭红女士主理的"蓝袜子艺术馆"揭幕了，我有幸受邀参与，并在那天的活动中，围绕周国平老师的新书《西方哲学史讲义》进行了一场对谈，所聊的话题自然也离不开哲学、人生、生命。现在将这段对谈分享至此，希望能对大家有所启发、帮助。

—— 对谈开始 ——

俞敏洪：周老师一直让我喊他师叔，因为周老师是上世纪60年代毕业的，我是80年代毕业的，差了近20年。周老师那一代的毕业生，确实是我们这一代的老师。

周国平：对。你第一次见我的时候，叫我师兄，我说你把辈分弄清楚，我是1962年进的北京大学，你是1962年出生的。

俞敏洪：我是1980年进的北大，差了整整18年，但从个人思想成就来说，不只差了18年，差了81年。

周国平：我非常佩服俞敏洪，要说现在全中国人民最喜欢的人是谁，里面肯定有俞敏洪老师。

俞敏洪：排在最后一个（笑）。

周国平：一般我不夸奖人，但今天我要夸你。我用八个字来形容你：少年情怀、菩萨心肠。

俞敏洪：少年情怀还有一点，哪有菩萨心肠？

周国平：积极向上，同时又很慈悲，而且我觉得这是你骨子里的东西。

▷ 《西方哲学史讲义》：一部哲学枕边书

俞敏洪：周国平老师一直关注的是人生问题和人心安置的问题。周国平老师在北大的时候学的是哲学。之所以学哲学，是因为他语文也好，数学也好，选择北大的时候，他就搞不清楚该选文科还是理科。选理科呢，语文就放弃了，他觉得对不起自己；学文科呢？数学就放弃了，也觉得对不起自己。两边来回一折腾，他看到有人说的一句话，"哲学是自然科学和社会科学的结合"……

周国平：这是毛主席说的。毛主席给我指明了方向。

俞敏洪：所以中国就少了一位文学家，也少了一位数学家，但多了一位哲学家。周老师经历过很多人生波折，上山下乡，大学毕业以后到了杳无人烟的广西山区。在那里除了能看到周围荒凉的山色，既找不到朋友，也找不到对象，只能进一步陷入哲学的思考。

周老师特别善于讲人生中的一些事情，爱情、婚姻、友谊、乐观、悲观等。大家都在想，周老师是不是就一直写这样的散文了？没想到周老师用了四年工夫，拿出了这么一部大部头的《西方哲学史讲义》，真的吓了我一跳。我觉得他应该乐享天年，结果他笔耕不辍，拿出这样一部书，让我也重新反思我的人生。你为什么要用四年时间写这样一部《西方哲学史讲义》呢？

周国平：直接的原因是扭转俞敏洪老师的偏见。他认为我只能写鸡汤文，我要让他看看我还是有大手笔的（笑）。

俞敏洪：这是被我激励出来的一部书。

周国平：其实关于西方哲学史的书已经有一些了，比如西方最著名的罗素和梯利的著作。罗素本身是作为大哲学家来写的《西方哲学史》，但还缺少一个哲学爱好者来写西方哲学史，那就是我。我爱看书，我读的书里面有比较大的比重是西方的哲学经典。我真的喜欢那些大哲学家，喜欢他们的书，真的太有魅力了。我这么看过了、喜欢了，激动了半天，就那么过去了，觉得太可惜了。所以我想把我所感受到的西方哲学的魅力写出来，然后传达出去，让大家都知道，哲学不是枯燥的东西，而是非常好玩儿、非常有意思的。

在《西方哲学史讲义》中，我用自己的方式，把西方哲学的历史和轮廓讲得比较清楚了。笼统地说，西方哲学有三块：本体论、人生论和认识论。在这部书里，人生论这个部分是比较丰满的，一般的西方哲学史著作是不讲人生论的，罗素也好、梯利也好，基本都不讲古罗马的东西，因为古罗马没有本体论，没有认识论，只有人生论。古罗马时代是一个苦难的时代，充满着政治动乱，那些哲学家，比如西塞罗、塞涅卡，都是宰相，但他们活在动荡之中，最后都被杀了。那时候人类都在讨论，如何面对人生的苦难，寻求心灵的宁静。我觉得这种问题对我们挺有用的，所以我把它放在里面做了很具体的讲述。一般的哲学史著作也不谈蒙田、帕斯卡尔、爱默生，但我觉得他们对人生有独到的思考，所以也给了他们很大的篇幅。我觉得这是我这部书的一个特点，书里有一般西方哲学史著作里没有的内容。

此外，我在看书过程中，会觉得有些书太好看了，就会用我的语言，把那些书里精彩的内容讲出来，这可能会引起你读那些原著的兴趣。比如柏拉图的《会饮篇》，主要是讨论爱情问题；我也推荐大家看看笛卡尔的《谈谈方法》。如果要在两千多年的西方哲学史里面选出三个最重要的人物，第一个比较公认的是柏拉图，西方哲学传统的创立者；第二是笛卡尔，被称为"近代哲学之父"，把哲学思考的重点从研究外部世界转到研究人的意识；第三是康德，他被认为实现了哲学领域"哥白尼式的革命"。这三个人都很重要。康德很难懂，但我觉得我也把他讲得比较清楚了。

我非常推荐大家去读笛卡尔的《谈谈方法》，里面非常详细地讲了"我思故我在"这个命题是怎么得出来的。他不是给你一个逻辑推导，而是告诉你，我从上大学开始就很用功，结果大学毕业以后，脑子里一片糊涂，充满了各种各样不同的意见和争论。我就开始怀疑历来的这些知识到底可不可靠？所以我就向社会学习，周游各个国家，发现不同地方人们的观念和风俗都不一样，但大家都以为自己是对的。然后我又坐在这里想这个、想那个。我在这里烤火，现在会不会是在做梦？到底有没有我这个人？……他什么都怀疑了，然后他说，我怀疑这个、怀疑那个，背后肯定有一个东西在怀疑，那就是"我"在怀疑。所以，怀疑这件事本身我不能怀疑，怀疑这件事本身是一定存在的，要不然我怎么怀疑？我怀疑，我思考，所以我存在，"我思故我在"，他就是这么得出来的。

我们看哲学教科书的时候，看到的往往都是一些抽象的理论，但你去看这些经典著作的时候，会发现这些哲学家写的东西都非常生动。他没有在书里做逻辑的推演，他就是在写他实际的精神历程，告诉大家他如何在人生过程中逐渐形成了这样的想法，特别有意思。我觉得我的这部书真实地呈现出了这个部分。

俞敏洪：这确实是一部通透的西方哲学史。在书里，几十个哲学家都表达了各自不同的对于人生以及对于人的认知水平的不同观点，而周国平老师用非常生动的、大家都能读懂的、有故事性的、追踪哲学家何以成为哲学家的方式将其书写出来了。

周国平：我把自己定位为哲学爱好者，所以我不是要把它写成学术上特别严肃的内容，而是首先要写得让人能看懂，让一般的哲学爱好者读起来觉得有意思。西方哲学史里有一块很难讲清楚，就是认识论，但认识论是近代以来西方哲学史里最精彩的部分，所以我要求自己把它讲清楚。

俞敏洪：我觉得基本讲清楚了。对于在现代科学知识熏陶下的人来说，本体论与我们理性思考的事情有关，但认识论和人生论这两大块，跟每个人的生命息息相关，我觉得这两块是你在书中强调的重点。你确实用讲故事的方式，用哲学家本身相互探讨的方式，把近现代，尤其近代以来，整个世界认识论的脉络，讲得比较清楚。

我也必须说，这部书是我到现在为止读的西方哲学史著作当中非常优秀的一部，非常亲近人。大家只要有一定的水平，读这部书就不会太难。里面涉及每一个哲学家有趣的人生故事、思想总结，而且是用大家非常容易懂的话说出来的，主要是人生论、认识论的各种观点，还有本体论的各种情况。大家读罗素的《西方哲学史》，他是用西方人的句法结构、语言结构、思考结构来讲的，所以读起来有一种隔阂感，而周老师的这部书，我觉得没有隔阂感，是我读过的哲学书中最能够让大家有信心读完的一部。很多人是没有信心读完《西方哲学史》的，读到柏拉图就特别了不起了；如果能读到中世纪，读到奥古斯丁，就已经特别厉害了。

周国平：谢谢师侄，俞敏洪老师看懂了我的用意。我这部书里有30讲，其中25讲是以哲学家为单位的，每一讲讲一位哲学家，而其余5讲是按照流派或者主题来讲的，但总体上是按照人来讲的。所有西方哲学史都是按照概念或者流派来讲的，像我这样把哲学家作为单位来讲的，好像还没有。当然，那些作者都很厉害，但我觉得那种写法容易让读者感觉哲学太抽象了，哲学家也太抽象了，不是活生生的人。所以我在写作的时候，基本每一位哲学家我都会找一本比较扎实的传记来看，对他的生平有一个比较丰满的了解，再在这个基础上写作。我要把哲学家写成活生生的人，而不是抽象的人。这些人很有魅力，他们的思想很有魅力，他们的性格、经历也都很精彩，我希望用这种写法，完整地展现一个哲学家的思想、人格和魅力。

俞敏洪：我觉得这本书也可以当作大家的枕边书，因为周国平老师不是按照哲学家的派别写的，而是按照哲学家本身的生命历程和思想来写的。大家可以有仪式感地泡上一杯茶、点上一炷香，拿出来读一读；如果没有仪式感，也可以找一个相对安静的晚上，读一读某一个哲学家的某一段内容，有些地方甚至可以反复读。也许读着读着，其中某个哲学家的一句话，或者周国平老师的一个评点，就会让你对人生中的某种困惑豁然开朗。我个人一直觉得，读某本书的时候，只要书中有一句话、一个观点能让我豁然开朗，读这本书就是特别合算的。

同时，我也提个建议。这是一部能听得懂的哲学讲义，完全可以把它做成有声书。像罗素的《西方哲学史》，大家是听不懂的，必须靠读，但周国平老师这部书是能听得懂的。如果有了有声书，大家坐车的时候、上班的时候稍微听个

20 分钟到 30 分钟，一年的时间就可以把它听完了。

在这部书中，周老师没有把黑格尔收进去，因为黑格尔的理论跟我们个人的人生态度的关联性远远不如叔本华和尼采。某种意义上说，周国平老师的着眼点是人，而且是作为个体的人。所以，读这部《西方哲学史讲义》或许能让我们更有智慧地生活在这个世界上。

▷ 哲学不是一门学问

俞敏洪：你主要想让谁读这部书？

周国平：所有对哲学好奇的、想了解哲学的人。

俞敏洪：这就涉及一个更深层的问题：人们为什么要对哲学感兴趣？是不是人还没有意识到哲学的时候，就已经陷入哲学的思考当中了？

周国平：对。孩子在 4 到 7 岁、在幼儿园的时候就会提很多哲学问题。我从自己的孩子身上就能感受到，孩子会提很多哲学问题，但往往进了学校以后，他们就慢慢不再提这样的问题了，原因是什么？

俞敏洪：我觉得原因是父母不让他们提这样的问题。

周国平：对。父母、老师都不让他们提这样的问题，觉得这些问题没有用。其实这些问题是一个人理性觉醒的时候自然而然会想到的问题，比如生和死的问题。我从我孩子身上看得很清楚：知道自己有一天会死的时候，他极为痛苦，不断地问人为什么会死？死了怎么办？什么都没有了怎么办？他会不断地问这样的问题。这个问题是人生本身带来的问题，并不是哲学家编造出来的问题。所以，为什么要去了解哲学？你本身来到这个世界上，你的生命中就带着很多困惑，这些困惑是要解决的，这就是哲学的事情。**哲学其实不是一门学问，而是人生或者世界本身包含的问题，需要我们去找答案。**

俞敏洪：马克斯·韦伯说人是悬挂在自己编织的意义之网上的动物。对于人从何处来、到何处去这样的人生问题，对于幸福、自由、快乐、友情的追求，从认识论的角度来说，每个哲学家对所有事情的看法都是不一样的。中国也有哲学家，孔子、老子、庄子，他们对人生的看法也是不一样的。我们读这么一部哲学史著作，里面至少涉及几十位优秀的哲学家，为什么读完他们的故事、思想就会解决我们的问题？会不会最后越读越糊涂？毕竟每个人的想法都不一样。我是读完以后取其一，比如我是取叔本华的悲观主义哲学，还是取尼采的青年奋进哲学？我把尼采的思想叫作"在绝望中寻找希望"，跟新东方的理念是一样的。谈恋爱的时候我是追求柏拉图式的精神恋爱，还是追求另外一些哲学家说的，要让自己的内心变成不被爱情羁绊的平静状态？对于一个人来说，他要如何选择哲学思想来指导自己的人生？你这辈子研究了那么多哲学家，你是怎么选择的？你一辈子读了这么多哲学著作，还写了一部《西方哲学史讲义》，你觉得这辈子过得幸福吗？

周国平：我在读那些哲学家的书的时候，感到无比幸福。

俞敏洪：但一进入现实生活，就会感到无比痛苦？

周国平：你难道不认为，读书、思想活动、内心感受这些东西都是真实的吗？难道这些东西是无所谓的吗？

俞敏洪：我不认为这些是无所谓的，但一定有很多人这样认为。我不这么认为是因为我也是一个读书人，我也每天都读书，尽管不是天天读哲学书。

周国平：我觉得学哲学也好、思考问题也好，不要抱一个特别实用的目的——我一定要达到一个什么样的结果，把我的生活安排得非常满意，这个目标太狭隘了。**人作为一种精神性的存在，他的生活品质不仅取决于结果。人生的整个过程是不是丰满，是不是有内涵，是不是有一些真正来自精神深处的顿悟、欣喜，这对于人生是非常重要的，而你读哲学的时候就会有这样的感受。** 我不一定要从所有哲学家的思考中选择一个作为我的答案，这样学也太笨了一点。我选择这些哲学家，是因为我认为他们都是伟大的。他们思考的有些问题是共同的，但思路不一样，这些思路并不是非此即彼的，可以拓宽你的思想空间，从不同的角度去想同一个问题，这样你对一个问题的认识就会是多方面的。

俞敏洪：可不可以这样说，我读这些哲学家的思想、故事、理论，并不是为了给自己的人生寻找一个确定的答案，而是为了拓展我人生的广度，让我从有智慧的思想中对照思考以后，找到某种最适合自己遵循的人生智慧？

周国平：也可以这样说，总体上是在拓宽你的思路，丰富你的内心。我觉得有时候**我们是带着问题去读书的，如果你什么问题都没有，整天无所用心，读书是读不出什么来的**。在读书的过程中，这些哲学家思考的问题，你也思考过，他们的各种思路都可以作为参考。这个过程一方面拓宽了你的思想，另一方面你也在慢慢形成自己的答案、结论。这个答案并不一定和某一位哲学家的一样，也许就是你自己的，也许是综合的但有所侧重。我觉得我不会给人生某一个大问题一个明确的答案，但会有一个方向，这个方向是我看了很多哲学家的著作以后慢慢明确的。

俞敏洪：我个人就有这样的感觉。以中国文化为例，如果只读《论语》，你对中国文化是不了解的。当然你可以照着儒家的心性理念修炼自己，但那是远远不够的。你只读老子、庄子的书也是不够的。佛教进入中国以后，你只读一些佛教的著作，只了解佛教的态度也是不够的。如果你想拥有经过思考以后愿意过的人生，从中国文化角度来说，必须把儒释道三家的思想都理解以后，才能选择如何把它们融合到个人的人生中，使自己能够过上更加美好的生活。

但是，中国文化是内化于我们心中的。不管有没有读过儒释道的著作，我们的习俗以及日常行为的标准就已经和它们相关了。但西方哲学是外来的，20世纪以后，更多的中国人才受到了一些西方思想的影响。当然，西方哲学也给整个社会带来了巨大变革。西方流行的平等、博爱、自由、公正，部分来自他们的宗教，更多来自哲学家的思考，比如霍布斯、洛克等，他们都是现代思想的启蒙者，如果没有他们，就没有现代社会制度和现代人类对个人价值体系的认同。从这个意义上说，我们今天已经生活在现代社会中了，再去了解这些人的思想，你认为还能给我们的人生带来怎样的改变？我们应当怎样吸纳他们的思想？

周国平：你前面提到中国哲学，讲到儒释道，我很想提出这样一个观点：**如果不读西方哲学著作，就不知道什么是哲学；不知道什么是哲学，就不知道什么是中国哲学**。所谓的中国国学，是一个巨大的缸，里面什么东西都有，你只有通过参照西方哲学，才能从中提炼出中国哲学。在西方哲学传入中国之前，19世纪末20世纪初，中国没有哲学一说，只有国学。最早就是胡适、冯友兰等中国学者，他们学了西方哲学以后才知道，哦，这就是哲学，然后对中国国学的资料进行整理，从里面整理出了中国哲学的线索。所以最早的《中国哲学史》是胡适写的，包括冯友兰、梁启超对中国哲学的理解，都源于对西方哲学的学习。如果你不学西方哲学，觉得可以自己搞一套，你凭什么说它是哲学？哲学起码应该有一个基本概念。

西方哲学形成了这样一种构造：对世界的追问——本体论；对人生意义的追问——人生论；对认识能力的考察——认识论。这三大块基本把世界上可以想到的最根本的问题都概括出来了，就三大问题：世界的本质、人生的意义、认识能力的考察。 胡适等学者以这三大问题为参照来整理中国关于本体论、人生论、认识论的表述，这样整理出了中国哲学的线索。如果你说你学的是国学，不是哲学，那也可以；但如果你说你学的是中国哲学，就应该从哲学的发源地开始了解哲学。

俞敏洪：这是一个学者的态度。从普通读者的角度来说，我感觉这部书特别通俗易懂，对西方历史上出现的伟大哲学家的思想做了通俗有趣的解读，所以这本书非常值得大家读。只有当我们接触到了别人的智慧时，才能产生自己的智慧。哲学其实不能说是一门学科，哲学的英文是philosophy，是"爱智慧"的意思。我们个人的发展过程，就是一生过得越来越有智慧的过程。如果你希望如此，就必须知道智慧到底是什么，以及什么样的智慧人生才是我们应当追求的人生。

哲学家当然也是凭自己个人的人生经验、人生体会来感知我在世上是怎么过的，而且哲学家本身就"好为人师"，比如周国平老师，他总愿意通过自己的人生经验和思考，给大家带来一些人生问题的答案。恰恰是这些"好为人师"的智慧人物，建立起了人类的思想体系和人生规范。孔子就很"好为人师"，老子虽然不"好为人师"，号称不想讲话，但他最后留下了五千字的《道德经》，你说他不"好为人师"，留下那么多文字干什么呢？庄子号称一辈子都不想跟人打交道，也不想当官，宁可变成躺在泥巴里的猪，但他最后留下了上万字的《庄子》……我们不能说这些人的论述已经涵盖了人类智慧的全部，因为每个人都会基于自己的人生经验和人格特质来给其他人提供建议。

周国平老师这部书从古代泰勒斯开始写起，包含了大家非常熟悉的柏拉图、亚里士多德，一直到大家更加熟悉的叔本华、尼采。写到尼采为止，恰到好处，因为再往现代的哲学走，实际都变成了"辩经"，某种意义上不再涉及人生的本质问题，而是哲学的概念问题。在概念甚至语义学的意义上讲哲学，我认为这都是学者的事情了，跟普通人没关系。所以周国平老师这部书尽管看着很厚，但里面是一个又一个哲学家的故事，提炼了人类社会中最有智慧的人对于人生、社会、世界、宇宙的认知。

我读书比较杂，像陶渊明在《五柳先生传》中说的"好读书，不求甚解。每有会意，便欣然忘食"。而且我也"性嗜酒"，尽管没有"家贫不可常得"，也没有"亲旧知其如此，或置酒而招之"，但我可以置酒而招周国平老师到我这儿来。不管处于怎样的状态，我都很喜欢读书。之所以喜欢读书，并不是因为我要遵循某一本书给我指明的人生道路往前走，我也从来不认为有任何一本书能够指导我们，不管作者多有智慧。我个人认为，**人生道路就是靠自己摸索出来的，但摸索的时候要有大方向，路上要有灯光的指引。这些大方向和灯光的指引，就来自哲学家和像周国平老师这样一个又一个愿意分享自己人生智慧的人。**

▷ 人生最重要的事是照料好自己的灵魂

俞敏洪：我给大家读一下周老师写的苏格拉底的故事。他分了几个部分，首先讲述了苏格拉底的生平，讲他如何把哲学从天上召唤到地上，如何让哲学更加亲民。然后讲了苏格拉底如何让哲学实现转折，最后大家可以看到重点——**人生最重要的事是照料好自己的灵魂**。苏格拉底是怎么照料的？他的观点是什么？为什么说知识就是美德？为什么说美德也是幸福？快乐和幸福为什么是不同的东西？大家可以看到，这些东西跟我们日常脑袋中的疑问有非常重要的关系。

苏格拉底最有名的一句话是"未经审视的人生不值得过"。在苏格拉底最后的日子里，为什么他被审判有罪后，有机会逃走却不逃走？是什么样的信念让他不逃走？从这些故事中大家可以看到哲学家自己的人生态度、坚守以及坚守的过程。我们应该从他们身上学到什么东西？我们身上哪些东西是应该坚守的？我们应该追求更理性、更有价值的人生，还是浑浑噩噩的人生？

有人说，老俞你一天到晚这么忙干什么？还要跟思想家交流，像我们这样每天吃完饭打打掼蛋，晚上泡个澡，就睡觉了；第二天起来又是吃饭，跟朋友聊聊天，打打掼蛋，然后睡觉。我们这样也很快乐、很幸福啊！你说你追求有意义的人生，学哲学是为了使自己更加快乐，但当你对这个世界问得太深，你去关心这个世界上你本来不应该关心的问题时，比如人类的幸福、公正、未来，你过得多痛苦。而像我们这样，就比你快乐多了，为什么你要让我们陷入你的那种痛苦中？你还不如回到我们这样不需要思考的人生中来，人不就是活个几十年吗？不都是一样地活吗？

周国平：会有人这么说。我的回答是：你们就是不同的人。你们本来就不一样，有的人就是可以这样过，天天高高兴兴、无所事事地玩一玩，这也是一种活法，我不反对；但有的人就是不行，他这样过会难受，总觉得有什么地方不对劲。

俞敏洪：你说的两种人，第一种人是在现实生活中悠闲过日子的；第二种人追求思考且痛苦的人生。我现在已经准备向第一种人投降了，按照你的说法，我现在就很危险，我是准备从上面往悬崖底下走。

周国平：我看不出来。你肯定变不了。如果你能变成那样，我祝贺你。其实你两种生活都可以要，但让你仅要一种生活你就不愿意了。我并不是说有思考、有精神追求的人不可以有平凡的快乐，他也应该有平凡的快乐，但有的人有平凡的快乐就够了，有的人觉得还不够，还要有更高层次的快乐。**一旦有了这种更高层次的快乐，哪怕这种快乐里是有痛苦的，你让他放弃这种快乐，完全用平凡的快乐占据他的生命，他是不愿意的。**

俞敏洪：你书中也写了，有时候在大快乐的背后，等待你的其实是大痛苦；在大痛苦的背后，有时候等待你的是大快乐。你还举了例子，一个人胡吃海喝，吃的时候很快乐，后来身体就不行了。

周国平：其实很多哲学家都很羡慕老百姓，包括蒙田，也包括中世纪最著名的哲学家奥古斯丁。他们都谈到，**为什么很多没有文化的乡村里的人，他们过得很愉快，不去想那些问题，我却在痛苦地想那些问题？最后得出的结论也是像他们那样过才好。可哲学家们又做不到，问题就是做不到。**

俞敏洪：这不就是那个流行的故事吗？富人跑到海边度假，看到一个渔夫在那儿晒太阳，说你真懒惰，为什么不赶紧打点鱼？渔夫说，我打点鱼干什么？富人说，多打点鱼，赶紧卖掉，你就有钱了。渔夫说，有钱了能干什么？富人说，有钱了你就可以到海边度假、晒太阳了。渔夫说，我现在不就在晒太阳吗？我现在不就在度假吗？我们如此费心纠结地绕了一圈，最后才发现，想要的一直都在眼前。

周国平：这是德国哲学家海因里希·伯尔最伟大的寓言作品。

俞敏洪：周老师，蒙田本身是散文家，一般人不会把蒙田收录到哲学史讲义中，但你把他收进去了，一定是因为你非常认可他对人生态度的思考。你是不是觉得人这一生其实到最后还是会回归平凡？因为从你写的其他书来看，你其实非常喜欢现在家庭的温馨和天伦之乐。那你觉得像富人这样绕一圈，还有意义吗？或者说，一个普通农夫和陶渊明都在乡下过着苦日子，太阳出来农夫们就扛着锄头下地，太阳落山再扛着锄头回来，如果有老酒就喝一杯老酒，没有老酒也没关系，他们一辈子一个字都没留下来。你觉得是陶渊明更幸福，还是那些农夫更幸福？到底哪种人生更好呢？

周国平：我觉得你自己是有答案的。

俞敏洪：我没有答案，或者说我唯一的答案是，我觉得到现在为止，我的奋斗已经不合算了。因为按照你书里好几个哲学家的说法，有钱是重要的，但足够你日常生活花费就可以了，想再追求更多物质在某种意义上甚至是一种邪恶，那我现在绝对是一个邪恶之人。

周国平：这是两个问题。财富是一个问题，阅历是另一个问题。我现在就说阅历，假如有两种人，一种人在山村里过了一辈子，没去过外面的世界；另一种人是从山里面出来，进入了大城市，然后周游整个世界，在这个过程中他经历了很多的事情，有痛苦、有重大的挫折，也有快乐，最后他也没有拥有任何东西，赚到的钱也没有了，又回到了山村里。这两种人你愿意当哪一种？

俞敏洪：我还是愿意当后面这种人，因为我已经选择了这条道路。

周国平：把这两个案例放在这里，我觉得绝大部分人还是愿意选后者。

俞敏洪：那当然。人生的结局都是一样的，无非就是死亡，但对于人生的过程，每个人都可以选择是否要变得更加丰富。

周国平：所以，朴实、平凡的生活很好，但永远朴实、平凡的人生是很可怜的。

▷ 用热爱摆脱无聊与空虚

俞敏洪：我在你这部哲学史中看到了不少平凡的生活。你对一个人平凡而丰富的生活怎么界定？毕竟并不是每个人都能有条件先到全世界走一圈再回到原点，而且走一圈后再回到的原点已经不是原来的原点了。有些人只能在有限的空间和范围内度过自己的一生，对于这样的人，他们的人生如何能不空虚？如何更加丰富？你有什么样的建议？

周国平：这个空间不仅是物理学上的概念，比如精神空间就不受地理环境的限制。大家可以读书，我始终觉得读书也是一种游历、一种交往。你是生活在精神世界里，且不光是精神世界，因为书籍里描述了很多实际的场景，比如各个历史时期的重要场景等，所以你实际是在现实中游历。同时你会和很多非常了不起的人交往，了解他们的思想。即使你一辈子就在一个城市里，内心仍然可以非常丰富，就像康德那样，他一辈子都没有离开过柯尼斯堡（现名加里宁格勒）。

俞敏洪：因为康德的内心太丰富了。

周国平：对。我们也完全可以这样，无非是程度问题。我们完全可以在一个局限的地理环境内，获得宽广的思想空间。

俞敏洪：叔本华说，人就是在无聊和空虚中两边摇摆，无法摆脱，有时候会主动追求忙碌，离不开人群，到了人群中又会觉得烦，最后又回到空虚和无聊中。其实很多人都是这样的状态，一到周末，本来应该好好在家休息，因为工作已经很累了，但在家里待着又挺没劲的，就让自己忙碌起来，忙碌以后弄得筋疲力尽，回到家里继续觉得无聊。当然，有些人会觉得，我一点都不无聊，我一回家就读书，根本没有时间，根本来不及无聊，恨不得一个人能待个四五天、半个月，谁都不要来打扰我。我也有朋友专门研究电影，他说他不喜欢读书，但是喜欢看电影，全世界的电影他看了不少，甚至能背出不少电影台词，他说这是他填补无聊和空虚的办法。那么，**人怎样才能做到一方面战胜无聊，一方面又不跟社会脱节，不陷入社会的烦乱中，以至于迷失自我呢？**

周国平：我觉得真的没有什么灵丹妙药。一个人的生活品质、生活方式，其实是很长时间的积累形成的，是需要过程的，不是靠读几本书就能解决的。但总得有开头，人总有觉醒的时候，我觉得我不要这种生活，我不愿意这样过下去了。这个时候，你就应该重新安排自己的生活了。怎么安排？真的没有更好的办法。我觉得一个人有自己的兴趣爱好是很幸运的。有特别强烈的兴趣爱好，就去满足这个兴趣爱好，你一定会感觉生活充实。**如果你没有兴趣爱好，怎么办？你只能认识自己、发现自己，找到这个东西，找到了就好了，找到以后就坚持下去。**

俞敏洪：周老师说，一个人如果能拥有自己的兴趣爱好，或许就能填补内心的无聊和空虚。所谓热爱能抵岁月漫长，每个人的兴趣爱好都不一样，比如手工艺大师，用三五年的时间做一件作品，作品做出来后，足以让他内心充实很多年。昨天我在沧州的大运河非遗博物馆看到一个黄杨木的雕刻，这是在浙江东阳雕的，一整块黄杨木分成了六个层次，这个雕刻至少花了几年时间，但它变成了一个传世精品。这个雕刻家一定感觉这几年没白过，因为他最后有了成就。

所以我个人感觉，战胜空虚和无聊主要在于几个维度。**第一，不要讲得那么崇高，任何事情，只要没有让你再次陷入空虚和无聊，对你来说就是好事。** 比如打牌、打麻将，只要你回来以后不觉得空虚和无聊，那就去做。但有的人，比如我，打完掼蛋以后，会觉得怎么又浪费了三个小时？我觉得打掼蛋一点成就感都没有，即使赢了也没有成就感，就不做这件事情了。周围的朋友让我去打掼蛋，我也坚决不去，因为我从这里面得不到乐趣。我在家里读周老师的《西方哲学史讲义》更有乐趣，所以我就在家读书。

第二，一个人不要做违法乱纪的事情，不要自己把自己捆起来。 这个世界是有规矩的，你不要不守规矩。当然有些陈规陋习我们是要打破的，比如现在一些年轻人就很抗拒中国人"早生贵子"的习俗。

第三，要寻找一件自己热爱的事情，填补独处时的无聊和孤单。 当然，如果我们做的事情能对社会有点意义会更好，但我个人感觉，即使没有意义也正常，只要不做危害社会、危害他人的事情就可以。

周国平：古希腊哲学家伊壁鸠鲁认为，人生应该追求快乐，快乐无可非议。伊壁鸠鲁被称为快乐主义的祖师爷，我们就认为他提倡纵欲之类的，其实完全不是，他自己过得非常节俭，平时就是喝水、吃面包。

俞敏洪：估计他肠胃不太好。

周国平：他肠胃是不太好，身体很差。他提出"快乐无可非议"，快乐本身是好东西，但他说了两条原则：第一，要遵循理智的原则。不要因为追求快乐给自己带来更大的痛苦；第二，要遵循道德的原则。可以追求快乐，但不要给别人带来痛苦。理智标准是不要给自己带来痛苦，道德标准是不要给别人带来痛苦。

俞敏洪：你现在不是正在做这件事情吗？你把自己出书的快乐构筑在我们读书的痛苦之上？

周国平：如果你感觉不到快乐，为什么还要读它？这不是自虐吗？

俞敏洪：说到快乐，很多中国人都觉得自己不那么快乐。尽管现在跟20年前，尤其跟40年前相比，生活条件更好，社会保障体系更健全，但确实有很多人过得不快乐，你觉得这是什么原因造成的？**为什么有的人生活条件变好了，有些人甚至不用工作都可以生存下来了，反而不快乐了？为什么现在抑郁症患者比原来多了很多？我们这个社会出了什么问题？**

周国平：我觉得**问题出在一个人没有认识到自己到底想要什么**。

俞敏洪：这个"没有认识到自己到底想要什么"，是社会造成的，还是个人造成的？

周国平：人往往看别人有什么，自己也要什么，社会上什么东西流行就要什么，但得到以后，他仍然不快乐，因为他不知道自己真正要什么。一个人成熟后，就会知道自己是什么样的人，什么东西最适合他，他就去找那个东西。他不会四处张望，一定很有定力，能认清自己的性情、禀赋、兴趣、能力之所在，认清以后，就很安心。

俞敏洪：一个人怎样才能知道自己要什么？你在过去那个年代，怎么那么快就知道这辈子真正想要的东西呢？

周国平：**我们通常不清楚自己要什么，但都很清楚自己不要什么**。当你生活的环境给你的都是你不想要的东西时，你会感觉很痛苦，这是我的亲身经历。我从北大毕业以后，到了一个山沟里面当基层干部，那些工作都是我不喜欢的工作。

俞敏洪：就跟陶渊明当了官以后根本不想当官一样。

周国平：陶渊明还有个地方，可以回去耕地，而我没有。我们那时候户口是不能动的，就没有办法。但我很清楚，这些不是我要的。我读书，我热爱写东西，哪怕我写的东西没有任何地方发表，甚至没有任何人看，但在写的过程中，我知道这是我想要的。

俞敏洪：其实你当时写这些东西以及读那么多哲学书的时候，根本没有意识到能走出那个山沟？

周国平：当时完全不知道，以为一辈子就那样了。

俞敏洪：当时有没有找山沟里的姑娘谈恋爱？

周国平：特别想，但山沟里的姑娘都看不上我，因为我是个穷书生。

▷ 无力之时，先强大自己

俞敏洪：你是在改革开放后考上了研究生，然后回到了大城市，有了新的、基于想要什么而选择的发展道路，从这个意义上说，涉及人与环境的问题，这也是哲学家反复思考的一个问题。一个人和环境的关系到底应该怎样处理？比如很多年轻人认为，现在不管是大环境还是自己生存的环境，都很艰难。大环境方面，有经济波动等问题；生存环境方面，在北京的年轻人租个地下室都要好几千块钱。在这种情况下，他们怎么摆脱生存焦虑？他们倒不像我们当初那样无法动弹，但他们发现自己并不想动，动了也不知道能怎么样。这种情况，你怎么看？

周国平：虽然造成困境的原因不一样，但他们的这种困境和我们当时的困境相比，有类似之处。**他们并没有那么多选择，就像我们当时也很难选择**。在这种情况下，一个人无法改变环境，只能让自己做好准备：我让自己强大；然后等到环境发生变化的时候，我的"强大"马上能用上，或者我的"强大"能够让我争取换一个环境。**你不能靠环境，只能靠自己，你只能让自己强大起来。**

俞敏洪：这是不是有点像尼采的观点？今天中国的年轻人读尼采，还能从尼采的文字中得到什么启示？

周国平：尼采讲得也不是那么具体，而且尼采在现实生活中并不强大，他也是个倒霉蛋。

俞敏洪：对，这也是大家的困惑。尼采的人生那么倒霉，最后他精神都失常了，可为什么他写出来的文字那么强大？是不是恰恰因为他的内心和现实生活中缺少这个东西，缺什么补什么，才有了那样一种激进的、充满激情的、不顾一切的思想？

周国平：我觉得不是这个因果关系，不是因为他是倒霉蛋，所以要让自己强大。我觉得是因为**他是另一种性质的强大，他在那样一个社会环境里就会是一个倒霉蛋，他太超前了。**

俞敏洪：现在也有很多年轻人这样，觉得我跟周边的环境格格不入，自己的个性、爱好在社会中也得不到发挥，所以常常陷入一种既然什么也做不了，干脆就躺平的状态。

周国平：我觉得人生有三种境界，第一种是内卷，是我最不喜欢的，属于低层次的竞争；第二种是躺平，不竞争了；第三种是更高的境界，就是去争取，就像俞老师那样进行卓越的、高层次的竞争。

俞敏洪：应该怎么争取呢？在年轻人暂时改变不了周边环境的时候，一是需要足够的时间，二是个人必须有所作为，就像诸葛亮在南阳读书一样，他也并不知道读书能干什么，直到刘备出现，让他发现了这个机会。如果在这之前，诸葛亮不读书，他就永远是个农夫。正是因为他读书了，储备了足够的智慧，刘备看上了他，两个人才一拍即合，最后有了三国这一出。那么，对于年轻人来说，读《西方哲学史讲义》是不是也算是储备能力、智慧的一种方式？

周国平：不一定非要读我的《西方哲学史讲义》，但你可以学哲学，哲学真的可以让人看开一点，让人不太受小环境约束。**人是很容易被小环境限制的，但哲学可以让你跳出来。**哲学让你想大问题，世界的问题、人生的问题、社会的问题，你就不会把小环境看得那么重了。**人的思想首先要跳出来，身体才能跳出来；如果你的思想没跳出来，你的身体就永远没有出头之日。**

俞敏洪：我们一直在讲，人要有积极的人生态度。在哲学家群体中，有人强调积极的人生态度，也有像叔本华这样的，感觉人生不只是消极，甚至是悲观、绝望的。我个人是积极人生态度的倡导者。积极的人生态度并不等于没有苦难、没有困境、没有绝望，而是说，我们要在苦难、困境、绝望中秉持一种心态，要不断努力。这个努力不是那种麻雀到了笼子里挣扎、慌乱的努力，而是一种行稳致远、急事慢做、淡泊宁静、不放弃自己的努力。我觉得这种不放弃，加上时间的沉淀，会像酿酒一样，带来一个好结果。你觉得在现在的社会状态中，在大家的生活都变得很具体的情况下，年轻人怎样才能从哲学意义上、人生态度上找到一种继续积极努力的动力和方向？

周国平：我真的不愿意站着说话不腰疼，我觉得现在的年轻人所面临的情况是很困难的。

俞敏洪：你年轻时候的绝望其实是一种借鉴，对不对？

周国平：是很好的借鉴。有时候人是被逼出来的，一种状态逼迫你把自己变得有力量。大家不要急于求成，想要马上看到成果是不可能的，但你要储备、增强自己的力量，说不定什么时候就用上了。

我当时真的不知道有一天自己还能从小山沟里出来。我本来有希望被提拔，当时那个小县城里有60多个大学生，只有我一个人被分在了县委，他们其实想把我当苗子培养、提拔的，因为我是北大哲学系的。但后来他们看我不"成材"，完全"扶不起来"，就放弃了，而我也看出来这条路不是为我准备的，所以就下了决心，就算我永远不出来，一辈子在小山沟里，一辈子默默无闻，也要看书、写作，自得其乐。没想到这些储备后来都用上了。

▷ 爱情是人生重要的体验

俞敏洪：在《西方哲学史讲义》中，几乎有一大半哲学家都谈到了爱情和婚姻的问题。他们当时处在一个不太流动的社会中，但现在的社会是高度流动的，社会观念和过去相比已经发生了巨大的变化。在这样的背景下，人们应当如何对待爱情和婚姻这两个重大的话题？我们能从这些哲学家关于这两个问题的观点中学到什么人生态度？

周国平：爱情的性质是什么？婚姻制度是怎么变迁的？讨论这些话题比较多的是柏拉图。我推荐大家读一读柏拉图的《会饮篇》，这篇文章可以说是柏拉图所有文章里写得最美的一篇，几个人（包括苏格拉底）在一起讨论什么是爱情。现在人们对于爱情和婚姻的观念确实发生了巨大的变化，尤其跟我们当时相比。

俞敏洪：你自己也写过不少关于爱情和婚姻的建议。

周国平：我比较传统。但现在我觉得，爱情的价值被人们低估了。这种低估可能还是复杂的社会情况造成的，包括经济上的，生存状态上的。爱情应该是人生中特别重要的一件事，如果人生中没有爱情体验，真的是一个很大的缺失。

俞敏洪：你觉得你到现在创作灵感仍然源源不断，是不是爱情带来的结果？是不是郭红老师给你带来的结果？

周国平：是多方面因素的综合，但其中肯定缺不了爱情因素。

俞敏洪：现在很多年轻人喜欢独身，可能跟社会变迁有关系，跟人们的观念变化也有关系。他们可能也会交往男朋友或者女朋友，但并不想被所谓的从一而终的爱情或者婚姻所束缚，觉得自己独身就已经很好了。你觉得现在社会当中，年轻人这样的爱情状态正常吗？还是说会形成一种解构性的力量？

周国平：我觉得是基本正常的。如果我现在是年轻人，我也这么干，我也不结婚。但我想说，**男女交往应当是自由的，从道德上是不应该谴责的。**

俞敏洪：这本身不是道德问题。

周国平：一个人在年轻的时候有这么一个想要独身的阶段，我觉得挺好，可以让你的体验更加丰富。你想对异性有更丰富的体验，也很好。总而言之，我觉得不能放弃对爱情的追求。

俞敏洪：如果要对爱情下一个定义，你觉得是什么？

周国平：简单说就是心心相印的两个人之间，体验到精神上、情感上的强烈、互相、一致的吸引。但如果态度过于不在乎、过于随便，就很难产生这种体验。

俞敏洪：原来有一句话，"不以结婚为目的的谈恋爱都是耍流氓"。现在很多人谈恋爱，即使达到了心心相印的程度，他们也不以结婚为目的。

周国平：那可以。不要婚姻可以，但得要爱情。

俞敏洪：你这是在鼓励中国年轻人不结婚啊！

周国平：你鼓励他结婚，不是说几句话就可以的，需要有很多政策的配套。我觉得如果不要孩子，结不结婚也无所谓，毕竟结婚主要还是为了生孩子。

俞敏洪：现在中国很多人结婚以后很快就离婚，包括很多老年人也开始离婚了，你觉得这是什么原因？是个体更加觉醒，觉得追求自己的幸福、快乐才最重要？还是现代人就是单纯地变轻浮了？

周国平：我觉得你说的两种情况是一回事。不在乎和轻浮是一回事。

俞敏洪：比如苏格拉底家里有一个泼妇，每天都向他泼洗脚水，但他无所谓，也不离婚，也不抛弃她，就是每天继续讲哲学问题。你觉得这是苏格拉底悟透了，还是说他是思想的巨人、行动的矮子？

周国平：不是，是苏格拉底知道自己理亏。他是一个雕刻匠，要靠雕刻赚钱养家，结果他整天在街头跟人聊天、讲哲学，家里穷得一塌糊涂，所以他老婆很恼火，看不起他。

俞敏洪：林肯也是这样。因为林肯家里有一个天天骂他的老婆，他就跑到酒吧里跟人讨论政治，结果成了总统。这是不是证明，家庭生活不和谐是男人成功的基础（笑）？

周国平：这个男人必须是智慧的男人，不然他会被毁灭。

俞敏洪：我们进入婚姻状态后，如果能做到互相之间包容、大度，能无视对方的缺点和缺陷，双方共存下去就有了基础？因为我感觉，你如果想改变对方，想让对方变成自己理想的状态，是完全不可能的；但如果你愿意包容一个人，让对方自由自在地保持原有的状态，这是一件不难的事。

周国平：**婚姻中有一条原则：不要企图改变对方**。很多事情并不是因为你们之间有差异所以引起纠纷，而是因为你们不能容忍差异，是这种执念造成了纠纷和争吵。如果都不想改变对方，都能容忍对方，就能接受存在差异的事实。我们在事实的基础上行动,就好了。

俞敏洪:既然在婚姻中尽可能不要改变对方,为什么你要写那么多想要改变人思想的书?

周国平:我没想改变人,我首要的愿望是满足我自己。我看了那么多书,有那么多想法,我想记录下来,至于大家读了以后接不接受、喜不喜欢,是大家的事。

俞敏洪:所以,你写书首先是追求自我实现,这种自我实现对社会无害。同时,如果能因为你的这本书,对大家的思想、人生产生正面的影响,就更好了。

周国平:是的。自我满足是我的主要目标,对社会是否有益,属于副产品。

俞敏洪:对我们来说,做事情的时候是不是首先应当关注我是否能自我满足?包括身体的满足、欲望的满足、心灵的满足、精神的满足。在此之上,再去考虑第二点——我做的这件事情,对社会和其他人是否还有潜在的好处。如果有潜在的好处,就可以变成我们做事情的标准?

周国平:你总结得特别好。第一个原则就是做自己喜欢的事,让自己感到满足;第二个原则就是期待它对社会有好处,绝不要有坏处。

▷ 思想永不过时

俞敏洪:这本书是用你一贯亲和的语言撰写的,你用这种方式输出这些复杂的西方哲学问题或者哲学家的思考,肯定是有意为之的吧?

周国平:一是有意为之,二是我坚持了自己的习惯。如果我不这么写,会感到难受,只有这样写才舒服。

俞敏洪:我比你年纪小很多,感觉现在记忆力已经衰退很多了,书里面这么多人、故事、思想,你怎么记得住呢?

周国平:我记了几百万字的笔记。

俞敏洪:这几百万字的笔记是你从山沟里就开始记了吧?那时候是不是内心就有一种模模糊糊的想法,未来一定要写一部传世的《西方哲学史讲义》?

周国平:不可能,做梦都不会想到。我其实很早就养成了这个习惯,看书的时候，觉得好的句子、好的东西，我要记下来。以前没有电脑，我都是抄在卡片上，抄了好几箱卡片，后来有了电脑就非常方便，可以直接打字。现在连打字都不需要了，扫描就行。

俞敏洪：现在科学已经进步到什么地步了呢？我明天给人工智能输入要求：请帮我写一本跟周国平老师的《西方哲学史讲义》稍微有点不同的《西方哲学史讲义》，我估计两个礼拜它就写出来了，甚至可能几秒钟就写出来了。这就涉及一个问题，人工智能在文字上的应用泛滥，会不会带来人类语言能力的大衰退？

周国平：我觉得肯定会。

俞敏洪：语言能力大衰退，意味着人类情感表达能力的大衰退。

周国平：原来我们说"哲学死了"，现在我们要说"文学死了"。

俞敏洪：现在一个男大学生给一个女大学生写一首优美的诗歌，这个女大学生第一时间想的是，这是他自己写的，还是人工智能写的？

周国平：是这样的，是可疑的。

俞敏洪：我觉得语言、哲学、智慧、情感都是连在一起的。语言是人类一切情感生活和智慧生活的载体。科技的发展对人类肯定有好处，但另一方面，现在人工智能的发展给我们带来方便的同时，也给我们带来一些忧虑。面向未来的社会，我们应该怎样对待这样一种机器代替人思考的问题？

周国平：我觉得人工智能对人的取代是在技术层面。大数据的统计、计算，都是建立在这个基础上，它没有创造性，无论是思想上的创造性，还是情感上的创造性。思想上的创造性，比如爱因斯坦的相对论，人工智能可以把相对论的"前世今生"讲得清清楚楚；但如果没有爱因斯坦，你让人工智能创造相对论，它创造不出来。文学也一样，情感也一样，文学、情感表达的独特性，它创造不出来。我寄希望于什么呢？人类中仍然有这么一部分人，他有这种强烈的冲动，不愿意被那种平均化的东西所控制。所以，他会去创造，无论是思想的创造还是情感的创造。

俞敏洪：至少可以肯定，人工智能可能能写出一部《西方哲学史》，但写不出周国平的《西方哲学史讲义》。因为在你的这本书中，充满了感情和对个人生存的关心。**思想似乎是不会过时的，科学有时候反而会过时**。比如一百年前科学的某种结论，现在可能被推翻了，但我们今天还在学习柏拉图、亚里士多德、孔子、老子的思想。你觉得今天我们学习这些人的思想的重要性和意义是什么？

周国平：哲学不是知识，科学是知识。所谓的知识，就是对经验做了整理，然后得出一个比较系统的东西，那是在经验范围里的。但哲学所思考的问题，跟经验没什么关系，比如本体论。所谓本体论，就是追问世界的本质是什么。当然，物理学可以用量子理论、大爆炸理论等，对世界做出一个解释，但最后仍然没有回答世界的本质是什么。

俞敏洪：到今天为止，没有一种科学理论能把本体论解释清楚。

周国平：因为这不是科学的事情。比如世界的本质到底是精神的还是物质的？这本身就不是科学能够解答的问题，这是一个信念问题。哲学从诞生开始就是作为本体论诞生的，作为形而上学诞生的，这是它的基因，这个基因不会改变。世界的本质是什么？有没有上帝？人生的意义是什么？这些跟经验没有关系，这些问题不是知识能解决的，而且这些问题是会成长的，是一些永恒存在的问题。无论人类发展到什么程度，进入什么时代，这些问题仍然是问题，以前思考这些问题的哲人的思想，到今天依然可以供我们参考。

俞敏洪：人类的智慧思想出现了差不多三千年，如果从释迦牟尼到苏格拉底到耶稣来算，差不多2700年。理论上讲，人类在不断生出新的智慧，在不断探讨智慧的话题，今天整个人类社会的智慧水平应该远远高于两千年、一千年之前。为什么到今天为止，人与人之间的交往依然乱七八糟？为什么人类的科学在进步，技术在进步，但智慧没有进步？

周国平：知识是靠累积往前发展的，智慧永远不能靠累积。每一代人都是从零开始，但以前的智慧可以供你参考。

俞敏洪：甚至有很多时候还是退步？

周国平：我认为是退步。从西方来说，现在不如古希腊；从中国来说，现在不如先秦时代。

俞敏洪：是政治制度的原因、社会结构的原因，还是人本身的原因？上帝不允许人变得太聪明?

周国平：人本身是有局限的。过去已经太辉煌了，标杆已经太高了，后面就很难超越了。在雅斯贝尔斯提出的轴心时代，也就是公元前800年到公元前200年的时候，在世界不同的地方产生了几个最伟大的思想家，孔子、苏格拉底、释迦牟尼和耶稣，他们在那时候就奠定了今天仍然在起作用的四大精神传统。

俞敏洪：人类思想是有巅峰的?

周国平：是有巅峰的。有一个开始的点，你要超过那个点是很难的。而且我们可能会更加挑剔，你怎么算超过了? 毕竟初始的东西总是更强大一点。

俞敏洪：如果先不说智慧的进步，我想问，在这么多思想、科学发展的推动下，今天的人类社会其实整体来说，是不是比过去任何一个时代都要好? 至少人类社会整体的管理水平和人类在地球上和平相处的水平都有所提高? 毕竟二战以后，我们到现在为止没有经历过大的战争，世界上大部分老百姓都生活在相对平等、自由、和谐的社会中。

周国平：从最近一两百年来说，近八十年是人类和平的黄金时期，这么长时间的和平、稳定，是以前没有过的。

俞敏洪：按理说，人类之间和平相处的经验应该已经很丰富了，为什么现在还会形成地区与地区、国家与国家之间的紧张情况?

周国平：历史会循环，就是《三国演义》里面说的"分久必合，合久必分"，这也是一个规律。人就是这样，老不折腾就难受，要折腾一下，吃了苦头以后再和平相处。

俞敏洪：人与人之间跟国与国之间、地区与地区之间的关系是一样的。我们俩也是"分久必合，合久必分"，每隔一两年就对谈一次，对谈之后就分开了（笑）。

▷ **哲学有什么用?**

主持人：感谢两位老师的对谈，接下来是问答时间。首先，我作为主持人，也是带着问题来到现场的。在我读马可·奥勒留的《沉思录》的时候，非常感动，他写的每一句话都无比打动我，但他为什么在自己生命即将结束的时候，把皇位传给了儿子？他思考的很多东西，似乎并没有在他自己的人生中践行，这是为什么？

俞敏洪：这个问题我想过。一个有智慧头脑的人，在行动中不一定有智慧，某种意义上讲，这是一种行动和思想的分离，思想是可以无私的，但行动常常会有私心。

周国平：从奥勒留自己做皇帝期间的作为来说，我觉得他做到了。

俞敏洪：有一个网友说，不传儿子传谁？这是典型的中国帝王思维。

周国平：古罗马皇帝很多时候是军人拥戴起来的，不是世袭的。

俞敏洪：在奥勒留做皇帝之前，古罗马帝王都是选择特别有才华、特别值得作为继承人的人，把他变成自己的义子，培养十年、二十年，再把王位传给这个人，这样就有了"五贤帝"，而奥勒留就是五贤帝里的最后一位。但不知道奥勒留怎么那么糊涂，把王位传给了他儿子。他儿子特别不成器，直接导致了后来古罗马帝国的混乱。

主持人：古罗马的五贤帝时代结束以后，国家进入一片混乱。大家会觉得，奥勒留每天反省、沉思，都没有做到知行合一，我的反省、沉思还有用吗？我在日常生活中还需要反省吗？

俞敏洪：奥勒留政治思想中的一部分是贤君思想，但他恰恰选择了自己昏庸的儿子继承王位，表明他其实对自己有期待，却没有付诸行动。我觉得一个人的思想和行为完全是两回事。中国的知识分子也分成两种，一批人真正用士大夫的儒家思想要求自己，点滴不违反，即使是比较僵化的朱熹、二程（程颢和程颐），他们也真的是这么要求自己的，更不用说文天祥、于谦这些人。当然，还有更加灵活的苏东坡，他们都是中国儒家士大夫思想的践行者。但也有一部分像蔡京、高俅、秦桧这样的人，他们背四书五经滚瓜烂熟，但他们的行为跟自己宣扬的思想没有半点关系，所以人是可以"人格分裂"的，就看眼前的利益和你的思想相悖的时候，你要如何处理。比如文天祥讲"留取丹心照汗青"，我就这样了，你怎么贿赂我都不行，最后忽必烈就把他干掉了。

提问：俞老师您好。过去一段时间，您其实亲身体验了古人说的"艰难困苦，玉汝于成"。我想知道，在这个过程中，是哲学思想或者你的个人运气、能力，还是其他什么因素，起到了作用？

俞敏洪：什么都没有，根本就不存在什么哲学思想或者其他思想引导我。那时候就是求生存，就是想怎么活下去。解决怎么活下去的问题，前提条件就是要继续往前走，选一个方向往前走，但这条路能不能走通，你不知道，后面就要靠你的运气和坚持。我觉得坚持和运气缺一不可，我坚持的方向是对的，运气又落到了东方甄选的主播身上。对我来说，这就是老天对我的眷顾。我感恩老天，感恩出现的人，剩下的，好好珍惜就可以了。

我一直觉得，**要珍惜我们生命中、事业中遇到的一切贵人，甚至一切事情，不管这件事情是无奈的还是顺利的，因为人生的复杂和美好都是由这些东西构成的。**牡丹花下面如果不埋大粪，它就不会开得那么旺盛。

提问：谢谢俞老师。周老师，我接着问俞老师的话题，问您一个现实中的问题。西方用了200多年的时间发展起来，而我们只用了40多年的时间。这个快速发展的过程给我们带来了无聊、困惑，我想问，有什么样的哲学思想能帮助我们解决这些问题？

周国平：我觉得没有具体的方法。你不能要求哲学对每一个具体的问题都给出具体的对策。

俞敏洪：**哲学不是解决具体问题的。**

周国平：对。解决问题的时候，方法是很重要的。但**哲学可以让你在解决问题时有比较高的高度、比较开拓的眼光，以及好的心态。**

提问：一个真正有追求的人，是不是不会因为钱、权、名、年龄、环境改变他的追求？他所追求的东西是靠他的天赋还是后天的努力获得？

周国平：一个人的追求也好，在这个世界上处事的方式也好，做人的方式也好，他成功的概率也好，成功的程度也好，所有这些问题，天赋都非常重要。我是这样想的，一个人最后成为一个什么样的人，他做人好不好？做事有没有成就？天赋的影响可能占了一半，努力可能占两成，环境占三成。我想说的是，可能努力加环境这两者起的作用，跟天赋起的作用差不多。

俞敏洪：我个人觉得，**首先人要发现自己的天赋**，这非常重要。有不少人一辈子都没想过自己的天赋是什么，也没有尝试过寻找自己的天赋。一个人如果找不到天赋，是特别痛苦的，但天赋不是一天两天能找到的。比如我没有任何运动天赋，也没有唱歌的天赋，我大学毕业以后，当老师都感到很痛苦。直到当老师三年以后，我发现自己很喜欢讲课，最后发现表达变成了我的天赋之一。所以，你要找到你的天赋，这是第一步。其实父母对孩子培养的过程也是如此，对孩子的培养不是强迫孩子学习的过程，而是帮孩子建立自信、发现天赋的过程。

第二步就是坚持。 我们都知道，即使发现有天赋，如果你不坚持，也是没有成果的。比如邓亚萍，她说她从小打乒乓球是有天赋的，但如果不每天坚持练习6到10个小时，她就不可能成为世界冠军。天赋的发现比坚持更容易，因为坚持是一个跟时间、环境、困难做斗争的过程。坚持下来了，就等待时机，这个时机可能是环境变化、时代变化或者是科技变化带来的。当然，有的人一辈子也不一定能等来时机，比如凡·高画了一辈子的画，他自杀的时候，依然穷得叮当响，没有任何人愿意出一分钱买他的画。像《月亮和六便士》里高更的故事，他把自己的画拿给当地老百姓换粮食，当地老百姓把粮食给他以后，就把他的画扔到灶头里烧掉了，说这么一个破东西有什么用。结果他去世以后，他的画突然就火爆了，一幅画几万法郎、几十万法郎才能买到。这些人就是坚持了自己的天赋，但没有享受到天赋带来的成果。

周国平：你说他们算成功吗？凡·高算成功吗？他没享受到。

俞敏洪：从个人的生命来说，我觉得很难用成功两个字来形容，但从精神世界的丰富性来说，他毫无疑问是成功的。

周国平：从人类历史上看，他毫无疑问是成功的。另外，我想，他生前始终在做自己最喜欢做的事情，而且乐在其中，从这点来说，他也是成功的。当然，从维持生活来看，他是很悲惨的。

俞敏洪：就像《月亮和六便士》里描述的那样，高更抛弃了老婆、孩子去追求自己的绘画梦想，从此再不相见。但他首先是发现了自己的天赋，才能这么做。他有一种决绝的态度，就是我坚决要坚持自我，不管是什么状态，都要坚持。从这个意义上说，他毫无疑问是成功的，尽管最后穷困潦倒地去世了。从留给人类的历史遗产角度说，他们毫无疑问也是成功的。

并不一定每个人都足够幸运，比如姜太公坚持到 80 岁才终于遇到了周文王。但我觉得，在现代这样一个相对比较开放、流动，且比较容易界定人的能力和成就的社会中，只要你发现自己的天赋并坚持下去，大部分人都能在在世时取得世俗意义上的成功。比如周国平老师如果在古代那个几百年不流动的社会中，也许就一直待在广西的那个山沟里了，不管你多厉害，也没有人知道你。但现在社会的变化会在不同的时候给每个人提供机会，现在值得等待的时机，比过去要多出几十倍乃至几百倍，所以前面两步就变得非常重要：发现天赋、坚持努力。

主持人：谢谢两位老师。今天我们的访谈到此结束了，感谢大家！

（对谈于 2023 年 11 月 24 日）

周国平、俞敏洪对谈新书《西方哲学史讲义》

对话 刘嘉

没有一个人是孤岛

刘嘉，1972年8月3日生，现任清华大学基础科学讲席教授，清华大学心理与认知科学系主任，北京智源人工智能研究院首席科学家，《最强大脑》幕后首席科学团总设计顾问。

俞敏洪：大家好！今天邀请对谈的是著名心理学家、清华大学教授刘嘉老师。2022年我们对谈过一次，讨论了关于心理学和个人成长的话题。这次我们会聊聊他的新书《我和我们：关于爱的心理学通识》（以下简称《我和我们》）。在这本书里，刘嘉老师主要是从科学的角度分析男女之间的不同以及男女之间的亲密关系。

刘嘉：俞老师好，又一次在线上见面了。

—— 对谈开始 ——

▷ 解决问题的唯一办法就是行动

俞敏洪：不知道为什么，今天镜头里的我脸特别红，但确实没喝酒。我喝酒喝多少都不会脸红，而且我现在都是小酌怡情，每次喝到自己觉得舒服就可以了。

刘嘉：这样挺好的。任何事情都可以尝试，只要自己开心，方法适当就可以。

俞敏洪：我也认为开心更重要。一个人不管遇到什么情况，只要能够想得开、能够开心，并且能够找到活着的意义，就更容易保持身体健康，更容易长寿，遇到问题也更容易化解。心理学上应该有很多这样的说法，对吗？

刘嘉：对。从心理学上讲，积极的心态非常重要。中医有一个词：形神一体。我专门请教过中医大师，什么叫形神一体？他说形不乱则神不乱，你身体好，精神就好。你得了感冒或其他疾病，精神肯定不会好。于是我问他，能不能反过来理解？神不乱则形不乱，我的精神好身体就好，他说可以这样理解，形神是一体的。后来我还专门做了实验，发现**那些情绪调整能力强的人，更容易从挫折、悲伤中走出来的人，情商更高的人，身体健康的程度要比那些情绪差的人好很多**。在我们的大脑里，有一个长得像杏仁一样的东西，和我们的交感、副交感神经连在一起。当你开心的时候，你的交感、副交感神经就会更好，你的身体就会更好。像你就是这样，你有各种各样的工作压力、事业追求，但忙碌一天之后，晚上和大家对谈仍然心情舒畅，这特别了不起。

俞敏洪：我还算是一个相对健康的人。我比较善于化解自己遇到的问题，能够解决的问题当然会先去积极解决；如果不能解决，我就会抛到脑后，暂时不想，让时间去解决。**把积极心态和等待心态结合在一起，我就能应对生活和事业中的大部分困境**。另外，我也相信，凡是能解决的问题早晚都能解决；不能解决的问题，想了也没用。

刘嘉：一个人如果一直在温室长大，一切很顺利，没有遇到过什么挑战，就很难做到理性平和。俞老师遇到了太多事情，并且都走出来了，我觉得这是你独一无二的、别人很难拥有的经历。

俞敏洪：也算是"曾经沧海难为水，除却巫山不是云"，有点处事不惊、宠辱不惊的感觉了。但坏处是我对人世间的新奇感会下降，会觉得很多事情你都遇到过，就不觉得这件事情有什么了不起了，也不再容易激发自己的好奇心和好胜心了。这可能也有坏处，所有的事情都是有一利就有一弊。

刘嘉：心理学上有一个词叫 PTSD，创伤后应激障碍。当我们经历了一些挫折，特别是比较大的挫折时，人通常会一蹶不振。但现在积极心理学强调的一个观点是 PTG，就是创伤后成长，**从负面情绪里感受到更多能量，努力摆脱压力**。我经常看你的直播对谈，当你分享你的故事时，每次都在传播成长型思维。你碰到了很多问题、困难，但你不是向大家诉苦，而是传递如何更好地从创伤中成长，这对大家来说，是非常有启发的。现在即使在清华大学这样的顶尖大学里，学生的抗压能力也非常弱。学生们都很聪明，是各个地区的才子，但压力一来就崩盘了。我在清华大学开课，都会把你的事情作为案例跟学生分享。

俞敏洪：在北大、清华这样的名牌大学，孩子们学习成绩那么好，为什么反而容易产生迷惑或者抑郁情绪？

刘嘉：可以想象，这些人当年在自己老家的时候，都是小池塘里的大鱼。在中学那么小的地方，他们就是庞然大物，老师欣赏，同学崇拜。这帮厉害的人到了北大、清华以后，就变成大池塘里的小鱼了，本来觉得自己很聪明，但周围的同学比他还聪明，这种反差带来的失落感就会特别强烈。

碰到这种情况，我们需要做什么呢？**第一，降低自己的期望；第二，找到自己和别人不一样的地方**。不要听别人说他的记忆力很好，你就非要和他比拼记忆力；别人说他的英语很好，你就要和他比拼英语。我们的教育通常说要迎难而上，但其实人需要从旁边寻找一些自己独特的地方。

俞敏洪：我完全遇到了你说的这种情况。原来在江阴，我就是大鱼在小池塘，觉得自己特别牛，每门课都考第一，肯定能上名牌大学，自信满满。到了北大，两天就被同学们弄得晕头转向了，他们看过的书我从来没看过，他们的英语讲得那么完美，我一句都讲不出来，立刻就产生了自卑心态。大学五年（因病休学了一年）我一直没找到自己的特长，所以我自卑了整整五年。在这五年中，我做了一件事，就是大量阅读。大学毕业的时候，我的知识结构跟我的同学相比，差别不那么大了。再到后来，我做了新东方，就彻底把自己从自卑中挽救出来了。所以对于很多人来说，调整自己并且让自己能够重新获得自信、找到人生方向，是需要比较长的时间的。

刘嘉：对，一定需要比较长的时间来做这件事。刚开始你把大量的时间花在了读书上，这就是在寻找自己的独特性。很多小孩会去参加社团活动，可能第一学期、第二学期并不能显示出你和那些聪明同学的差异，但"日拱一卒，功不唐捐"，当你每天成长一点点时，你的独特性就出来了。你的知识面特别广，什么东西都有涉猎，我想这与你原来在大学时期养成的读书习惯有关系。从这个角度讲，你可能找到了自己独特的地方，而不仅是做了新东方。

俞敏洪：一种不独特的独特，受益到今天。比如我现在能跟你对谈，不就是因为我看了你的书吗？所以读书这个爱好后来成了我的"标配"。

对于一个人来说，如果他内心受了伤害，或者遇到了困难，怎样能够比较快地恢复过来，继续让人生更积极地前行？

刘嘉：我先说错误的做法。错误的做法就是埋怨自己，比如一直陷入后悔中，一直埋怨自己；或者给自己加油，一直告诉自己再努把力、加把劲儿、咬咬牙就能挺过去。从心理学上讲，这是错误的，因为你是在对内心的自己发泄不满，说你不行，还不够努力。其实你已经很努力了，你已经孤立无援了，你更需要的是一种安慰。

我们碰到挫折的时候，其实**第一步是要接纳自己**。我可能会做错一些事情，但这是我的一部分，我先去接纳它，先和内心对话。当我接纳自己时，我会看到自己身上的一些问题，同时也会看到自己的一些优点。我们要从创伤中走出来，最关键的一点是要和自己和平相处，不要在内心深处与自己打起来，一个说你这个笨蛋，这点事情都干不了；另一个说我已经很努力了，不行你来试一试。我们要先找到平和的心态，然后再往上走。这一点对于大家来说很难，因为我们很难接受自己是一个失败者。比如我到新东方求职，没有获得职位，还要接纳自己，这很难。但你要知道，**失败是一种常态**。如果我们碰到挫折就贬低自己，就会慢慢摧毁自己的自尊、自信，最后就会变成躺平、不做任何挣扎的状态了。我们安慰别人时经常说要有共情能力，其实我们最应该先共情自己。

我们理解自己以后，**第二步是从失败中获得成长**。当我遇到挫折时，会有人瞧不起我、鄙视我，这会促使我想要摆脱这种屈辱、郁闷和其他负面情绪，这会成为我成长的动力。负面的东西其实是最有能量的，俞老师现在很成功，要什么有什么，什么事都随你的心意，但正是之前那些挫折产生的能量才让你继续往前走。这一点一定取决于我们是否先和自己达成了和解；如果没和自己达成和解，埋怨自己，觉得自己就是一个失败者，就会陷入自毁和抑郁的状态中。所以，**要与自我和解，把负面情绪当成能量，用这种能量促使我们成长。**

俞敏洪：我自己从负面情绪走出来的方法主要有两个。首先是接纳自我，既然事情已经这样了，懊恼也没有任何用处；其次，我会做一些自己觉得有意思或者有意义的事情来消除或者减少负能量。举个例子，我内心实在烦躁或者焦虑时，会一天徒步30公里，或者去爬一座山，这样的运动会帮助我消除负面情绪。我也会做一些有成就感的事情，比如跟你进行这样的对谈就会让我有成就感，因为我们留下了一些对谈的资料，或许这些内容会或多或少地影响到其他人。

我还有一个办法，就是**用目标倒逼自己去做事，从而消解负面情绪**。比如我觉得最近自己做事效率比较低，而且很迷惘，就约你一起对谈，这个目标会给我一些积极的影响。为了对谈，我需要提前准备提纲，进而需要把你的书读一遍。再比如今年春节，我有一段时间不知道要干什么，读书很烦躁，写东西也很烦躁，后来我就把王勃的《滕王阁序》拿出来讲了一遍。我不是研究中国文学的，这对我来说是一种新鲜的尝试。结果我一讲就讲了6万多字，我把讲解文字发到了平台上，有很多人阅读、点赞，这又给我带来了一种好的感受。我会通过做一些我觉得正向的事情来消除内心的负面情绪，不知道这在心理学上有没有相关的说法？

刘嘉：这个方法非常有效。我们通常说，**解决问题的唯一办法就是行动。最糟糕的就是坐着发呆，陷入一种焦虑或者抑郁状态**。我觉得俞老师的做法就是让自己去行动，可能行动没办法立刻解决当下所面临的问题，但你可以选择一些能通过一点点努力实现的小目标，比如徒步30公里、讲一遍《滕王阁序》。行动会促进快乐激素多巴胺的分泌，会让人快乐起来。在走30公里的时候，你会专注于应该怎么走、路边的小花怎么样等，但你的潜意识在运转，在思考究竟应该怎么解决你现在碰到的问题。说不定 30 公里走完了，解决问题的思路也有了；《滕王阁序》讲完了，你也知道这个问题应该怎么办了。

俞敏洪：**当你的眼睛只注重脚下的坎坷时，这些坎坷就会变成高山；但当你的眼睛看着路边的小花或者天上的白云时，脚下的坎坷就不值一提了**。这就是我的心态。

▷ 如何将"我"变成更好的"我"

俞敏洪：《我和我们》是你的新书，你想通过这本书告诉大家什么？

刘嘉：我上一本书《心理学通识：摆渡人，永远都是自己》讲了"我"，第二本书就应该讲我和他人、社会的关系。但我写的时候，觉得这本书的本质是"我"还在关心"我"，如何通过亲密关系将"我"变成更好的"我"。无论是恋人关系、夫妻关系还是其他关系，**亲密关系对我们而言都是双刃剑。我们一方面会从中获得很大的情感支持；但另一方面，亲密关系也是最摧残我们情感的因素之一**。所以，我想用一本书把这件事讲清楚，讲"我"如何从亲密关系里实现自我，成为更好的"我"。这是我的第一个想法。

第二个想法是在写书的过程中慢慢找到的。我忽然发现**婚恋制度经历了三个阶段，第一是制度性婚姻，第二是伴侣性婚姻，第三是自我表达的婚姻**。在西方国家，这是经历了几百年慢慢演化出来的，而在中国，因为改革开放，社会加速发展，这种演化的速度会更快。我们一代人就是一种婚姻模式，比如我俩的父母那一代更多是一种制度性婚姻，结婚是一种必然，是两个人在一起生活的方式，至于是不是灵魂伴侣，并不重要，结婚只是为了传宗接代，能够搭伙过下去。到了我们这一代，从制度性婚姻变成了伴侣性婚姻，我们谈恋爱是要确认对方是不是我的灵魂伴侣，我们有没有共同语言。我们的下一代，又不一样了，他们的婚姻不是伴侣性婚姻，而是自我表达的婚姻。他们更看重的是我想要什么？我要追求什么样的生活？从这个角度来讲，他们的婚恋观念也不一样了，所以现在有很多年轻人不愿意结婚，甚至恋爱都不愿意谈。在中国短短的三代人里，我们的父母、我们和我们的下一代，选择了三种不同的婚姻模式，所以父母和小孩谈起亲密关系，就是鸡同鸭讲，聊不到一起去。我希望这本书能把这件事讲清楚，尤其是讲清楚我们如何表达自己的情感、欲望、追求，从而让"我"变成一个更好的"我"。

俞敏洪：我讲一下我读这本书的感受。大量写男性与女性之间关系的书都是从八卦的角度来写的，没什么实际效用。因为你是心理学家，所以你在写这本书的时候，是用科学的方式来说明男女之间为什么要追求美？美有没有科学上的客观标准？为什么男性喜欢找更多的女朋友？而女性更加愿意从一而终，和一个比较可靠的男性生活？从人类繁衍的角度或者互相和平相处、共同发展、共同陪伴的角度来说，夫妻之间的亲密关系应该怎样持续？科学依据是什么？

读完这本书，我发现很多我们以为是道德层面的问题，其实都可以从科学、心理学层面找到依据。我们认为是责任和义务的问题也不一定归到责任和义务上去。大家读完这本书，可能更能理解两人之间如何相处，尤其是男女之间如何相处，为未来的和平共处创造更好的环境。我也建议大家去了解一下，作为一个男性或者女性，你的行为的科学依据到底是什么？在未来的两性相处方面，能够以一种什么状态相处？

基于这本书，我也梳理了一些好玩儿的问题，让刘嘉老师来回答。

▶ 外在美与内在美

俞敏洪：美与不美有客观标准吗？是"情人眼里出西施"那样的千人千面，还是有一个相对的标准？

刘嘉：大家为什么如此在乎脸？从进化的角度来讲，要繁衍后代，必须有另一半。大家一定希望另一半的基因好，甚至最好另一半的一些基因还可以弥补自己的一些缺陷，这样我们的后代才能更好地存活。但基因是最近这一百多年才有的概念，以前的人哪里知道？这时候就体现出自然的伟大了，自然发明了一个东西：脸。**我们的脸就是一种基因图谱，那些基因好的人，我们会认为他们的脸是好看的。**

俞敏洪：我这样长相的人不就是基因不好吗？

刘嘉：那没办法，但你已经通过努力去干预这件事情了。我们的脸就是基因图谱，这也是大家都想要变美的原因，目的就是告诉别人，我的基因挺好的。这是刻在我们骨子里的，我们很难对美女、帅哥无动于衷，一定会多看两眼，这是来自基因的呼唤——这个人基因不错，赶紧去和他/她结婚。

俞敏洪：一个人如果看上去很顺眼，是不是也意味着他的基因相对更健康？

刘嘉：对，他的基因更健康或者更优秀，同时，这个人也更聪明。这是很奇怪的现象，在经济学上说是光环效应，长得好看的人天生就有光环。有一个心理学实验，把长得好看和不好看的人放在一起，然后找来一堆人给他们打分，判断哪个人聪明、哪个人不聪明。这群人不认识他们，但你会发现，那些长得好看的人，通常会被认为 IQ 比较高；而长得不好看的人，会被认为 IQ 比较低。这就是所谓的第一印象。比如俞老师给新东方招人，你对某个人的第一印象是这小子挺聪明的。为什么？长相。而且，很多长得好看的人确实很聪明，因为他们的基因好。

另外，长得好看的人会有更多机会让大家和他交往。比如俞老师看见一个长得丑的人，可能会懒得和他说话；但面对长得好看的人，可能就愿意和他聊半个小时、一个小时。这样，长得好看的人就能从很多人那里得到信息、反馈、教育，后天因素也会把他打磨得更加聪明。从心理学上讲，这是一个事实，很难否认。所以，为什么整容业会存在，为什么大家会消费护肤霜？大家不是单纯想把鼻子垫高一点、皮肤弄好一点，这些动作背后其实有这样的逻辑。

俞敏洪："以貌取人"可能确实是某种基因作祟，但在人类社会，在智商或者情商跟外表并不完全匹配的前提下，如果纯粹以貌取人一定会有问题，我们也碰到过长得很好看但很浅薄的人。尽管人的外表在一开始会为他争取到一定的优势，但我个人认为，在人类社会中，在遇到重大选择的时候，内涵其实比外表更重要。当然，像我这样的人就不用说了，大学四年也没有女生看上我，表明我的外表并不吸引人，内涵也不吸引人，后来我也不是靠外表才取得事业上的成功。现在在新东方，如果要面试重要岗位，我会抛开对方的外表，更加关注对方外表之下的气质、内涵、秉性、阅历、知识结构，这些会成为我选择重要岗位人才的重要标准。你觉得这样一套标准,是不是因为人类社会结构进化以后所产生的?

刘嘉:是的。其实基因只代表我们的过去。在过去的社会里,我们是一个个小部落,而不是复杂的社会,在这种时候,人就很简单,靠长相就足够辨别了。但一旦进入一个复杂的社会,我们就不仅看长相了,还要看其他东西。我留意到你的一个非常重要的选人标准——气质。**在 20 岁之前,我们的脸都是基因给的;在 30 岁之后,随着年龄的增加,我们的气质、经历会镌刻在脸上**。就像我们经常说的夫妻脸,一对夫妻生活 20 年,长得就越来越像了。人过了 30 岁,他做的事情、他的经历、他为人处事的方法,也会影响他的面相、气质。我经常开玩笑,如果哪天我被清华大学开除了,可能会去当相面大师。像你遇到了这么多人、这么多事,你就可以成为一个特别厉害的相面大师,只要看一个人两眼,就大概清楚他的品质了,但追问原因,你可能说不出来。

俞敏洪:那一个人的长相与此人这辈子的发展成就、潜力有必然关系吗?

刘嘉:说一些让大家难受的话,是有相关性的,只是相关性比较弱。因为人长得好看,机会就会更多,就会拿到更多东西。我们经常说"路遥知马力,日久见人心",但如果这个人长得特别丑,你一开始就连了解他的兴趣都不会有,他就很难获得更多机会。这时候我们需要做的就是克服这种本能的、基因带来的偏见。我们说基因会影响我们对美好事物的偏好,并不是说要屈服于基因,而是我们了解之后要能够克服它的影响,要把美丑放在比较次要的位置,更多去看一个人的气质、成就、性格、能力。所以,**长相通常会在最开始谈恋爱或者建立亲密关系的时候起作用,那个作用特别大,但很快就会减弱,然后就会是其他因素起作用了,比如气质、内涵等**。

俞敏洪:我们有时候会用内在美来形容别人,但这常常会被认为是客套话。我想问,一个男性真的会在一开始就看上一个女性的内在美吗?我感觉男生通常都是先看上女生的外表,最后真的要结婚了,可能才会关注到内在美。你觉得内在美是实实在在存在的,还是一种客套话?

刘嘉:我想先分享一个自己的故事。原来我工作的时候,公司不允许大家在办公室过道抽烟,我就经常跑到厕所里抽。厕所里有蜘蛛网,因为抽烟特别无聊，我就把烟灰弹到蜘蛛网上，蜘蛛一看有东西，就爬过来了。后来有一天，我发现那张蜘蛛网破了，蜘蛛也找不到了，心里就特别难过，还发了一条朋友圈动态："还没有来得及跟它告别，它就已经离开了。"蜘蛛是多么丑陋的东西，但一旦你和它陪伴久了，它就成为你生活中的一部分，你就会对它产生依恋。所以回到你提的问题，**的确大家一开始都会很关注容颜，但这个持续的时间非常短。如果要把恋爱谈下去，建立亲密关系，甚至走向婚姻，更需要时间上的陪伴**。时间是很重要的，你经历了很多坎坷，后来时间一过，你就觉得都不是大事了。同样，时间是人与人之间建立情感最重要的因素，这就涉及陪伴、经营、互动。在很多家庭里，夫妻俩不再说话了，也不再沟通了，其实就是主动切断了他们之间的连接，互相不再搭理，婚姻也就走到了破裂的边缘。

俞敏洪：我个人感觉，两个人之间，不管对方多英俊、多漂亮，面对面久了以后，这种漂亮、英俊就消失了，时间久了就不会觉得对方好看了，也不会因为对方的外貌心动了。这个时候，两个人的个性特征、相处契合程度、是否有话可说、在情感上或者在话语能力上是否"门当户对"，是不是就成了特别重要的因素？

刘嘉：中国有一句俗话，"握着老婆的手，就像左手握右手"，说的就是审美疲劳，但这句话不对。**很多人把婚姻当成终点，其实婚姻只是家庭的起点**，而对于家庭来说，更重要的是经营。就像新东方成立了，就要经营，现在有一堆学员来上课，我就要关注他们；一旦发现学员减少了，我就要想办法弥补；一旦发现最近出来了一个竞争公司，就要想办法应对。夫妻之间也是一样，我在《我和我们》里很强调一点：经营。两个人结婚以后，一定要去关注对方，和对方保持沟通。我有什么喜欢的要告诉你，你有什么喜欢的要告诉我，我们两个人要追求和而不同，要先找到我们的最大公约数，再在这个基础上生长出我们的不同。在这个过程中，慢慢把我们的最大公约数变得越来越大，把我们的不同变成一种理解、支持。所以，婚姻想要走下去，或者想要在婚姻中不断成长，就要关注对方，和对方沟通，而不是回到家里就说"饭做好了没有？吃完饭我要干活、打游戏"。

▶ 成本与选择

俞敏洪：我觉得男女之间的区别是，男性好像更出于直觉看女性的长相。如果女性长得漂亮，男性更愿意交往、谈恋爱，其他方面都可以不管，结婚以后才会关注到她的其他方面。女性则不太一样，她们不仅会看男性的长相，还会看脾气、背景、成就或者潜力。你觉得这种差别是怎么来的？

刘嘉：男性和女性本身生理结构不同，女性具有宝贵的生育资源，因为卵子的数量是有限的，而且生产小孩的成本非常高，比如在过去，女性最大的死因就是难产。但对于男性来说，几乎不需要付出什么。在这个背景下，只要女性愿意和他结合，他都会乐意，即使这个女性各方面条件并没有达到他的期望。其实这背后是个投资的问题，**男性和女性在养育后代这件事上的投资是不一样的，女性的投资更多，男性的投资更少，所以女性会处于挑选状态，男性处于被挑选状态。**

俞敏洪：所以在男女婚姻关系中，女性一旦投入其中，她背后要承担的东西其实比男性多得多。比如男性跟女性在一起以后，他可以第二天就走掉；但如果女性怀孕了，她还要忍受十个月，孩子出生以后，还要负责孩子的成长。如果这个男性跑得无影无踪，这个女性就会非常辛苦，她要独自把孩子带大，尤其在古代，女性没有独立的经济能力，遇到这种情况就几乎活不下去了。所以女性在找男性的时候，就必须考虑到，如果我跟这个男性有了孩子，以他现有的能力、储备的资源能不能保障我的安全，并且保障我和我的孩子持续生活下去。

刘嘉：对，一定是这样。这就是第一阶段的婚姻，叫制度性婚姻。只有人类才有婚姻，动物是没有的。为什么？因为我们要用一种制度、一种契约精神，把男性绑定在女性这里，把养家的责任给到男性。现在在中国很多农村，男女去民政局领结婚证是不够的，一定要办很多桌酒席才算真正结婚，为的就是把这个契约告诉大家，如果未来这个男的跑路了，他就没法在这个圈里混了。为什么？因为你把契约打破了，你原来做的承诺，现在不兑现了。这就是制度性婚姻诞生的基础，本质上是一种契约，与爱没有关系，只是为了延续后代，男性必须做他该做的事情。

俞敏洪：男女之间有一个时间上的不对等问题。女性确实可以拥有最美好的青春岁月，但男性在这个时期大部分是一无所有的。相对来说，女性拥有的青春状态本身就是特别有价值的，但对于男性来说，青春年华本身不是资源，要在世俗中取得成功，比如挣更多的钱，有自己的房子、汽车，这才是男性的资源。这就形成了男女之间时间上的不对等。所以在当今社会中，不少女性都会找年龄比自己大一点的男性。男性在一无所有的时候，如果想要追求女性，应该做什么呢？

刘嘉：世界上任何一个民族、任何一个地方，分析他们的婚姻，通常男性的年龄会比女性大，通常会大三到五岁，甚至更多，当然也不排除一些特例。男性年龄大有两个好处，第一，财富积累是需要时间的。一个大学生，什么收入都没有，肯定穷，而工作了几年的人，或者开了公司的人，积累就会变多。从这个角度来讲，时间会帮你积累财富。第二，年轻的时候，男性都是毛头儿，做事很冲动，性格也不稳定、不成熟。一个性格很冲动的人很难把事情干成，一旦碰到挫折就不干了，一旦碰到误解，就要纠缠到底，这种性格很难成功，同时也会伤害那些女孩的心。所以女性偏向于找年龄大一点的男性，因为他更成熟、资源更多，一方面能在感情上更理解她，另一方面能在资源上对未来的家庭提供有力的支撑。

俞敏洪：我们上大学的时候，大学同学谈的都是同龄人。当时也不会追求这么多，觉得俩人感情好，互相喜欢就行。当时女生的择偶标准就是这个男生要会写诗、会朗诵、会写文章或者会弹吉他，这些跟未来的生存状态也没有必然关系，但当时的女生找的都是这样的人。当时的爱情电影或者戏剧中，很少会出现一个年轻姑娘找一个年纪更大的男性的爱情故事，动人的爱情故事几乎都发生在同龄人之间。现在这样的现象确实消失了一部分，年轻的女生通常会找年龄大一点的男生，可能是出于生活的压力或者经济的压力，我觉得这怎么看都是一种遗憾。因为这种单纯的青春状态，其实是一种特别美好的状态。

刘嘉：这里面有一个误区，也是这本书特别想区分的，**爱和婚姻是两件独立的事情**。你刚才谈到的那些美好的事情是爱情，发生在同龄人之间，在大家都很年轻、很冲动、难以理解对方的时候，这时候会给人留下很深刻的印象。通常说初恋最持久，过了几十年还能记住，因为它是爱，是情感交错，特别是它发生在两个人都很青涩、不知道怎么交往的情况下。但我也问另外一个问题，大学里的情侣们，最后有几对是结婚的？所以，我们要把爱和婚姻分开，特别是在我们理解过去制度性婚姻的时候。就像我们当年谈恋爱的时候，都是以结婚为目的，否则大家会觉得你在耍流氓，但现在有多少年轻人是以结婚为目的谈恋爱的呢？大家更多是为了爱而谈恋爱，所以婚姻的状态发生了本质改变。

俞敏洪：按照你的说法，现在的大学生应该更热烈地谈恋爱，为什么很多人不和自己的同学谈恋爱，而去外面找已经毕业的或者经济条件更好的人谈恋爱？他们是以结婚为目的谈恋爱，还是有别的什么原因？

刘嘉：其实俞老师已经给了答案。在一定经济条件下，大家容易变得非常实际，特别是当你要和周围的同学谈恋爱的时候，一看北京房价 10 万一平，把这事儿在心里盘算一下，可能就知道我和张三、李四的恋爱持续不了多久。现在社会的压力很大，这会迫使一些人早熟。他们会过早地关注社会压力，一进大学就要准备考研，大二的时候就想要考公务员……现代社会的节奏太快，剥夺了人很多的情感，让大家变得特别功利和世俗。我们当年读大学的时候，都没有想过找工作的事，每天在学校里面傻混。

俞敏洪：因为当年有国家分配，分配到哪里也不能反抗。

刘嘉：所以我们这代人回忆时会发现，大学生活很美好，而现在的年轻人其实过于早熟了，过早地考虑了将来的工作、家庭、婚姻，我觉得这完全没有必要。

俞敏洪：有时候是为了生存，不得不这样做。像这种纯真的感情或者爱情，现在的年轻人享受到的概率比我们当初确实相对要低。哪怕我们当初的单相思和暗恋，现在回想起来都是特别美好的。我想问，对于现在的年轻人来说，这种纯真的爱情或者感情，有什么样的办法可以回归吗？

刘嘉：我个人觉得，一代人有一代人追求的目标，像我们所定义的比较纯真的感情，是那个时代的产物，因为当时高中没什么人谈恋爱，你只能把感情压在心里面，反倒会慢慢发酵，影响你很久。到了大学之后，这种感情开始释放，这时候拉一下女孩的手都能让你几天睡不着，更别说做一些更亲密的事情。

俞敏洪：你在高中的时候拉过女生的手吗？

刘嘉：高中的时候我傻乎乎的，一堆男生光着膀子在足球场上消耗自己的荷尔蒙，不知道怎么去跟女生沟通。这是时代的限制。但到了现在，高中生谈恋爱的多了，到了大学牵女生的手，大家也不会觉得很激动。

俞敏洪：现在谈恋爱太容易了，所以不那么神秘和值得回味了，是这个意思吗？

刘嘉："神秘"这个词用得特别好。现在无论是在互联网上还是其他地方，比较普遍、随手可以获得的东西，对于当年的我们而言，都是很神秘的。特别是年轻人很躁动，这时候这些事情就会非常吸引我们，甚至给我们留下很美好的回忆。很多时候我们关注的不是绝对值，而是相对值。

俞敏洪：如果你想知道食品的美味，就先饿自己两天，最后会发现馒头竟如此好吃。

刘嘉：所以，如果你每天的生活都很顺利，就会觉得生命特别没劲。俞老师经历了很多坎坷，不停地掉到坑里，再从坑里爬出来。但你知道吗？很多人都羡慕你这种生活，因为这是心灵富足的生活。你现在跑去跟一个陌生人聊天，他也许不知道你是新东方的创始人，但你跟他聊五分钟、十分钟，谈一谈你过去的经历，他一定会为你着迷，因为人就是在这种起伏中寻找自己生命的意义。如果一开始就是一片坦途，什么都给你安排好了，大家对生命的意义就理解不清楚了。

▶ 如何找对象

俞敏洪：在中国的戏剧中有七仙女找董永的故事。董永是穷光蛋，七仙女是仙女，你觉得这样的中国传统故事是纯粹的妄想，还是说在心理学上也有说得通的理论支撑？

刘嘉：在现实生活中，这种故事基本不太可能发生。为什么会有这种故事流传出来呢？因为作者是一个男性，是一个穷书生。《西厢记》也是如此，一个宰相的女儿怎么会爱上一个落魄的书生呢？

俞敏洪：也有可能是看上了他的潜力？

刘嘉：但怎么见一面就能看出你的潜力呢？如果是女性作家写的故事，就完全不一样。女性作家不会写七仙女和董永这样的故事，比如勃朗特的《简·爱》，男主很有钱，女主则是个家庭教师，一定要把男性的庄园烧了，男的残疾了，才会有"我爱你"。《乱世佳人》也是一样，有各种各样的人围着斯嘉丽转，但她最终选择了白瑞德。男性作家和女性作家写出来的故事是很不一样的，这时候就有很大的问题，因为男性作家比女性作家多很多，社会上就会形成一种偏见，觉得七仙女和董永这样的故事是正常的。久而久之，男性就容易产生"我是董永，七仙女会爱我"的不切实际的想法。

俞敏洪：但在现实生活中，确实也有条件相对比较好的女生，最后找了一穷二白的书生，我个人感觉是因为她看到了他未来发展的潜力。

刘嘉：的确有这种情形，但这需要男性体现出他的潜力，比如我很努力，我很聪明，我的性格非常稳定、成熟，而这些特点其实和事业成功是有高度相关性的。这样的男性将来会有更大的概率取得事业上的成功，所以女性也可以去找找潜力股。

俞敏洪：不少女生分辨不出渣男。在现实生活中，女性怎样避开渣男的陷阱呢？

刘嘉：**第一，每个女性都应该认识到，自己其实是资源丰富的人，男性才是穷光蛋，所以女性一定要挑剔；第二，你可以持续观察这个男性，自己做一下判断，这个男的凭现在的基础，未来取得成功的可能性到底有多高。**我觉得大家不要找一个仅仅是长得好看的人，不要只追求一个男生在当下给你提供的快乐，更多是要关注那些影响到未来成功的因素，这是避免海王、渣男的关键因素。

俞敏洪：你在书里面反复提到，如果有女性，尤其是自己喜欢的女性在面前，男性就会尽量显示出自己的勤奋、上进、坚忍不拔的品德。为什么男性会在女性面前这样表现自己呢？

刘嘉：在动物界也是如此，雄孔雀看见雌孔雀就会开屏，它要展现自己的身体。为什么？只有当我把最好的一面展现出来时，对方才好挑选。所以从某种角度来讲，因为有了女性的存在，才会倒逼男性更好地追求事业，甚至获得成功。我经常碰到一些人，说孩子不能谈恋爱，会影响学习，这是错的。一段好的恋爱是能够相互成就的，它能够让男生展现出最好的、最优秀的一面。当然，从另一个角度来讲，一般对于同年龄的男女来说，女性性格通常更成熟，往往可以引导男性更好地发展。

俞敏洪：也就是说，如果一个女性能够引导男性更加积极、更加上进、更加勤奋、更加明确奋斗的方向，并且这个男性也愿意这样去做，毫无疑问这是一段非常美好的关系。如果两个人以一种颓废或者消极的方式相处和互相安慰，就是一段不怎么美好的关系，可以这样说吗？

刘嘉：是的。所以当女性在一段恋爱中非常快乐时，一定要分清楚是当下的行动带来的快乐，还是大家一起为未来奋斗带来的快乐。

俞敏洪：假如一个女生要挑选潜力股，你觉得他有哪些特征？

刘嘉：书里写得更详细，我只能记住几点。**第一，这个男性一定是勤奋的。**预测成功非常重要的因素就是他是否勤奋。如果一个男性每天打游戏，这通常是有问题的。判断对方勤奋与否最简单的方法就是看他是不是愿意去上晚自习，或者是否没事就看各种各样的书；**第二，性格稳定和成熟**。如果在远古，我们去狩猎，一个猎物还没有出现，你就开始咋咋呼呼，肯定什么都捞不到，所以性格的沉稳、成熟很重要，这就是我们通常所说的高情商；**第三，沟通能力或者共情能力强**。亲密关系是两个人的事情，所以沟通能力或者共情能力非常重要。大家不能以自我为中心，只关注我的视角和想要的东西，而是要能站在对方的立场理解事情。潜力股就这三个指标：勤奋、性格稳定、沟通能力强。这样即使发生了冲突，也能维持关系，但在具体情境中，大家需要自己琢磨。

俞敏洪：这三个指标很重要，但我有一些不同的看法。比如勤奋、性格稳定，一个在基层工作的人，也可以很勤奋、性格稳定，但如果没有学习能力，他未来的发展潜力依然是非常有限的。我本人算是潜力股，还是可以分享一下自己的想法的。我觉得首先要看一个人认知维度的提升能力，如果他的眼光格局、认知维度不能提升，再勤奋也只是像驴拉磨一样，在一个维度上来回转圈，这种勤奋是不值得赞扬的。可能有人能说会道、夸夸其谈，但实际上并没有真正的见识，所以一定要加上第二个判断，就是一个人对自己想做的事情或者说出口的事情要有行动能力。如果没有行动能力，口头说得再好听也不行。有了行动能力以后，第三个判断标准是学习能力。不论是通过阅读、经验积累，还是通过跟其他人打交道，只要他的目标是让自己不断学习和提升就好。我觉得一个人不论现在多么贫困，只要有了这三种能力，加上你前面提到的三种能力，这个人就可以算是潜力股。

刘嘉：我完全同意你的观点，但这个标准有点太高了。第一，一个人要时刻寻求突破，从固有的知识出发打破认知边界，这一点很难；第二，一个人要有行动，这一点很对，但像俞老师这样行动力极强的人，在我认识的人中是非常罕见的；第三，一个人要有学习能力，但学习能力也和 IQ 一类的指标挂钩。所以这三点我都非常认同，但对于年轻男性来说，太难了。

俞敏洪：我当时行动能力、学习能力也不够，我是后来慢慢成长起来的。所以，在我更年轻的时候，大家确实会看不太出来我的潜力，否则我在大学就能美美地谈恋爱了（笑）。

在男生群体里，有一些人是马基雅维利主义式的，他们喜欢操控女性。我比较讨厌这种男性，现实生活中确实有这样的男生，还出现过相关的新闻，他们好像掌握了女生的灵魂似的，最后这个女生就会以这个男生所有的价值观作为自己的价值观，甚至女生在这个男生面前会自卑到无地自容，甚至到了男生让她去自杀，她就去自杀的地步。我想问，女生该怎么分辨和防止自己落入这样的陷阱？

刘嘉：其实这就是大家很熟悉的 PUA，通过贬低对方的人格来控制对方。我先从各种角度贬低你，把你的人格踩在脚底，然后再做控制。这不仅存在于男性和女性的亲密关系中，在工作关系里、其他关系里都有，是一个普遍存在的现象。为什么在婚恋关系中，尤其在年轻人中，这种情况特别普遍？因为女孩这个时候接触的男生可能是她接触到的第一个、第二个婚恋对象，她本身没有多少见识，三下五除二就被控制住了。

那该如何识别 PUA 呢？

第一，你要记住，**假设一个人跑来对你说，我是在为你好，其实就是一种 PUA**。"为你好"这句话背后隐藏了两种意思：第一，你应该这么去做；第二，你看你多忘恩负义，我是为你好，你还不领情。一方面逼迫你去做这件事情，另一方面还想从情感上让你感到内疚。PUA 的一个特点就是让你感到内疚，让你觉得对不起我。我现在特别讨厌一个人跑过来说"我这样做就是为你好"，为我好的人不会说这种话，只有想把自己的意志强加在你身上的人才会这样说。

俞敏洪：家长也会对孩子说这句话。

刘嘉：**第二，要看这个男性的性格是否稳定**。有一些男性会利用情绪控制女性。一般而言，女性都比较善良。当男性号啕大哭，说自己经历了什么苦难时，就会激发女性的同情心，女性就容易对这个男性产生一种好感，这个男性就会在这个时候借这种情感上的暴力伤害女性。举个例子，比如俞老师伤害了我，捅了我两刀，我讲给女生听，女生气得一塌糊涂，说我们不要理俞老师了。如果我现在要去控制这个女孩，会怎么做呢？我会说你现在说的这句话比俞老师捅我两刀要让我难过多了，俞老师只是捅在我的肉体上，而你是捅在我的心上，然后号啕大哭。这就是通过情感操纵女生，这在社会上特别普遍，因为女性比较看重情感，而有的男性就是利用情感进行操纵。女性一定要摆脱这种基于情感的操纵。

俞敏洪：女生们一定不要陷入马基雅维利主义式的陷阱中，一旦陷入，女生就会特别痛苦，甚至可能有生命之忧。那有没有女生操纵男生的情况呢？通常会动用怎样的武器呢？

刘嘉：据我的研究经验来看，还没有发现女性操控男性的成功方法。我们的确能看到一些女性会对着男性吼，但这一般不是情感上的操纵，而是这种男性比较软弱，吼几句他就怕了。

俞敏洪：女生"绿茶"算不算是对男生的操纵？

刘嘉：我觉得这是她们表达自我的一种方式。比如我看上了哪个男生，可能需要小心翼翼地表达情感。"绿茶"只是女性的一些小心思，可能会带来一些伤害，但这不是对人生、情绪、自尊的摧毁和控制，她们只是使用一些技巧让男生喜欢自己，而不是喜欢其他人。我觉得这些技巧本身没有大害。

俞敏洪：但这个男生最后也可能会很痛苦。

刘嘉：是的。明明张三和小红在一起更快乐，但另一个女孩技巧很高，把张三给吸引过去了，结果他最后变得很痛苦。但从另一个角度来讲，这和 PUA 不是同一个类型，强度也差很多。

▶ 婚姻不一定是爱情的坟墓

俞敏洪：爱和婚姻到底是什么关系？婚姻到底是爱的延续，还是爱的坟墓？

刘嘉：这要分不同类型的婚姻来看。前面提到过，从人类历史来看，婚姻分成三个阶段，第一个阶段是制度性婚姻。比如昭君出塞这样的政治联姻，或者是女性生小孩需要资源，所以要通过婚姻契约和男性绑定在一起。在这个阶段，爱和婚姻就是两件完全独立的事情。在古罗马时期，大家会娶结过婚、生过小孩的人当老婆。为什么？因为那时候因难产而死的女性特别多，所以对贵族来说，找一个结过婚、生过小孩的女性，能把小孩生下来的概率就更高，这是他们的婚姻所追求的。在这个阶段，大家是为了利益绑定在一起。从原始社会、封建社会时起都是这种形式。

到了工业革命时期，发生了一个很大的变化。原本在农村的时候，家里有两亩田，男性在家里种田就可以了，但现在有了工厂，男性就要出去工作，这时候家庭事务就必须由女性来维持、运作，两个人就开始有了分工。那时候有一个新的方向，叫家政学，教女性怎么插花、怎么把家庭运营好，比如燕京大学最出名的就是家政方向，特别火爆。到了这时候，更多是伴侣性婚姻，两边各有责任分配。你把工作做好、赚到钱，我把家庭里的事做好。这时候男性、女性就有更多交往的机会，而且这时候女性的地位会比之前高一点。一旦大家有了平等的交往，男女之间就可以产生爱情，就可以把爱引入家庭了。所以，爱和婚姻的关系是近代才出现的。可以看到一个特别好玩的事情，我们会用"爱"描述所有的东西，比如我爱吃鸡腿、我爱喝可乐、我爱张三，用的"爱"是一样的。东方如此，西方也如此，我们分不清 Like 和 Love，这是一个很大的问题。

20 世纪初以后，工业再度发展，这时候大量女性出来工作了，比如做接线员、纺织工等。这时候女性就有自主权了，因为她可以挣钱养活自己了。此外，当时关于避孕方法的发明——无论是药还是器具都已经有了，女性开始掌控自己的身体，不再担心怀孕了。女性的身体回归了女性本身，这时候就进入了第三个阶段——自我表达的婚姻。现在女性找对象，不是看中他有钱、有房子，因为自己也有房子，也能养活自己，**更在意的是会不会因为对方而变成更好的"我"**。经常会有女生说，我为什么要找一个男的？不仅带不来任何东西，还要像照顾孩子一样照顾他。所以，现在女性的单身比例非常高。**也是在这个时候，在自我表达的婚姻里，爱和家庭就融为一体了。**

俞敏洪：在中国古代，婚姻都是父母指定的，两个人结婚之前甚至没有见过对方。但为什么现在自由恋爱后的婚姻生活并不比父母指定的婚姻生活更幸福呢？另外，自由恋爱的时候，大家都爱得死去活来，为什么结婚之后，爱会消失？

刘嘉：在印度做过一个研究，发现一个很好玩的现象：包办婚姻未必比自由恋爱更差，甚至某些情况下会更好。这是因为父母在自己身上做过一次实验，他们知道哪些东西是婚姻成功的要素，而哪些不是。年轻人第一次或者第二次谈恋爱的时候，他们并不知道家庭经营成功的关键因素是什么，只能凭着自己的感觉来做这件事情，但做实验哪有一次就成功的？问题的关键是什么呢？要多做实验，要多谈恋爱。**我现在很鼓励年轻人多谈恋爱，这样才能见识到不同的异性，才会找到你真正喜欢的人。**

很多人都说婚姻是爱情的坟墓，但为什么一定要奔向坟墓呢？这是假设前提的错误。爱能够成就每个人，并不一定是往坟墓走。**现在很多人不要婚姻，还有一些人属于丁克，他们可能对婚姻有不同的理解，但没有一个人会说我不需要爱。**所以，让爱走向坟墓是大家最不愿意看到的事情，大家的目的还是变得更好。

俞敏洪：现代社会中，人对于爱的理解应该更开阔一点，包容度更高一点，爱情并不必然以婚姻作为结果。当然，这也不是一件坏事。

刘嘉：那是最好的。我们现在会看到一些社会现象，为什么结婚率越来越低？为什么出生率越来越低？除了其他因素，一个很主要的因素就是，大家对婚恋的态度和观念的转变。对于现在的年轻人来说，如果要提高他们的结婚率，要告诉他们，婚姻并不是你父母所经历的那种枷锁、契约，而是一种借助对方更好地成长的方式。我觉得要把这个理念传递出去。

▶ 离婚可能是新的开始

俞敏洪：在古代，家家户户都讲究门当户对，女性在经济上也不独立，现在大部分女性在经济上已经独立了。**你觉得女性经济独立以后，和男性的交往发生了什么样的变化？女性寻找伴侣的时候，她的标准发生了什么样的变化？**

刘嘉：我觉得最关键的一点是，她们不再会因为生计问题而托付终身了。经过国家这么多年的高速发展，大家的家境都变得相对好起来了。**对于相当一部分人来说，他们关注的不再只是对方的家境。他们也在乎经济条件，但现在会将关注点更多地放在情感连接上。**现在这个社会有一个很大的问题，就是孤独。我们有微信，有各种即时通信工具，但是人们变得更加孤独了，因为即时通信工具与人与人面对面接触带来的感受是完全不一样的。现在的年轻人更在乎心理、情感上的支持，而这些是被我们严重忽略的。

俞敏洪：我之前看过一个数据，说社会越开放，女性的经济越独立，离婚的人就会越来越多，说现在中国的平均离婚率达到 50% 以上，有的地方甚至能达到 60% 到 70%。我不知道这个数据是不是真的。我想问，当今离婚率这么高，你怎么评价？有没有什么办法可以稍微降低一下离婚率？

刘嘉：其实中国不是特例，在美国等西方发达国家，离婚率更高。背后一个最根本的原因，就是女性能够独立自主了。过去离婚，女性就出去睡马路了，所以她们不敢离婚；现在大家有钱了，离婚以后可能过得更好。**随着经济的发展，离婚率还会继续上升，这是整个社会的普遍现象。但离婚并不表明这件事情结束了，而是成为一个新的开始，可以开始一段新的感情。我觉得这点很重要。**

俞敏洪：如果两个人有了孩子，你觉得夫妻应该选择为了孩子忍受婚姻状态，还是说其实离婚是更好的选择？

刘嘉：在我看来，为了小孩而选择不离婚这个观念是非常错误的。第一，小孩不是没有感知的动物，他能感受到父母之间的张力，能感受到他们之间的冷战，在这种环境下长大的小孩容易有心理问题；第二，我觉得更重要的是，离婚并不表明你要一个人带着小孩生活一辈子，你可以去找新的伴侣，或许小孩的继父/继母和小孩的相处会更好。中国有一种传统观念，觉得继父/继母会把小孩往死里整，但时代已经发生了变化，在古代会出现的情况未必会在现代社会出现。我是一个唯物论者，不相信有来世。人生苦短，一辈子就这么几十年，你为了小孩牺牲自己，活得不开心，那太难受了。开心才是最重要的。

俞敏洪：理解。我个人的观点是，大部分人在结婚前并不知道婚后会不会幸福，只有婚后朝夕相处，才能把两个人的缺点暴露出来，所以一旦两个人在一起生活一定时间之后，觉得特别不合适，离婚肯定是一个好的选择，尤其是在没有孩子的时候。另外，我身边也有不少离婚的人，但他们离婚以后再找新人结婚，依然对婚姻不满意。按理说，他找第二任的时候可以避开很多陷阱，但有些人还是避不开，在这样的情况下，可能就会变成习惯性离婚，因为永远找不到满意的对象。所以，我觉得两个人在一起不合适，离婚肯定比不离好，但在离婚之前也要有一段冷静期。

刘嘉：这就涉及你前面提到的学习能力。前一段婚姻失败了，要了解之前为什么失败，你才能进步。

俞敏洪：有了孩子以后能不能离婚呢？我认为如果感情实在不好，离婚也是很正常的行为。但我想提个建议。我做家庭教育，常常发现离婚以后，妈妈有怨气，会天天在孩子面前骂爸爸，爸爸也天天在孩子面前说妈妈的不好，其实这是对孩子身心健康极大的摧残。如果两个人能理性地离婚，不闹得死去活来，两个人共同抚养孩子的责任还在，彼此能在孩子面前维护对方的尊严，这样孩子在心理上受到的冲击和影响就会少很多。我有朋友做抑郁症咨询工作，他发现，如果父母离婚之后关系不好，天天折腾孩子，孩子得抑郁症的比例就会大大提高。所以，有了孩子不是不能离婚，而是要注意该怎么对待孩子。这是我对离婚的一点看法。

刘嘉：我完全同意你的观点。小孩不应该成为不离婚的先决条件。

▶ 享受孤独

俞敏洪：你在书中写到，两个人在一起的时候，尽量不要无条件迁就对方、牺牲自我。你为什么会这样认为呢？

刘嘉：其实这就是自我表达型婚姻的不同之处，他们结婚的目的主要还是关注自我，我怎么通过婚姻把自己变得更好，而不是通过结婚，去服侍别人、照顾别人，把别人变得更好。这时候我们需要更多关注彼此的成就，如果我只是一心一意照顾对方、照顾小孩、照顾所有人，其实我们的孤独感会比自己一个人时强得多，因为这时候没有人认同我们的贡献。

俞敏洪：我对这个问题的看法有两点：第一，**人与人之间可以互相照顾对方的情绪，但绝对不能迁就对方，更不能因为对方牺牲自己的观点、立场和生活方式。**夫妻之间是这样，男女朋友之间是这样，朋友之间也是这样。我们不要因为社会对某件事情的看法而影响自己的生活，活在别人的眼中是对生命的不尊重。因为你是独立的个体、独立的生命，只要不违反大的社会规范，你应该过自己想要的生活，表达自己想要表达的情感。如果夫妻在一起互相迁就，或者为了迁就对方以至于牺牲自己，这其实是不正常甚至畸形的感情或者生活状态。

第二，我特别喜欢你在书中描述的一种状态：夫妻平时分房睡，想见面的时候再见面，保持更好的独立感、新鲜感，尽量保持互相不干涉。男女之间关系不正常的一个表现就是查对方手机上发了什么东西。另外，两个人在一起可以保持相对的独立性，比如可以跟对方说，我今天确实想一个人待着，我想一个人出去走一走，也不见得这样一说对方就和你生气，慢慢养成保持美好的距离感的习惯。而且，距离产生美，距离也可以减少矛盾。

现在很多人都选择单身，单身的时候相对可以做出自我的选择，但又有需要面对孤独的问题。从你的视角来看，**一个人应该如何面对孤独的生活状态？**

刘嘉：我们对孤独其实有一种误解。首先，孤独的确是一个问题，这是我们大家都不太想面对的。但有些孤独是我们喜欢的，比如现在俞老师和一个谈吐特别粗俗的人聊了两个小时，对方也没什么文化、见解，你会觉得这两个小时度日如年，还不如自己享受孤独。我们经常参加的一些饭局也是一样，你会发现自己不属于这个地方。有一个词叫"JOMO"（Joy of Missing Out），就是"错过的快乐"。很多时候，孤独本身不是不可接受的，而且孤独是一种主观感受，要看我们自己如何看待这件事情。有时候我们之所以觉得孤独，是因为缺少一起做某件事情的伙伴。从另一个角度来讲，这种东西也可以通过其他方式来弥补，比如心理的富足，很多时候一个人反而更容易做决策。

俞敏洪：单身的时候确实有很多单身的快乐，想做什么就做什么，想出去旅游背着包就出去了，一人吃饱全家不饿，但这也有另外的问题，比如晚上回去以后没有人照顾你；如果家里暖气不热，还要自己烧暖气；如果家里没热水，还要自己烧热水。要能接受这样的状态，才有资格承受单身的孤独。如果单身的生活变成一种消沉、抱怨，就不再是享受孤独了，而是消极生存的躺平状态，甚至连躺平都算不上。

刘嘉：是的，任何选择都是有代价的，只是看哪种方式让你感受更好而已。这就是婚姻的第三阶段：自我表达的婚姻。自我表达是非常个性化的，不再有一个标准公式，比如制度性婚姻，就是男性在外面挣钱，女性负责生小孩；伴侣性婚姻，就是两个人各负其责，男主外、女主内；而到了自我表达的婚姻，就没有一个公式了，什么是成功的婚姻？什么是成功的亲密关系？要自己去寻找。

俞敏洪：有人说两个人过比一个人过更孤独。如果两个人同床异梦，或者两个人话都说不到一起，确实会更孤独，那是热闹中的孤独，比纯粹的孤独更难受。我还想到一句话，**如果你想单身过幸福的孤独生活，首先得学会温暖自己，因为一个人的时候，能温暖自己是特别重要的。**

刘嘉：是的。我们通常把共情理解为对别人共情，但我们最需要的是对自己共情。我们首先要学会自己温暖自己，自己照料自己。无论是单身还是处于家庭之中，在任何一种情况下都要能自己温暖自己，每个人都应该把这点牢记在心。

▶ **每个人都有权利活成自己想要的样子**

俞敏洪：你在书中把人的生活分成了享乐的生活、幸福的生活和心灵富足的生活，它们的区别是什么？一个人该如何选择呢？

刘嘉：享乐的生活是我们关注当下，把当下活好。我们做一个思想实验，假设俞老师去一个地方玩，这个地方很好，风景如画，可以给你留下美好的记忆，但你回来以后，会忘掉这个地方的所有美好，会完全忘掉这趟令你心旷神怡的旅行，你不会留下一张照片，你的记忆里也不会留下任何蛛丝马迹，现在你是否还愿意去那里旅行？如果答案是愿意，即使会忘记也愿意去，这就是追求享乐的生活。我当时已经快乐过了，现在记不记得并不重要。如果你选择不愿意，因为它没有意义，我记不住任何东西，这时候你追求的就是有意义的生活。

我们要在当下的享乐和未来的理想之间找到一个平衡。我们不能只专注于当下，也不能说我现在过得很难受是为了 20 年后的成才。这是积极心理学的一个观点。在《我和我们》里，我把"心灵富足"加进来了。心灵富足讲的是，无论是享受当下，还是追求未来的理想，你都有一个核心的目标，就是让内心充盈。如果当下享乐，吃很贵的饭，喝很贵的酒，你想没想过未来？想了。但你内心充盈了吗？没有。因为它只是让你的口舌舒服，并没有因为当下的行为让你的内心更加充盈。同样，我们为了未来的理想去奋斗，要看你的理想是什么。如果你的理想是办一家新的公司，要超越新东方，市值要比它高，你可能会努力，可能会做得很好，但你的内心不是充盈的。为什么？因为在俞老师做新东方的目的里，市值或许是他的目的之一，但他办教育的更重要的目的是把教育这件事情做起来，让更多的人有更好的未来。所以，什么是真正的幸福？我们一定要让内心充盈起来，要觉得做这件事情是有价值的，符合自己的人生观、价值观和世界观。

俞敏洪：我个人认为，享受的生活是什么样呢？讲究当下。我现在吃了一顿好吃的，我开心，只注重当下的生活。幸福的生活，更多是在追求一种长远的发展，通过努力买更好的房子，或者通过努力做成一项事业，这项事业本身可能是有意义的，可能是有价值的，也可能纯粹为了自己能得到更高的社会地位、赚更多的钱，是偏向未来的；而精神富足的生活就是，我做的这件事情本身既是愉悦的，又是符合我内心价值观的，长远来看这件事情也是有意义的，想起来就精神愉悦，这就是精神富足的生活。

刘嘉：对，你诠释得特别好。你的快乐来自内心的充盈，而不是别人出门开个破车，我就要开个豪车。

俞敏洪：一个人内心平静也是一种精神富足的表现。内心平静主要来自你做的事情不会突破太多底线，不至于让自己内心有愧，或者内心不安。

刘嘉：对。人就是八九十年的寿命，很多时候人干的事情是在压抑自己的欲望、情感。我们更多是在看别人的脸色或者活在别人的期望中，是讨好型人格。我做这件事情是为了讨好父母，我做这件事情是想得到老板的称赞，这种人活得就非常艰苦。**只要我们不违反国家的法律，不侵犯他人的权利，每个人都有权利活成自己想要的样子**。只要我能够生存下去，我不去损害他人的利益或者违法犯罪，就可以不用看别人的脸色做事情，既不用满足父母的期望，也不用满足老板的期望。这也是自我表达的婚姻想表明的核心观点，我们要为自己而活，婚恋的目的不是1+1>2，而是我们因为对方的存在彼此变得更好。

俞敏洪：说得非常对，夫妻之间的关系不能是讨好对方的关系。我觉得有一种态度特别重要，你不能把对方的脸色看得太重。有的夫妻把对方的脸色看得太重，一定意义上讲这是被对方控制了，最后变成变本加厉地互相依附或者互相控制的关系，让婚姻生活变得更加不可忍受。真正好的婚姻生活，就是要保持一定的独立性，同时尊重对方的隐私和情感，在尊重对方选择的前提下互相帮助、促进、成长。

刘嘉：完全同意。

▶ 用同理心建立连接

俞敏洪：你在书中讲了大量关于同理心的问题，感觉只要是人就都有同理心，哪怕一个陌生人看到小孩掉到井里，也会不自觉地伸出手把他拉起来。所以，同理心到底是什么？一个人怎样建立自己更深层次的同理心？

刘嘉：同理心和同情心是完全不一样的。假如我的一个朋友张三得了癌症，我去医院看他。同情心是怎样表达的呢？我会说你得了癌症，状况特别不好，有什么需要我做的，我尽量帮你做。这就是同情心，我高高在上看着你，你需要我的施舍，你需要我的帮助。这种情况反而会把人与人之间的连接断开，这个得癌症的人会说，我什么都不需要，我很好。因为这种高高在上伤害了他。

同理心是建立连接。我在你的身边，我们是战友。比如同样的情况，我去看张三，我一定不是说我有钱，我帮你治疗，而是我会感同身受，我会对他说，我也得过一个病，没有癌症这么严重，但我当时也特别惶恐，也担心会出什么问题；或者我有一个朋友，也经历了你这样的事情，但我们当时都和他在一起。我不是高高在上看你，而是一起分享，我们就变成战友了。这种时候你说哪种话都会有帮助，你可以说我没有得过癌症，不知道这样的感受，但我愿意和你待在一起。

俞敏洪：同理心就是换位思考？

刘嘉：两个人地位平等的时候，才有可能建立连接。比如我现在是新东方的员工，你是董事长，我一点都不会想着要和俞老师交个朋友，因为我们俩地位不平等。但如果你酒量很大，我酒量也很大，我们俩在酒桌上碰到了，发现对方酒量不错，遇到对手了，这时候我们俩就会惺惺相惜，变成了朋友，因为这时候我们地位平等。所以，同理心的关键点就是把自己的位置和对方放在一起，和对方建立一个连接。一旦建立连接，我们就成了战友。

俞敏洪：某种程度上，就是一种感情的代入，比如能充分理解对方的感情，并且设想自己在对方的位置上、场景中会产生什么样的感情以及反应。是这个意思吗？

刘嘉：是这样的。你得病了，给你拍20万，够义气吧？你的确帮助了别人，但是你深深地伤害了对方，他会觉得更加难受。

俞敏洪：在两个人的亲密关系中，要能站在对方的立场上想问题，并且感同身受。比如老婆下了班还要回家做饭，你因为她做的饭菜不好吃，还抱怨她，这就是没有同理心的表现，是吗？

刘嘉：是的。比如看到老公回到家，脾气很大，骂骂咧咧，有可能是老公脾气不好，也有可能是他在外面被老板骂了，情绪不好，把这种不开心的情绪带回家了。这时候老婆可以有同理心地说，你老板不是人，把这种连接给建立好，这点挺难的。做心理咨询的基础就是要有同理心或者共情力。

▷ 没有一个人是孤岛

俞敏洪：你在书的结尾说，没有一个人是孤岛，意味着人与人之间必然发生连接，不管是虚拟的还是现实的。作为不可能成为孤岛的人，怎样才能在人群中更好地生活？

刘嘉：我觉得一句话就可以了。在生活中多去拍拍他人，握握手，说说话，聊聊天，见见面。送人玫瑰，手有余香。我们需要的不是人与人之间的忽视，而是关注和关爱。

俞敏洪：今天时间差不多了。感谢大家在这么一个平常的日子里陪我和刘嘉老师对谈。生活是不容易的，也是多彩的，如果我们为了容易的生活让自己躺平或者不做任何追求，不去跟人打交道，往往会陷入另一种困境，比如孤独、迷惘，甚至孤单、抑郁。但我们跟人打交道就要有跟人打交道的方法，两性之间如何相处？和朋友如何相处？和社会如何相处？怎么样让自己变得有同理心，并且让自己更愿意对别人好，以换取别人对自己好的状态？在生活中，我们到底该如何对待自己的配偶和家人？我们今天聊了很多，大家可以读一读这本《我和我们》。

刘嘉：谢谢俞老师，谢谢大家的陪伴！今天和俞老师聊天特别开心，更希望我这本小书能给大家带来一些不一样的感觉，能够在大家碰到一些问题的时候提供帮助。

俞敏洪：你在书的最后引用了英国诗人约翰·多恩的一首诗《没有人是一座孤岛》，我把这首诗读一下，作为我们今天对谈的结尾——

没有人是一座孤岛

可以自全

每个人都是大陆的一片

整体的一部分

如果海水冲掉一块

欧洲就减小

如同一个山岬失掉一角

如同你的朋友或者你自己的领地失掉一块

任何人的死亡都是我的损失

因为我是人类的一员

因此

不要问丧钟为谁而鸣

它就为你而鸣

最后两句还是海明威一本书的书名来源。

刘嘉：是的。千言万语，还是俞老师一开始说的那句话，开心、愉快是最重要的。

俞敏洪：今天由于时间关系，就到这里了。祝大家明天的生活更加美好，跟他人的关系更加美好！再次感谢大家！

（对谈于 2023 年 4 月 11 日）

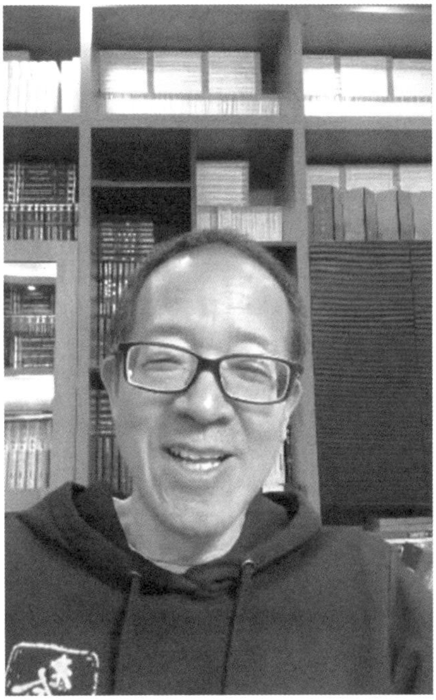

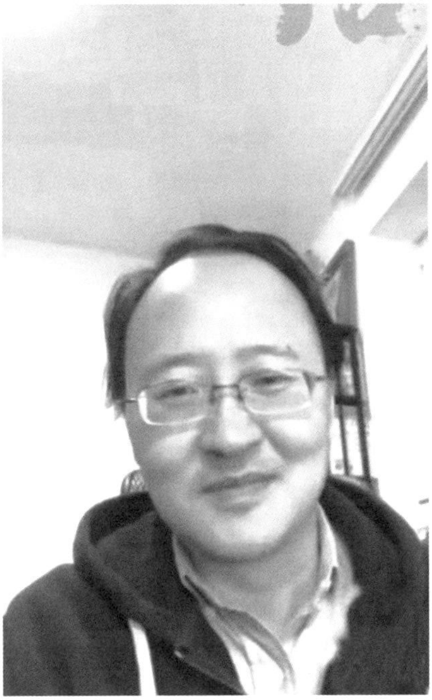

对话
柳智宇

何处青山不道场

柳智宇，1988年生于湖北武汉，曾以满分摘得国际数学奥赛金牌，被保送北京大学。后放弃美国麻省理工学院全额奖学金，在北京西山龙泉寺出家11年。2022年还俗，后成立自己的心理咨询工作室。

俞敏洪：各位朋友好！今天我再次邀请北大的师弟柳智宇进行对谈。他是一个名人，引起过好几次网络风暴，大家应该对他比较熟悉。之前我和智宇对谈过一次，今天我会和智宇继续人生的对话，他是一个非常特殊但会对大家有借鉴意义的人生案例。

智宇一开始在北大学数学，原本他可以到MIT（麻省理工学院）读数学博士，但他选择了遁入佛门，并且在佛门待了11年多。前几年他又跳出佛门，回归尘世的人间烟火，开始做心理咨询。在这个过程中，他心理上的变化、心态上的变化、觉悟上的变化，到底是一个怎样的过程？我们今天会聊聊这些话题。

—— 对谈开始 ——

▷ **何处青山不道场**

俞敏洪：我们相约这次再聊，一个主要原因是智宇出了一本新书《人生每一步都算数》。这本书我已经认真读过，还给他写了一个序言。这本书特别值得大家读，一是不厚，读起来比较轻松；二是你可以抱着一种八卦心理，看看柳智宇是怎么走到今天的，他的心理状态是怎样的，遇到了什么事情；三是我认为智宇是一个开悟之人，至少在我看来已经到了一定的境界，开悟之人倒过来回顾自己人生中所发生的事情，他是怎么转弯的，背后的思考到底是什么。我觉得这些对大部分人的人生、未来的发展是有借鉴作用的，因为柳智宇遇到的人生困境，不是什么金钱困境或者工作困境，而是精神困境。大部分人或多或少都会遇到精神困境，智宇在书中提供的思考一定会对大家有启发作用。所以，我先在这儿给大家推荐一下这本书，可以让正在上初中、高中的孩子读一读，能让孩子提前思考自己的人生到底应该怎么过。

柳智宇：非常感谢俞老师。

俞敏洪：听说你结婚了，你从一个出家人到回归红尘、做心理咨询、做自己的工作室，现在又进入婚姻状态，你觉得这是人生的进步还是退步？是真的感悟到了红尘其实比佛门更加美好，还是别的原因？

柳智宇：我觉得是对于不同生活方式的选择。当初我选择步入佛门，是希望能够更多地探索自己的内心，包括让自己能修行、能成长。后来我发现自己的心更需要贴近社会大众，所以学了一些心理学，我觉得通过心理学来助人是我喜欢的方向。还俗之前，我也经历过非常长时间的纠结。其实在家同样是一种修行，**何处青山不道场？关键在于我们的心。**而且我发现，就我的本性而言，还是更希望和大众在一起，那种很高冷的、没有人间烟火的感觉，是我不太适应的，所以我就换了一种方式跟大家见面，也换了一种方式来修行。

俞敏洪：我从你的书中和跟你的交往中发现，一方面你挺喜欢跟大自然亲近，也比较喜欢独处；另一方面你内心比较渴望和人交流，用你的方式去帮助别人，不管是帮助别人解决困难还是帮助别人体悟人生。这在你身上是有点矛盾的吧？

柳智宇：有一些张力，但并不矛盾。

俞敏洪：其实你从初中、高中开始，身上就有这种张力，到后来会被人认为你当时遁入空门是一种对现实世界的逃避，现在你回归红尘，实际是对这些张力的一种调和，对不对？

柳智宇： 对。

俞敏洪： 你分享下这个调和过程。你最终选择的是跟人打交道，而心理学不光是跟人打交道，还是跟在精神健康上有需求的人打交道。

柳智宇： 我最初喜欢数学，因为数学给了我的心灵一些空间。我前段时间见了陈景润先生的爱人，她一见我就说，你一看就像一个数学家，可能我具有那种数学家共同的气质。数学家是喜欢思考的，也喜欢独处。但我觉得在我身上还有另外一种气质，就是我很希望走入人群，所以我当初做了一个特别不一样的选择。出家并不是我大学毕业的时候突然做出的选择。我高三获得国际奥数满分金牌的时候，那些在他人看来很高光的时刻，恰恰对我自己的内心来说是一个个煎熬的时刻。可能很多人不理解，他们会认为，你得了奥数金牌，在数学上这么有前途，大学毕业之后又拿到了麻省的全奖，你为什么就突然选择出家了？

俞敏洪： 当时大家都感觉很突然。

柳智宇： 但在我心里，这个过程是非常自然的。我在得国际奥赛金牌的时候，遇到了两大困境。第一是我身体的困境。当时我的眼睛特别难受，没办法进行正常计算，这就导致我在数学的道路上前进是很艰难的；第二是当初我在人际关系上也遇到一些困难，导致我一直特别想走出自己的世界。高考那年，我发现身边有很多人压力很大，尤其我们当时在竞赛班，大家本来想着最好不要高考，但最后事与愿违。所以，我特别想去帮助身边的同学。

俞敏洪： 本来竞赛拿奖以后应该可以被保送的，但竞赛班的很多人其实并没有免除高考这个负担，所以压力就更大了。

柳智宇： 是的。我当初特别想帮助他们，但发现我给的不是他们需要的。我在帮助他们的时候，依然沉浸在自己的世界里，比如一些讲题的方式，可能并不是他们需要的、他们能接受的。

俞敏洪： 是不是给人一种居高临下的感觉？

柳智宇： 对。我当时因为这件事情非常痛苦。我经常沉浸在自己的世界里，和其他人缺乏连接，缺乏爱一个人的方法和能力。

俞敏洪：你可以爱一个人，但如果方法不对，其实这份爱是没法传递给别人的，反而会引起某种恨或者误解。

柳智宇：是的。当时我正好在青春期，青春期的孩子很希望和人建立连接。而我在青春期，尤其在高中的时候，就会觉得很孤独，特别想走近大家，想帮助他们又帮不了，就很痛苦。后来在大学期间，我就慢慢走上另外一条道路，就是探索自己，不光在数学方面，而是更全面地探索自己。

俞敏洪：对你来说，在大学学习数学其实不算一件特别难的事情，因为你大学本科四年毕业，还能拿到 MIT 全奖，说明成绩很好，只是学数学这件事情本身已经救不了你了？

柳智宇：对。已经不能解决我的困惑了。

俞敏洪：我觉得你毕业后选择出家，一定是在北大得到了某种感悟或者启示。像弘一法师也是先到庙里打坐、断食了很长一段时间，才使他的身心变得更加健康。你在北大和同学、朋友之间的经历对你产生了怎样的影响？

柳智宇：我想这样说，从最开始数学就不是我选定的人生方向，我只是把数学当作一种体验人生和宇宙规律的方法，或者说是一种修行的方法。我学数学和学传统文化，比如道家思想、佛家思想，基本是同时的。在初二的时候，妈妈给我推荐了蔡志忠的漫画，《老子说》《庄子说》还有《禅说》，我特别喜欢。我觉得这些漫画，包括后来我看的原典，都一直在召唤着我去探索人生，去成长。

俞敏洪：这种召唤刚好符合了你内心的某种诉求？

柳智宇：对。我不甘心去过那种和其他人一样、好像被考试推着走的很焦虑不安的人生。我在初中的时候，就觉得过这种人生很没劲，因为没有什么明确的方向和意义。每天为了考一个好分数，还要跟别人竞争，不断内卷，这种人生不是我想要的。

俞敏洪：当时就觉得这种内卷的人生很痛苦？

柳智宇：对。所以当我看到这些传统典籍时，就发自内心地觉得这条道路才是我想要的。

俞敏洪：你的中国文化功底和文学功底非常好。在这本书里有一些你写的诗，不管是仿写的古诗还是现代诗，我觉得写得都非常有悟性，文辞也非常优美。通常情况下，大家会认为一个学数学的人就是纯粹的数学研究者，会有点呆。

柳智宇：我曾经是这样的，但后面不断成长、自我更新了。我最初选择数学，是因为数学是一个非常具体的方向，但庄子、佛学这些，就感觉有点缥缈。我觉得我可以在数学中体会到庄子、老子所讲的那种境界，能够与天地精神相往来。

俞敏洪：这是天生的悟性，还是后天的体悟？因为并不是每个人读了庄子、老子都会觉得特别符合内心的感觉。

柳智宇：可能都有，也跟当时的生命状态有关。所以，学习数学对我学习传统文化来说是一种印证，我也没有把数学当作终极的归宿，我真正向往的还是庄子、老子、佛陀、孔子他们所描述的那种人生境界。

俞敏洪：不管是儒家的进取、道家的自然，还是佛家的释然，它们其实都在某种意义上打动了你？

柳智宇：是的。那是一种生命境界的不同，正好和我当时在应试教育下备受压力的生命状态形成了鲜明的对照。所以我觉得它们一直在召唤我，而数学则成为我践行这个召唤的最有效的方法，而且是被社会认可的方法。

俞敏洪：非常理解。你也坚持学习了很久，在北大也没有换专业，说明不管是对你的学业还是你的人生来说，数学都会有一些启发作用。甚至到了今天，数学仍然会对你的人生发展和心理学探索有所帮助，对不对？

柳智宇：其实有一个阶段，我觉得自己有可能走上陈景润先生、华罗庚先生他们那样的道路。尤其在高二之前，我学习数学的状态非常好，也很感兴趣。但那时候我的问题也很明显，就是总沉浸在数学世界中，对人际关系不敏感，而且比较心直口快，经常会伤害身边的同学。当然，这个问题到现在仍然存在。

俞敏洪：你现在说话还会伤害到周围的人？

柳智宇：因为佛门戒妄语，所以有时候我也在内心进行取舍。

俞敏洪：尽管你现在已经重新走入红尘，但佛教里一些对僧人的要求，也都内化成了你对自我的要求？

柳智宇：是的。在大学的时候，甚至从高三开始，我有一个很重要的蜕变，就是我觉得数学家这条道路不一定最适合我，而且从现实来看，当时的身体状况也不太允许。

俞敏洪：这是不是可以看作，你其实已经有了一种不迎合这个世界对一个人的期待的能力？在现实世界中，很多人，包括我，都会为了迎合其他人的期待，牺牲自己心中想做的事情。你获得奥赛金奖，进入北大以后，大部分人对你的期待，甚至你父母对你的期待，可能都是你能变成一个伟大的数学家，至少能到美国名牌大学读书。你心里其实非常了解这些期待，却选择遁入空门，成为一个僧人。当你遁入空门后，人们又对你产生了另外的期待，希望你成为一个高僧，变成另一个弘一法师，结果你又出人意料地回归红尘。你回归红尘后，大家又期待你是一个已经开悟的人，尽管回归红尘，但还是远离红尘，结果你又结婚了，估计未来还会生孩子。你其实在不断地脱离这个社会的期待，勇敢地一步步走出来。你的内心世界非常干净和纯粹，我读你的书就能感觉出来。像你这样的勇气是怎么来的？很多人都想选择自己的人生道路，但都会屈服于社会舆论和环境压力。

柳智宇：我觉得这是一个很普遍的现象，**人内心的节奏和外在的要求是错位的**。陈景润当年学数学，身边大部分人都不支持他。但可能恰恰在这种情况下，他的坚持才更加可贵。

俞敏洪：如果有人把你研究数学的草稿都烧掉，估计你也会坚持研究下去。

柳智宇：也不一定。我相信在很多人的人生道路上，都会遇到自己内心的节奏和他人的要求不一致的时候，别人会认为这条路才是对的，但当事人不一定这么认为。每个人其实都有自己内心的节奏，所以，我并没有刻意去叛逆，或者去跟别人的评判对着干，因为没有必要。

俞敏洪：故意对着干也不是一种解脱。

柳智宇：对。重要的是我能真正认清自己想要做什么，这一生想要成为什么样的人，这样才能真正为自己做出选择，而不是为别人而活。所以在这本书的腰封上也写到了，**我希望能做真实的自己，而不是别人眼中的自己**。

俞敏洪： 经历了这样几次人生转折后，你觉得如何能够让现在的年轻孩子从你身上学到东西，而不是形成一种误解？这种误解在于，大家都觉得柳智宇就是一个普通人，你遁入了佛门又回到了红尘，你并没有什么人生境界或者认知上的提高。你甚至有可能被家长拿来教育孩子，比如有孩子说自己压力大，想轻松点，想遁入空门的时候，父母就会说，你看柳智宇这不又回来了吗？你就不要去了。

柳智宇： 佛门可不轻松，一点都不轻松。但确实逃避是没有用的。

俞敏洪： 不经历这些，你不会知道自己处于哪种境界？

柳智宇： 对。人生并没有理想中的那方净土，真正的净土在我们心中。我想引用两句话，第一句是苏轼的一首诗。他说"人生到处知何似，应似飞鸿踏雪泥。泥上偶然留指爪，鸿飞那复计东西"。其实外在显现出来的就是泥上的一个脚印而已，可能别人看到的就是你留下的脚印，但他并不知道你这个人内心真实的想法是什么。

俞敏洪： 确实是，人们对一个人的观察或者理解基本都是认迹不认心，因为他并不知道你心里在想什么，只能根据你的行迹来判断你这个人怎么样。

柳智宇： 所以我觉得重要的是**我们要能够看到自己，能够倾听自己内心的声音**。这个声音并不是说我一定是对的，但我们需要倾听这个声音，然后认真去思考、判断什么才是真正适合自己的道路。第二句我想引用的，是庄子的一句话。庄子说古代有一位修行者，叫宋荣子，宋荣子"举世誉之而不加劝，举世非之而不加沮。定乎内外之分，辩乎荣辱之境"。

俞敏洪： 现在你觉得你达到这种境界了吗？我达不到。有时候看到网友说我的坏话，还挺愤怒的。

柳智宇： 我觉得这不是一种要求，而是前进的一个方向，是一种修行。古圣先贤也不是一开始就能做到的。

俞敏洪： 现在你觉得自己基本已经走在朝着这个方向的正确路径上了？

柳智宇： 是的。内心越来越笃定了。

俞敏洪： 不管是进佛门还是出佛门，从你个人的体会来说，你觉得你的人生境界或者觉悟是在一路上升的？

柳智宇： 是的。准确来说，还俗之后，我觉得我的心更轻松自在了，放下了很多枷锁。因为出家的时候不可避免地要背负很多别人的期待，大家会期待你能成为开悟的圣人，期待你无所不知，别人的一切问题你都能回答，还期待你能一直陪伴着大家……那你不是菩萨吗？像观世音菩萨一样，千处祈求千处应。

俞敏洪： 这是不切实际的期待。

柳智宇： 对。这种期待至少对当时的我来说还是挺有压力的。我们当初坐火车、坐高铁，师父让我们不要戴耳机，不要听 MP3。为什么？因为别人不知道你在听什么，这样会让他们有看法，当时就到了这种程度。我们当时真的就因为披上了这身衣服，就要为其他人的看法刻意展现出那种形象。我不喜欢这样。

俞敏洪： 某种程度上也扭曲了自己放松的个性。

柳智宇： 对。这也是我觉得我还俗之后的状态反而变得更好的原因，整个人从身体到内心都更加轻松自在。现在我觉得自己的心态、修行也都在很稳步地前进。

▷ 爱是一场修行

俞敏洪： 在佛学中有一个说法，不管做居士还是遁入空门做和尚，都是为了摆脱世间的千种烦恼，而其中一种烦恼就是人与人之间过分亲密的关系。尽管佛教也主张要对父母孝顺，但这跟儒家的孝顺是不一样的。你回归红尘以后，要跟亲戚朋友、父母重新建立更加亲密的关系，又有了自己的家庭，需要和爱人建立一种亲密的关系。在处理这些亲密关系的时候，你觉得自己更加如鱼得水了，还是说也会陷入烦恼中？

柳智宇： 我觉得这些都是修行。我其实很早就有一个看法，**任何环境都是修行的道场。**

俞敏洪： 你觉得在生活的哪些部分里，你可以进行修行、有领悟并且提升境界？这些是不是普通人也能学？

柳智宇： 其实我觉得恋爱也是很重要的修行。我和爱人经常一起诵经、打坐，我们会一起切磋，一起往前走，这也是很重要的。

俞敏洪：你爱人也会修行、打坐，跟你一起切磋佛学的一些东西？

柳智宇：是的。我们能够相互滋养，携手共进。如果有一些小矛盾，正好也是我反省的契机。

俞敏洪：如果是因为她不讲道理而产生的矛盾，你会怎样说服她？

柳智宇：遇到矛盾，我会第一时间认错，先认错再说。因为确实大部分情况下都是我的错，就是我做得不好。

俞敏洪：能做到这一点，家庭里的大量矛盾就能化解掉了。

柳智宇：我和爱人的接触也很有意思，整个过程也很特别，当初我们的相识就是一个偶然。

俞敏洪：并没有特意去寻找？

柳智宇：我当时刚还俗，对一些人情世故还不太理解。我们以前是笔友，她有时候会问我一些问题。她知道我还俗后，有一次就说有空可以一起吃饭。我就说好啊，什么时间？我当时觉得她是真的想约我一起吃饭，然后想聊点什么。后来她跟我说，她就是客气一下，没想到我当真了。我们见面之后，我也很直接、很坦率，直接跟她说，男孩子见到心仪的女生会心跳加速，我现在就有点心跳加速。

俞敏洪：你跟她吃饭的时候就喜欢上她了？

柳智宇：是。后面我们在一起的经历就很简单，也很单纯。我们两家的父母到现在为止都还没见过面。当初我们开了几次三方视频会议，相互认识了一下、寒暄了一下，没什么问题，我们就在一起了。

俞敏洪：太棒了。这本书里，你爱人还给你写了一篇文章，叫《奇妙的缘分》，她对你的爱护、对你的喜欢，都在文字中了，真的非常好。

柳智宇：我也给她写了一篇文章，叫《我的爱人》。

俞敏洪：我觉得这种温暖的红尘美好挺好的，坦率地说，这一直是我心中守护的最美好的东西。我尽管也喜欢独处，但从来没有起过和你一样的念头，比如遁入空门，告别世俗。我在世俗世界遇到的事情太多太多了，我相信比你遇到的多，包括做企业的过程中会遭遇各种各样的风风雨雨，很多时候我也会陷入各种各样的烦恼中。但我始终坚信，抱着一颗真诚的、善良的心去对待周围的人和事，一定会有圆满的结果。如果你用这样的心态去面对，最后问题仍然没有解决，那就是命中注定这件事情是你的一劫，要把它当作一次提升自己领悟力的契机。正因为我有这样一种积极的心态，不管遇到什么事情，我都能够比较坦然地对待。

从另一个角度来说，我的天性、本性就喜欢热闹的红尘生活。我在人际交往中从来没有遇到过像你那样的痛苦、隔阂和不理解。我小时候就跟村上的小朋友关系特别好，到了中学、大学也没有在这方面感觉到痛苦。首先，我本来就不会和别人交往得不好；其次，我也并没有要去引领别人的观点、思想。北大牛人太多了，我在北大一直是"宁为牛后"。我跟着牛人跑，做"牛屁股"，他们让我干什么，我都很开心。有的人心思会比较敏感，觉得别人说句话、做件事就是对自己的侮辱或者不尊敬，但我在这方面完全没有任何敏感。别人对我说的一些话，我可能当时会有点不开心，但第二天就忘了。所以我在北大没有仇人，到今天为止，我的生活中也没有仇人。

对我来说，我一直很热爱红尘生活，达不到你那种"看山是山，看山不是山，看山又是山"的境界。我怎么觉得，我一开始看山就是山，到今天看山还是山。

柳智宇：其实我特别敬佩俞老师的一点就是您的真诚。上次聊完之后，我一直特别敬仰您。对我来说，您是一位值得敬仰的长辈。

俞敏洪：谢谢你把我说得那么老（笑），不过我确实跟你父亲的年龄差不多。对我来说，让我来教导人怎么跟人相处，怎么热爱生命，会显得很浅薄，因为我觉得很正常啊，你去热爱就行了。但对你来说，你是经过很多领悟和修行以后，产生了对于红尘生活的接受和热爱，并且得到了凭自己的力量和能力去帮助更多人摆脱人生痛苦的契机。你现在做独立工作室、做心理咨询，这能帮助到太多人，而恰恰是这些人最需要你的帮助。像我这样的人，读读你的书就够了，因为整体来说，我身心比较积极健康，但很多人确实容易陷入生命的痛苦中不能自拔。

我也有过这么一段时间，站在 25 楼，一心想往下跳。那次真的特别危险，我把窗户都打开了。但当时我女儿非常小，大概四五岁，我一想到孩子，觉得不行，就披上大衣出门了。我当时在国外，外面特别寒冷，我在外面走了四个多小时，活活把想跳楼的心思给走没了。我有过这种经历，那次以后，我就像你一样，用更加积极的心态自我修行，很快就调整过来了。

柳智宇：是的。每个人，包括您和我，也包括大家，在生命中可能或多或少都会遇到这样的至暗时刻。我人生中有三个至暗时刻，前面说了一个，就是我拿到奥数金牌的时候，在他人看来是高光时刻，但其实是我内心的至暗时刻。后来出家的时候和下山的时候，又有两次特别痛苦的经历，但我可能没有像您那么严重。我大一的时候，做任何事情都感觉不到一点快乐。之前我特别喜欢美好的风景，但我那时候看风景，可能刚开始会有一点点新鲜感，然后马上就没有感觉了。

那段时间，我觉得我应该是抑郁了，如果当时用量表测一下，肯定是抑郁，至少是轻度或者中度抑郁。那时我可能没有想过要离开这个世界，只是想如果这就是人生，那我也要很勇敢地走下去；如果人生注定没有快乐，我也要一直坚持到底。我出家之后，有一段时间身体特别差，下山之后有一段时间也是如此，每工作 15 分钟就必须休息 30 分钟，身体非常虚；说话也必须轻声地说，说半小时就累了。

俞敏洪：你的精神状态是不是跟你本身体质不那么好有一定关系？

柳智宇：是的，我从小身体就不太好。但我觉得更重要的原因是，有一个功课我之前一直没有学到，就是如何爱自己。在我求学的过程中，有两门重要的功课都没有学到，一是如何爱他人，一是如何爱自己。

有很长一段时间，我都处于一个耗竭的状态。出家那段时间，我们僧团一起编辑了 30 多本佛学书。我当时发心，损 20 年阳寿也要把这套书编成，但编成之后，仍然觉得人生百无聊赖，好像不知道自己要干什么，其实那也是一种轻度抑郁的状态。我觉得当时是在彻底透支自己，以致整个身体出现了比较严重的问题。

俞敏洪： 你觉得在佛门的这段时间，拯救了你吗？让你变得更加理解这个世界的复杂性，从而慢慢产生了一种释然？这段时间给你带来的人生体会是什么？

柳智宇： 我觉得各方面都有。其实在佛门中，我学到很多东西，包括佛家的经典、佛门的礼仪、寺院怎么运作、如何组织活动等。很多方面都有所历练，内心也有成长。

俞敏洪： 你现在的动手能力、组织能力和关注他人的能力，跟那时候的经历是有关系的？

柳智宇： 是的。有些部分是在不断成长的，但另一方面也特别透支自己。后来我学了心理学，下山之后也慢慢体会到了关爱自己的重要性。

俞敏洪： 到底怎么关爱自己呢？从哪几个方面关爱呢？

柳智宇： 首先是要**看到自己内心、身体的需要**。其实我遇到过和我很类似的过度透支的人，那个朋友身体也是很不好，他说他在职场上了遭遇了"PUA"。他特别辛苦地付出，越付出领导越让他多做，别人就越依赖他。我特别理解这种处境。我们原来编书是从早到晚，早上 4 点起床，上个早课就开始编书，一直到晚上六七点钟。有时候到了晚上六七点钟，我的身体就开始打摆子，不停地发抖。

俞敏洪： 体能已经跟不上了？

柳智宇： 对。但晚上还要开两小时的会。我当时就坐在那里一直抖，坐都坐不住，但还要开会、发言。所以，经历了这段痛苦之后，我发现一个人如果完全无私地付出，也是走不长远的。

俞敏洪： 不顾自己的身体、不顾长久的健康去拼命付出，其实是不对的。伤害自己并不是真正修行的方法，对吧？

柳智宇：伤害自己既不是修行和成长的方法，也不能真正更好地帮助别人，因为这会使得你做的任何事情都不可持续。

俞敏洪： 刚才讲到两个需求，一是内心需求，一是身体需求。身体需求主要分成两种：第一，要保持身体健康；第二，各种欲望，比如想吃好的、喝好的。一个人的身体需求相对比较好解决，内心需求就不太好办了。你到底如何确定自己的内心需求是对的？如果内心需求不对，会把人引向更加糟糕的地步。有没有一个维度可以告诉我自己，我的内心需求往这个方向走才是对的？

柳智宇：其实所有人内心的需要都包括身体的需要。在心理学中有一些比较基础的分类，比如马斯洛说的五个层次。**很多时候我们想要某个东西，是一种欲望。欲望就是一种执着，必须是它，才能满足我。但回到需要的层面上，它其实是很灵活的，就像水一样。**比如可能我们需要他人认可，需要温暖和关爱。如果你意识到了这一点，就会有很多方式满足自己。所以，**真正了解自己内心想要什么是很重要的。**

我以前有好几位这样的学生，他们的内心是一种很空的状态，以至于会用疯狂购物的办法来满足自己。当我带着他们去觉察自己内心真正想要的是什么时，他们说自己其实想要的是一种关爱、一种与人的连接，以及一种人生的意义感。我会鼓励他们，不要追逐外在的事情，而是要用更合理、更健康的方式满足自己的需要。例如可以参加一些读书会，可以和朋友有一些连接，可以让生活变得更丰富一些，这样就不用通过购物来满足自己了，那是不健康的方式，对自己有伤害，而且不能真正让自己获得满足。

俞敏洪：内心的需要不要被表面的需要所屏蔽，要真正去察觉内心需要的是什么，比如需要爱、需要温暖或者需要内心丰盈。其实有时候追求那些表象的东西，会适得其反。

柳智宇：是的。回到原点并不复杂，也并不是一种恶。它是人的一种天性。

俞敏洪：很多人之所以有一些夸张的行为，是为了让内心那点空虚得到填补和满足。

柳智宇：以不健康的方式去追寻一个他也不知道是什么的东西。当一个人能充分看到自己的内心时，他的方向是很笃定的，也是表里如一的，他的生活也会很健康、很充实。

▷ **生命的意义在于成长**

俞敏洪：大部分人都有一个疑问，活着到底是为什么？人生的意义到底在哪里？你经历了这么多波折和起伏，而且都是那种革命性的大转弯，你觉得你找到人生的意义了吗？

柳智宇： 我觉得找到了。

俞敏洪： 你给大家讲一下，你所坚守的或者追寻的人生意义到底是什么？以及你通过什么样的行为来实现你的人生意义？

柳智宇： 从两个层面来谈，第一是个人层面，第二是大众层面。从我个人的角度来说，**生命的意义就在于成长**，包括去追寻古圣先贤的人格理想和境界。我最初是在《庄子》里看到了这种人格和理想。他能够跳出一般人思维的局限性，就像鲲鹏一样扶摇而上，超越对立的、纠缠的人生状态。后来我的整个生命一直在沿着这个方向向前走。

俞敏洪： 所以你一直在按照这个方向成长。你的每次转型，都是你成长的标志？

柳智宇： 对。这就像我在序言中写到的，万川归海。水有时候向东流，有时候向南流，有时候向西流，但是它一直在奔向大海。

俞敏洪： 人生自古谁无死，你成长半天，到最后也要离开这个世界，那么成长对个人来说，意义是什么呢？

柳智宇： 孔子说，"朝闻道，夕死可矣"。这个话应该可以理解为古人把成长看的非常重要。

俞敏洪： 如果我个人的领悟、觉悟在不断成长，那我总要做点什么，把这些成长交付出来才对。怎么交付呢？比如你现在做心理咨询工作室，是不是一种交付？

柳智宇： 是的。在我的生命中，我觉得帮助他人是很重要的，而且帮助他人和自我成长往往是相互促进的。

俞敏洪： 某种意义上，是不是除了个人成长，你也在通过帮助他人来实现人生意义的叠加或者落地？

柳智宇： 是的。这就像儒家经典《大学》里讲的，"大学之道，在明明德，在亲民，在止于至善"。明明德，就是自己的成长，就是开发自己内心的光明，让心不被黑暗所蒙蔽，不被那些外在世俗的东西所掩盖；亲民就是亲近大众、服务大众。我们开发内心的光明，往往要在和人的互动中才能做到。最后要把这两者都做到至善至美，这是我一生的追求。

俞敏洪： 我怎么感觉你从对佛学的追求走向对儒学的追求了？

柳智宇： 其实儒释道我都很认同，儒释道的先贤我都很敬仰，儒释道里讲的方法我都在实践，我觉得它们之间没有矛盾。

俞敏洪： 当然，中国的文化本身比较包容。从文化的发展来说，儒释道从来没有真正打过架，不像其他宗教那样。但儒释道也指向了各种不同的人生态度和方向，比如大家都说儒是要进取，释是要放空，道是要成仙。你觉得在你身上，这三者能够比较完美地融为一体吗？

柳智宇： 我觉得至少没有矛盾。在具体实践的时候，可以相互参照。例如，我在佛门待这么久，最后发现，如果我当初把《庄子》的思想更看重一点，有些弯路本来不必走。那些让自己过于消耗的弯路，在《庄子》里讲得很明白。

俞敏洪： 你觉得一个人靠读书能不走弯路吗？你读过了《庄子》，不也走了弯路吗？

柳智宇： 对。到那个时候就不记得了。

俞敏洪：人生只有经历到那一步，再回头参照才会发现，哦，原来先贤早就说过了。我也有很多这样的感觉。但我觉得，人生该经历的苦难或者历程，还是要去经历。所谓不经历风雨怎么见彩虹，大概就是这个意思。

柳智宇： 是的。其实我还俗之前，有一个很重要的思考。我觉得儒释道也好，西方很多的传统也好，最终都回归到人的一颗心。一切学说，一切言论，都要回归到我们的本心。从心出发，就能包容一切。在这个时代，我们已经有太多的分歧、太多人与人之间的差异和矛盾，我们需要的应该不再是那种"你对、我不对"的对立思维，而是一种圆融无碍的思维。

俞敏洪： 但现在，这个世界本身就在"你对、我不对"之间互相纠结，比如国家之间的矛盾、宗教之间的矛盾，这些好像自人类有文字以来就已经存在了，到现在已经持续几千年了。依靠现代化科技，人与人之间可以瞬间连接，比如现在几百万网友就在跟我们连接；但人与人之间的矛盾、冲突并没有解决。我觉得想要彻底解决这个世界的冲突和矛盾是不可能的，但做到对不同思想、观点有所容忍和包容，还是有可能的，尽管现在并没有做到。尤其作为个人，在互相不伤害的前提下，你可以对其他人的思想和行为进行包容。当然，如果对方的思想特别极端，比如想要你的命，那就是另一回事了。一个人学会在这方面大度、包容、接纳和理解，是不是极其重要？

柳智宇：是的。我觉得需要在对话中学习和碰撞，不同的观点能够丰富我们的人生。正是因为有差异，我们才能不断前进。从这个角度来看，我觉得是圆融还是对立，取决于我们的心态。

俞敏洪：我感觉**做人的最高境界就是自己能做到善良、安心。自己的任何行为能尽量做到不害人、不伤人，就已经是很高的境界了。**再往上一个境界，就是你做的事情是对社会、对他人是有好处的。如果能做到这一点，就已经相当圆满了。还要往上走，就变成圣人或者是很高的境界了。宁可伤害自己也要做对这个社会、对他人有好处的事情，这就成"佛陀饲虎"了。我觉得我能达到的境界，大概就是尽可能为社会和其他人提供力所能及的帮助，但我依然要守护好自己，而不是伤害自己。你现在到哪种境界了？

柳智宇：我觉得即便是修为很高的人也不能随便牺牲自己，因为这样会给身边的人带来困扰。我先说刚才谈到的各个宗教或者各种学说、言论之间的矛盾问题。在《庄子》中有一篇《齐物论》，庄子认为一切学术都是平等的，都是不矛盾的。佛陀也说，我说法四十九年，其实无法可说。这样看来，矛不矛盾其实取决于心态。一切学说都是为了诠释心的净化和成长，只是不同的情况、不同的缘起、不同的特性、不同的人如何去更好地成长，所以，只要能够把它还原到心，还原到人，就没有矛盾了。至于人生境界的问题，我觉得也是因人而异，因为不同的人遭遇不同，生活环境不同，成长的阶梯也不同。

▷ **像鲲鹏一样俯瞰万物**

俞敏洪：现在很多孩子处在极具压力的学习生活状态中，中国年轻孩子的抑郁症比例越来越高。我觉得这种压力跟你当初遭遇到的没有太大区别。当这些孩子面对成绩的压力、学校的压力、人际关系的压力的时候，你对他们有什么建议？

柳智宇：我觉得青少年最大的一个问题是，他会局限在自己的经历之中。他的阅历比较少，很多不那么大的事情在他那里会被放大。所以，我觉得**首先要看到人生是很宽广的，我们所在意的那些部分，很多时候会受制于自己的局限性**。比如你当前情绪不好，就会把遇到的事情无限放大，觉得整个世界都完了，青少年尤其容易有这种想法。本来这一天是因为情绪不好导致学不进去，他就觉得都是学习害的，我就不适合学习，他很容易在他有限的经验中进行过度推论。但这其实也是一种成长。我们要看到自己当前的经验很有限，要多去阅读，多去了解不同的人生，获得不一样的经验。这样再反观当下，当你真正打开了心胸，就会知道当前所遇到的困境，古人也遇到过，现代人也遇到过，虽然时代有异，但人同此心，心同此理。我们内心的喜怒哀乐与古人、与其他人都是共通的。

俞敏洪：我觉得**人性和人心从古到今从来没变过，变的只是时代，变的只是我们的生活方式**。比如高科技来了，**人性和人心**并没有因为电灯来了、手机来了，就跟原来不一样了。**人性和人心**，既没有进步，也没有退步。在现实世界中，我们要解决的问题依然是怎样自我安心、自我成长以及如何和其他人、其他群体相处。你遁入空门是为了解决内心的困惑，是为了换一个相处的群体；你从空门出来也是为了内心的觉悟以及跟一个新的群体相处。我觉得这就是人要面对的两个难题，一是和自己相处，一是和他人相处。青少年在跟他人相处的时候，以及跟自己相处的时候，确实有很多的困惑。

柳智宇：我觉得最主要的还是不要只看眼前，不要把眼前当成生命的全部。青少年情绪比较容易波动，很容易一下子全好、全坏。好的时候他会觉得整个世界都很美好，所有人都很善良；坏的时候他觉得整个世界糟透了，一切都没有意义。**所以真正的智慧是要超越眼前，能够看得长远，就像鲲鹏一样，能够站在云端俯瞰万物，这样就不会觉得自己和万物对立了。**

俞敏洪：但一般的孩子在短时间内是做不到这点的。现在很多家长都没有做到，他们反而倒过来给孩子施加了巨大的压力。

柳智宇：对。很多时候是家长把焦虑传递给了孩子。孩子在学校本来就已经很焦虑了，家长还要天天问你怎么还不学习？你作业做完了没有？你要考试了还不看看书？这样孩子就崩溃了。**作为家长，我们要像防火墙一样，要尽可能挡住社会传递来的焦虑，守护住孩子内心的自由自在，而不是拼命把压力压到孩子身上。孩子是会被压坏的。**

俞敏洪：你父母在你小学、初中、高中的时候给过你这方面的压力吗？

柳智宇：给过。我小学的时候，我妈和我都很焦虑，因为小学的时候我有两个大的问题：第一是字写得不好，第二是很粗心。字写得不好，语文成绩就不好，粗心就容易做错数学题，所以我当时成绩平平。为了解决这两个问题，我妈妈当时也很焦虑。有时候老师会罚我，比如字写错了，就要抄一页，但抄的这一页里面有那么三四个字仍然是错的，所以又要被罚。后来我觉得很重要的一点是，我妈妈慢慢意识到，这可能是孩子在成长阶段出现的一种正常情况。她也问了一些家长，后来焦虑感就慢慢降下来了。随着年龄增长，我慢慢就接受这种状态了。到了初中、高中之后，这两个问题就好很多了，尤其是粗心的问题。到高中之后，我发现我算是相对比较细心的，可能是因为经过这么多年的成长和练习，在学习数学的时候，养成了一套自己的检查技巧，就逐渐克服了这个问题。

俞敏洪：对于中国现在造成孩子如此焦虑的教育体系，你作为一个过来人，且作为一个有很多感悟的人，对于教育体系的改革或者如何让它变得对青少年心理健康更友好，你有什么样的建议？

柳智宇：我觉得有几个点：**第一，要让教育反映社会的需要**。现在教育有自己的标准，但这个标准没有传递来自社会的需要和信息。这种情况下，要大力发展职业教育，因为职业教育对社会的需要是最敏感的。现在大家看不起职业教育，但我们国家过去有一段时间，大概是20世纪80年代，职业教育办得非常好。那时候本科教育的学校非常少，而中国又需要大量工人，所以大专、中专非常多。那时候大家的期待是找一份好工作，所以面对高考反而没那么大压力。**第二，现在已经取消了教培，但很多家长反而更焦虑了**。我觉得我们要提倡一种更健康的学习方法，要给大家一条道路，不然大家又不想卷、又卷不过，很矛盾。提倡一种有效的、合理的、符合科学也符合人性的学习方法，这也是我一直在探索的一条道路。

俞敏洪： 你因为得了奥数竞赛金奖被推荐到了北大，所以避开了一刀切的高考制度。那你的物理、化学学得怎么样？

柳智宇： 当时也参加过物理和化学竞赛，也拿了国家三等奖。

俞敏洪： 你数学那么好，物理、化学也拿了奖。从初中到高中的过程中，还读了那么多中国古典著作，中文又学得那么好。你觉得这是一种智商的展现，还是学习方法的展现，还是两者结合的结果？

柳智宇： 那时候我确实对各个学科都很有兴趣。数学、物理、化学、计算机，还有语文，都很喜欢。对英语没那么有兴趣，但当时学得还可以。为什么会这样呢？我后来总结过，觉得可能是学好数学之后，就带动全科成绩往上提升了。

俞敏洪： 为什么数学学好了就带动全科成绩往上提了呢？如果语文学好了，是不是也有可能？是给自己增加了一份学习的自信吗？

柳智宇： 我觉得<u>在学习中克服困难的精神和学习方法是可以迁移的</u>。所以，要提高成绩，从优势学科入手会比较好。从相对比较有兴趣、学得还不错的学科开始，把它先学得更扎实，再把这科的学习方法迁移到其他学科。我初一的时候，成绩也很一般，语文默写错一个字扣 10 分，我有时候要扣到负分。背诵古文也不怎么行，英语也一样，数学成绩当时也不突出。因为才上初一，处在适应期，整体没有什么特别突出的地方，后来是因为在数学上花了很多工夫，到了初二下学期，数学成绩才慢慢好起来。

俞敏洪： 所以从你的案例中，是不是可以给家长这样一个启示：孩子的成长需要时间。在这个过程中，要保持他的兴趣，培养好的学习方法，而不是一味地苛责。如果你父母特别急，一到初中看你语文负分，英语也不怎么样，数学又不好，可能就会觉得你怎么那么笨，然后天天打击你。但你父母并没有那么做，对不对？

柳智宇： 没有。初中的时候我跟父母关系还是挺好的。我语文默写得负分，他们也没说什么。我妈还给我想办法，教我怎么背英语课文，因为最开始我对靠记忆学习不太适应，可是语文和英语的学习都需要靠大量的记忆。当时我妈帮我想了很多办法，比如先看中文，再转成英文，还有一些其他的方法。他们一直在支持我。

俞敏洪： 可不可以说，父母对你的这种"犯错"或者这么一个学习并不是太好的阶段有所包容并且持续支持你，让你后来的学习越来越好了？

柳智宇： 我觉得是有关系的。而且我妈当时就建议我从数学开始学，先突破优势学科。其实孩子在学习中如果挫败感非常强，是没办法学下去的。他会觉得学习是特别痛苦的事情，越学越挫败，越学越没有动力。这时候他就只能沉浸在游戏世界里面，去找一点存在感。家长老说我的孩子为什么成天玩游戏？其实这个问题不出在游戏本身，而是现实世界没有给孩子足够多的美好和快乐。尤其是那些从早到晚，别的事情都不干，也不上学的网瘾少年。这种情况说明他的整个精神世界已经崩塌了，现实世界给不了他任何希望，他才会把所有希望都投入在虚拟世界中。

俞敏洪： 遇到这种情况，家长该怎么办？

柳智宇： 这种情况很难办。冰冻三尺非一日之寒，还是要慢慢在孩子的世界里建构一些美好和丰富的东西。

俞敏洪： 人心中如果有了美好和对未来的期望，就不会自暴自弃。

柳智宇： 家长要处理好和孩子的关系，要修复过往亲子关系中的创伤，让孩子至少不要反感父母，不要跟父母成为仇人，慢慢地让孩子发现这个世界的美好。这可能需要好几年的时间，才能让孩子慢慢从那里面走出来。所以我觉得我是很幸运的，在青少年阶段，尤其是初中，父母给我的支持让我能够突破当时的困境。

俞敏洪： 后来你出家这件事情，对父母一定是一个重大的打击，或者让他们感到非常困惑。你父母是在你还俗以后才释然的，还是在那个过程中慢慢就释然了？

柳智宇： 还俗之后才真正释然。但在这个过程中，他们也慢慢接受了，孩子可以有自己的生活。中国式父母很多时候会把全部希望寄托在孩子身上。

俞敏洪： 后来你父亲到世界各地潇洒地旅游、照相，是不是跟你出家有一定关系？

柳智宇： 有一定的关系，会让他更关注自己。我父亲本来就是一个很喜欢旅行的人。前段时间我爸妈来北京，就住在我们家隔壁。我爸一周至少去了三四次颐和园，有一次一天就跑了两回。他扛着一个摄像机，也是比较专业的设备，还有三脚架，去拍颐和园十七孔桥的夕阳。

俞敏洪： 所以，某种意义上说，你出家这件事反过来让你父母开始思考自己的人生？觉得儿子已经选了自己的人生道路，我们也应该更潇洒地过自己想过的日子？

柳智宇： 我觉得是有关系的。

俞敏洪： 你现在回归家庭生活，你父母肯定非常开心，可怜天下父母心嘛。

柳智宇： 是的。前段时间他们在北京住了大概三周，我们相处特别融洽，又很自由，就很自然。

俞敏洪： 尤其你结婚这件事情，你父母会超级开心。

柳智宇： 嗯。他们走的时候，我妈就说在这边特别愉快。

▷ **进也我心，退也我心**

俞敏洪： 你现在做心理咨询，你觉得你在心理学上的专业知识，已经达到确实能给人提供帮助的水平了吗？

柳智宇： 我的经历以及我学的专业知识，都多多少少能够给一部分人带来帮助。

俞敏洪： 有没有那种水泼不进、油泼不热的人？

柳智宇： 其实有的人在成长道路上会遇到一些卡点，或者是卡在一种固有的思维模式里，或者是涉及他的家庭、现实问题中的一些纠缠，我觉得这可能需要很长时间的陪伴和支持。

俞敏洪： 到今天为止，来找你做心理咨询的人中，从最初他来找你，到最后你把他的心结解开，花时间最长的是多久？

柳智宇：最长的有一年多。中间可能有断续，后面也有继续。有像您前面说的情况，他的问题真的很严重，比如前段时间遇到的一对父母，说孩子大学毕业后不理他们，一直在外地。父母也不知道孩子在干什么，特别慌。

俞敏洪：大学毕业后不理父母，是不是因为小时候受到父母的伤害太大了？

柳智宇：有可能。这种情况下，我也基本没什么办法。如果这个孩子是青少年，乃至大学生，可能还有一点办法。但孩子已经大学毕业了，又在外地，他又没犯法，总不能把他抓回来吧？这种亲子关系的破裂比较难挽回，但我也给了家长一些建议。这种情况不是一个，而是一类，是长期积累的结果。这时候家长想修复，有很大的困难。只有家长首先改变自己，慢慢调整自己跟孩子的互动方式，才能慢慢让孩子信任家长，愿意打开心扉。

俞敏洪：你觉得在你碰到的案例中，引发心理问题或者精神问题有哪几个比较明显的原因？

柳智宇：我觉得有多方面的原因。从经典心理学角度来讲，**生物的因素、心理的因素、社会的因素都会有**。生物的因素就是有些情况确实需要服药——包括抑郁、精神分裂等——要到正规医院就医。比如这个人抑郁很严重，这时候他的大脑已经是宕机状态了，你跟他讲什么他都不一定听得进去，除非你一直长期陪伴他，才会好一点。这种情况下，要么他自己慢慢走出来，要么通过服药快速改善状况后再解决问题，可能会快一点。然后是心理的因素，包括自己情绪上的、认知上的、行为上的问题，这些是心理咨询师要帮助解决的。再有就是社会的因素。我们专门有一个职业叫社工。社工主要解决社会层面的问题，比如这个人就是找不到工作，或者有很多实际的家庭矛盾等，社工就会给予帮助。至少是这三方面协同，才能整体上让一个人的身心困顿或者疾病得到比较系统的疗愈。

俞敏洪：你觉得什么个性特征的人比较容易陷入精神困惑？为什么有时候一个积极乐观的人也会突然陷入抑郁的状态中？是不是跟遇到的事情有关？

柳智宇：我觉得这应该理解为一个成长的过程。出现心理问题不能说是因为我的性格有问题，其实这是很多因素综合影响的结果。**我们遇到一些心理问题，**

> 遇到一些困难，这是一个成长的契机，我们可能需要有更强的心理能量去面对。各种性格的人都会遇到心理问题。

俞敏洪：是的。我觉得我是一个积极向上的人，但也遇到过非常极端的情况。这并不是因为我的个性，而是外界的压力、内部的问题挤压到了一定程度，而我又没有解决这些问题的能力导致的。心理的压力到了一定程度，就会引起生理上的变异，再之后就变成了真正的病。

柳智宇：是的。

俞敏洪：一般人遇到这样的困境，感到困惑或者迷茫后，如果已经感到精神压迫了，该怎么样迅速走出来，而不至于形成心理疾病？

柳智宇：还是要多去学一些心理健康方面的知识，再就是认识一些心理比较健康的、能支持自己的朋友。我特别倡导大家多学一些心理学和传统文化方面的知识。比如了解一下我们可能有哪些情绪问题？什么是抑郁？什么是焦虑？了解一些常见的心理问题的应对方法。这样遇到这些情况的时候，或者身边有人遇到这些情况的时候，就能够不慌。至少你会有大体的方向，不会犯严重的错误。很多时候因为我们不了解心理学知识，所以身边人出现情况后，我们的应对方法是完全错误的，是对他有害的。有了心理学知识之后，至少不会出现这种情况。

俞敏洪：你现在会在心理咨询的分享中给大家讲一些佛学知识吗？比如禅宗修炼中的一些精华和有关人生态度的东西。

柳智宇：不会分享宗教相关的东西。但如果是能对人生有帮助的且无关信仰的，可能会涉及。

俞敏洪：你是信仰过宗教，我从来没信过。但我对儒释道的态度跟你一样，比较感兴趣，希望能从中发现一些对自己的生命有指导性的东西。

柳智宇：虽然我是一个佛教徒，但我觉得信仰完全是个人的事情。我觉得佛教中最精华的部分和其他一些学派、宗教的理念是共通的。《大乘起信论》里面说，"所言法者，谓众生心；是心则摄一切世间、出世间法"，就是说真正的佛法其实就是众生的心，这句话对我的指导和鼓励作用非常大。

俞敏洪：某种意义上这甚至变成了你重返红尘的依据。

柳智宇： 对，一个很重要的依据。所谓"心生则种种法生，心灭则种种法灭"，关键是不管什么样的形式、什么样的内容，都回归到当下的这颗心，这样就毫不矛盾，也是圆融无碍并行不悖的。

俞敏洪： 你觉得对芸芸众生来说，哪些东西不能那么执着，应该尽早释然或者放弃？这样对自己的身心、未来有好处。

柳智宇： 我觉得，任何事情对我们的生命都是有帮助的，但你如果过于执着，就都是对自己有害的。

俞敏洪： 有点像中庸之道？

柳智宇： 对。

俞敏洪： 比如钱财名利，或多或少是对自己有好处的，但如果过分执着，最后迷失在里面，就会伤害身心健康，甚至伤害生命。

柳智宇： 说到钱财，我现在卡里只有一万多块钱，可能跟我刚刚创办工作室有关。我喜欢帮助身边一些朋友。前几天有个朋友说他的贷款快到期了，没有办法，就找我周转了一万多块钱。对于这种合理限度内的帮助，我爱人都挺支持的。但回过来看，当时借给他的那一万多块钱就是我所有钱的一半。我卡里虽然只有一万多块钱，但心里很坦然。

俞敏洪： 哪天没钱了怎么办呢？

柳智宇： 我觉得还不至于到那一步。因为我相信我愿意支持别人，别人也会愿意支持我。困境都是暂时的，现在是这样，但未来不一定是这样。

俞敏洪： 你做心理咨询工作室并且未来要围绕这个方向发展，这件事让你内心得到充盈和满足。你觉得未来你做哪些事情能实现内心的追求？

柳智宇： 我觉得有些部分当下已经实现了，不用等到一个遥远的未来。当下每做一步，就有一步的收获，就有一步的精彩。

俞敏洪： 因为想清楚了自己想要什么，所以当下反而变得更加重要。因为当下做的事情跟你的内心、未来是连接在一起的？

柳智宇： 是的。其实能走多远是由很多因缘决定的，但当下每一步都是很清晰、很笃定的。就像孔子困于匡城的时候，他还带着弟子在那里弹琴、唱歌。未来是什么样，他并不知道，但他能够珍惜当下的美好。

俞敏洪：这是《论语》中有名的两段表明孔子人生态度的内容之一。另一段是，孔子的弟子问什么才是人生最好的状态？有的说是修行，有的说是读书，结果曾子说："莫春者，春服既成，冠者五六人，童子六七人，浴乎沂，风乎舞雩，咏而归。"意思是到了春天的时候，到野外河边洗个澡，看看野花，大家唱唱歌、跳跳舞。孔子评价说，这才是高境界。

柳智宇：对。就是很自然、很洒脱的状态。

俞敏洪：你现在在日常工作和家庭生活中，还有人生烦恼吗？

柳智宇：也会有一些烦恼。我以前是很不在意钱的一个人。我当初下山的时候，几乎没有钱，朋友就接济了一些，这个接济几百，那个接济一千，就是这样一种情况。我还俗两年，觉得钱还是比较重要的，因为这不仅关乎我自己，还关乎我的家人、同事、朋友，他们的生活以及他们内心的安宁。所以，这个事情我会在意，但也不会让自己很慌。因为我知道我在做一件有意义的事情，我的方向是对的，过程中可能会有起伏，但大体上我内心是很稳定的。比如创业，您肯定比我更懂得创业的艰辛，有时候创业真的不仅是倾家荡产，而且是快到家败人亡的地步。我才刚刚开始，但从这么艰辛的道路走过来，需要内心的一种能量、一种定力。

俞敏洪：你现在有这种能量和定力吗？

柳智宇：我觉得我现在才刚刚开始。创业对我来说也是一种修行，每天都会有一些挑战，但这些挑战是一个成长的过程。我并不觉得我已经能够完全心如止水地应对这些挑战，比如同事惹我生气了，有时候心里特别烦躁，看到他就不爽。但这时候我也会反观自己，意识到是我产生了一种生气的情绪。

俞敏洪：你能够把自己拽回来。有的人就拽不回来。

柳智宇：人烦恼越重的时候，内心的觉性也越强。你内心会有一种很清晰的觉知，知道自己有一种生气的情绪。

俞敏洪：当一个人不管是处于生气还是其他负面情绪中的时候，能够迅速意识到自己处在那种情绪中，并且能够把自己从情绪中拉回来，恢复到心平气和的状态，这个能力是不是超级重要？

柳智宇：很重要，但有时候拉不回来。

俞敏洪：能意识到就已经很厉害了，对不对？

柳智宇：对。有时候是意识到之后，要练习跟这种情绪相处。因为它一直在那个地方拉着我，我就会跟它对着拉，这样就很拧巴。但我静静在这里看着，让自己撤回来，远远地旁观它，看情绪本身的变化，就好像天空在看云朵的变化一样。我发现这时候特别有意思，我就把注意力从那个人怎么害我转移到我的情绪是怎么变化的，我内心发生了什么变化。这个时候我就会觉得自己发现了很多东西。**我发现恨的背后其实是爱，所有的恨都是因为我们所爱的人被欺负了。这样的觉察会让我把愤怒转化为一种非常积极的力量，去守护那些我爱着的人。**

俞敏洪：但员工惹你生气、让你愤怒，背后也没有爱啊。这是因为你爱公司，所以觉得他伤害公司了。那你对惹你生气的员工，最后采取的是原谅的态度，是吧？

柳智宇：是因为员工工作失职，影响到学员的体验。因为我的发心是帮助更多的人，所以我觉得在任何处境下都不要去改变心中的善良。也许我心中曾经有恨，但我一直在调节，尽可能让自己的心能够从你我、是非、得失的对立中跳出来。就像《庄子》讲的鲲鹏一样，能够站在云端，超越我和他观点的对立、事实的对立，去平等看待这一切。

俞敏洪：前面说到创业。我记得禅宗有句话说，人的修行就在劳动中间，一粥一饭，早上扫地，晚上收粮，这都算是一种修行。你现在这样一个创业的过程，从佛门出来又回到红尘的过程，算不算你另外一种领悟？领悟到其实应该在世间做点实事，做点能够帮助别人的事情，不管遇到多少烦恼。

柳智宇：我觉得都是探索的过程。其实本来没有出也没有入，自始至终都是这样的一颗心。在高中的时候，我写过一副对联：**成亦今生，败亦今生，天涯云归架长虹；进也我心，退也我心，海角浪尽见坦途**。那时候虽然写了，但不一定能做到。胜负好坏其实都是当下内心的体验，这个部分就像水的冷热，或者像东风和西风一样，它在某种意义上是平等的。所以我会觉得，出世有出世的生活和成长，入世也有入世的生活和成长。我并不后悔曾经做了那样一个在他人看来惊世骇俗的决定。这个决定可能会让一些人困惑，可能会让一些人痛苦，但这是我人生里一段很重要的探索。

俞敏洪：现在入世，其实也依然在一种探索中？或者说，人生的探索本来就没有尽头？

柳智宇：对。就像古语说的，"天行健，君子以自强不息"，这就是探索不息，生生不息。

俞敏洪：不断探索的过程，这个我深有体会。我本来觉得自己60岁可以安然退休，享受退休以后的各种乐趣，但事情总会一件一件过来找你。任何一件事情的出现，我都会看作是我要面对的另外一次考验、修行和探索。我认为只要能克服这些困难，意味着我的修行又上了另外一个台阶。所以，我会以一种积极的心态来面对自己。我从30年前开始做新东方，到今天为止，遇到过无数起起伏伏，甚至有些是在完全意想不到的情况下迎头而来的，好在我的心态还算比较好。我不敢用王阳明的"此心光明，亦复何言"来总结自己，但我一直认为自己做事情还是抱着比较光明的心态，朝着我认为对所有人最好的方向去布局我的事业或者大家共享的天地。实际上，人世间的修行反而比脱离红尘的修行更难，你觉得呢？

柳智宇：应该是各有各的难。

俞敏洪：你在红尘外修行过，我没有，所以我完全搞不清楚脱离红尘的修行到底是怎样的。我现在只希望自己后面能够慢慢相对不用和世俗联系得那么紧密，但依然可以享受人间温暖和红尘烟火，这是我最想做到的。

▷ **人生每一步都算数**

俞敏洪：你最后再给朋友们介绍一下大家买你这本书的理由。

柳智宇：这本书是我整个人生走到现在的心路历程，其中有很多不为人知的故事，甚至一些其他人可能闻所未闻的经历。

俞敏洪：太传奇了。在中国，像你这么传奇的人应该没有了。

柳智宇：书里讲到我当初是如何学习数学的，包括参加数学竞赛，背后的一些心路历程，还有参赛过程中的细节和故事，以及老师和同学的帮助，还提到了我如何面对人生的至暗时刻。对我来说，人生最重要的一种学习是学习如何去爱，所以书中有一篇是《在爱中行走》。爱有对别人的爱，也有对自己的爱，有对父母、亲人、爱人的爱，也有对天地众生的爱。书里还有我对传统文化的思考。所以，这本书的内容是很丰富的，有很多的真实故事和思考，我也希望它能够对大家有一些启示和帮助。

俞敏洪：这是柳智宇的第一部作品。我感觉你未来还会输出有关心理学、心理咨询、佛学、儒学、道学方面的内容。

柳智宇：是的，现在有这样的打算。我觉得我不能算是一个开悟的人，但可以算一个生活阅历很丰富的人。在35年的人生中，我经历了非常多的事情，重要的是，我一直在学习和成长，一直在突破自己。这本书的名字叫《人生每一步都算数》，意味着我在不断成长。正因为我在不断成长，所以每一步才算数，才能够在丰富的经历中，让内心有一定的沉淀。

俞敏洪：从文字表达上来说，这是一本比较简单的书，但它又是一本比较复杂的书，值得我们这些过来人读。智宇可能比许多人都年轻，但他的人生经历太独特了，他的人生思考也太独特了。他是这么聪明的奥数金奖获得者，能够进入北大学数学，后来又被MIT录取。从表面上看，这个过程一帆风顺到令人羡慕，但突然之间，他就遁入空门，到龙泉寺修行了11年半，最后又回归红尘，并力求能够帮助更多的人，让自己的内心更加安定，让自己能够跟这个世界的生命接触得更好，让自己更好地爱自己、爱父母、爱他人、爱社会、爱世界、爱大自然。

他不承认自己开悟，但我认为他在某种意义上是觉悟了。当他以这样一种心态来写自己的人生的时候，大家可以在里面看到他的成长历程，以及他在这个过程中的思考，这些是对我们有所启发的。而且我比较鼓励大家买这本书给孩子看，因为书中回忆了他在小学、初中、高中时遇到的一些问题，包括跟同学交流的问题、学习的问题以及与父母的关系问题……我们会发现一条主线，成长的路程不仅是一个学习的过程，是一个心灵成长的过程，也是一个通过自己的努力解放自己的过程。很多人说难以理解，实际上正是因为难以理解和不可思议，才造就了精彩的人生。

对谈一开始，我就表达了一个观点。**当我们为别人而活，或者要活成别人眼中完美的自己的时候，无形之中已经给自己施加了一种巨大的压力。**如果智宇要活成别人眼中的自己，他就会毫不犹豫地接受MIT的录取通知书去读博士，因为这是别人所倡导的。如果遁入空门，在别人眼中你就应该变成一个高僧，就不会再出来，但现在你又回来了，这样一个转折又引起了轰动。但这所有的一切都基于自己的内心、自己的成长、自己的感悟，基于自己用一种怎样的方式才能让自己更加安心，以及更加能够帮助别人，而不是沿着一条功利的、世俗的主线走。所以从这个意义上说，这给了我们一个启示：只要心是善的，发心是好的，你选择的人生道路就不会是别人眼中"应该"的道路，而是你自己觉得"应该"的道路。当然，这个"应该"的道路的前提是善心、发心以及爱的培养、爱的施行。只要这样，你做任何事情，即使社会舆论再大，即使整个社会都走向你的反面，你的内心也会有一份坦然和踏实，因为这就是你要的生活。

我觉得智宇这几次转型给了无数人重大的启示。现在很多人觉得很难受，跟老板不对付，跟家庭也不对付，也不知道怎样施展爱的力量，或者内心可能已经没有爱了，变得冷酷和冷漠了。在这种情况下，又要迎合社会对你的某种评价，这日子就没法过了。所以我觉得，两件事情最重要：第一，让自己的内心充满温暖、充满爱、充满善，充满一种对人生的自释自然的领悟；第二，不要太在意这个社会（包括网络）对你的评价。

今天和智宇的对谈，也让我收获很多：

第一，修行的方法有很多。可以到大自然修行，可以到庙里修行，也可以在家里修行，比如毛泽东在闹市读书，这也是一种修行。所以我相信，修行是一种随时随地都可以进行的行为，并不一定需要在某个特定的环境。

第二，很多最重要的东西你是看不见的。大家看到了智宇本身的行迹变化，但并没有看到智宇内心的变化，而他内心的变化才是最重要的。人与人之间的温暖和友情从表面上也是看不出来的，只有内心才能感受到。当金黄的麦浪随风飘扬时，很多人是没有感觉的，你有感觉是因为你的内心产生了跟大自然和谐的共振和对美的欣赏。所以，最重要的还是培养自己的内心。

第三，如果你去爱一个人，首先要接纳那个人，理解那个人。当你高高在上地认为你在爱一个人，就会变得麻烦。比如智宇在书中回忆，他在高中的时候高高在上地去爱同学，和现在用平等、接纳的心态去爱周围的人的感觉是完全不一样的。

第四，对于人内心的需要和身体的需要，都得给予适当的、有助于持久发展的养分。从书中可以看出来，尽管智宇的修行到位了，但身体不健康的状态给他带来了很多困惑，所以我们要确保自己的身体健康。你不爱自己，怎么爱别人呢？

第五，要去体察自己内心的需要。把内心的需要放在正确的道路上，让自己的内心始终走向丰富、充盈和爱的世界，而不是走向被欲望所控制的世界。

第六，确实每个人都在追求人生的意义。马克斯·韦伯说过，人就是挂在人生意义之网上的动物，这是摆脱不了的。动物吃饱了就睡，饿了以后再重新捕猎。但人在吃饱的状态下，会更容易陷入某种空虚，主要原因是没有找到自己的成长意义、人生意义和为社会服务的意义；如果找到了，你就会安然做自己愿意做的事情。

柳智宇： 俞老师特别理解我，这个总结深契我心，也契合书中讲的内容。

俞敏洪： 这是对我们刚才对谈的总结。在智宇的书中，会有更多、更丰富的表述。我们时间差不多了，你跟大家说几句结束语吧。

柳智宇： 首先非常感谢大家的陪伴和关注，也感谢俞老师对我的支持和理解。其实我觉得俞老师也可以算是我成长的一个见证者。从上一次对谈到今天的对谈，不到一年的时间中，我也有一些自己的成长。尤其是在写这本书的过程中，我觉得是对自己的一种梳理和疗愈，也希望能够分享我生命中的感动和美好。

俞敏洪： 谢谢智宇，谢谢大家！今天的直播就到此为止了，再见！

（对谈于 2023 年 12 月 20 日）

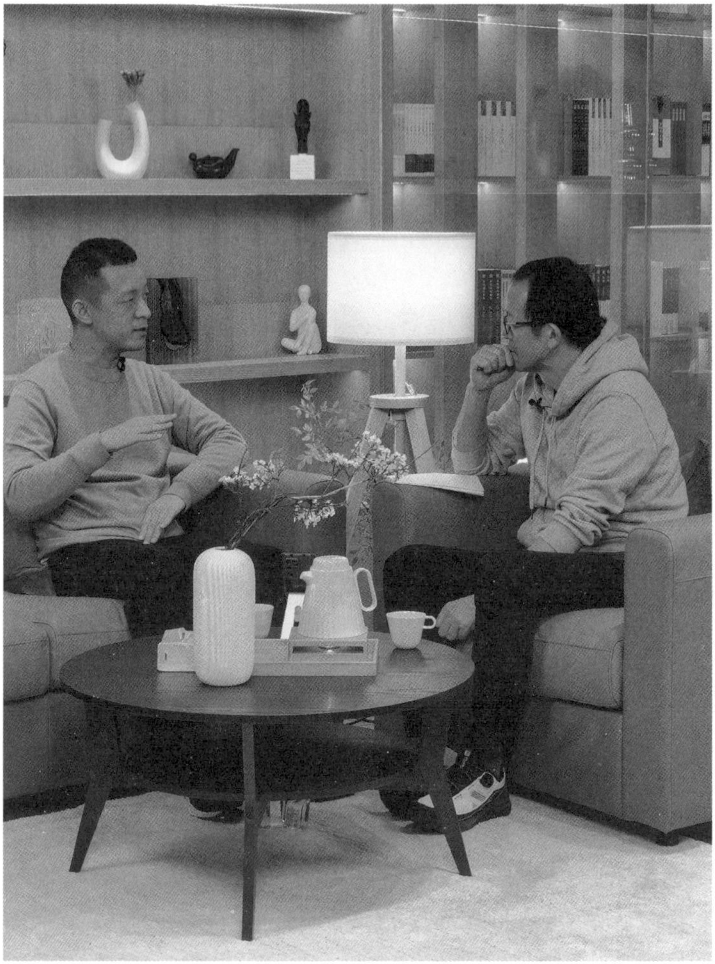

> 对话
> **曹晟康**

我看不见世界，那就让世界看见我

曹晟康，被媒体称为"当代徐霞客"，中国第一位盲人旅行家，第一位盲人帆船帆板冲浪爱好者，第一位徒步走丝绸之路的盲人。世界上第一位不会英语仅靠肢体语言交流登上非洲最高雪山——乞力马扎罗山的盲人。

俞敏洪：大家好，今天在我身边的这位戴着墨镜的嘉宾叫曹晟康，是中国的"盲人徐霞客"、盲人旅行家。他居然在眼睛看不到任何东西的情况下，陆续行走了38个国家，产生了很多感悟。他把自己的感悟写成了一本书，叫《不和世界讲道理》，书名起得很霸蛮，不和世界讲道理，只和自己讲道理。

曹老师8岁的时候失去了视力，后来生活在一片黑暗中，但他在黑暗中找到了内心的光明。今天我邀请曹晟康老师一起聊一聊，他是怎么走出黑暗的，怎么在这几十年中让自己拥有即使眼睛看不见但依然充满色彩的人生岁月。

—— 对谈开始 ——

▷ **被光明抛弃，依然心向光明**

俞敏洪：晟康你好，给大家打个招呼吧！

曹晟康：大家好！我是曹晟康，一个环游世界的中国盲人。我看不见不重要，重要的是你看见了我。

俞敏洪：这句话是晟康的名言。有人问他周游世界有什么意义，你根本看不见，你面对北京的天空、罗马的天空和澳大利亚的天空能有什么区别？晟康老师说，**尽管我看不见这个世界，但这个世界的人可以看见我**。这是一个了不起的说法。让全世界的人看见你，为什么会成为支撑你周游世界的信仰？

曹晟康：我和大家一样，读过小学。20世纪80年代初，我8岁的时候，大概小学三年级，在一次放学回家的路上出了车祸。同学跟我闹着玩儿，把我推到了路中央……等我醒来已经是五六天后了，母亲坐在我旁边，几天几夜没吃饭，一度昏死过去。母爱是伟大的，抢救的时候没有病床，母亲跪在医院领导面前请求后在走廊里加了一张床，输血、输氧气，才把我抢救过来。我醒来的第一时间就想去上学，但觉得身上像被什么捆住了一样。我说，妈，老师惩罚我了？为什么捆住我？我母亲说，不是的，傻孩子，你身上缠的都是绷带，要配合医生治疗，然后才能去上学。

身体开始恢复的同时，眼睛出了问题，陆续动了几次大手术都没什么好转，就转院去了合肥、上海。经过半年多的治疗，刚开始眼睛恢复了一些，能看到3米远的人影，后来经别人介绍，找了所谓的"名医"，结果出了医疗事故，就什么都看不到了。

俞敏洪：这次车祸为什么会对你的眼睛造成那么大的伤害，是撞坏了视神经吗？

曹晟康：眼底出血太多，视神经萎缩了。母亲回忆，我当时耳朵、鼻子都出血了。

俞敏洪：差一点就没了。

曹晟康：对。我父母都是农村出来的，家里的积蓄花光了，还借了不少外债，对普通家庭来说，这种情况下只有回家。回到家后，我吵着闹着要上学，父母就把我送到了学校。刚开始回到久违的学校是那么开心，学校还是那个学校，老师和同学还是那些老师和同学，我却变了。我坐在第一排，却看不见黑板。好心的同学会教我写字，也有个别调皮的同学让我学猫学狗走路，或者在我座位旁放几个板凳当障碍物。我被绊倒了，摔得鼻青脸肿，他们就让我猜是谁放的板凳，猜错了就把我推倒，一个、两个地骑到我身上，压得我喘不过气。按现在的话说，这算是校园霸凌。他们说我是没用的人，给社会、家庭带来负担，父母也不可能天天守着我，所以没几年我就辍学了。

辍学后，由于父母要干农活，就经常把我锁在院子里。农村院子的土墙就一米来高，我能翻出去，有几次摔伤了，最严重的一次都昏死过去了。邻居指指点点，父母的压力就越来越大。一年以后，弟弟出生了，给原本沉闷的家庭带来了欢乐。**我在孤独、迷惘、屈辱中慢慢长大。**

俞敏洪：你眼睛看不见以后再去学校上学，周围的同学看到你的状态应该帮助你，但依然有一部分同学会折腾你或者羞辱你。为什么孩子在长大的过程中会出现这样的情况，面对遭遇苦难的同学或者弱小的同学，常常会产生欺负人的想法，是中国的教育出了什么问题吗？

曹晟康：那时候也有一部分好心人在帮我。可能人有从众心理，只要有一个人欺负你，其他人觉得好玩儿，就也会跟着欺负你。那时候是8到10岁。

俞敏洪：我也有过做坏事的时候，但不是欺负同学。我们两个村庄的孩子老打架，这在农村是常事。我们前面那个村庄有个孩子挑着蚕茧要上交到镇里的收购站，经过我们村的时候，有个调皮的孩子抓了一把土扔到蚕茧上，我也学那个孩子抓了一把土扔到了蚕茧上。我后来为这件事后悔了至少一个月，觉得不应该这么做，这是一件坏事。但就像你说的，小时候从众做坏事有时候也不是内心有多邪恶，只是觉得，大家都做，我不做也不行。对于孩子来说，这种从众心理在某种意义上是天生的。现在你不会遇到对你不公正的情况了吧？

曹晟康：现在我锻炼出来了，比较有勇气。无论在地铁还是公交上，有些人大声喧哗、刷短视频外放声音，我就会说几句。就像小偷偷别人的东西，偷你，别人不管，回头偷他，你也不管，这样的话，我们的社会怎么能变得越来越好？所以遇到那样的事，我会主动站出来。

俞敏洪：你本来是家里未来的顶梁柱，结果因为眼睛看不见，养自己都有困难了，所以你父母后来又生了弟弟。原则上说，父母这个选择非常正常，但对你来说是有伤害的，有点像把你抛弃了。

曹晟康：我自己能感觉到。那时候鸡蛋很贵，会省给弟弟吃。但有时候我父亲、邻居也说，没把你饿死。

俞敏洪：你刚才用了三个词，孤独、迷惘、屈辱。为什么你能从那样一个充满绝望的心态和环境中，养成现在这样乐观、积极、阳光、向上的心态？

曹晟康：我确实是在孤独、迷惘、屈辱中慢慢长大的。他们经常欺负我，扔个木棍什么的，我也看不见，扔完他们就跑。大概十三四岁的时候，我一个本家叔叔请来一个武术老师，给他的几个孩子教武术，我跟着练了几个月。那些人再来欺负我，就被我一个个打败了，我终于出了那口气。我个人觉得，**大到国家、公司，小到个人，落后就会挨打；你强大了，别人就会对你另眼相看。**

他们那时候会说我没用，长大以后还得靠父母养。我想了想，觉得也是。我确实看不见，但我发誓要做一个有用的人，要养活自己。我就去建筑队搬砖头，装一拖拉机的砖头，1500块砖头，2块钱。砖头掉到我膝盖、脚上，砸出了血，别人也害怕。没人要我，没人支持我，没人理解我，我就离家出走了。

那个年代，我喜欢听《小喇叭》广播，单田芳、刘兰芳的评书，一些流行歌曲，记得有《大约在冬季》《水手》《我的未来不是梦》和《真心英雄》，耳熟能详。

俞敏洪：你离开家乡后，去的第一个城市是哪里？

曹晟康：合肥。

俞敏洪：你老家就是安徽的。到了合肥你学了什么？

曹晟康：推拿手艺。学了两三个月。我的第一份工资是600块钱左右。拿到工资的时候，我把钱分成两份，一份寄回了家，证明我赚钱了；第二份买了两个菜、一瓶啤酒。每个人的第一份工资都特别难忘。当时我就坐在那里流泪，说从今天开始，我能养活自己了，再也不用被别人瞧不起了。

俞敏洪：我第一份工资是64块钱，1985年。我把钱给母亲寄回去了，自己留了几块钱，北大伙食非常便宜。不管怎样，都会先孝敬父母。

曹晟康：后来老师和同事都说广州发展得好，你应该去那边发展。我就从合肥到了广州，加入了别的按摩店。我在那儿工作了一两年，2001年来了北京。

当时我听收音机报道说残疾人可以练体育，为国争光，我就向身边的人打听，哪里有教残疾人体育的，他们都说不知道。半年、一年过去了，没有行动，梦想只能落空，我就拿起电话拨114，查了北京体育学院（现北京体育大学）田径教研室的号码，打了几次电话。教研室的主任约我见了个面，我到那儿以后，他说我们没有教过盲人。当时我碰到了我的教练，他在外面带队员训练，看我很真诚，说你留个电话，我跟校领导商量一下。就这样，让我去试一试。问我练什么项目，我说不知道。他说，跳远、短跑你都试一试，看哪个适合你。教练让我跑30米、50米、100米，我跑到了别的跑道上。教练也没带过盲人，吹口哨、鼓掌，让队员带着我跑、拉着我跑，还送我训练服，让我补充营养。

俞敏洪：那时候多大？

曹晟康：20来岁了。

俞敏洪：20多岁还去学体育？

曹晟康：对，因为我不服输。我也没想到会以这样的方式在北体圆了大学梦。短跑一练，就练了三年。我每天上午训练，还要工作，还要给父母寄钱，还要养女儿，就这样过着三点一线的生活，但我觉得很充实、很快乐。后来我积极争取，找到了清华大学的教练、世界大学生冠军胡凯的教练李庆老师。我主动联系他，又在清华练了一年。在北京体育大学、清华大学的几年训练中，每周我会拿出一些时间帮助教练和队员消除扭伤、拉伤的痛苦，调理身体。我第一次听说清华是小时候出车祸的时候，当时有个病友是语文老师，他告诉我，你配合医生治疗，以后可以读北大、清华。没想到后来以这样的方式圆了清华梦。

俞敏洪：以去清华学体育的方式。

曹晟康：后来我又去了广东省残运会，拿了200米铜牌。后来受伤了，又回到北京体育大学练了一年柔道。

俞敏洪：当时你进行体育训练要花钱吗？

曹晟康：全是免费的，一分钱没收。我可能养成了一个习惯，求一次不行，就求两次、三次。成功者是乐于助人的。随着改革开放，社会越来越好，有能力的人愿意帮助你，关键看你是不是有耐心和真诚。

俞敏洪：整个过程中，你有一个特点——闲不住。你不希望自己静下来，希望能够通过行动证明自己，即使看不见，依然可以做自己想做的事情，是这样吗？

曹晟康：对，想证明一下我能行，我能做很多事情，我也能去很多地方。那时候跟着父母在农村，面朝黄土背朝天。我父亲经常说，你看不见也得学干粗活。有一次我把玉米种、麦子弄到外面去了，他气得骂我，因为他很心疼。自那以后，我就发誓，要离开面朝黄土背朝天的地方。没想到经过多次努力，我不仅来到了城市，来到了合肥，来到了广州，来到了北京，还开了4家店，赚到了钱。

▷ 布达拉宫我都爬了，我不想死

俞敏洪：你从什么时候开始想四处旅行的？

曹晟康：其实和我想赚钱的愿望有关。有同事告诉我买股票、基金可以赚钱，我就在2006年开始买股票，2008年赔进去几十万。十年奋斗，转眼成空，女朋友也要和我分手，我失去了活下去的勇气。

俞敏洪：你没想过股票有这么大的风险吧？

曹晟康：刚开始涨涨跌跌，不吃饭，也睡不着，愁眉苦脸，心思就没放在生意上。我后来总结了一些个人经验，只要你老老实实，有一门手艺，有一份工作，就不会倾家荡产；乱投资、乱投机才会让你倾家荡产。

俞敏洪：你现在还买股票吗？

曹晟康：现在不买了。

俞敏洪：所以当时买卖股票，一失足成千古恨，不光把好几年积累起来的财富丢了，把自己的爱情也丢了。

曹晟康：对。当时我站在朝阳区的天桥上想跳下去，朋友打来电话，说拉萨是最美的地方，你活那么大，都不知道美是什么样子。我想了想，活几十年了，确实不知道什么是美。2008年刚开通了到拉萨的火车，我就想，临死前可以带着仅有的一点钱去看一看。

俞敏洪：所以你当时也不是想去旅游，实际上是想找一个地方自我了断。

曹晟康：是的。为了适应拉萨的高海拔，我第一站选了西宁。到了西宁以后，我找了一家青年旅社，敲开门进去。服务员说，你是要饭的还是拉二胡算命的？我说我不是，我是想问你这里有没有住处。他说，一个盲人，腿脚不方便，还没人陪同，来这儿旅行干吗？我们正交流着，他们老板出来了。老板说，有意思，盲人来这儿旅行。他问我靠什么生活，我说我有手艺，我在北京还开了几家店。他说，你是不是吹牛？我腰椎间盘突出犯了，要不你帮我检查检查？我说可以。我就花了十分钟给他调理。他说你要住几天？我说三天。他说，这三天免费。我说为什么？他说，我经常去理疗中心，你这手艺确实不错。**所以，每个人在工作、学习之余，一定要多学一门手艺，因为这门手艺或许能在今后的人生道路上帮到别人，也能帮到自己。**

俞敏洪：这是一个实实在在的建议。人的一生其实并没有那么复杂，有的人可能会变成富翁，有的人可能赚的钱少一点，但要有一门真手艺，一门不会被未来科技所取代的手艺。这门手艺就是你在这个世界上生存的空间，而且你说不定还能靠它得到很好的发展。晟康什么都看不见，他的手艺就是按摩推拿。如果他没有这门手艺，就不可能到全世界旅行。旅途中，如果没钱了，他可以找当地的按摩中心、推拿中心，去帮其他人做调理，按天赚旅费，这表明了手艺的重要性。

这门手艺不仅指手工艺，还指一种随时可以给自己换来生活费的技能，为我们的人生提供保障。我常开玩笑说，即使新东方倒闭了我也不会有困难，因为我会英文，只要中国有人学英文，我就可以教他们，赚取生活费。

曹晟康：是的。我后来去了拉萨，西宁到拉萨大约 1900 公里，青藏线的路也没有现在好。我坐的汽车，早不坏，晚不坏，在翻越唐古拉山口附近的时候抛锚了。我没有经验，想下车透透气，活动活动，没想到越活动越缺氧。周围的人跟我说，你没经验，要喝水，不能活动。在他们的协助下，我平安到达了拉萨。

到拉萨后，有人告诉我，男男女女穿着藏袍，念着经，此起彼伏。我随着人流去了布达拉宫广场、大昭寺、小昭寺。我静静地站在那里，突然风一吹，燃香的味道吹到我的脸上，我听到了磕长头的声音。我也跪着磕头，他们说你磕得不对，人家那个磕长头和你跪下磕头是不一样的。后来我又随着人流，拿着盲杖爬布达拉宫，那么高的台阶，我滑倒了几次，但最终还是爬到了布达拉宫的最高处。我周围的几个陌生人给我鼓掌，说你真了不起，一个盲人没有人陪同自己都能爬上来；你滑倒的时候，我们想伸手拉你，没想到你迅速爬起来了。那一刻我好像听到了最美的声音，我心里想，**布达拉宫我都爬了，我不想死。几十万没有了，我有手艺，可以再赚；女朋友没有了，可以再找。**

接着，我去了纳木错。当地导游给我讲了昆仑山王子的故事和纳木错传说中的爱情故事，我听得津津有味。我花了10块钱和当地村民合影。我骑上牦牛，摸牦牛头上的犄角，和我们农村家里的牛不太一样。接着我又搭车去了滇藏线、川藏线、墨脱。

俞敏洪：有人陪着你吗？

曹晟康：没有。有时候会有一些驴友帮我。我有手艺，他们愿意带着我玩，谁脚崴了或者落枕了，我能帮助他们。

俞敏洪：你帮他们按，他们带你走？

曹晟康：对。就这样一下玩了一个多月，打那以后我喜欢上了旅行。

俞敏洪：自此你打开了另外一个世界。

曹晟康：对。**那个自卑的瞎子死在了拉萨之旅的路上，回到北京的是曹晟康。**

俞敏洪：你以前从来没想过盲人是可以旅行的，现在你还记得那个建议你死也要死在西藏的朋友吗？

曹晟康：记得，终生都会记得。

俞敏洪：这样的朋友弥足珍贵。他在你非常痛苦和绝望的时候，给你指了一条未来的路，尽管他不是有意为之，只是觉得你这么想不开，需要散散心。

曹晟康：俞老师说得对。人生难得有几个真正的朋友。

俞敏洪：确实让你打开了另外一个世界。

曹晟康：回来以后，我拼命工作、攒钱，每年拿出两到三个月时间去旅行。四年里我走遍了中国大陆 31 个省、自治区，后来又环游世界。他们说我开创了中国盲人不会英文，没有助理，没有导盲犬，在 6 年多时间内环游五大洲、38 个国家的先例。

俞敏洪：你作为盲人，看不见青山绿水，看不见蓝天白云，看不见高山流水，飞鸟飞过时最多能听到鸟儿的声音，为什么你要开始旅行，并且要到不同的地方去？你用什么去体会旅行中那些不同的感觉？

曹晟康：除了眼睛不一样，我们其他都是一样的。我有嗅觉、味觉，我可以品尝当地的美食，我可以用手触摸，我可以用耳朵倾听。

俞敏洪：按照佛教的说法，人有眼、耳、鼻、舌、身、意六根。每一种都在跟这个世界亲密接触，视觉只是其中之一。尽管你看不见，但你能闻到，能摸到，能感受到。

曹晟康：对。换句话说，**我可以让沿途的风景、沿途的人们看见我。**

俞敏洪：因为有你，这儿的风景就开始与众不同。

曹晟康：当我走在美国时代广场，或者法国埃菲尔铁塔的时候，不管如何历经千难万险地到了那个地方，我都觉得自己像一道独特的风景。我有时候还会摸一摸自己有没有笑出酒窝。

我在美国华盛顿的时候，当地华人主席陪我参观马丁·路德·金的塑像和林肯纪念堂，我围着那个塑像转了三圈。他问我，你对他这么有兴趣？我说，听说马丁·路德·金以前是黑人民权运动领袖，他生前有一个演讲，我记得有几句是这样的："在佐治亚州的红色山岗上，昔日奴隶的儿子能够同昔日奴隶主的儿子同席而坐，亲如兄弟……我梦想有一天，我这四个孩子将生活在一个不是以皮肤的颜色，而是以品德的优劣作为评判标准的国家里。"**我也有一个梦想，既然我看不见世界，那就让世界看见我**。我也履行了这个承诺。后来一些华人朋友带我参观了哈佛、麻省理工。当时，我摸了摸柱子说，与其说我来参观，不如说哈佛和麻省理工看见了我。就像今天一样，俞老师看见了我，工作人员看见了我，大家看见了我。

▷ 内心是什么样的，世界就是什么样的

俞敏洪：走完中国后，你第一次出国的契机是什么？

曹晟康：我把国内走完了以后，就想去国外走一走。一次户外旅行的过程中，我认识了一个驴友，他给我介绍了一个朋友，说他刚大学毕业，会英语，去过东南亚几个国家，过一段时间还要出国。我说，我的梦想就是环游世界。他说，你看不见。我说，既然我看不见，就想让世界看见我。我想领略一下国外的风土人情，但出国交流很难，我只会 Yes、No、OK。那个驴友也说，你看不见，又不会英语，又没有钱，你会什么？我说，我有手艺。他说，是推拿吗？我在国外做推拿得花美金，我没舍得做，你帮我检查检查。我说，不但检查，我还免费给你做推拿。为了达成合作，我每周给他做两次推拿，他就成了我的眼睛和翻译。

他帮我办了护照。2012 年 4 月 18 日，我们从西双版纳和老挝的交界处磨憨口岸踏出了国门，以徒步加搭车的方式前进，每个人背着 70 升的大背包，带着帐篷、睡袋等装备。刚出发两天，考验就来了。当天我很累，但也帮他做了推拿。他朋友也来了，他们在一起聊天，我不认识那个人，就只是打了个招呼。吃完饭以后，他突然一反常态，说你还是回去吧，你又看不见，离开 10 米你都找不到门口，你还想环游世界，一辈子也做不到。我当时想跟他理论，但想了想说，谢谢你把我带出了国门，我一个人要去试一试能走多远，实在不行我再回国。我请他帮我申请一个 QQ 邮箱，以便把别人帮我拍的照片保存起来留个纪念。他突然咆哮说，我帮别人申请也不帮你申请。我就说，实在不行，我自己试一试，谢谢你。

我没跟他吵，转过身很茫然，不知道自己在哪儿，毕竟看不见。我听到不远处有陌生人在讲中文，就拿着盲杖深一脚、浅一脚地走过去，请他们帮我写了英文的纸条，想搭车去老挝首都万象。他们把我带到大路上，说我们还有别的事，后面就帮不了你了，你拿着纸条去搭车吧。当地将近 40 度的高温，我背着近 20 公斤的大背包，等了半个多小时，一辆、五辆、十几辆车都没有停，我的头发、

眉毛、衣服都湿透了。一着急，危险就来临了，我一脚踩空，连人带包摔到了沟里。我拼命呼救，但周围没有人。我恐惧了，我真的会死在这里吗？我不知道俞老师有没有叫天天不灵、叫地地不应的时刻。当时那种恐惧是我终生难忘的。

我摔得很疼，活动活动后，发现腿还能蹬，胳膊擦破了皮，流了血。我摸了摸周围的环境，感觉是个土沟，有几块碎石，好在没有水。我慢慢坐起来，摸一摸手机还在，就打开了播放器。出国前朋友帮我下载了歌曲，我们那个年代喜欢听李宗盛的《真心英雄》、郑智化的《水手》、成龙的《壮志在我胸》。我记得有几句歌词是这样的，"拍拍身上的灰尘，振作疲惫的精神"，"风雨中这点痛算什么？擦干泪，不要怕，至少我们还有梦"，"不经历风雨，怎么见彩虹，没有人能随随便便成功"，我在歌声中给自己加油。大家想一想，一个盲人在异国他乡摔到沟里是何等艰难。我不知道哪儿是路边，又不敢往前走，怕有深沟。后来我听到不远处有汽车马达的声音，我听声音判断哪边是路边，于是手脚并用，一步两步狼狈地爬了上去。上来以后我不敢边走边拦车了，就站在那里不动，后来终于有一辆车用了近4小时把我拉到了老挝首都万象。

下车后，我又渴又饿，深一脚浅一脚地往前走。一些当地人围拢过来想帮我，我听不懂他们在说什么，他们也听不懂我说什么，一会儿又散去了。我拄着盲杖往前走，撞了几次东西，不知道是什么，伸手一摸，路边有树、小汽车、自行车。我左拐右拐，反复折腾了好一会儿，不知道是哪个好心人把我拉到旁边。我听到有炒菜的声音，坐了下来。我心里想这下能吃上饭、喝上水了吧？我出国前同伴帮我换好了外币，我拿出来几张放在桌子上，也不知道拿了多少。他们笑，我也听不懂。过了一会儿，他们拿了一本像书一样的东西翻来翻去，我感觉像是菜单。后来有人告诉我，即使语言不通，看得见就好办，菜单上有图片，炒粉、炒面、牛肉、鸡肉，你可以指，人家也能明白，但我指不了，难上加难。

最后我是怎么吃上饭的？我当时实在饿得不行了，拍一拍肚皮，在桌上画了一个圆圈儿，伸出两个指头，张开嘴，模仿了几次吃饭的动作，他们又笑。过了一会儿，他们端来了一盘热气腾腾的东西，我吃到嘴里，感觉又像炒粉又像炒面，那个香啊！我狼吞虎咽，很快就吃完了。一份不够，我又拍了拍桌子，伸出两个指头，就又来了一份。光吃干的不行，我想喝水，就拧开水杯的盖子，嘴对嘴，他们就知道我想喝水了。

结账的时候，我也不知道他们找了我多少钱。吃饱喝足了，就想去上厕所，又不会说，怎么办？我就解裤腰带，他们就明白了，总算解决了尿急的问题。

天晚了，我找了一块空地，好不容易把帐篷搭好，刚躺下，外面就来了几个人敲帐篷。我也听不懂他们的话，一起来他们就把我拖到了旁边不远处的房间里。我又恐惧了，不知道他们是警察还是强盗。我又困又累，怎么办？我就倒在地上打呼噜，用肢体语言让他们知道我想睡觉。

这就是我第一次出国的经历，被同伴抛弃，搭车，摔到沟里，吃饭，喝水，找厕所，睡觉。我决意向前走，心里想，这点困难就被打倒，还怎么环游世界？同时我给国内的朋友打去电话，万一出了意外，把剩下的积蓄留给女儿。

俞敏洪：那时候你女儿多大？

曹晟康：那时候女儿上小学。

俞敏洪：我语言没问题，眼睛也能看见，但一个人背包去老挝，我还是不敢。

曹晟康：后来在清迈，我的现金花光了，不知道怎么取钱，又不敢把密码告诉别人，就准备搭车去曼谷。从清迈到曼谷大约八九个小时。有个骑摩托车的人，围着我滴溜溜乱转，说什么我也听不懂，也不知道他想干什么。后来他拿出手机打电话给一个翻译，那个人告诉我，这个骑摩托车的人以前受过好心人的帮助，人家告诉他，不需要他的回报，以后要是在人生道路上碰到比你还困难的人，要想办法帮助他，把这份爱传递下去。

我明白了，他是一个好人，他想帮助我。我告诉他，我要搭车去曼谷。他带着我一辆辆车挨个儿咨询，半个多小时过去了，大部分车不去曼谷。我还没着急，他却着急了。他通过翻译说，他出门的时候身上没带太多现金，就把仅有的20块钱塞给了我。临走的时候，他抱着我哭了，我也落泪了。**在异国他乡，素昧平生，有人冷漠，有人奚落，也有人为帮不到我而感到难过。我很感动。**

俞敏洪：其实人与人相处，做个好心人帮助别人，既能为自己积德，也能为自己的世界留下美好。

曹晟康：是的。**每个人都可以活成一束光，照亮别人。**

俞敏洪：有些人明明可以活成一束光，最后却把自己活成了一股杀气，这是特别不好的。像你这样，即使眼睛里的世界一片黑暗，但内心有光明。这个世界上有两种人，一种人是冷漠的、自私的，甚至有时候是凶险的；还有一种人，是真的愿意帮助别人、成就别人，甚至宁可吃亏也不希望自己做坏事。这个世界之所以到今天为止还很美好，就是因为后者的存在。

曹晟康：是。人人献出一点爱，我们的世界就是美好的。

俞敏洪：《不和世界讲道理》是曹晟康的回忆录，也是他在全世界 38 个国家旅行的记录。在这本书中，他用非常真诚的表达还原了自己半生的成长历程，自己如何从绝望、痛苦中走出来，失明后如何追求对一个盲人来说不可能的人生。他玩帆船、玩帆板、玩冲浪、玩柔道，为了身体健康，他练武术。他还学会了非常好的按摩技术，让自己能够在世界立足。但到此为止，他依然没有满足。作为一个盲人，他先在中国旅行，然后又走向世界，一发不可收拾。他用他的心，看了这个世界几十个国家，记录了自己在这些国家的经历，记录了旅行过程中遇到的好人和遇到的困难。

我之前和吴晶对谈过，吴晶也是盲人，她 1 岁的时候眼球就被摘除了。她通过自己的努力，在残奥会上差点拿奖，但因为意外，腿扭伤了，才留下了遗憾。后来她学了音乐，变成了非常优秀的长笛手，参加了世界许多交响乐团的演出。她也出了一本书。你和她一样，都是自己处在黑暗中，却变成一束光照亮了别人。读这么一本书，至少可以让我们感觉到，既然他们都能活成一束光，倒过来照亮我们，我们作为健康人是不是也可以做得更多一点，为自己、为家人、为这个世界。也许我们还能做更多的事，我们能学会少一点抱怨，少一点怨恨，少一点希望别人对我们好而我们自己却不愿意为别人付出的自私想法，让我们把这个世界变得更加美好。

曹晟康：俞老师说得非常好。这本书或许能帮助大家认识挑战，理解挑战，培养敢于挑战的自信和勇气。

俞敏洪：晟康让自己在黑暗中活成一束光。他通过挑战自己，不断超越自己，超越自己的局限，超越自己的障碍，最后让自己的人生边界得以无限扩大。

曹晟康：2014年9月，我到了法国巴黎，住在十三区一个华人小旅馆里。我跟说广东话的经理商量，想去参观卢浮宫、埃菲尔铁塔、凯旋门，他担心我一个人有危险。我告诉他，我来这里住宿以前，已经去过十几个国家了，磨破了嘴皮子终于说服了他，让他帮我写了英文、法文的纸条。

第二天早上不到8点我就出发了。第一站是卢浮宫，在路人的引导和帮助下，拍了照片，到门口找到了工作人员。工作人员用对讲机和他的同事沟通了一下，不但给我免了门票，还亲自陪同我参观。我没想到还能获得意外的惊喜。他拉着我的手摸了卢浮宫里的一部分雕塑，摸了9座，高的有1米多。

俞敏洪：这让你的内心充满了温暖吧？

曹晟康：对。

俞敏洪：我去过卢浮宫，都是千年雕塑，他们怎么会随便让你摸呢？

曹晟康：不是我要摸的，是他们拉着我的手摸的。我当时也没想到，摸一摸头、胳膊，以为是石头，感觉又像是树脂或者其他复合材料。参观完毕，工作人员和我拥抱。正是这种人性的美和人文的关怀促使我一直走下去。后来我把这次经历分享给了很多朋友，包括记者，他们说每天有很多商业领袖、各方面的领导来参观卢浮宫，都没有人能摸到雕塑。后来我到了北京，想参观马未都先生的观复博物馆，就通过他的助理联系到了他。没想到马未都先生说，这儿的东西谁都不能摸，但今天开一个先例，不仅可以摸，还亲自给你讲解。他拉着我的手摸了很多，我想摸什么就摸什么，我很感动。我觉得，这让我感受到了不同的美。

去法国的时候，我也去了凯旋门、香榭丽舍大街、埃菲尔铁塔，一天之内需要来回转几趟地铁。我拿着名片去问路，有一个法国女孩儿一直陪伴在我身边，她说什么我也听不懂。晚上10点半，她把我送回了住处，又问那个说广东话的经理，是不是确定我住在那里。她确定之后，还是不放心，和我拍了照片，又和我拥抱。这是第一次有一个陌生女孩儿深夜把我送到住处，我感觉善良和美德是无国界的。

俞敏洪：当然。善良和美德如果有国界，就不叫善良、美德了。你在旅行过程中遇到这些美好的事情，是不是会让你感觉，这个世界尽管有黑暗的地方，但人与人之间互相温暖的时候更多。

曹晟康：是的。世界是美好的，黑暗毕竟是少数的。我在国外也被偷过、骗过、抢过，我坐错过车，行李也搞丢过，但都有惊无险，大部分经历都是美好的。

俞敏洪：你在书中反复写到，你在全世界几十个国家旅行，一路上碰到了不少好人，但过程中也碰到了一些坏人，包括在你小时候，有同学帮助你，也有同学欺负你。在经历了人生的跌宕起伏后，你认为这个世界上好人多还是坏人多？

曹晟康：我觉得，**我们内心是什么样的，世界就是什么样的。**

俞敏洪：我觉得你天生对人有一种信任。因为这种信任，即使被人骗过，你还是会继续心怀美好，最终还是会碰到好人。

曹晟康：**心怀美好就会遇见美好。**

俞敏洪：你本人也相信美好吧？

曹晟康：我肯定相信美好。

俞敏洪：这变成了你的人生信条。如果你内心觉得好人多，那么世界上就是好人多。

▷ 完成比完美重要

俞敏洪：我在书中看到，你连非洲的乞力马扎罗山都爬上去了，这算是创造了"历史"。

曹晟康：是的。有一次我在非洲，当时有一个挺大的企业家跟我说，我们在媒体上看到过你，听说你手艺不错，你能不能来莫桑比克，总统的妹妹身体不好，瘫痪了四年多，医院检查不出来原因，我们怀疑是神经的问题。你过来，我们给你出机票钱，给你安排好住处，你帮她调理一下；如果调理好了，对我们的投资也有帮助。我说，大医院都不行，我这点手艺能行吗？在他们几次要求下，我说可以试一试，治不好你别怪我。他说，肯定不怪你。就这样，我去了。

到了那儿以后，我每天给她调理一次，两三天后她觉得轻松了，连续调理了十天，没想到意外发生了，四年多没站起来的人，能扶着东西慢慢站起来了，还能走两三步。这件事一下就在当地华人圈传开了。她说，我们国家穷，我在莫桑比克给你一块地，给你盖一个医院，你专门为我服务。我说，我的梦想是环游世界，以后有机会再来。2016年国庆节前夕，当地大使馆举行国庆招待会，他们听说我在那里，就邀请我参加。当时的苏大使亲自给我敬酒，说我给中国人争了光。华人商会问我，你来非洲想做什么？我说，我想爬乞力马扎罗山。他们说，我们一星期前刚去爬过乞力马扎罗山，很累。你喜欢挑战，可以去爬。他们说，你要是去，我们赞助你3000美元。

2016年国庆节前夕，我到了乞力马扎罗山脚下，他们帮我联系了向导。我问，有没有盲人上去过？他们说，2016年以前，只有美国的一个盲人上去过，他会英语，带了助理。他们不放心，说没有人陪你，你这几天怎么交流？我说有条件要做，没有条件我就想办法做。10月2日，向导带着我一起爬山。他没带过盲人，就挎着我的胳膊走，摔倒了，滑倒了，不是他压着我，就是我压着他，爬起来很慢。怎么办？我左想右想，在包里找了一个铃铛，拴在他腰上，他一走路，当当响，我拿着登山杖跟着就行。这样即使滑倒了，我俩也不会互相压着了。

闹钟也是个问题。我们都旅行过，无论是和朋友还是和团队，你定好的时间，第二天起不来就会影响大家的心情和行程。但对我来说，我们俩语言不通，怎么办？我想了一个办法，我摸着他的双手，数他的手指头，6个是6点，7个是7点，8个是8点，加上"yes""no""ok"三个词，问题就解决了。每一餐的食物到嘴里时，我才大概知道是什么，比如说咖啡、面包、鸡肉、鸡蛋、蔬菜，有些我也说不清楚是什么。

爬过乞力马扎罗山的朋友都知道，这座山一般没有雪，山顶只有一点冰川。我的运气"还不错"，第一天小雨，第二天大雨、大雪。我租了羽绒服、帽子、鞋子，大部分都淋湿了。我穿着自己的冲锋衣和运动鞋艰难地往上走，每天滑倒摔倒的概率都在增加，但我没有放弃。第三天凌晨3点多的时候，还差几个小时就要登顶第一个山头，胜利在望，我很兴奋。但上面风很大，零下 20 多度，很冷。我冻得瑟瑟发抖，想喝点热水暖暖身体。老外喜欢喝凉水，由于沟通不畅，我喝到嘴里全是冰的，头一天晚上吃的东西全都吐了。在那种情况下，他为了我的安全拉着我往下走。走了几步，我感觉是下坡，就摆了摆手。我摸到包里的巧克力，吞了下去，补充了点能量。我叫着自己的名字，曹晟康，你能迈出去一步，就有勇气迈出第二步、第三步；何况你在上山之前已经立誓，美国盲人能做成的事情，中国盲人一定也能做成，坚持，再坚持。雪越来越深，到了膝盖以上，我记不清楚滑倒、摔倒了多少次。2016 年 10 月 5 日早上 6 点多，我成为世界上第一个不会英语，没有助理陪同，靠肢体语言和当地向导沟通，登上了这座海拔 5895 米的非洲雪山的盲人。**完成比完美重要。**

俞敏洪：完成比完美重要，因为没有完美的事情。任何追求完美的人，比如想要一段完美的恋爱，想要一个完美的婚姻，想要一个完美的事业，到最后大部分情况下反而一无所获。

曹晟康：要敢于尝试，先完成，再完美。到了山顶以后，向导拉着我的手和登山杖，向上向左指了指。我心里想，我要是能看见该多好啊，那是太阳，那是天空吗？那一刻好像没有了任何烦恼，感觉人在大自然面前是那样渺小。

俞敏洪：即使你看不见，却依然能感受到。

曹晟康：接着向导拉着我的手摸了摸旁边的牌子，在那里给我拍了照片和视频。后来我才知道那是海拔的标志。那会儿我就觉得很疲劳了，一屁股坐在山顶的雪地上。我说，**乞力马扎罗，我看不见你，你看见我了吗？我伸手抓了一把雪，吃了一口，感觉跟北京冬天下的雪没什么区别。**

俞敏洪：但感受是不一样的，因为那是非洲最高的山山顶上的雪。**人某种意义上活的不是现实，活的是感觉。**比如我一个人喝酒和跟你一起喝酒，同样的酒，我一个人喝的感觉和跟你一起喝的感觉就不一样。

曹晟康：我们一起分享。

俞敏洪：对，它就有了一种意义。人是感受和感觉的动物，我们如何把感受和感觉打理好，比现实的客观状态更加重要。尽管世界是客观存在的，但对人来说，我们对**客观世界的感受是受到主观意识影响的**。主观意识认定这是一个悲观的世界，那这就是一个悲观的世界；主观意识觉得这是一个乐观的世界，那这就是一个乐观的世界。如果认定自己的人生是自我奋斗的积极人生，那就是自我奋斗的积极人生；如果认定自己这辈子就是悲观、消极、命如丧家之犬的人生，那你就会收获命如丧家之犬的人生。

曹晟康：**真实的意义要在真实的事件中碰撞出来**。后来向导带我去了几座山头，下山的时候，遇见的所有人都会重复一句话——"Chinese NO.1"，后来我才知道，他们是在赞美我是第一名。

下山以后，当地政府给我颁发了一个登顶的证书。每年有2万多人爬那座雪山，有千分之三的死亡率，还有相当一部分人会因为高反没有登顶，所以拿不到证书。作为一个盲人，拿到这个证书，让我很兴奋。不管是环游世界，还是爬乞力马扎罗山，都是我一个人靠一副墨镜、一根导盲杖、三个英文单词完成的。他们说我开创了中国盲人没有助理、不会英语却环游世界的先例。

俞敏洪：这很了不起。证书只是一个象征，实际上完成这件事情本身让你的人生充满了无穷无尽的意义。

曹晟康：我也是第一个走丝绸之路的盲人，把新疆、甘肃、陕西5000多公里的路程都走完了，是在2017年完成的，脚上走出了几十个泡，走坏了几双鞋子。刚开始有志愿者，后来没有志愿者了，但是我走下来了。

俞敏洪：你作为盲人，却走遍了全世界很多地方。你去过夏威夷，去过冰岛，登上过乞力马扎罗山，到过新疆慕士塔格雪山和红其拉甫，你还学会了开帆船，参加了帆船比赛，还拿了奖。

曹晟康：和我搭档一起拿了个证书。当时是和20多个国家的健全人在一起比赛。

俞敏洪：你在搭档的指引下，居然跟健全人一起参加比赛。人的生命有时候会被一瞬间的事情改变，他的人生从此有了重大的变化。有的人是往绝境走，有的人是从深渊绝境中挣扎着走出来，走向生活的美好。尽管你看不见，但你对自己的人生定位其实是美好的。

看了你的书之后，我第一感觉是我太幸运了。尽管我从进大学的时候就开始近视，是800度近视眼，因为小时候天天在煤油灯下学习，但我毕竟戴上眼镜就可以清晰地看到这个世界的一草一木，比你幸运太多了。看你的书给我的感觉就跟大学时读海伦·凯勒的《假如给我三天光明》一样。人有时候需要一定的对照，你会发现有着某种缺陷的人过得比你更精彩。就像曹晟康老师这样，什么都看不见还能体会世界的精彩，而且靠自己的双手挣钱，养活自己。

曹晟康：还要承担家庭的责任，我还有孩子。在她大学毕业、工作之前，我要先把她所有的学费预留下来，才能为自己的梦想买单。

俞敏洪：对。你在有限的资源下，感受了这个世界的无限精彩，这是值得所有人学习的。尽管我的人生也遇到了各种起起伏伏，但还是比你幸运太多了。

曹晟康：我现在也经常去一些大学、中学、小学和公司做演讲。通过自己的经历、真实的故事帮助他人面对困难，走出迷惘、焦虑。**我觉得我生命的意义就是帮助他人乐观地面对生活，帮助他人追求生命的意义。至少大部分人都比我多三种可能性：第一，你眼睛看得见；第二，你年轻；第三，你学历比我高。作为一个盲人，我都可以做到，你有什么不可能？我能行，你们也行，大家都行。奋斗的人生就是幸福的人生。**

▷ **戴着镣铐，也可以跳出舞姿**

俞敏洪：你接近50岁了。从现在开始往后，如果能活到100岁，后面50年你打算干什么？还打算全世界旅行吗？

曹晟康：不仅旅行，还有各种运动，包括海上运动、徒步、爬雪山等。除了眼睛看不见，我和大家都一样，我可以做很多事情。同时，作为一个盲人，人生不完美也可以精彩。更多的健全人，你们看得见，人生应该更精彩。我们在这样一个和平的国家、社会中，更应该奋斗。就像西西弗斯推石头上山，每当他推到山顶的时候，他的内心是幸福的。我有斗争与不服输的精神，我命由我不由天，我是幸福快乐的。

俞敏洪：西西弗斯的故事是这样的。西西弗斯犯了错误，宙斯惩罚他推石头上山。每次快推到山顶的时候，石头就会滚下来。然后西西弗斯就得再推上去，这样来回循环，终生不得停止和休息。在这个过程中，西西弗斯很痛苦。但有一天，西西弗斯突然想通了。其实石头到没到山顶不重要，因为到了山顶还是会滚下来，但我在推石头的过程中，我推过了蓝天白云，推过了一年四季，推过了鲜花盛开，推过了百草丰茂，推过了天上的鸟鸣，推过了地上的虫叫，推过了人生的百态。

其实这个故事是说，人生最终不见得需要有多大的意义，因为不管你活多大年纪，早晚要从世界上消失，那时你对这个世界有什么意义？我们可以说为后代留下了什么东西，留下了文化遗产、思想遗产等，但我觉得人类早晚有一天会从地球上消失，因为地球已经存在了40亿年，而人类从有文字开始到现在，连一万年都没有，人类不可能永远占据地球。但是，**既然我们是地球上的生命，生命本身就应该是积极的，就像一只知了，它也许过一个夏天生命就消失了，但它依然要在夏天的树上唱出美丽的歌，提醒人们夏天的美好和火热。**

我们作为人，对自己的意义是自足的。我活着的时候如何活得更好？每个人的解读都不一样。在曹晟康老师心目中，在我的心目中，**过一种积极向上的人生，让自己的每一天都过得充实、有意义，能够寻找到这个世界上的不同，能够体会人生可能发生什么样的奇迹，对我们来说是有意义的。**同时，在这个过程中，我们既能帮助自己，还能帮助家人，同时能给别人带来正能量，别人因为我们的存在能活得更好。让社会因为我们的存在得到更多正能量，人与人之间也能互相帮助、积极相处，这就是我们存在的意义。至于我们死后有没有意义，我觉得不需要思考太远，至少我们活着的每一天应该让自己过好，也要给这个世界提供更美好的东西。

曹晟康：俞老师以前说过一句话，我记得特别清楚：戴着镣铐，也可以跳出舞姿。

俞敏洪：这是我滑单板时的感悟。我觉得滑单板的人怎么滑得那么漂亮，就去学单板了，结果把单板往脚上一扣，走一步摔一跤。人生就是这样的，可能会不断地摔跤，但人生就是在束缚中不断争取自由的过程。当我学会单板，也能在雪上飞起来的时候，发现有些束缚恰恰能增加我们迈向自由的可能。就像你现在看不见，这对你来说是个束缚，但正因为看不见，反而激发了你要行走世界的渴望；而很多能看见的人，或许到现在还未出发。

曹晟康：其实西西弗斯也是这样的，石头推到了山顶，还会不会滑下来是它的事儿，至少我明天还不会失业。

俞敏洪：是的。我总结一下今天的对谈。

第一，相信美好就能遇见美好。这恰恰也是我的人生信仰，尽可能对别人善，对别人好，哪怕吃点亏也没事。在这60年的成长过程中，尽管也会有人骗我，我也被欺负过，甚至差点丢了小命，但我仍然认为，只要你对人好，大部分人都会对你好。这个世界本身就是美好的，要相信美好，才会遇见美好。

第二，完成比完美更重要。我们很多时候都在追求各种各样的完美，不少人还有完美强迫症，但在这个世界上，你走路好不好看不重要，你走得更远、爬得更高才更重要，所以要尽可能想办法让自己的人生更丰富，至于在这个过程中有没有遗憾，那是另外一回事。人生不如意十有八九，我们不要追求那么多完美的状态。很多人追求完美的爱情，最后爱情消失了；很多人追求完美的婚姻，最后家庭消失了。有时候带着一点点遗憾生活，也是可以的。

第三，人与人之间应当传递善意。曹晟康老师在泰国的时候遇到了一个骑摩托车的人，那个人想尽办法帮他，原因是这个骑摩托车的人以前受到了另一个人的帮助，那个人告诉他，你不用回报我，但未来如果你看到需要帮助的人就多帮一帮，这也是人类美好的传递。当你帮助别人的时候，不一定非要求回报，那个人因为得到了你的帮助，未来面对其他人的时候也许就多了一份善心，多了一份帮助的意愿，这叫作善良的传递，是特别美好的。

第四，曹晟康老师说，他未来的人生目的就是帮助他人乐观地面对生活。这件事情有一个前提条件，就是本人要先乐观地面对生活，本人要有不畏艰险、挑战自我、成就自我的精神。曹老师眼睛看不见，但内心充满了光，把自己变成一束光，用他的故事照亮其他人。可以说，在他演讲以及跟很多人进行读书交流的过程中，他也无意中鼓励了很多本来对自己很失望的人，或者比较悲苦的人，他们也许从此就站起来了，有了积极向上的心态。我们学过一篇英文文章《青春》，中间有一段话说"Nobody grows old merely by a number of years. We grow old by deserting our ideals"。这句话的意思是，没有人仅仅因为年华流逝而变老，我们是因为放弃了自己的理想信念而变老的。还有一句话是"Years may wrinkle our skin, but giving up enthusiasm wrinkles the soul"，意思是，岁月可能使我们的皮肤起皱，但放弃热情会使我们的灵魂起皱。今天曹晟康老师完美地展示了他对生命的热情，在看不见这个世界的不完美中，他也想把他的完美世界带给大家。

我们有一个专门针对农村孩子的项目，叫"远山博学课"，一开播就有50万农村孩子观看，像著名演员吴京、著名小提琴家吕思清等都来演讲过，我们希望请一些能激励孩子的人。这个平台未来打算让将近200万农村孩子参与进来，到时候你也来把你的正能量传递给这些农村孩子，听你这样的人给他们讲故事，鼓励他们在农村的艰苦环境中不断成长，激发他们生命的动力和热情。

曹晟康：太好了，一言为定！我也是农村孩子，我可以去演讲，我还会写一些书法，会变一些魔术。

俞敏洪：谢谢你。今天时间差不多，就先到这里了。谢谢晟康，大家再见！

（对谈于2023年9月9日）

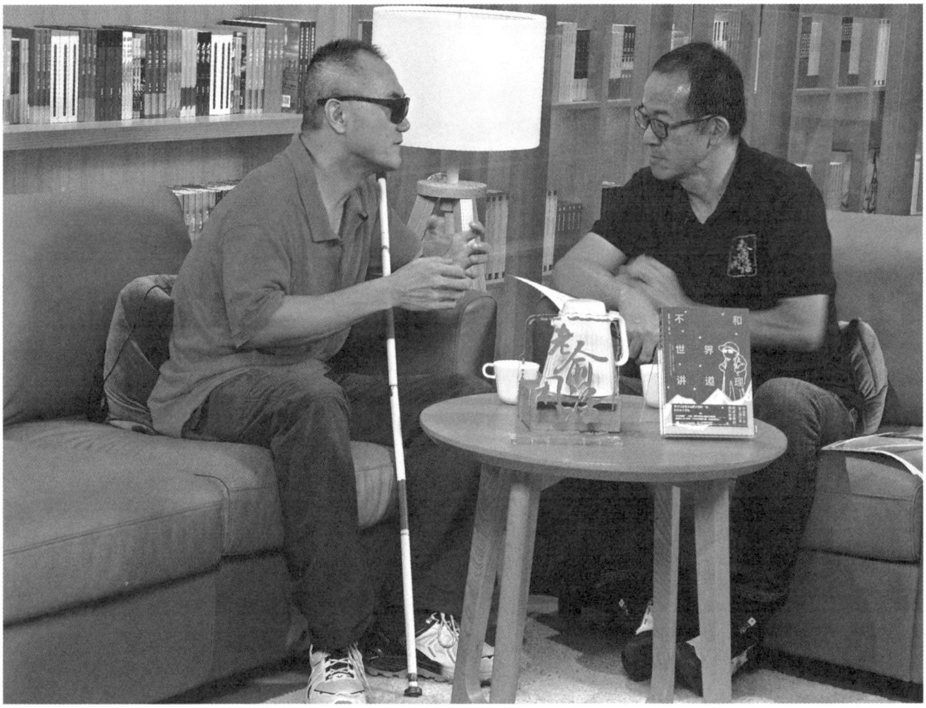

> **对话
> 王笛**

从微观的角度看历史

王笛，历史学家，现任澳门大学讲席教授，美国约翰斯·霍普金斯大学历史学博士。主要关注中国社会史、城市史、新文化史、日常生活史和微观史的研究。

俞敏洪：各位朋友好！今天跟我对谈的是澳门大学历史学教授王笛老师。可能很多人此前没有读过王笛老师的书，因为作为一个历史学家，他过去常出版的是比较严肃的著作。我此前也并不了解王笛老师，直到去年出版社给我寄了他的《碌碌有为》。《碌碌有为》是一本畅销书，主要讲中国社会上的各种现象。今天我邀请他一起对谈，谈谈他心中的历史。

—— 对谈开始 ——

▷ **没有美术天分的历史学者**

俞敏洪：人总有自己的成长历程。你现在是一个著名学者，而且是难得的把中西方学术研究融会贯通的学者，我很好奇你的个人成长史。你是从什么时候开始读书的？

王笛：如果问大家记不记得自己读的第一本书，我敢说90%以上的人可能都记不住了，但我还真记得自己读的第一本书，不是连环画，而是真正的字书，是高玉宝的《我要读书》。看了那本书以后，我觉得我们的生活比他幸福太多了，高玉宝过得那么苦，而我们还可以读书，所以我印象非常深。不过，虽然记得自己读过的第一本书，但那时候我的精力全都放到绘画上了。我从小就喜欢画画，想成为一个艺术家，所以我几乎所有业余时间都在画画，画素描，画水粉。

俞敏洪：你喜欢画画是受父母的影响？

王笛：我母亲是美术界的。她周围的朋友、同事都是画家。

俞敏洪：你书里的插图是不是自己画的？

王笛：对，我自己画的。《那间街角的茶铺》和《历史的微声》里各有19幅插图，都是我自己画的，过去没有圆的艺术梦，这次在这两本书里一定程度上实现了。反正即使画得再差，也都是在自己的书里面。

俞敏洪：怎么没在绘画这条路上坚持下去呢？

王笛：我母亲对我画画有帮助，也支持，但我记得母亲告诉过我，我画画没有天分。

俞敏洪：母亲对孩子这么说吗？

王笛：我觉得她说得对。当时成都有一个美术训练班，如果考过了，就可以在那儿有份全职工作。我去考了，而且通过了，但当时并不知道。我母亲在很多年以后碰到一个她过去的同事，说起这件事情。那个同事告诉她，王笛当时是考过了的，但不知道当时的档案里放了什么东西，父母政审没过关，所以就没被录取。当时我母亲说了一句话，我现在都印象深刻，她说感谢你们没有录取他。那时候我已经在川大当副教授了。她的意思是，她早就知道我搞艺术不行，比较中规中矩，没有那个想象力，不适合搞美术。

俞敏洪：你是1956年出生的，高中毕业是在1975年左右，还在特殊时期，所以你毕业了肯定还得去工作、劳动吧？

王笛：得先下乡。其实按照当时的政策，我是可以不去的，因为我哥哥已经去了云南生产建设兵团，父母身边可以留一个孩子。但如果不下乡，既不能上大学，也没有工作。我从小还是有那种想要做点有意义的事情、不要碌碌无为的想法，就主动要求下乡。当时的打算是，如果我下乡表现得好，可以被推荐工农兵上大学，但我下了乡以后，发现一点希望都没有。

俞敏洪：那要通过各种关系，而且还要熬过三五年才行。

王笛：后来我父亲单位有一个回城到成都铁路局基建分局砖瓦厂当工人的名额，这个工作完全不是我预想的，但这种回城的机会也是难得的。留在农村读大学没有希望，所以我还是决定回城。想到这个工作是特别重的体力劳动，所以我当时并没有回城的那种兴奋。重体力劳动，重到什么程度？我们一天的工作时间只有四个小时。工厂的砖窑是循环工作的，大概有十几二十个门，火是不灭的，前面烧好了，冒着高温运出来，又要装新的进去烧。三伏天的时候，我们就穿一个短裤、戴个口罩，出来的时候灰和汗水都融在一起，只有两只眼睛在转。可能是劳动强度太大，我到了砖瓦厂后生了一场大病。

俞敏洪：后来锻炼出好身板没有？

王笛：还可以。那次大病以后就再没生过大病了。这么多年，我没有因为生病进过医院。

俞敏洪：所以这样的劳动对你还是有一定好处的。

王笛：当时城市居民粮食定量是每个月26斤，由于我们是重体力劳动，给我们的是46斤。

俞敏洪：那足够吃饱了。我们在农村种粮食，一个月最多可以吃到十几斤到二十斤粮食。

王笛：那时候农村很苦。我下乡去的是苏东坡的家乡眉山，只待了七个月。后来我的农村小伙伴把我挣的工分所分到的粮食卖了，把钱寄给了我。我到现在还记得，这七个月我就挣了40多块钱，这是全部的收入。而且每天都要出早工，冬天也一样。这就是为什么到了砖瓦厂我觉得也差不多，没有什么区别，都是体力劳动。

俞敏洪：后来你怎么会参加高考的？

王笛：有一技之长还是好，我学过画画，因此跳出了重体力劳动。当时成都铁路局基建分局的工会需要一个做宣传的人，画画宣传画，刷刷标语，就把我借用过去了。我感觉这份工作非常好，乘火车免票，坐着火车全国到处跑；福利也比较好，我记得有时还分猪头肉、猪大肠这类紧俏商品。

俞敏洪：那你为什么还要高考呢？按理说有这么好的工作就不用高考了。

王笛：1977年我准备了高考，也想过是不是要考美术学院。权衡下来，我觉得自己没有达到那个水平，就准备考文科。后来没考，因为工会那份工作太好了，我父母说，你现在读了大学，毕业回来不一定能找到这么好的工作。我想，说得有道理。而且当时有个政策，如果你在单位工作满五年，就可以带薪读书，毕业后还可以回到原单位。我就想，干脆干满五年以后再考，当时应该还差三年。

但有一件事情刺激到了我。77级考试那天，我正在上海出差，在街上看到这些青年学子进入各个考场。我站在那里看着别人，就想，我也是准备了的，我也应该今天考试的，结果我选择了放弃。就在那一刻，我暗暗下定决心，明年一定得考。我怕告诉父母后他们又劝我等三年，担心自己会接受父母的劝说改变主意，就决定先不告诉父母，暗地里抓紧时间复习。

那时候我住在单位，父母也不知道我在准备高考。考完试以后，我告诉他们我已经考了，他们也很高兴。后来考试分数出来了，我的分数相当不错。我当时想报考中文系，这倒不是因为要写小说，我也从来不觉得自己有写小说的才能，而是我觉得这个专业跟艺术有关。我想，以后可以写写艺术评论、绘画评论之类的。

俞敏洪：其实你是想把从小训练的美术能力和它结合起来？

王笛：对。

俞敏洪：那为什么最后去了历史系？

王笛：当时分数公布出来，我的历史考得最好，好像是96分，在全四川也是名列前茅的。我的语文其实考得不太理想，70多分。我就想，报历史系最保险，就报了川大历史系。后来我去报到的时候，老师一看名单就说，你是我们川大历史系今年第一个录取的。

俞敏洪：你什么时候开始对历史感兴趣的？

王笛：高中就对历史蛮感兴趣了，我的历史老师讲课非常有趣。那个时候，通过历史教科书，我开始知道一些中国的历史。我在高中期间其实很少读历史书，主要是在读文学书，特别是苏联的作品。

俞敏洪：那时候你已经比较喜欢读书了，是吧？

王笛：对。特别喜欢《三国演义》，然后是《水浒传》《西游记》。那时候对《红楼梦》一点兴趣都没有，上大学后才有了兴趣。那时候太年轻了。

俞敏洪：没开悟，情窦未开。

王笛：大学期间读《红楼梦》，就确实很喜欢，我还背过"金陵十二钗"。大学期间背过的好多东西都忘了，但我中学时期背的好多诗词歌赋还记得。

俞敏洪：中学时期记忆力比较好。

王笛：对，中学时期的记忆力是最好的。反正我真正读历史书是进入大学以后。上大学之前，我对有些东西很感兴趣，比如人类的进化、细胞的裂变、生物的进化等；后来我感兴趣的是哥伦布发现新大陆、第二次世界大战等，对中国历史反而读得很少。

俞敏洪：反而是对世界范围内的事感兴趣。

王笛：去年我应邀为《人类文明史》写序言的时候，就回想起那些我早期阅读的东西了。

俞敏洪：所以，一个孩子如果小时候能接触更多的历史知识，尤其是世界范围内的各种各样的事情，对未来的成长会起到非常大的作用。

王笛：至少潜移默化的作用是有的。

大学的时候，我读到历史学界非常有名的严中平老先生的文章。他是做经济史的，写了一篇关于哥伦布的文章。读了那篇文章以后，我不同意他的观点，就写了一封信给《世界历史》杂志，结果严中平老先生还给我回信说，欢迎商榷。

我大学二年级的时候开始对中国史感兴趣，主要是因为我后来的硕士导师隗瀛涛很厉害，他是做四川地方史的，讲课有趣得不得了。

俞敏洪：后来你的历史研究方向就是受他的影响？

王笛：是的。我进大学第一学期就自告奋勇要当世界史课代表。上了隗老师的课之后，我就转向中国近代史了。他讲中国近代史那么有趣，如果当时有他这样的老师教我们世界史，也许我就去研究世界史了。所以，**一个好老师对学生的影响是特别大的**。

▷ "我觉得自己才能平平"

俞敏洪：你后来怎么留在川大当老师了呢？

王笛：我 1985 年硕士研究生毕业，那个时候我们这个行当很少有博士毕业的。硕士研究生毕业是做助教，两年后按照一般程序评成讲师。我大概当了两三个月讲师，1987 年底就提了副教授。那时候只能说我运气好。

俞敏洪：你觉得你是智商和记忆力、理解力比较超群，还是更善于思考、更勤奋？

王笛：我觉得是勤奋。

俞敏洪：跟你的同学相比，其实你并没有什么特异功能？

王笛：并没有，但是我努力。我们那一届，大家都很努力，但我觉得自己还是属于最努力的那一波人。努力到什么程度呢？我们晚上 11 点关灯，拉闸以后，我都打着手电在被窝里读书。我走在路上，从寝室到饭堂、教室，手里面总是拿着一个小本子，上面不是英文单词，就是唐诗宋词。

俞敏洪：你不觉得苦吗？还是有一种乐趣在里面？

王笛：当时并不觉得苦，我觉得不努力才苦，完全就是自我鼓励，就是想学有所成。我当时还有一个弱点是学外语特别困难。因为我中学学的是俄语，参加高考时外语考的也是俄语，进了大学才从 ABC 开始学英语，学得真的苦。但那时候只学了阅读和语法，听、说、写几乎没学，我到了美国以后才真正开始练听、说和写。出国之前在学校英语系培训了一学期，出国后勉强能生活，想讨论学术是完全不行的。

俞敏洪：你在出国之前，1987 年当了副教授以后，已经开始讲大课和专业课了？

王笛：我当助教的时候就开始讲中国近代史了。

俞敏洪：你刚刚毕业就给学生讲课，不怕误人子弟吗？

王笛：我讲得还可以，在学生中还是比较受欢迎的。我很努力，备课认真。我上中国文化史的大课 100 多人听，我现在都记得。

俞敏洪：你当时讲课是不是会有学生蹭课？

王笛：我不知道。那时候上课不点名，如果学生不来上课，我们也没有记录，只能靠上好课来吸引学生。我当时不但讲历史，还讲社会学。

俞敏洪：难怪后来要研究社会史。

王笛：那时候要创收。因为历史系属于"清水衙门"，要给老师发奖金但没钱，我们就会在校外办班。当时在广汉，老师定期在那里上课。我记得我那次去上课，给他们讲的是社会学。那时候我对社会学很感兴趣，我写《跨出封闭的世界》期间也读了很多社会学方面的书，所以我那时候至少能稍微跳出历史学本身，包括后来写《袍哥》《茶馆》，也是受到了早期读的这些社会学著作的潜移默化的影响。

俞敏洪：后来怎么会有兴趣到国外去？是公派出去的还是自己出去的？

王笛：当时美国密歇根州立大学历史系的韦思谛（Stephen Averill）教授来川大做研究。因为我们都研究中国近代史，见面谈得很好。他说中美学术交流委员会有一个专门面向青年学者的项目，他希望争取这个项目的名额，邀请我到美国做一年访问学者。他回去以后就和密歇根大学的费维恺（Albert Feuerwerker）教授——他是费正清的学生，研究中国经济史的大牛，以及研究袁世凯的学者杨承恩（Ernest Young）教授联名给中美学术交流委员会推荐我，结果拿到了这个青年学者的名额。

俞敏洪：说明他来川大的时候，你的学术能力给他留下了深刻的印象。

王笛：当时我正在研究四川的教育改革，韦思谛正在研究中国教育史，那时候我已经做了很多研究，大家就谈得非常好。但出国的整个过程经历了很多挫折，办护照就办了一年，中间有许许多多的变故。光这一年的经历，我就可以写本书了。

俞敏洪：你上大学就开始学英语，是意识到后面英语会对你很重要吗？

王笛：是的。我在写《跨出封闭的世界》的时候，已经在读英文原著了，包括施坚雅（G.William Skinner）的《中华帝国晚期的城市》，700多页的大部头，以及年鉴学派的代表人物布罗代尔（Fernand Braudel）的《菲利普二世时代的地中海和地中海世界》。我的《跨出封闭的世界》受他们两位的影响最大。

俞敏洪：从学术思想到语言风格都受到影响？

王笛：对。我的第一本专著就有700多页，是在中华书局出版的。

俞敏洪：当时你出的这种大部头的学术著作，没有多少人看吧？

王笛：对，没有多少，当时大概就印了一千册，不过这本书现在还在不断重印。这本社会史的书写得比较宏观，现在我写的书比较微观。其实如果要看比较宏观的社会史，这本书还是很好的。

俞敏洪：所以现在回过头来看，你30多年前写的这本书依然不过时？

王笛：真的不过时。例如，在19世纪末的官方记录中，四川人口有8000万，我经过研究发现实际上只有4000多万，几乎少了一半。你想想这里面问题有多大？还有，当时官方记录的全省耕地只有5000多万亩，我经过分析资料，得出的结论是实际上有9000多万亩耕地，多了近一倍，还据此计算出了每年四川能产多少粮食。

俞敏洪：所以官方的记录非常不精确？

王笛：非常不精确。耕地面积是大大减少的，人口数量却是大大夸大的。

俞敏洪：为什么要减少呢？是不是要减少税赋？

王笛：在清朝，如果一块地不够大，就不用缴税。还有在嘉庆以后，新增加的田土基本上未再登记，也不缴纳田赋。但人口统计，每年都要求县、府上报，这些知县、知府都是瞎报的，人口每年按比例增加，没有调查过。1910年才真正开始人口调查。

俞敏洪：你1991年当了访问学者，做了一年，后来申请了霍普金斯大学。你为什么会申请霍普金斯大学呢？

王笛：罗威廉（Willam T.Rowe）写了两本城市史的里程碑式著作（现在都翻译成中文了）。我当时对城市史非常感兴趣，想研究城市，罗威廉又是最权威的学者，所以我就申请了霍普金斯大学。其实当时我还申请了哥伦比亚大学，哥伦比亚大学那位学者——就是《历史的微声》里面提到的曾小萍（Madeleine Zelin）也录取了我。由于我更想研究城市史，就到了霍普金斯大学跟着罗威廉做研究。但是我与曾小萍的联系也并没有结束。多年以后，我的博士论文修改成的专著《街头文化》英文本由斯坦福大学出版社出版，斯坦福找的评审人之一就是曾小萍。

俞敏洪：我们的分岔就是 1991 年。你 1991 年去美国当访问学者，然后进入霍普金斯大学读博士，最后进入历史研究轨道。我 1991 年从北京大学出来，变成一个纯粹的商人，彻底放弃了自己的学术生涯。

王笛：我觉得你这样做，应该比留在学术界对社会的贡献更大。我在美国得克萨斯 A&M 大学（TAMU）教书的时候，从中国大陆来的本科生、研究生，特别是研究生，他们英语都很不错，托福、GRE 都考得不错。我问他们英语怎么学的，他们说我们都是从新东方培训出来的。

俞敏洪：当时不少人都是我亲自教的。你是进了大学从 ABC 开始学英语的，到 1991 年就能读大量历史原著，后来到国外读书，用英文写历史著作，毕业后留在美国当大学教授，还用英语讲课，这种进步幅度说明你不是一般的刻苦和用功。

王笛：是绝对的刻苦、用功。我觉得自己才能平平。

俞敏洪：用功是对的，才能和天赋也是有的，正所谓热爱能抵岁月漫长。

王笛：我这个人至少这点好，既然选择了走这条路，就不愿意半途而废。

俞敏洪：也没有想过走的是对是错？

王笛：我当时真不知道拿到博士以后能不能找到工作，完全不知道，但我还是要学历史。如果在美国找不到工作，我就回国。

俞敏洪：后来怎么决定留在美国当老师了？怎么没有回川大？

王笛：其实川大给我留了位置。我在美国找工作也有一种偶然性。当时我刚开始写博士论文，我的老师罗威廉就问我想不想申请工作？我说，我的论文离完成还差那么远，怎么申请呢？那是 1997 年。他说，你今年先申请，哪怕没有成功，也可以积累点经验。当时他为什么要问这个事情？因为纽约州立大学布法罗分校历史系主任给他写信说，要招一个中国史或者东亚史的学者，请罗威廉推荐候选人。决定尝试一下之后，我就开始准备申请材料。后来我想，既然准备的材料都是一样的，只申请一个学校不划算，就把全美当年二十几个和中国史乃至东亚史有关的职位全部申请了。

后来我去了西雅图美国历史学会年会参加初选，各校的招聘委员会都在那里，初选入围的申请人去那里面试。当时大概有六到八个学校对我的申请感兴趣，邀请我面试。最后有两个学校决定邀请我参加校园面试，那就是招聘的最后一关了。一个是我后来去的 TAMU，另一个是佛罗里达大学。

我是先去的佛罗里达大学面试，做了充分的准备，我当时觉得做得很好，那个工作我搞定了。然后就去了位于得克萨斯大学城的 TAMU，我记得到了那里以后我极度疲惫，外加时差的影响和紧张。面试持续三天，每天从早饭到晚饭，吃饭都有招聘委员会的人和历史系的教授陪同，观察候选人的一举一动。其中有一个环节是让我坐在历史系的会议室里，任何一个对我感兴趣的教员都可以进来和我聊。我在那里坐了一会儿，没有人进来，困得不得了，就溜出去了。那栋楼对门就是图书馆，我就去图书馆的一个角落里眯了一会儿，然后在下一个环节开始之前回来。招聘委员会的主席见到我，劈头责问，你到哪里去了？我们到处找你。我就说，我想看一下图书馆什么样子。当时我就想，搞砸了。那时我以为佛罗里达大学那个工作搞定了，所以对得 TAMU 的面试有点松懈。结果佛罗里达大学没有给我聘书，得州这个我以为搞砸了的却给我了，所以最后来了得州。

俞敏洪：为什么你在美国当了终身教授以后，又跑到澳门来教中国学生呢？

王笛：我觉得是综合性的原因。一是父母年纪大了，我所在的大学在美国的南部，不像在加州或者纽约，一下就能飞回来。我们学校那边要坐小飞机到达拉斯或者休斯敦，再转大飞机到旧金山或者洛杉矶，折腾三四十个小时才能到北京或者上海，回国一次身心疲惫。二是我在得 TAMU 已经教了 17 年了，长期在一个地方，还是有点厌倦了，想换一个学术环境。三是我研究的毕竟是中国，我觉得澳门是一个非常好的地方，属于东西方交流的桥梁，和西方的关系密切，和内地的关系也密切。所以 2015 年我就来澳门了。

▷ **上大学有什么用?**

俞敏洪：我有个题外的问题。在当代社会，对孩子们来说，上大学是不是依然很重要？现在有的孩子不想上大学，有的父母也认为很多大学毕业生都找不到工作，所以如果孩子有工作机会，或者不上大学也能活得很好，就不用上大学了吗？还是说，不管工作机会有多好，孩子还是应该上大学？你觉得现在的家长要不要继续鼓励孩子上大学？中国的大学或者世界的大学现在还值不值得上？

王笛：我觉得值得上。我是根据自己的经验，觉得上大学还是非常重要的。我倒不赞成非要去拼清华、北大或者双一流的学校，但上大学非常有必要，甚至专科也可以，因为中学的那点知识确实不够。如果能读大学，能够得到几年大学的培养，我觉得还是比不读大学好得多，自己的未来可以有更多的选择。但这里还有一个前提，我们的大学是怎样教育大学生的？是不是鼓励创造力、独立思考、批判精神？只是死记硬背吗？包括我们学历史，如果只是背朝代、帝王的生卒年、历史事实，那是否接受这种教育我看真的不重要。

俞敏洪：现在很多大学都这么教。

王笛：对啊。所以有一个前提，看你上什么样的大学，老师怎么教。我现在依然鼓励学生应该读大学，但我觉得现在大学的教育确实需要改良，我们可以做得更好。理工科我不知道，但至少人文学科和社会科学学科，我们能够做得更好。学习文学、历史，不是叫学生去背知识，而是让学生学会思考，能够有独立自由的精神，这个特别重要。

俞敏洪：坦率地说，**中国不少大学其实没有能力培养孩子的独立思考能力以及批判能力，因为老师本身就不具备这种能力。**

王笛：和上这样的大学，遇到这样的老师相比，如果有更好的选择，比如一个好的工作，那就不如选择后者。现在在美国，很多蓝领就没有读过大学，比如修理工，但他们赚的并不比白领少。当然美国的孩子也是能上大学就尽量上大学，他们有非常多的社区大学。

俞敏洪：我觉得我们还是有差距，比如你提到的批判性思维，国外的中小学教育体系已经把它融入进去了，但中国是从死记硬背到死记硬背，到了大学还是死记硬背，没有明显的转变。

王笛：我之前看了一个案例研究，中国学生读了大学以后，创造能力反而有所下降，因为大学可能让他思想固化，而不是让他更有创造力。

俞敏洪：我希望现在的大学能有所改变。我本人一直主张，不管家庭条件多好，除非孩子创业能力非常非常强，还是要让孩子读大学，不管在国内还是国外。这不仅因为在大学里能学到东西，而且在大学里能碰到比你更优秀的同学和朋友。少年意气风发，不同的人有不同的思想，很有可能就像你一样碰上隗老师这么牛的老师，一下就影响了你的思想和人生境界。我进入大学碰到了两批对我影响很大的人。第一批就是北大的同学和朋友，第二批就是北大的老师，他们对我的人生态度或多或少产生了影响。这些影响是一辈子的。

王笛：互相之间的学习、影响，很重要。

俞敏洪：你前面讲你本来想考中文系，但最后去了历史系。我想问一下，一个人在大学所学的专业，对他的一生到底有多大影响？现在中国的大学生，以及其他国家的大学生可能也一样——50%以上毕业以后工作的内容跟大学所学没有太多联系。

王笛：我觉得还是有用的。像我们学历史的，最后真的做历史专业研究的还是少数，但不管学历史也好，文学也好，社会学也好，政治学也好，其他人文社会科学也好，我觉得有一个共同的东西：阅读。**你阅读了很多书，不一定全都要记住，但接触的东西多了，慢慢也会积淀很多。每个学科都有一些基本的研究方法，但它们有共通之处。**比如历史，从收集原始资料开始进行分析，后来我发现，很多行业或者专业都有类似的研究方法，做社会学、人类学研究都是从收集资料开始，然后分析资料，提出问题，解决问题。我们的学生中许多人后来做的都是其他工作，但在大学中受到的这种训练对他们的一生来说还是很有作用的，是思维和方法论上的影响。

我们川大历史系有一个大学本科群，很有意思，大家很多观点都很接近，很能谈得来。为什么谈得来？可能和我们大学期间在共同的环境下成长有关。我们有共同的老师、共同的学术训练方法，我们在同一个寝室里面住过……这可能对我们都有影响。

俞敏洪：你出的书他们也会读吗？会进行批判吗？

王笛：他们也关注我的书，不过很少批判，倒不是说我的书没有东西可批判，而是大家没有专门去研究，要想批判就必须先仔细读。

俞敏洪：你们的大学群还算好的，我们的大学群吵架吵到最后就散了。我就想，大家都是同一个大学出来的，怎么观点那么不一致？但这就是现实。

王笛：我们大学同学群里，90%以上的人都认同共同的东西，从他们转的文章、在群里发表的言论就可以看出来。说明当年我们在大学共同的经历、思考模式的培养，影响了我们一生。对我来说，高中开始形成的一些思维方式，到了大学可能会固定下来；如果在大学期间已经形成了某种思考方式或者观点，我觉得以后就很难改变了。

俞敏洪：难度要大一些，因为思维越来越固定了。

王笛：我发现，发表那种我们大部分人都不同意的观点的人，他在大学期间也是那样的观点，所以要改变一个人固有的思维模式还是很难的。

俞敏洪：我发现你说中文带有成都口音，我怀疑你说英文也带有成都口音。

王笛：这个没办法。像我讲英语，"N"和"L"是分不清楚的，"IN"和"ING"也分不清楚，除非接受专门语言老师的训练。

俞敏洪：你在美国给外国学生讲课的时候，外国学生会对你提出抗议吗？

王笛：没有过。我准备得很认真，课讲得好，所以即使有点口音，他们也还是挺包容的。但你得讲得有料，能够让他们真正学到东西，他们才会满意。如果你语言很好，但学生学不到东西也不行。最好笑的事情是，我在美国还给他们上英文历史论文的写作课 Historian's Crafts，就是"历史学家的技艺"。

俞敏洪：也就是说，现在你用英文来写书是完全没有任何障碍的，对吗？

王笛：也不能这么说。我们永远达不到英语母语水平，尤其是我练习英文写作的时候已经30多岁了，语感肯定没那么好。一般英文专著出版前，都会有

copy editor（文字编辑）进行文字的编辑工作。在西方，哪怕是美国人或者英国人写书，他们写完相关的专著之后，也需要 copy editor 编辑，这跟我们写中文书不一样。反正在英文世界，一般都需要进行这样的编辑。写论文和写书都是这样。

俞敏洪：可能在国外，他们认为这是一个基本功。

王笛：对，基本功。例如人文社科的 copy editor 对 *The Chicago Manual of Style*（《芝加哥手册》）必须很熟悉。这个手册非常复杂，有一千多页，我们要弄清楚也不容易。

俞敏洪：这是专业化的训练。你在美国当了十几年老师，也在中国当过老师。你觉得在美国当老师和在中国当老师有什么不同？

王笛：区别还是蛮明显的，两边的校园文化和课堂文化真的不一样。我举个简单的例子，在中国，你学得怎么样，你的分数、在班上的排名，大家都很清楚，比如我的一个朋友前几天说，他的女儿上中学，一次考试就把他们分成 AB 班了。这在美国是绝对不可能发生的，甚至我在课堂上，从来不会讲评某某同学考试成绩非常优秀，或者某某同学做得非常差。成绩从来只有他本人知道，如果他愿意跟同学分享，那是另一回事。如果老师要返还的作业上面有分数、有评语，都是折起来或者盖着让学生拿回去，避免让学生感到有压力。我认为在教育理念上，不应该按照学得好、学得一般、学得不好对学生进行分类，因为学生除了向老师学习，同学之间的互相学习也非常重要。

另一个不同是，我们在美国的课堂上基本可以讲任何事情，讲历史，讲现实，对社会和政治进行批评，都可以。在美国的课堂上忌讳什么呢？种族问题，一定要避免造成种族歧视的误解，也要尊重宗教信仰自由。你在课堂上批评政府，这是没问题的。我的一个美国同事讲美国当代史，学生说很喜欢你的课，但就是忍受不了你每天在课堂上骂小布什。他是一个很坚持自己的政治观点的人，支持民主党。而 TAMU 的学生几乎都是共和党，校园文化也比较保守。

俞敏洪：中国大学生和美国大学生在课堂上的表现会有什么不同呢？

王笛：区别蛮大的。美国人思想禁锢比较少，如果有问题可以马上举手。如果是讨论课，手都不需要举了，上来直接发言。老师不需要花很大的工夫让学生参与讨论，学生可以自由表达。中国学生最大的问题是，可以课下讨论，但他们一般不愿意在课堂上表达，比较拘谨。

俞敏洪：是，到现在还是。有学生自我表达意愿的问题，还有客观环境的问题。

王笛：我们从小学开始就被教育要服从老师、服从领导，而不是敞开思想，形成批判精神。不管学科学也好、文学也好、历史也好，还是学其他社会人文科学也好，独立思考、批判精神是非常重要的，年轻人丢失掉这些，是一辈子的遗憾。

俞敏洪：你在国外教学十几年，个人有什么收获呢？

王笛：可以说这十几年是我学术研究最重要的阶段，从比较宏观的《跨出封闭的世界》的精英视野转向微观历史研究。我一共出了四本英文专著，第一本《街头文化》，稍微宏观一点，但也慢慢开始进入微观了。到《茶馆》，真正进入微观，一个特定的空间，三教九流都在那里活动。此外，这十几年我的史学观也发生了变化。我们在中国受到的历史教育、历史训练还是以帝王或者英雄史观为主。我在国外教了17年历史，从在霍普金斯大学读博开始转变思想，最后完成《街头文化》、《茶馆》和《袍哥》等一系列研究。我开始思考，**在我们的历史写作中，人民到哪里去了？他们在历史中消失了，人消失了，思想消失了，声音消失了。但我越来越认为，这些消失了的人绝大多数实际上是历史发展的动力，是他们推动了历史发展，他们是中华文明和文化的创造者**。我觉得创造历史分为摧毁和建设两个部分，一部分是帝王的创造，那种创造是对文明、文化的摧残，历史上的帝王几乎扮演的都是这个角色；而另一部分，中国的文明、文化的发展和生产力的发展，都是我们普通人推进的。

俞敏洪：比如中国的四大发明。

王笛：都是。技术、农作物、井盐、丝绸、瓷器，等等。农作物品种的引进，包括到了明清时期玉米、红薯的引进，各种工艺的发展等，这些都是普通人努力的成果。但他们在历史上为什么消失了？要关注他们，这对我的学术研究来说，是一个转折性的改变。

▷ 碌碌有为就是对社会最大的贡献

俞敏洪：《袍哥》和《茶馆》是你回澳门写的，还是在美国写的？

王笛：这些都是在美国写的，都是用英文写的，也是我自己翻译的，因为这些原始资料别人没法翻译。

俞敏洪：《茶馆》写得比较正式。现在看你新出的这几本书，《碌碌有为》《历史的微声》和《那些街角的茶铺》都比《茶馆》写得更通俗。我发现**你的作品开始从学术著作变成通俗读物了，但又不失思想性。**

王笛：我想走出象牙塔。对于一般读者来说，他们肯定更喜欢文学，但我们历史研究者和写作者，也可以做得很好。

俞敏洪：现在也有不少面向普通老百姓写历史的学者，而且写得非常好，比如历史大家许倬云老师，他写出了《万古江河》。

王笛：他是研究人类学的，但他的历史学研究也做得非常好，而且他已经90多岁了。

俞敏洪：还有更老一代的，比如唐德刚，他研究清末民初的历史。

王笛：袁世凯那段历史特别纷乱，唐德刚写这些就像写小说一样。

俞敏洪：现在的历史学家写得越来越通俗。中国第一本真正通俗的朝代史著作应该是《明朝那些事儿》。

王笛：那个不得了，我有电子书。

俞敏洪：最近流行的比较好的朝代史著作是王觉仁的《大唐兴亡三百年》，有观点，有思想，有历史事实。他那一套书有七八本，很多读者一看就害怕，但读起来像读小说一样。

王笛：现在读者对历史越来越感兴趣，这也引出了我们历史写作者如何表达的问题。

俞敏洪：是的。原来特别老的、特别正经的表达方式得改变了。原来像翦伯赞、顾颉刚写的那种历史书，写得太正经了，而且观点也固化，大家都不太愿意读。

王笛：那些书主要是写给同行看的。

俞敏洪：陈寅恪的比较深刻，让人读起来觉得很有内涵，也有历史观点，但读下去也要有耐心。到后来，现代一批写历史的人就慢慢关注到老百姓的阅读习惯了。

王笛：目前这些畅销历史作家里还有相当大一部分人不是专门研究历史的，但他们历史题材写得挺好，比如张纯如的《南京大屠杀》，在英文世界也是畅销书。

俞敏洪：我觉得写历史的并不一定非得是历史学家，普通老百姓也完全可以谈自己对历史的看法。我一直认为历史就是用来表达个人观点的，任何人都可以发表自己对于历史事件的评价。《史记》就是最有代表性的，司马迁在里面写的那些东西都是客观的吗？

王笛：现在看来，《史记》也是一部文学作品。司马迁在《史记》里写到了两千多年前的事情，他当时能接触到的史料比我们今天写远古的还要少，因为那个时候几乎没有考古资料。

俞敏洪：司马迁写《史记》的时候，汉朝的历史可能还有一点儿眼见为实的历史依据，前面的全是靠口口相传的内容填进去的，当然司马迁也尽量严谨地做了考察。他还写了篇《孝武本纪》，后来被毁掉了，汉武帝不让他写。所以他只能尽力而为地把历史事实写出来，但他其实加入了自己对历史事件的观点。

王笛：一个皇帝会告诉你什么能留下来，什么不能留下来，所以在《史记》中，汉武帝的形象是那么的高大。

俞敏洪：我个人猜测，司马迁写汉武帝的时候，已经抱着很恭敬的态度了，最后汉武帝还是拿掉了那一篇，这是《史记》能流传下来的前提。

王笛：《史记》不仅是历史巨著，也确实是伟大的文学作品。我在美国教中国通史的时候，使用的一本教科书，Thomas Martin, *Herodotus and Sima Qian*，就是把司马迁和希罗多德放在一起，把他们的传记放在一起，把他们的一些篇章翻译成英语放一起。在西方世界，他们也把司马迁看作最伟大的历史学家。

俞敏洪：有专门的研究？

王笛：有，《史记》在西方史学界也是被充分承认的。但今天我们看，司马迁当时能使用的资料很有限，他是靠采访，靠听口述和各种传说完成的《史记》。所以按照今天的观点，在一定程度上说，也可以把《史记》当作文学作品。

俞敏洪：一半是文学作品，一半是历史作品。但他凭一己之力写出这么一部传世的著作，很了不起。

王笛：是的。**而且司马迁还看到了普通人，商人、侠客他都写了，反而是后来的"二十四史"不写这些了，只写帝王。**

俞敏洪：**后来的正史只记录帝王，几千年的历史就成了一部帝王史，把中国真正创造历史的普通老百姓放在了背后。**你现在是在补这一课，对不对？

王笛：对。梁启超其实早就看到了，他在写《新史学》的时候说，**"二十四史"不过是二十四姓之家谱。**

俞敏洪：我连《资治通鉴》都读不下去。

王笛：是读不下去。所以我有时候听到年轻人说自己喜欢历史，开始读"二十四史"了，我说你千万不要从"二十四史"开始读，先读读后人的著作。

俞敏洪：而且读多了以后会发现，它是重复的，只不过换了一个个人名，并没有超出帝王将相兴衰的循环。

去年你出了《碌碌有为》，副标题是"微观历史下的中国社会与民众"，看目录也觉得这些话题非常有意思：人口是资源还是负担？为什么中国一直是世界上人口最多的国家？衣食住行这些最根本的需求在中国到底是怎么回事？从集市到城市，中国是怎么有城市的？手艺人、小贩、商人到底是怎么影响中国经济发展的？中国的礼治社会到底是怎么形成的？娱乐和礼仪是怎样融进中国文化的血液的？中国为什么会"十里不同俗"？人际关系到底怎么回事？为什么中国的信仰是多元化的？佛在山中还是佛在心中？……我挺喜欢读的。

王笛：而且零门槛，没有学过中国史的人也可以读。

俞敏洪：对我来说，老百姓的生活故事比帝王将相的英雄故事更有烟火气，也更像活在人间，而且你更能够从中了解文明和文化的发展、传承、变革的历史，慢慢地也就能明白，为什么很多东西在老百姓那里根深蒂固，可以持续到今天，以及它给我们的生活到底带来了什么样的影响。看完之后，我感觉"历史是人民创造的"这句话在你的书中体现得淋漓尽致。

王笛：我本来也是这样相信的。

俞敏洪：这应该变成一种真正的历史观。**尽管我们不否认宏观历史，不否认英雄创造历史的部分，但它是一体两面的。如果只有英雄没有人民，就不可能构成历史，而且英雄本身也是从人民中产生的。**

王笛：人民中普通人占95%，甚至99%，我们应该书写他们。其实无论是《碌碌有为》《历史的微声》还是《那间街角的茶铺》，这三本书都是在阐述一个最根本的东西——关注普通人。就像前面提到的，普通人在我们的历史中消失了，但我通过挖掘资料——比如《那间街角的茶铺》，看起来是文学作品，但其中大部分内容是根据原始档案、当时的报刊记载写出来的——从历史中寻找普通人。这实际是要回答一个问题，写普通人的历史有什么意义？不就是吃喝玩乐吗？

俞敏洪：我刚好想问你这个问题，为什么你后来觉得微观历史比宏观历史还要重要？

王笛：**第一，过去传统的历史写作，不管是"二十四史"也好，还是后来许多官方历史也好，其实一定程度上都美化了帝王**。他们造成了多少灾难，给文化、文明造成了多少损失，在正史里是体现不出来的。而且最可悲的是，到了今天，我们可以想象，自己的祖先甚至可能因为这些帝王的所谓"洪业"，在战争中死亡，或者在他们的铁蹄下受奴役，而很多年以后，我们的子孙还要对他们歌功颂德，这显得多么荒谬。

第二，由于我们从小受到帝王史观的影响，就会觉得我们今天的一切都是这些帝王给我们打下来的。普通人认为自己在历史上没有贡献，我非常不同意。我们的文明和文化、我们的生产、我们的社会发展到今天，就是普通人创造出来的。过去的人们喜欢听评书，他们喜欢听的都是英雄故事，这样的英雄崇拜、帝王崇拜，造成了对权力的崇拜，让普通人觉得自己是低微的，我不赞同这个认知。在我们的日常生活中，我们工作、抚养子女、照顾老人，这就是我们的贡献，很大的贡献。你想想，我们的生产活动、社会运转，靠的就是亿万个普通人，如果没有他们，我们的文明发展不到今天。但他们为什么在历史中消失了？这让我们感觉到，如果我们来到这个世界上，不做出惊天动地的事业，就是浪费了一生，就是碌碌无为。我要改变这个观念，我要让大家知道，**我们的碌碌有为，就是对社会最大的贡献；我要让每一个普通人都感到，我们没有做大事业，但我们有尊严，我们有人格，我们也应该享有权利。我们关心这个国家，关心这个社会。我们有责任，也要履行自己的责任。**

俞敏洪：我认可"普通人创造历史"的观点。毛主席也说过，人民才是创造历史的动力。尽管我们说老百姓推动了社会发展和发明创造，但在过去的历史上，不管是中国还是其他国家，老百姓真正能够掌控自己命运的可能性并不大。我最近在看有关安史之乱的内容。一场安史之乱，把唐朝四五千万人降到了一两千万人，上千万人在所谓帝王将相发动的战争中灰飞烟灭了。面对这种历史大事件，普通人恐怕充满了无力感。我想问，从今天开始，普通人能怎样跟大时代共同前进，掌控自己的命运？

王笛：我们每一个人的声音其实很小，这就是为什么我把新书取名《历史的微声》。我们每个人一定不要想我人微言轻，就让别人代我发声，或者代我履行责任。如果每个人都这样想，历史就不会进步。

从政府的角度来讲，应该依靠民众。但是现在有一种论调，说中国人不适合民主，这就是太不相信我们普通人。我要说的是，延安时期，大家都可以用豆子来投票，那个时候虽然大家文化程度不高，但涉及自己利益的时候，他们知道如何做出抉择。大家记不记得，中国的农业改革是从1978年安徽小岗村18位农民签下生死状开始的。生死状的内容是：包产到户，如果哪家出了问题，其他农户帮助抚养他们的家庭。你看，连最穷的农民都知道怎样行使自己的权利。其实很多时候，**改革都是人民从基层开始推动的，后来上面看到了，觉得确实要顺应民意，便顺水推舟了。**但这个民意如果不表达出来，就没人知道，所以要让你的声音被听到，让大家知道你在想什么。比如我对教育制度、高考制度不满意，那什么是你满意的？你总要发表意见，而不是说我人微言轻，就什么都不说。一个人的尊严，不在于你受过多高的教育、有多高的地位。我觉得在人格、尊严、责任上，大家都应该是平等的，一定要让大家的能力、智慧充分展示出来。

俞敏洪：面对普通人，包括我们也是普通人的一员，你有什么样的寄语？

王笛：谈不上寄语，就是共勉：珍惜机会。我不赞成躺平。**虽然我说碌碌有为，但不是让你躺平，躺平是不行的，要继续努力。任何一件事情，只要你踏踏实实地干，哪怕没有达到目的，也会觉得努力过了，这一生就不遗憾了；如果不努力，就永远没有实现目标的机会。**但有一点，如果你努力了却没有达到你的预期，在一定程度上这不是你的责任，其实很多时候是条件的制约，甚至很可能是这个社会的责任。

俞敏洪：对于现代社会的进步来说，应该上下同心同德。

▷ 人生的意义是有尊严地活着

俞敏洪：今天的时间差不多了，看看有没有朋友提问……有人在问大问题了：人生的意义到底是什么？

王笛：这个问题太大了，让哲学家回答比较好。

俞敏洪：从你的研究角度来说，其实你不探究人生意义，而是探究普通老百姓是怎么活着的。

王笛：如果简单地回答，**我们来到这个世界上，过好自己的生活，我觉得就够了，不一定非要做出一番大事业**。我们的日常生活，抚养子女、善待老人，这就是文明的发展，这就是人生的意义。

俞敏洪：在我看来，**人生的意义首先就是活着，你还想活下去，就是挺好的人生的意义。**

王笛：我有追求，我能够过更好的生活，这是人生的意义；我想买辆车，也是人生的意义；我要学习，要读大学，也是人生的意义；我要读书，也是人生的意义。

俞敏洪：我个人认为人生的第一个意义就是活着。作家余华说过一句话，**活**

着就是人类的全部意义。除此之外，我再给他加两点，一个是人活着且愿意活下去，另一个就是人要活得有尊严、有人格。人如果没有尊严地活着，也会很痛苦。

王笛：那当然。

俞敏洪：我们今天就先聊到这里。欢迎大家阅读王笛老师的书籍，无论是《碌碌有为》《那间街角的茶铺》还是《历史的微声》，相信大家读完之后会很有收获。谢谢王笛老师，谢谢大家！

王笛：谢谢大家！

（对谈于 2023 年 2 月 16 日）

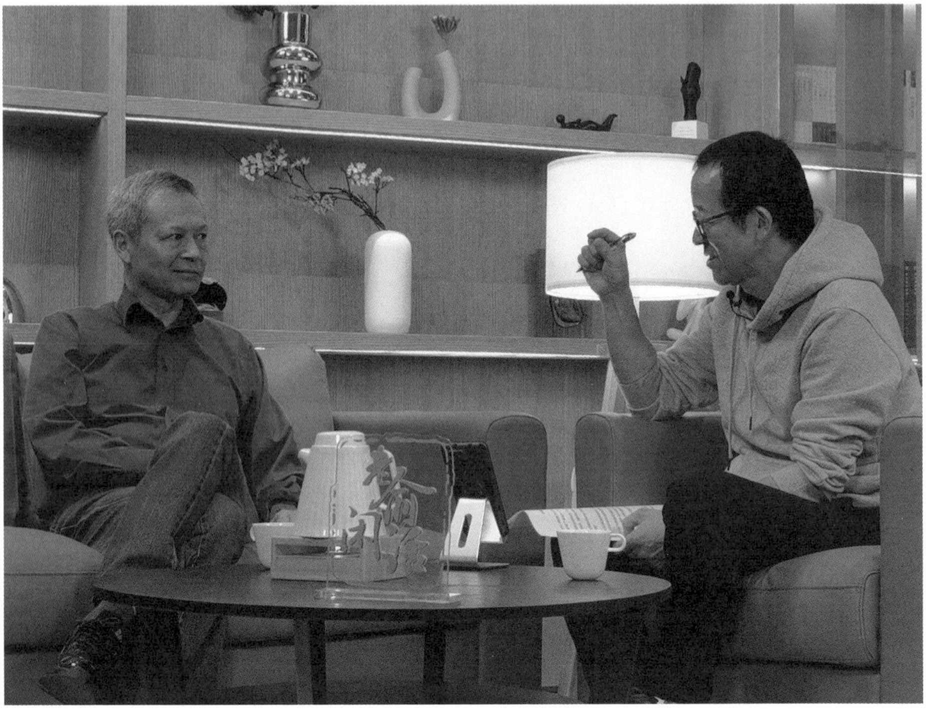

第二部分

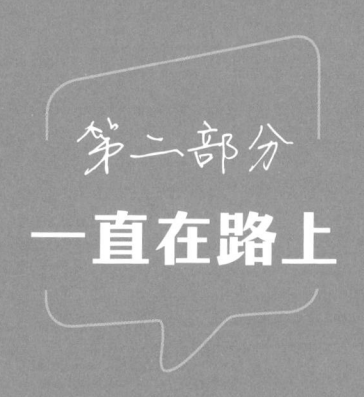

一直在路上

▷ **莫　言**：中国作家、中国文学要在世界文学中占领一席之地，要形成自己鲜明的文学风格，这时候我们就必须向社会、向中国历史文化、向我们的传统文学汲取营养。

▷ **尹　烨**：真正可怕的世界观是什么？是没有见过世界的世界观。

▷ **吴　京**：可能我这一生注定离不开电影了，既然离不开，就一定一直在路上。

▷ **李小加**：我们这一代人，至少我自己，每一个环节都是祖国发展的大潮把我推到了那个地方。

▷ **刘庆峰**：童年是人生的一个独立阶段，不能把童年或青少年作为一个为了成为成功人士而拼命付出的过程。

对话莫言

小小的故乡，大大的世界

莫言，本名管谟业，首位获诺贝尔文学奖的中国籍作家。1955年出生，著有《红高粱家族》《丰乳肥臀》《生死疲劳》《蛙》等长篇小说和大量中短篇小说。现为北京师范大学教授，博士生导师。

俞敏洪：各位朋友，大家好！相信大家对莫言这个名字不陌生，莫言老师在2012年获得了诺贝尔奖，是首位获得诺贝尔文学奖的中国籍作家，他为中国文学走向世界做出了很大的贡献。今天是世界读书日，我特别邀请到了莫言老师，一起聊聊个人成长、阅读、写作等话题，希望可以给大家一些个人成长中的启发和启示。

—— 对谈开始 ——

▷ **为饺子而写作**

俞敏洪：莫言老师，中国作家里，好像小学都没读完的，你是唯一一个，是不是？

莫言：不止，我们这个年龄段的作家里，没读完小学的比较少，老一代作家里没上过学的、在部队里学文化的……那就太多了，当时大部分人都没有受过完整的学校教育，后来参加了工作，到了部队，投身战争、革命，开始学习写作，这样的人很多。

俞敏洪：有没有上过大学，跟能否当好一个作家之间的关系并不那么密切是吗？

莫言：要从两个不同的角度来看。当年北京大学中文系明确说，这里不培养作家，而是培养文学的研究者。后来北京大学这个观点也有调整，因为他们的中文系里出了好几位著名的作家。现在很多大学在讨论创意写作，旗帜鲜明地说我们就是要培养作家、剧作家。但我个人认为，如果单纯从写作角度来讲，你上不上大学真的没太大关系。许多伟大的文学家，包括西班牙文学世界里的伟大作家塞万提斯，他也没上过几天学，他是军人出身，参过战，受过伤，还留下了残疾。

俞敏洪：余华也没有上过大学。

莫言：余华上过高中，参加过高考但没考上，如果考上了，他还是不是余华就不知道了。**文学是写人的，要求作家有深厚的生活积累，要有在基层生活过的经验，才有可能体察人生的奥秘，才有可能洞察人的内心，才能把人写活，才能把人的性格塑造出来。**当然必要的阅读肯定是需要的，你要在学校里学到阅读的能力，你要识字，能读书，然后才能写文章、写小说。现在形势发展变化了，很多大学搞创意写作，北师大也在搞。**文学可不可以学？我的结论是可以学。**

俞敏洪：我个人跟北大中文系的人一起住了差不多十年，我是北大西语系，当学生五年和他们住同一个楼，后来当了老师又和中文系相邻。我曾经有一个阶段，也想搞写作，只不过后来发现自己没这方面的才能。北大当然也出了几个作家，比如刘震云、阎真等，但我个人从心里认为，**一个人靠上大学把自己变成作家的路径不太容易走通，但成了作家以后再上大学是对他们有帮助的。**

莫言：这个总结我是同意的。我们这些人先在基层学习写作，发表了一些作品，再到学校里面去。我 1984 年考到解放军艺术学院（现中国人民解放军国防大学军事文化学院），离你们北大也不远。我们很多同学得过全国奖，再去接受训练，我觉得帮助还是很大的。

俞敏洪：你刚才说，人生经历的丰富性，跟自己能不能成为一个作家有很大的关系。为什么有些人人生经历的丰富性就能够反映在自己的作品中，而且能把作品变成让全国乃至全世界读者阅读的经典作品？比如你的作品、余华的作品等。我也有很丰富的人生经历，从小也在农村长大，也经历了贫困和你书中写的那些场景，尽管江苏跟山东有点不一样，但中国农村的生活、文化基本是相近的。为什么像我这样的人就没办法成为一个作家？这里面的催化剂是什么？或者说，把人生经历转化为文学作品的路径到底是什么？

莫言：你就是不想吃饺子。1997年我和余华、苏童、王朔去意大利开会，演讲的主题是"你为什么要当作家？"。我说"我想过上一天三顿吃饺子的日子"，你可能不想吃饺子，所以你没有当上作家（笑）。

俞敏洪：这个有道理，因为江南水乡相对富裕一点。

莫言：这是开玩笑。从理论上讲，**每个人都是作家，因为每个人都可以讲述自己的故事**。几乎每个人都给亲人写过信、跟朋友聊过天。如果把这些通信、聊天整理成文字，实际就是一篇篇潜在的小说，无非就是有人把这个当成了职业，而有的人有其他重要或擅长的事情要做，没有以此为职业，所以没有成为作家。我不认为作家的门槛有多高，当然，**要成为世界级的、像托尔斯泰这样的作家是需要天分、生活积累和超人的想象力的**。如果只是写出一篇文学作品，比如写一篇散文，我觉得每个人都可以做到。

俞敏洪：我读你的作品，发现你写农村的事情、小时候经历的事情，甚至在你出生之前发生的事情都给人记忆犹新的感觉，你对山东高密的方言、土语和表达也都运用自如，你觉得这是你记忆力特别好所带来的优势，还是因为后来你开始写家乡的时候，重新回到家乡进行了语言整理工作？

莫言：人的记忆力是有方向性的，有的人记数字记得特别敏感，有的人记忆其他方面的东西更敏感，比如图形、人的面孔。**我可能就是对语言比较敏感，而且尤其注重细节**。几十年前某个人的一个细微动作，都能给我留下深刻的印象，比如有个孩子一看到大人就拘谨，讲话的时候会下意识抬起手来摸脖子。

俞敏洪：所以你的形象记忆能力相当强？

莫言：注重细节，有画面感。文学要描写画面，风景和环境，人的肖像，人的表情、人的声音、人的某个动作，这些构成了文学的皮毛和肌肉。

俞敏洪：人与人之间真的有很多的不同。我小时候也经历了完整的农村生活，但我后来对它们的记忆完全是模糊的。我小时候也有一堆小朋友，现在让我回去跟他们说小时候发生的事情，我是不太记得的。

莫言：可能你还年轻。随着年龄的增长，我童年时期的很多事情栩栩如生，如在眼前。可能昨天发生的事情忘记了，但越是发生得早的，越记得清楚。也许有一些情节、有一些人，我曾经在四五十岁的时候忘掉了，但现在忽然回忆起来，会变得非常清晰。

俞敏洪：所以《晚熟的人》里面写了一些你小时候伙伴的故事，跟这个有关系吧？

莫言：我想是的。

俞敏洪：我现在处在一个小时候的事情想不起来，这两天发生的事情已经忘了，这种两边糊涂的状态。

▷ 文学的天分是对语言的敏感和热爱

俞敏洪：你觉得写作是后天训练的结果，还是说更多是靠天分？

莫言：天分还是需要的，我作为一个作家，得把这个行当稍微神秘一下，不能说每个人都可以当作家，更不能说每个人都可以当大作家（笑）。**天分确实存在，就是对语言的敏感和热爱**。有的人对数字特别敏感，有的人对图形和色彩特别敏感，有的人对声音、旋律和节奏特别敏感，这就决定了这个人可能当数学家、美术家、音乐家。如果你对文字特别敏感，就具备了当作家的潜质。我们每天听到无数的语言，老人讲的、小孩讲的、中国人讲的、外国人讲的，我们从小也阅读了各种各样的文字，小说、诗歌、散文，如果你对语言特别敏感，你可以从一个老百姓突然讲的一句话中获得阳光，照亮你心中一片灰暗的地方，并由此生发出一连串同类型的语言，如果有这种本事，你就是一块当作家的料。

俞敏洪：当今家长很焦虑孩子的前途，家长现在几乎千篇一律让孩子拼命学数学、语文、英语、物理等，最后的目标要么是北大、清华，要么是国外名牌大学。很多家长忽略了孩子冒出来的天分，缺失了把孩子往有天分的方向培养的敏锐性。如果家长想看自己的孩子未来能不能变成作家，他应该关注孩子的哪些特点去帮助他做判断？

莫言：这确实比较难判断，但还是可以有些参考。比如现在在学校，每星期老师都要布置作文，有的孩子一出手就不一样，老师会圈圈点点，会在课堂上给予评价，这时候家长可以从老师对孩子作文的评价上看看自己的孩子是不是文章写得比较好。另外，**家长也可以从孩子平常的口语上看这个孩子会不会说话，是否善于表达。**

俞敏洪：会讲故事？

莫言：同一件事，同一个物件，同一种情况，有的孩子可以描述得生龙活虎、绘声绘色，有的孩子可能半天都讲不清楚。《红楼梦》里有一个叫小红的丫鬟，她原来不在王熙凤身边工作，但有一次她向王熙凤转达一个消息，讲得特别生动活泼，很有语言天赋，王熙凤一眼就看上了：这孩子伶牙俐齿，把事情讲得这么清楚，讲得这么有文采，妙语连珠的，回头你到我身边工作吧。当年在农村也有很多这样的孩子，他们能说会道，这样的孩子文笔也不会差。我们最早接触的其实都是口头文学，爷爷奶奶讲的，村子里老人讲的。

俞敏洪：对，故事代代相传。

莫言：现在书多得读不完，我们那时候是借不到书。周围几个村庄，谁家有本什么书，我们了如指掌，借了一遍过两天再来借。那时候有一部《三国演义》或是《水浒传》，是家里重要的财富，所以你借他的书要付出代价，帮他干活或者拿其他的书进行交换。

俞敏洪：听说你看《封神演义》得帮人家拉磨，拉五圈看一页。

莫言：对，那是我们同学的。那时候农村生活比较艰苦，没有现在这样现成的面粉，也没有机器磨面，就是拉石磨。

俞敏洪：我们小时候读不到书，但那时候民间文学的营养还是比较丰富的，比如听爷爷奶奶讲故事，各种人的故事、鬼的故事，听村里的老人们讲各种故事。人民公社里大人们在一起干农活的时候，也会互相调侃、讲故事。有时候到街上去，遇到节假日或者庙会，就可以听人讲评书。现在这种东西好像越来越少了，孩子在城市长大，面对的都是父母，讲故事的环节没有了，是不是意味着现在中国有助于丰富孩子想象力的民间营养变得越来越少？这样的发展其实是不可逆的，如果想让孩子进一步丰富自己的想象力，加强对中国文化的传承，我们应该做一些什么？

莫言：这确实是一个遗憾，我现在很怀念童年时期到集市上听艺人讲书。前两天我跟王振一起去了景阳冈，一到景阳冈，耳边就仿佛响起了鸳鸯板，叮当、叮当、叮叮当。那时候每个集市上都有讲山东快书的。山东快书最著名的段子就是关于武二郎的，以至于山东快书的别名就是武二郎，"说的是山东好汉武二郎"，非常简洁、押韵、生动、活泼。听多了以后，自己也能说几段。有时候父母批评我，你像个说快书的，叽里呱啦的。集市上听书不用门票。后来回想起来，这实际就是一种文学熏陶，**口头文学是文学的重要资源，也是书面文学的重要基础**。长篇小说《红楼梦》《水浒传》《三国演义》原来都有话本，后来是专业的作家在话本的基础上，加工成长篇小说。

俞敏洪：我们小时候的娱乐方式非常少，听书、听故事不能说是唯一，也是唯二的娱乐方式。我们小时候会对听到的故事留有深刻的印象，因为可以不止一遍地听同一个故事。你小时候听完故事会跟别人讲，所以你的口头表达能力也非常强，尤其在年轻的时候。

莫言：我确实非常喜欢热闹。我是1955年生人，童年时期社会的群体活动多，干活时大家在一起，队长一声令下大家干，队长一声令下大家休息。休息的时候有人讲故事，有人摔跤、骂阵。在这样的环境中，一个孩子接触到的教育是多方面的，既可以从群体性的文化娱乐活动中受到民间文化的滋养，也可以看到表演者个人的性格，这些人物后来就变成了我小说中的形象。我在集上听人讲了一段书，什么七侠五义，刘公案，回到家就转述给母亲和姐姐听。

俞敏洪：你的转述能力很强吧？

莫言：我觉得我的转述水平很高。我毕竟上了几年学。我会加上一些形容词，加上一些对风景的描述。我母亲她们一方面批评我天天嘴巴不停地说话，一方面对我转述的故事也充满了兴趣，一边做针线活儿一边听。在那样一种环境下，尤其在农村的环境里，你讲话过多不符合农村人对好孩子的要求，农村家庭觉得孩子安稳、大方、不多言多语，尤其不胡言乱语，才是好孩子、乖孩子。

俞敏洪：你说的相当于是我的形象，我小时候在农村就是一个乖孩子，很有礼貌、不言不语、努力干活，我基本属于那种类型，所以我就没法变成作家。

莫言：所以你父母亲当时多么幸福，像我们这种孩子当时就是喜欢说话，滔滔不绝，喜欢说快书，实际上家里并不高兴。

俞敏洪：你老给父母惹事吗？

莫言：有时候愿意传达一些消息，或者把别人的话传达给家长，或者把家长在家里议论的话题转述给别人，很可能就制造出矛盾了，这样家长肯定不高兴。你作为孩子给家里惹事，肯定会让家长痛苦、愤怒，所以会教训你，到时候少说话、不要说话了。

俞敏洪：你笔名叫莫言，是不是就是"不要说话"的意思？

莫言：家长希望我能少说话，这一点多少是个原因，当然更重要的原因是我原名里的"谟"字。"谟"是我们的辈分，我们家族规定到了我这代人，名字中间都应该有一个"谟"字，把这个字拆开，左边是一个"言"，右边是一个"莫"，从右往左读就是莫言，我觉得这蛮有意思的。还有个很有趣的原因，那时候我在部队，往外投稿，邮递员来了一喊名字"管谟业"，别人会嘲笑你，你的稿子又退回来了，如果是用笔名，大家可能就不知道是谁。

▷ **读书是最好的发展**

俞敏洪：你父母在你个人成长过程中，各自起到了什么作用？

莫言：我们家是典型的严父慈母家庭，大部分中国家庭中，父亲非常严厉，母亲非常慈祥，父亲在外劳动，母亲在家操劳。我父亲有一点文化，他读过四年私塾。

俞敏洪：那他的古文底子应该是不错的。

莫言：他古文底子还是不错的。1947年的时候，我们那地方就是半解放区了，我父亲就跟着区里干部去征粮，支援淮海战役，也推着小车去送过军粮。因为他有文化，会珠算，所以区里让他做财会工作，帮着记账。区长动员他脱产当干部，但我爷爷不同意。新中国成立以后，他就从初级社、高级社、人民公社生产大队，做会计工作，一直做到1982年，做了30多年。当时大队会计是可以不下地劳动的，但我父亲一直坚持白天下地劳动或者到大队木匠铺里去做木工，晚上算账，只是到了年终结算时，才带着各个生产小队的会计们，集中起来白天算账。

俞敏洪：1982年，你父亲应该六七十岁了？

莫言：我父亲是1923年出生，1982年快60岁了，后来就退休了。他在外面一直忙着公家的事，也顾不上给我们什么教育，但他一直要求我们读书。

俞敏洪：他其实从心底里非常认可读书。

莫言：他认为一个人能做的最好的事，一是读书、二是种地。我们村靠着国营胶河农场，麦收时，他们用联合收割机收割，麦秸会留得很高，我们农村都是用镰刀贴着地皮割，就不会留这么高。当时不但缺粮，还缺草，如果能把他们留在地里的麦秸拔回来，是可以烧火做饭的。村子的人都在夜里去拔麦秸，这是公开的秘密，村子里和农场里都睁只眼闭只眼。我也想去拔，但父亲觉得这不是太光彩的行为，他说人要有远见，不要盯着眼前这点利益。把书读好将来才能干大事。

俞敏洪：所以你们兄弟三个读书方面还是受父亲影响蛮大的？

莫言：非常大。我大哥1962年考上了华东师范大学，他当时的分数可以进北大、清华了，但师范学院是免费的，而且管吃饭，所以就去了华东师大。管吃饭，这对我们农村孩子太有吸引力了，那时候大家见面首先问，你吃了吗？我大哥回来在村头碰见大爷、叔叔，他们就会问，能吃饱吗？他说，能吃饱。

俞敏洪：这是当时的超级大福利。

莫言：所以我当时也有大学梦。我辍学回家放牛羊、参加劳动，碰到刮风下雨不能下地的时候，我大哥留在家里的两箱教材就变成了我最好的读物，我翻来覆去地读。我后来对戏剧的兴趣就跟教材里面的《日出》《雷雨》的节选,包括普希金的《渔夫和金鱼的故事》这种散文诗、戏剧非常有关系。

俞敏洪:现在为止,你还在写剧本,跟小时候的经历也有关系?

莫言:非常有关系,我写小说之前的第一个作品是一部话剧。1978年《于无声处》在上海演出,非常轰动,我照葫芦画瓢写了一个话剧,而且投了很多出版社。

俞敏洪:你大哥上了大学,二哥高中毕业,而且很喜欢读书,为什么你到小学五年级就辍学了?

莫言:我是1955年出生,我读书的时候是1961年,那时候我们周围几个村子被国营农场收编了,村子里的人都成了吃国库粮的农业工人,两年之后,政策调整,农场规模缩小,我们这几个村的人又成了农民。到了1966年,我上五年级的时候,"文革"开始了,停课了,天天上街游行,这时候即便是上学也没什么可学的,我就辍学了。

俞敏洪:是特殊时代导致的,但你那时候已经有了阅读兴趣了,是吗?

莫言:对,我对阅读的强烈兴趣已经持续两年了,从三年级开始。我们的语文老师是一个文学青年,有十几本长篇小说。《林海雪原》《红岩》什么的,这些书我都读过,老师也有意识地引导我阅读。当时很多家长是反对孩子看小说的,说是看闲书,没有用。我们老师就给家长做工作,说读小说不是看闲书,读小说可以提高写作水平。

俞敏洪:遇上了一个好老师。

莫言:对,他在我们班级教室后面搞了一个图书角,让我当图书管理员,每个同学都把自己的书拿出来共享。这时候我已经开始非常迷读书了。

俞敏洪:尽管后来不上学了,在家里还是会想方设法读一些书?

莫言:这就要感谢我大哥了,他是大学生,是1962年考上的。

俞敏洪:你和你大哥年龄差这么多?

莫言:差12岁。他小学的书、初中的语文课本、高中的语文课本,都放在一个很大的纸箱里。这批语文课本对我产生了很大的影响。那时候高中语文分成两种教材，一种是汉语，讲语法、讲古文；一种是文学，讲中外名著选本，这类教材对我的影响蛮大的，我最早接触的外国文学、古典文学，像《岳飞枪挑小梁王》《林教头夜宿山神庙》《渔夫和金鱼的故事》和保加利亚共产党人季米特洛夫在德国法庭上的最后辩护词，都是来自那里，包括话剧《雷雨》《日出》《屈原》和元杂剧《李逵负荆》等。

俞敏洪：你说的这些，我都是后来到了大学才读到的。1968到1969年学校就恢复上学了，你怎么没回去上学？

莫言：这时候我已经辍学回家了。复课闹革命的时候，这帮孩子直接去了初中，当时的初中叫农业中学，农业中学的老师大多是小学老师转过去的，学制是两年。这个农业中学就在我们家胡同口，学生也不好好上课，每天打打闹闹。刚建起来的学校有玻璃窗，一个星期以后，窗子上的玻璃多半打碎了。这时候我父亲就说，你上学也没什么意思，就不要上了。我那时候很能干，挣不少工分，不如就在家挣工分吧。我有一个堂姐，她也不上了，下来割草，也挣不少工分。我大哥在外面读书，二哥初中毕业以后，学校动员他，不用考也能上高中。我父亲就说，他已经那么大了，读完了高中能找好一点的工作，就让我二哥去读高中了，最后我反而成了家里很重要的劳动力。

▷ 到更广阔的世界去

俞敏洪：你从小学出来后，到21岁之间，应该有八九年的时间，这段时间里对你自己人生影响最大的事情是什么？我读你的《透明的红萝卜》的时候，读到专门写黑孩子和铁匠的一段故事，那好像是你个人经历的一个投射？

莫言：我刚辍学的时候，干不了太重的活儿，就跟着大人打打下手。别人耕地，我在前面牵一下牛，别人干重活，我就跟着干轻活。人民公社在农闲的时候有大量的水利建设工作，我在桥梁工地上当过小工，就是在一个修建滞洪闸的工地上。我们那里地势低洼，为了保护村庄，在河堤上开了一个口子，建了涵洞，平常河里水少的时候就把闸门闸住，洪水一旦威胁到村庄的安全，就把闸拔开，外面一片低洼地就变成了滞洪区。牺牲这片庄稼地，保住村庄，我们就是搞修建滞洪闸的工程。我在里面是做小工的，提着个铁锤，把大石块砸成石子，跟水泥和一起搞成混凝土。后来有一个铁匠看我比较勤快，让我给他拉风箱。这个过程大概有两个月，虽然是短暂的两个月，但让我离开了自己的村庄劳动。这段时间我就跟来自全公社五十多个村子的200多号人混在一起，其中有铁匠、石匠、壮劳动力、青年妇女、孩子，这一下就扩大了我的眼界，让我看到村子里熟悉的左邻右舍以外的其他面孔。这些人里有有文化的，有有艺术才能的，也有能拉会唱的，还有懂一点武术的，所以我开阔了眼界，扩大了生活圈子，见到了更多的人。我后来写小说《透明的红萝卜》的时候，就利用了这样一段生活经验。

俞敏洪：现实生活中，你也去地里拔过红萝卜？

莫言：这是一段经历。

俞敏洪：我们小时候老到人家瓜田里偷西瓜。

莫言：现在说"偷"，好像这是很忌讳、很低劣的行为，但在当时农村孩子的世界里，这就是一个恶作剧。像我这个年龄的孩子，谁没去地里偷过瓜？谁没去拔过萝卜？现在的孩子，你让他去他也不去，或者现在的孩子到了农村，没准也做同样的事情，主要是好玩。

另外，我的生活在我18岁的时候发生了重大变化。1973年8月20日，我到高密县第五棉花加工厂做合同工，就是最早的农民工。厂里每天给一块三毛五分，每个月四十多块钱，这个钱给生产队一半，生产队就给你记一个同等劳力的工分，比如我这样的劳力每天10分，就给我记10分，剩下的钱就成了自己的。

俞敏洪：当时觉得当农业工人进工厂，已经是超级好的福利待遇了，对不对？

莫言：这是非常好的工作，很多农民都愿意去干一段时间，因为每月可得20块钱，20块钱对家庭是很大的补贴。但这段经历对我来讲更多是一种文化意义上的开拓。工厂里跟桥梁工地又不一样，人更多了，整个工厂有二三百人，来自四面八方，成分更复杂了。厂长、书记是国家干部，还有十几个拿工资的正式工人，再就是来自四面八方的临时工，不仅有我们公社的，而且有全县和周边各县的，里面有很多来自青岛的下乡知识青年，有老三届的高中生，也有初中生，他们在青岛的时候看了很多外国电影，读了很多外国小说，他们自己有很多读物。

有一个姓赵的青岛知青，就给我们唱他看过的印度电影《流浪者》中的《拉兹之歌》，讲一些爱情故事，传阅完《红楼梦》，还要交流读《红楼梦》的感受。我在这里报名应征入伍。这三年对我帮助很大，我在工厂里抬过大棉花筐，跟铁匠张师傅打过铁，那个张师傅的儿子后来是 53 军的军长，当时老人家给他儿子写信都让我代笔。我后来回忆这段生活，他给我留下印象非常深的一句话是"打铁要低后手"，你举着 18 磅①的大锤往铁活上打的时候，后手一定要低下来，保持锤面跟要打的铁的最大面积接触。如果后手抬高了，锤子只有前半部分的力量落在铁上，会浪费你很多的力气。我觉得这句话不但是打铁的诀窍，也具有一定的哲理，什么时候都要低下来，放低姿态。

俞敏洪：基本上，在当初的农村，谁要是当上农业工人到城里上班，就已经觉得进入天堂了，为什么你后来要去当兵呢？

莫言：因为人的希望和理想总是建立在知识的基础上，建立在眼界的基础上。

俞敏洪：当时如果你在工厂找个农村姑娘结婚，应该很容易吧？

莫言：也不一定。当时**我首先还是希望能离开乡村，到更广阔的世界去**。对当时的农村青年来讲，首选的方式是去上大学，当工农兵大学生，但这样的事基本轮不到我们头上，那时候一个公社 50 多个村庄，公社的干部那么多，十个八个名额还不够他们分的。

俞敏洪：表面上是从贫下中农子女里选，实际都是从干部身边选，我们乡下也是这样。

莫言：是的。落到农村孩子头上的机会，也不能说完全没有，但大多数时候轮不到。这时候当兵就变成了农村孩子最有可能得到的机会。第一，部队的人来自五湖四海；第二，部队是革命的大学校。所以我想，我如果能去当兵也非

---

① 1 磅约合 0.45 千克。——编者注

常好。

在棉花加工厂三年的生活，对我后来的文学创作也产生了巨大的影响。《生死疲劳》里有一大段文字描述主人公在棉花加工厂的生活。**在加工厂里加工棉花，看起来是加工棉花，实际是加工了人、加工了心灵、加工了自己。棉花加工完了，这帮农村孩子也被加工了，他们就更希望到辽阔的世界里去闯、去体验，去追求更好的人生。**

俞敏洪：现在很少有孩子能理解我们当初对到部队当兵的向往。我1978年第一次参加高考，第一年高考填的就是军校，1979年高考依然填的是军校，当然没有去成，因为分数不够。后来1980年分数考得比较高，就改成了北大。到部队去是我们那代人的理想，当军人也会在社会中有崇高的地位，我记得小时候村上最漂亮的姑娘都想和出去参军的人结婚。

▷ 八面来风

俞敏洪：假设当时你没有当兵，你还会变成作家吗？

莫言：也有可能成为一个作家。

俞敏洪：你在去当兵之前已经开始写东西了？

莫言：我当时已经偷偷往《大众日报》投过稿了，1973到1974年流行大批判类型的文章，我也模仿了那种文风给《大众日报》投过稿，内容是批判曾国藩的。

俞敏洪：那时候就批判曾国藩？

莫言：我哪知道曾国藩是什么样的，无非就是报纸上东拼西抄嘛。那时候掀起了全民批判宋江投降主义的风潮，我当时就是希望能够在报纸上发表一篇文章，改变自己的命运，因为很多村子里的年轻人都会把能拿起笔来写点文章的人看得很高。如果你能在报纸上哪怕发一篇豆腐块，有可能你就能到公社报道组里去。那时候每个单位都要写年终总结，各个机关都有写文章的通讯员，我当时看棉花加工厂里有三个人，平时什么都不干，就是每年年底写一篇年终总结，而且今年的年终总结和去年的也差不多……

俞敏洪：就能拿工资了。

莫言：所以**如果我不当兵，我也有可能走上写作的道路，但肯定不是后来的莫言。**

俞敏洪：也可能因为你要在农村、工厂里写作，就不一定能去解放军艺术学院的文学系了。

莫言：肯定没有这个机会了。没有这个机会，我想我的创作风格、作品内容都会大不一样。毕竟我当了兵，在部队经过了相对严格的军事训练，也阅读了大量军事文学方面的著作，尤其后来到了军艺，在军艺这段时间对我的帮助是极大的，转变了我的文学观念。我在去军艺之前也发表了十来篇短篇小说，是比较现实主义、比较唯美的，甚至是学习白洋淀派孙犁老先生的。孙犁先生还在《天津日报》的副刊上写过一篇短短的文章赞美我的一篇小说（《民间音乐》），所以当年耽误了军艺报考的时候，我就拿着孙犁先生评价过的这篇小文章，找到了军艺的徐怀中主任，才正式进入了军艺。当然，我是以很好的成绩考进去的。

俞敏洪：上军艺之前和之后，你的写作风格发生了转变？

莫言：上军艺之前，我写的很多都是海岛上的生活。我们家也不靠海，我也没在海岛上当过兵，当时就是靠查阅资料，希望写一些轰动性的事件、重大题材，觉得文学应该配合政治运动，**应该跟上热点**。我当时在部队担任过保密员，保密员比一般的干部战士知道更多的事情，我曾经写了一篇小说，讲一个老贫农怀念刘主席，然后投给了刊物，他们就说，你在搞什么名堂啊？你这是搞新闻了，不是来搞小说创作了。

去了军艺以后，我们这个班大家年龄参差不齐，有的40多岁了，最小的也二十八九岁了，我算是比较小的。我们的文学系刚刚创建，没有自己的老师，老师都是从北大、北师大、社科院请过来的，都是讲座性质的，像北大的洪子诚老师、谢冕老师等等，都给我们上过课。洪老师讲当代文学史，谢老师讲诗，北师大的王富仁老师给我们讲鲁迅……这样一种讲座式的、遍请北京各高校名师的讲座，用我们徐怀中老师的形容就是"八面来风"——**四面八方的风汇集过来，让我们这样一批有创作经验的人接受多种观点的影响，对照自己头脑里的文学观点。**

这对我们来说肯定带来了革命性的变化。

俞敏洪：当时你们同学都是已经发表过作品的作家，几乎都是从部队过来的？

莫言：都是军人。

俞敏洪：在你那一届同学中，后来成名的作家有哪几位？

莫言：像李存葆先生，他是我们的老大哥、领头羊，比我大10岁。他的《高山下的花环》当时已经在全国轰动了，那时候又是拍电影，又是拍电视剧。

俞敏洪：我们应该是在1980年前后就读了他的《高山下的花环》。

莫言：还有写报告文学的钱钢，写短篇小说的宋学武，其他的像雷铎、李荃，都得过全国中短篇小说奖。

俞敏洪：你后来是在鲁迅文学院和余华成为同学的？

莫言：那是1988年，鲁迅文学院和北京师范大学合办的文学硕士班，是军艺毕业以后去的一个作家班，这时候我跟余华成为同学了。我去鲁院主要是想学学英语，因为当时我刚从军艺毕业，全部精力都放在写长篇上，这时候鲁迅文学院的老师和朋友都说，你过来可以学学英语，为你将来出国提供便利，这对我吸引力很大。我确实背过三四百个单词，但没坚持下来。

俞敏洪：这个作家班好像出了更多的著名作家？

莫言：我去鲁院这个班的时候，我的《红高粱》电影都已经拍完了，余华的《十八岁出门远行》这些短篇小说也都发表了。

俞敏洪：但还没有发表《活着》？

莫言：没有，《活着》是后来写的。当时在鲁院，我跟他一个房间，我就写我的《酒国》，他在写他的第一部长篇小说《在细雨中呼喊》，《活着》是九十年代初的时候写的。

俞敏洪：当时鲁院除了你们俩，还有谁后来在小说上比较有成就？

莫言：迟子建，刘震云。刘震云是北大毕业的。

俞敏洪：他是不是里面学历最高的？

莫言：他是学历最完整的。我在军艺两年是大专，余华是鲁院的短训班，刘震云是正儿八经北大中文系毕业的，跟我们不一样。

俞敏洪：难怪你们在一起聊天的时候，显得那么轻松、开心，其实是因为有过一段时间的同学友谊。从军艺到鲁院，你觉得这些会写作的同学在一起互相切磋，最后对大家的写作会带来一种正面影响吗？

莫言：我觉得在军艺这两年有非常好的写作氛围，因为大家都是比着劲儿写，通常到了凌晨两三点，走廊里还是灯火通明，确实可以听到钢笔摩擦稿纸的沙沙声。那时候军艺文学系有全国各大刊物的编辑成群结队地来回扫荡，来约稿。大家也能感觉到，今天他在《收获》发了一篇，明天他在《中国作家》又发了一篇，互相比着劲儿地写。这样一种氛围，对提高大家的创作激情还是产生了很大的作用。

俞敏洪：为什么20世纪80年代的时候，那么多人愿意投身到热火朝天的写作中？有写诗歌的，有写学术著作的，更多的人在写小说。比如我大学同班同学西川，他当时在北大写诗歌已经很有名了，跟海子他们一起写。为什么80年代会出现这种热火朝天的写作热？

莫言：**80年代初是"文革"结束、改革开放的一个开端，也是真理标准讨论、对外改革开放、思想解放的一个时期**。那时候不仅是文学界，音乐、美术、电影，包括哲学，各个领域，大家都在敞开胸怀、放开眼界，大量地、积极地接收来自四面八方的信息，与自己头脑中固有的观念碰撞。所以文学无非是整个思想解放运动中的一个环节，当然也是最活跃的一个部分。

那时候突然而来的开阔，对我们原来保守的思想是一个巨大的冲击。当然也经历了对西方文化从震惊、模仿到反省、扬弃这样一个过程。我们终于认识到，我们既不能忘掉自己的传统，也要积极地向西方学习，但我们的学习应该是扬弃的，不是完全地照搬、模仿，包括后来文学上韩少功先生他们倡导的寻根运动，也代表了作家们反思的过程。

刚开始我们看到了福克纳、海明威、马尔克斯，看到了各种各样的西方小说流派，我们头脑中固有的文学观念受到了巨大的冲击，然后开始模仿，后来慢慢认识到**中国作家、中国文学要在世界文学中占领一席之地，要形成自己鲜明的文**

学风格，这时候我们就必须向社会、向中国历史文化、向我们的传统文学汲取营养。我们要回到传统中去，回到民间去，结合西方的东西来创造出一种属于我们的新东西，只有这样，我们才有可能在世界文学大环境里占有自己的一席之地。

▷ **荐书环节**

▶《三歌行》

俞敏洪：《三歌行》是你写的三部长诗，《黄河游》《东瀛长歌行》《鲸海红叶歌》，里面还有你书法的影印版。莫言老师的书法很有意思，他左手、右手都能写非常好的书法。你是从什么时候开始用左手写书法的？

莫言：2005 年左右。我实际上小时候也热爱书法，因为我父亲上过私塾，他教导我们，一个男人最好的衣服是他的字。人靠衣服马靠鞍，如果一个男人能写一手漂亮的字，尤其能写一手好的毛笔字，这个人甚至可以靠这个来吃饭，到了春节期间你可以写对联。

俞敏洪：在农村写一手好毛笔字，真的可以吃饭的。

莫言：2005 年初，我跟一个记者代表团访问日本，大家说带点礼物，我就说能不能请书法家写字，但后来一问，要的价很高，我买不起。当时我在教育部工作的两个朋友说，你自己写吧，他们就给我送来了宣纸、毛笔、墨，还给我刻了图章，这时候我就想拿毛笔写，但发现根本就掌握不了毛笔书写的技术。

俞敏洪：当时你钢笔字写得还可以，但没有练过毛笔。

莫言：我写的钢笔字是楷书，但钢笔书写和毛笔书写完全不是一回事。当我拿起毛笔的时候，写得再熟练，也不过是把钢笔字放大成毛笔字而已，这时候真正懂书法的人就知道，你是把钢笔书写的习惯变成了写毛笔字，离书法甚远。我已经写了几十年钢笔字了，习惯极其难改，后来我突发异想，别人"换一只眼来看世界"，我就换一只手来写字，用左手写书法。我不是左撇子，所以写起来非常别扭、不方便、笨拙。但长期咬牙坚持，写过一段时间以后，就有朋友发现我用右手写的钢笔字发生了巨大的变化，说你的钢笔字跟过去不一样了，我说这是因为我用左手写毛笔字，导致我右手的钢笔字发生了变化。

俞敏洪：有意用左手写毛笔字，反而影响了右手写字的习惯。我觉得你左手的毛笔字比右手写得更加有特点。

莫言：有人是这样评价的，左手写得更加笨拙，有一点质朴的感觉。

俞敏洪：有人说莫言老师是天才，其实不是天才，是努力的结果，左手毛笔字写得这么好，也经过了千锤百炼的训练。

莫言：起码是经过了几年的坚持。

俞敏洪：我原来不知道你的毛笔字写得这么好，直到我看到了你的《三歌行》。《三歌行》是莫言老师的三首长诗，都是他用毛笔字写出来印刷的，非常好看，也非常有收藏价值，整本书是由中国著名印刷公司雅昌进行印刷和装帧的，雅昌是全球到今天为止印刷绘画、书法作品和艺术作品最好的印刷厂之一。

这本书可以让孩子看，这些字孩子看多了以后，某种意义上也会对孩子的个性产生影响。尤其在给孩子看的时候，可以边给孩子看，边讲讲莫言老师练字的事情。我一直认为，在有目标的前提下，勤奋是大于天分的。这本书买回去也不用担心看不懂，《三歌行》还有一本书是专门用印刷体印刷出来的标准字，当看书法看不懂或者看不清楚的时候，就可以把这本印刷体的书打开。

莫言：俞老师说了半天我的书法的好话，我就送给你一幅我写的对联："不是雄才休妄语，若无大器莫当官。"这是我一首诗里的两句。我现在跟一个老朋友王振办了一个"两块砖墨讯"，已经办了150多期了，每一期阅读量都是10万以上。我们走了很多地方，每到一地要做诗、填词，歌颂当地的风景，宣传当地文化，完全是业余的、自发的、义务的。我们去年参观了双清别墅，去了香山、碧云寺，写了一首七律，其中有两句就是"不是雄才休妄语，若无大器莫当官"。

俞敏洪：太珍贵了，谢谢莫言老师。

▶《生死疲劳》

俞敏洪：你的大部分长篇小说我都读过，但我首先推荐《生死疲劳》。余华评价你的《生死疲劳》的时候，甚至说写得太牛了。

莫言：余华用他的《活着》跟我的《生死疲劳》建立联系。什么叫活着？生死疲劳！什么叫生死疲劳？活着！

俞敏洪：我还看到有一次有一个读者，拿着余华老师的《活着》让你签名，结果你很沉着地写下了"余华"两个字。

莫言：北京师范大学120周年校庆，我和余华本色出演。

俞敏洪：我特别喜欢《生死疲劳》这本书，因为它有着某种哲学象征意义的高度。

莫言：涉及佛教的六道轮回。

俞敏洪：尽管我本人不相信有轮回，也不相信有前世和后世，但我觉得一个人的一生其实本身也许就会经历六道轮回。

莫言：六道轮回是佛教的一个基本概念，也代表了人的几种状态。我当年跟马来西亚的一个佛学大师讨论，他说我们每一刻都在六道轮回，当你动了某种邪念的时候，你已经堕到了畜生道，堕落到了恶鬼道；当你某一刻存心向善，救助一个弱小者，帮助一个老人、一个孩子的时候，这时候你可能到了天人道，甚至到了佛道。佛教的最高境界就是立地成佛。在人漫长的一生中，经常在六道里跳来跳去，从这个意义上来讲，**人应该保持一种向善的状态，让自己更多地摆在善道里面。**

俞敏洪：其实我个人感觉，六道轮回就在此生。

莫言：**就在此生，我们每一刻都可以让自己摆脱低级的状态，进入更高的境界。**

俞敏洪：一念之间入圣道，一念之间入鬼道。**我们不要期待来世变得更好或者多坏，我们期待的是今生今世，通过自己的意念或者理念的改变让自己活得更好。**

莫言：六道在《生死疲劳》里只是小说的一种结构方法，用这样一种形式表述了20世纪50年代的社会变迁，主要写了农民跟土地之间的关系，了解了农民对土地生死相依的深厚感情。

俞敏洪：这个主题真的非常深刻，我小时候经历过人民公社农民懒懒散散种公家的地，业余的时候，一回到自己的地上就变得生龙活虎的场面。后来改革开放以后，让农民重新回归到土地，尽管某种意义上还不是百分之百回归，但确实激发了农民在土地上和土地生死相依的热情以及依恋。我们农民出身的人非常容易理解这一点。

▶ 《晚熟的人》

俞敏洪：《晚熟的人》是你获得诺奖以后写的一本书？

莫言：是 2012 年的时候，我在秦岭的一个朋友那里写的。

俞敏洪：当时还没有拿到奖？

莫言：没有，后来因为获奖就把这个放下了。到 2020 年疫情爆发，我回到山东高密，也是在山上，就把这个小说完成了。还完成了《火把与口哨》《红唇绿嘴》两个中篇。

俞敏洪：《晚熟的人》里面的短中篇小说，我感觉有点儿读到了鲁迅的味道，用一个不长的篇幅描写一个有典型性格、典型象征意义的人物，比如《晚熟的人》中的蒋二，还有表弟宁赛叶，我感觉如果把这些人物的个性总结提炼出来，你在现实生活中是真的能碰上这样的人的。你是不是在有意把小说的篇幅缩短的前提下，对人物个性进行更凝聚化的提炼？这是一种风格的改变吗？

莫言：《晚熟的人》写得比我过去的小说《红高粱》《蛙》《生死疲劳》《丰乳肥臀》节制和含蓄。铺张语言、浓墨重彩是我的特长，让我洋洋洒洒比较容易，让我写得节制、写得简洁，这比较困难，但我在《晚熟的人》里做了这方面的尝试，把许多该说的话都放在了背后，让读者去想。

俞敏洪：所以我读《晚熟的人》的第一个感觉，我说莫言老师的风格怎么变了？因为这里面的几篇完全可以拉成长篇。

莫言：大部分是没写，过去我肯定要浓墨重彩地描写，父亲把自己儿子的左手砍下来了，在小说里我没有展开。就是当年你的儿子欺负了我的哑巴儿子，这在农村是不可原谅的，而且这个问题上升到了阶级斗争层面。你们家当年是地主，我们当年没有欺负你们，土地改革的时候，我们甚至保护了你们，现在你儿子欺负我儿子，这是不可原谅的。一旦把这个问题政治化以后，欺负人的孩子的父亲完全受不了，就采取了一种极端的、惨无人道的办法，来证明自己没有让孩子有故意欺负弱者孩子的心计。如果在我过去写《红高粱》的时期，这样一个过程肯定要变成几千字、几万字，因为我在一篇小说《爆炸》里描写一个父亲扇自己儿子一个耳光，都写了800字，这样一个极其暴烈地把自己儿子的手砍下来的细节，那还不得写几千字，但在这个小说里我只字没写，完全留给读者去想象了。

俞敏洪：我读到的不能说是风格的改变，因为你的语言还是非常流畅，但我读到了非常节制的感觉。也有人说莫言老师在获奖以后没有出长篇，只是出了几篇短篇，莫言老师是不是江郎才尽了？

莫言：这对我是一个很高的评价，至少他承认我过去有过才，做过江郎。但这几年我没闲着，我写了中短篇小说，证明我的风格在发生转换，我没写情节不代表我不能写，而是我不想写了，我想让读者去写。

获奖以后，2017年我首先发表的是散文，是怀念吴小如先生的《马的眼镜》，这篇散文我认为我写得非常好。当年吴小如先生去解放军艺术学院给我们讲课，老先生讲得非常好，大家都知道他的戏曲、他的古典诗文，包括他的书法的造诣多么深厚。但我们那些人当时急于写作，对老先生有点怠慢，有一天去上课只有五个人，吴先生哪经历过这样的场面，他的课都是一票难求的。后来我就回忆了一段这样的生活，吴先生当时给我们讲庄子，讲《秋水》、讲《马蹄》，后来让我刻钢板，我就故意捣乱，把马额头的配饰，故意刻成马的眼镜，我以为他看不到。后来吴先生来讲课，最后讲有一个同学刻的钢板，把什么东西改成马的眼镜，真是天才，马都戴上眼镜了。过了差不多十年以后，我在北大芍园碰到了吴先生，我说吴老师你还认识我吗？我是莫言。他确实记不住了，他也不是我们的老师，就是来军艺讲了那么几堂课而已。我说当时刻钢板，我刻了马的眼镜，他还是想不起来。这时候正好有一个少妇牵着一个小狗路过，小狗身上穿着毛衣，老先生脱口而出，"狗穿毛衣寻常事，马戴眼镜又何妨"。

俞敏洪：老人家思维还是很敏捷。

莫言：出口成章。我获奖以后的第一篇作品就是《马的眼镜》。然后我又写了一个剧本《高粱酒》，最近又写了一个剧本《鳄鱼》，我认为这是中国近期最好的一个剧本，很快就会出版。这是我比较满意的一个话剧剧本，我对民间戏曲一直有深深的情节，一直就想往这方面靠。我觉得民间戏曲完成了我没完整接受的文学教育，当年的戏曲也是老百姓公开的课堂，老百姓不认字，靠什么接受他的价值观教育？靠戏曲。

俞敏洪：其实中国的老百姓从戏剧里受到的教育比其他任何地方都多。

莫言：我爷爷是个大字不识的农民，但他能把很多部《三国演义》戏从头唱到尾。

俞敏洪：我父亲不认字，也能背半部《三国演义》的评剧。

莫言：戏剧对我们是有养育之恩的，所以我想获了诺奖以后要写戏剧，完成这个东西。

▷ 将高密东北乡，置于世界文学版图之上

俞敏洪：你从《透明的红萝卜》开始就回到了故乡，回到故乡的节点是在解放军艺术学院出现的，是因为读了哪部作品？或者说因为上了哪个老师的课？还是说读了马尔克斯的马孔多小镇或是福克纳的约克纳帕塔法，从中得到了启示，你应该回去写自己的故乡？

莫言：在军艺其实接受了"八面来风"的培养，还有大量的外国文学阅读，在那之前我们读过苏联的一些小说，包括东欧一些国家的小说，但对真正西方的现代作品了解很少。1984年秋天我考入军艺以后，大量的西方文学，包括马尔克斯、福克纳的书都翻译过来公开出版了，这时候我们如饥如渴地阅读。就像你说的一样，马尔克斯的马孔多小镇，福克纳的约克纳帕塔法以及劳伦斯的英国的矿区等，**好像每一个很重要的外国作家都有自己的根据地，都有自己的一块领地，他一辈子就在写这个地方，而且特别强调跟故乡的关系。**我的硕士论文写的就是《超越故乡》，这时候我就有意识延伸自己的记忆到自己的童年和故乡，所以在这个基础上写了一批短篇小说，而1985年在河南的《莽原》上发表的《秋水》里，我第一次写了我的故乡高密东北乡。

俞敏洪：那时候还不是有意去打造的？

莫言：偶然出现的。《秋水》的题目也是因为听了吴小如先生讲的庄子，里面有一个《秋水》篇。**在《秋水》这篇小说里第一次了出现"高密东北乡"这个文学地理名称，接下来高密东北乡就变成了我的一个文学领地，所有的故事都发生在这里**。即便有一些故事并不是发生在高密东北乡，比如我去美国访问、去越南访问、去台湾省访问的时候看到一些场景、听到一些故事，我都移植到高密东北乡这个领地里来了。

俞敏洪：高密东北乡从一个狭义的地理概念，在你的作品里逐渐变成了一种象征，也变成了世界的东北乡，就像马尔克斯的马孔多小镇最后变成了一个世界文学的象征一样，这是一个逐渐扩大的过程。

莫言：大家说福克纳一辈子都在写巴掌大那么个地方，高密东北乡在世界地理上也是巴掌大的地盘，但它对我来讲就是整个世界，由此通向世界，或者变成了一个世界文学中心，所以后来**我是把高密东北乡放在了世界文学的版图之上**。

俞敏洪：在你的作品中，我不太能读到俄国文学对你产生的影响，但我从梁晓声他们更老一代作家的作品中，能够读到明显的影响。你到了 20 世纪 80 年代开始读世界名著，当时俄国文学已经有点靠边站了，我记得我上大学的时候，读的大多数也是马尔克斯和福克纳的作品。

莫言：俄国文学及苏联文学对我的影响非常深刻，我最早读的是奥斯特洛夫斯基的《钢铁是怎样炼成的》，经典片段记忆如新，人物栩栩如生。后来像托尔斯泰的《战争与和平》，屠格涅夫的《父与子》等，都是大量阅读，而且记忆非常深刻，尤其是托尔斯泰的《战争与和平》。当时我们老师徐怀中说呼唤中国的托尔斯泰，我们就互相起外号，姓李的叫李托，姓管的叫管托，托尔斯泰的《战争与和平》对我们来说就是高山，都要向这个方向攀登。肖洛霍夫的《静静的顿河》对中国作家也产生了相当深刻的影响，他们的顿河，一条河流，一片草原，与哥萨克民族、与肖洛霍夫这个作家血肉相连的关系，也是后来我写高密东北乡的一个榜样。

俞敏洪：其实他们给予的营养成分已经融入你的写作中了。

莫言：对，我一点都不认为俄国文学以及苏联文学对我的影响小。包括日本文学，像川端康成、大江健三郎。我跟大江健三郎是忘年之交，他既是我的老师，也是我的知音。他曾去高密东北乡过过春节。2002 年，他跟日本 NHK（日本广播协会）来的，我还跟大江先生进行了长达十几个小时的对谈。张艺谋也和大江先生在北京对谈了一次，从电影的角度对谈，因为大江先生的妻弟是一个电影导演。

俞敏洪：据说冻得瑟瑟发抖？

莫言：对。那是 2002 年，当时很多地方很发达了，但高密还是比较落后，物质条件比较差，找不到一个有暖气、能洗热水澡的酒店。他一个老头儿，当时也 60 多岁了。**老先生不图任何报酬，就是喜欢我的文字，喜欢中国文学，敬仰鲁迅。他是以那样的身份来到高密、来到中国，来捧一个年轻作家，这种恩情我永远难忘。**

俞敏洪：一个作家肯定要吸收全世界各种营养，包括俄国文学、苏联文学、欧洲文学，从吸纳营养、模仿，再到超越。你觉得超越的那一瞬间是怎么来到的？

莫言：这就像跳高一样，你如果看高速摄影回放的片段，你会看到你的整个身体是怎么跃过横杆的，但如果你没有高速摄影这样的科学手段，你是看不到的。你问他，他也不知道。就像你问一匹马，跑的时候四个蹄子是怎么配合的，马是不会回答的。

俞敏洪：也是一种努力中的无意识？

莫言：是无意识中完成的。《透明的红萝卜》之所以是我的成名作，说明写得有个性，有特色。我怎么样从一种孙犁式的、温婉的、柔美的白洋淀风格，突然具有了现代的色彩，完成了这样一种跨越呢？我是不知道的，我知道的只是我回到了我的故乡，回到了我的童年记忆，回到了我在特殊时期的一段生活、亲身经历，那么一个熊熊燃烧的夜晚的铁匠炉、铿锵的打铁声、铁花四溅的场面、男男女女间的恩爱情仇，一瞬间就来到了。你把这些写出来，你就成了。

俞敏洪：有点像闸门一打开，水一下子就冲出来的感觉。

莫言：是，我也有过这样的比喻，童年的记忆就像一道河流上的闸门，闸门一提，洪水滔滔而过。

俞敏洪：中国写故乡的作家很多，除了你，你觉得中国的哪些作家写故乡写得比较不错？

莫言：太多了，故乡并不是具体的，并不是说穷乡僻壤、偏远的山村、小镇才是故乡，我觉得每个人童年生活过的地方都可以是故乡，高密东北乡是我的故乡，上海的里弄是不是王安忆的故乡？北京的小胡同是不是史铁生的故乡？江南的海盐小县城是不是余华的故乡？应该都是，故乡本身是很宽泛的。

俞敏洪：其实一个作家很难离开自己童年、少年的记忆去写作，写作完全跟童年、少年无关的作家，其实是少数？

莫言：应该是比较少的，当然也不排除有很多作家。比如写旅游文学的，像勒·克莱齐奥先生，他某种程度上因为是深度体验了那些地方，所以这种游记文学本身也是在写他的故乡。勒·克莱齐奥本身是法国人，他很小的时候跟他做医生的父亲到了非洲，他跟非洲孩子一起长大，所以我认为非洲才是他真正的故乡。所以我想，从这个意义上写故乡，**第一，有很多角度；第二，他的故乡也有很多层次。另外，每个作家都在写自己的故乡，所以每个作家也有他的不可替代性**。像王安忆、贾平凹、余华、韩少功我们这代作家，大家都写出了不可代替的、我写不出来的作品。**我想我们共同构成了中国文学的一个整体，我们在中国作家这个群体里面，都是互相不可代替的。**

俞敏洪：你觉得一个作家的作品变成电影，和这个作家未来的创作之间有关系吗？

莫言：当然有关系，我有亲身体验。1987年《红高粱》被张艺谋改编成电影，获得了柏林电影节金熊奖，这也是中国电影历史上的一个破天荒事件。

俞敏洪：还红了两首歌。

莫言：《妹妹你大胆地往前走》和《九月九酿新酒》。当然，小说没改编成电影之前，在1986年3月就已经很红了，很快获得了全国中篇小说奖，就是当时的鲁迅文学奖。而改编成电影，尤其获得柏林金熊奖，这是中国电影走向国际的一个标志，当时《人民日报》发表了整篇报道，标题就叫《红高粱西行》。当时我正在老家一个供销社的仓库里写《欢乐》那本小说，我一个堂弟拿着报纸就敲门说，哥，了不得了！我说，怎么回事，起火了吗？他说，不是起火了，是电影火了，你看《红高粱西行》！

俞敏洪：当时你作为一个作家，和电影团队，包括和张艺谋他们的配合，可以说是天衣无缝？

莫言：我觉得我不是什么名家，当时我就是一个一般的作家，我也不是茅盾，也不是巴金。我跟张艺谋讲得很明确，你改编的时候，不要有任何顾虑，不要有忠于原著的限制，你可以放开大胆地改。但关键要忠诚于小说的精神，有解放的精神，有张扬个性的精神，以自己的个性、以自己的身体冲撞当时封建制度的精神。因为小说写的是20世纪30年代，那时候是万恶的旧社会，爷爷奶奶的个人行为看起来是自己的，实际是对整个封建制度的挑战，这个意义你保存好了就行。

俞敏洪：《红高粱》中不按常理出牌的奶奶的叛逆、爷爷的豪放，你觉得也代表了你个性中的某种反叛吗？

莫言：那是我们一代人的想法，**我们1950年代的人，内心深处都存在一颗叛逆的种子**。到了20世纪80年代初，思想解放，不但是一种社会经济形态的解放，也是人个性的一种解放。《红高粱》为什么能引起那么大的反响，就是符合了这个时代的人思想深处的要求，奶奶和爷爷那样一种吼出来的"妹妹你大胆地往前走"，代表人的一种心声。

俞敏洪：是一种时代的变革。

莫言：《红高粱》放在现在也会有反响，但肯定不如当时的反响大。

俞敏洪：因为当时大家处在从原来的旧时代走向新时代渴望变化的激情之中。你写了那么多的人物，你觉得在你的小说中间，哪个人物最具备典型性，并且能在未来小说历史上形成不朽的形象？

莫言：我首先想到的是《蛙》里面姑姑这个形象。这个形象具备了典型意义。

俞敏洪：姑姑的原型现在还在吗？

莫言：原型还在。我要首先澄清，《蛙》里面的姑姑跟我现实里的姑姑不一样，我姑姑会说，你尽给我找事，我是那样的吗？我说这是文学，当然人物跟你的职业有些雷同。《蛙》里面的姑姑为什么将来会是一个能站得住的典型呢？我阅读的中国当代小说里面，跟余占鳌差不多的人物，跟《生死疲劳》里的蓝脸差不多的人物都是有的，但是像姑姑这样丰满的、立体的、具有强烈内心矛盾和冲突的人物，是不多见的。

俞敏洪：我是把上官金童看作未来可能会不朽的一个形象。

莫言：我完全同意你的看法。我的厉害之处就在于我自己认为是姑姑，你认为是上官金童。我觉得我们每个人的灵魂深处都有一个上官金童。

俞敏洪：我就是这种感觉，尽管在《丰乳肥臀》中，母亲是主角，但作为八个子女之一，上官金童是写得最成功的。

莫言：后来流传一个词"巨婴"。上官金童是典型的"巨婴"，一辈子吊在女人怀里的男人，长不大的男人，很可悲的。

▷ **得诺奖以后**

俞敏洪：网上有人说余华的《活着》也应该得诺奖。假如诺奖的获得者不是你，而是余华老师，你是什么感受？

莫言：我觉得应该和余华对我的感受一样。

俞敏洪：他是怎么对待你的？

莫言：他对我很好，像对待大哥一样对我。如果反过来，我会像对待弟弟一样对待他。

俞敏洪：从心理上来说，如果余华老师得了诺奖，你也觉得很正常？

莫言：很正常，不但是余华，很多作家都值得。中国作家们，从20世纪80年代到现在，我认为我们工作很努力，也很有成就，更不用说像王蒙先生这一代、我的老师徐怀中这一代的作家们了。

俞敏洪：王蒙老师之前与我做了对谈，他说他第一次还是第二次读到你的《爆炸》之后，他说他再也写不过你了，他说莫言写东西从此以后一定越来越好。

莫言：那是王蒙老先生谦虚了，他比我大20多岁呢。老人家虚怀若谷，一个作家能够容忍年轻人、扶持年轻人。当时王蒙老师是《人民文学》的主编、中国作协的领导，他看了我的《爆炸》，由衷地感叹，他说如果我年轻 20 岁，还可以和莫言拼一下。我的那种写法跟他的写法，跟他们那一代人的写法是完全不一样的，他不但赞赏，而且扶持，在《人民文学》发头条。《红高粱》也是他编定的，我当时在高密休假，他们就把王蒙的信转给我看了。王蒙高度赞赏，说莫言真行，写抗战也能行，所以当时在《人民文学》头条发表，他接着就到文化部当部长去了。

俞敏洪：诺奖的影响力是毫无疑问的，你获得诺奖也是中国文学走向世界文学非常重要的一步，我想问，获得诺奖给你本人带来了什么好处？有没有什么样的问题？

莫言：好处也有，就是让我从一个比较有名的作家，变成一个相当有名的作家，也给我的书带来了更多读者。问题就是，也出现了很多对我的苛求。过去我说的一句话，没人给放大，现在说的一句话可能会被放大。也许我 20 年前说的一句话，现在拿出来当作我昨天说的，把别人说的话也放在我的头上。还有很多人会冒充我发言，网上流传的莫言的名言跟俞敏洪的名言一样，真假参半，假的居多。有的人知道是假的，故意用假的话来批评我们。有的人不知道是假的，也当作是真的。这是很痛苦的事。如果真的是我说的，我认账，本来不是我说的，你非要说是我说的，我也没办法，百口莫辩。

俞敏洪：据说得了诺奖以后，确实不该找你的人找你了，不该出现的事情也出现了。我个人尽管没有你经历得这么猛烈，但也有这样的感觉，包括成名以后跟家乡人的关系也会有所改变。你觉得在这个前提下，你经历的一切是人性正常的表现，并且你现在对人性还有信心，还是说你觉得人性比你原来预料的更加复杂？

莫言：都在我的预料之中。**公道自在人心，好人居多。另外，我不会因为某些人的言行而影响我对他人的好，我依然会做一个善良的人。**

俞敏洪：像罗曼·罗兰说的那句话，"**真正的英雄主义，是看清生活的真相后依然热爱生活**"，继续把自己的光和热洒向人间。

莫言：当然。我从去年春节开始，和王振一起在中华慈善总会做了"莫言同心"公益项目，用我们的努力来帮助西部患先心病的儿童。去年我们帮了两百多个孩子，今年也帮了几十个了，我们会把这个事坚持下来。尽管有的人在讽刺，但讽刺就是鼓励，总有一天你会放下你讽刺的态度，变成我们的同行者。

俞敏洪：其实放下放不下都无所谓，我们只做我们心里认为应该做的事情。

莫言：**人在做，天在看，不怕的。**

俞敏洪：你后边还有写长篇小说的计划吗？

莫言：当然有。

俞敏洪：期待你新的长篇小说的出现。如果出来了，你觉得值得在东方甄选和我这个平台上首发，一定给我们这个机会。

莫言：好。

俞敏洪：时间关系，我们今天的对谈就到这里了，我最后做个简单的总结。

第一，今天莫言老师非常真诚地分享了他从童年时期开始一路成长的经历，我们从莫言老师身上可以看到，尽管我们不希望我们的孩子经历艰难和苦难，**但有时候艰难、苦难也会是人生的一种营养或是未来的一笔财富。**怎样让孩子成长时期的经历变成他们未来成长的营养，是作为家长需要认真思考的问题。

第二，**我们一定要尊重孩子的天分。**现在很多家长发现孩子喜欢说话、喜欢讲故事，或者分心做一些他爱好的事情的时候，家长会迅速把他拉回来学数学语文。当然，学习数学语文也很重要，但尊重孩子的天分，家长加以引导，让孩子更加自由地成长，可能更加重要。

第三，我们从莫言老师身上可以看出来，**顺顺畅畅地上学固然很好，但个人的爱好，尤其是阅读爱好也很重要。**就像奚志农老师，他从一个高中生，后来成为野生动物摄影专家。从莫言老师和奚志农老师身上可以看到，**一个人的成长其实是一个人爱好的成长、一个人阅读的成长。**莫言老师只上到小学五年级，但他一路都坚持阅读和学习，这给我们带来了很多启示。

第四，**我们可以看到一个人内心希望自己不断变好，还不只是更有道德，而且是让自己的生活和世界变得更加广阔。**从莫言老师身上可以看到，他从一个农村的青少年进入工厂，到最后参军，每一步的追求过程中都没有放弃自己迎接广阔的世界、进入更多人世间的故事。同时，莫言老师也没有放弃自己对写作的爱好，尽管真正的写作是到了军艺才开始的，但在这之前，莫言老师已经有意无意地开始写东西了。当一个爱好能够变成终身爱好时，坚持下去就是胜利。一个人能有成就，尽管有天分的因素，但不断地努力、不断地学习、不断地改变自己，也是重要的历程。莫言老师如果只是一个农村孩子，就算他喜欢写小说，也不会成为今天的莫言。之所以成为今天的莫言，是因为他不断学习、琢磨风格、努力挖掘自己生命中的故事，最后形成自己的风格。

一个人成功以后，总会有各种是是非非。莫言老师得了诺奖以后，有各种各样的赞誉，也有各种各样的是非，但就像莫言老师讲的一样，我心自明。只要我们自己心里明白，肯定地告诉自己做的事情对社会、对世界有好处，其他的议论、不理解甚至是打击、讽刺都不会影响我们。莫言老师今年已经68岁了，比我大8岁，是我的老大哥，他身上有很多我要学习的地方，也有很多值得大家学习的地方。一个68岁的人，还在继续不断思考自己的成长，我们每一个人，也不要忘了，我们未来的成长空间依然很大。

时间关系，今天的对谈就到此为止，谢谢大家！

莫言：谢谢大家！

（对谈于2023年4月23日世界读书日）

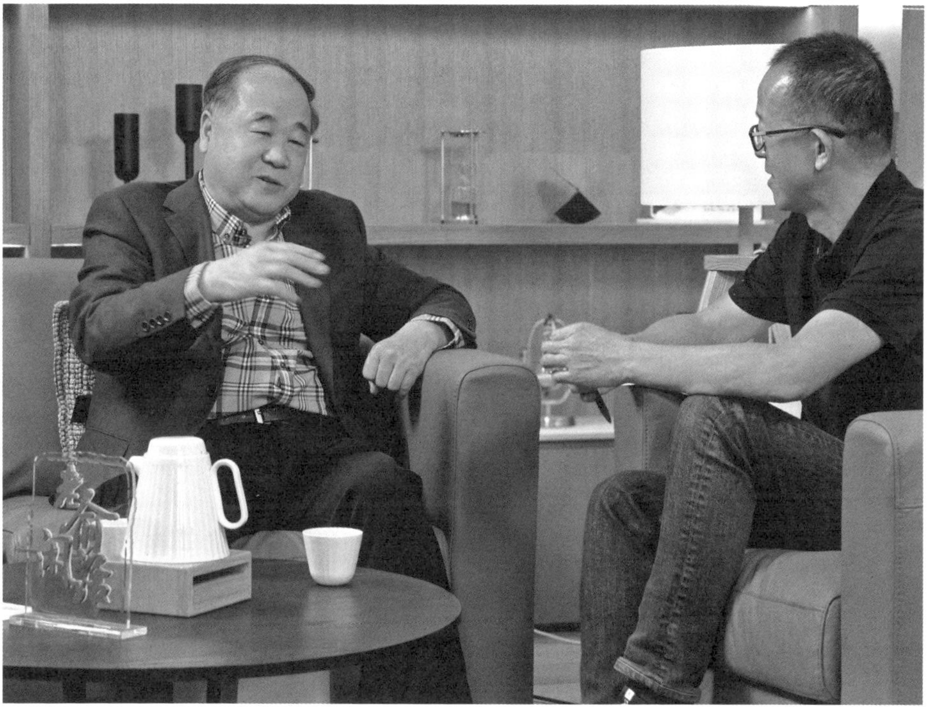

对话 尹烨

生命唯一不例外的就是例外

尹烨,1979年出生,哥本哈根大学生物学博士,基因组学研究员,科普作家。现任华大集团首席执行官、执行董事。已出版图书《生命密码》系列。

俞敏洪:朋友们好,今天我邀请对谈的嘉宾是华大集团CEO尹烨。2022年,我们就对谈过一次,当时我们聊了他的"生命密码"系列图书。今天他带着新书《了不起的基因》来到这里,我们会聊很多基因相关的话题。

尹烨:谢谢俞老师。

—— 对谈开始 ——

▷ 了不起的基因

俞敏洪:你为什么写这本《了不起的基因》?

尹烨:我今天想做的事情,跟您当年想帮助大家考托福、考GRE去留学是一个意思。我们都想让下一代多学一门语言,您当时选择的是英语,我选择的则是生命的语言——基因。为什么这么说? 20年前,第一个做基因组测序的,花了30多亿美元。现在一台华大的机器,一天可以测200个人,单人的试剂成本只需要99美金。所以,未来一定会是基因的时代。但大众不太了解基因这门语言，所以我想写一本入门科普读物，让大家可以很轻松地读完。我特别希望这本书能帮助更多人打开学习基因的大门，这样大家未来在大健康时代、生命科学时代，再听到很多技术，才会更好地甄别，产生拥抱技术的冲动。

俞敏洪：你还写过"生命密码"系列三本图书，这三本书的差别是什么？

尹烨：《生命密码：你的第一本基因科普书》更多是在聊生物学。2018 年写了第一本，当时我母亲去世，想给她留一个礼物，刚好这本书出来了。《生命密码：你的第一本基因科普书》写完以后，很多人提出一些问题，我就意犹未尽地写了《生命密码 2：人人都关心的基因科普》。2003 年我做 SARS 抗疫，到了 2020 年初又抗击新冠，于是写了第三本《生命密码 3：瘟疫传》。我现在在写第四本《生命密码 4：海洋传》。应该有一个人能够像当年写《十万个为什么》一样，把这件事坚持下去，所以我会一直写下去，只要我还写得动。

俞敏洪：我很喜欢《生命密码 3：瘟疫传》，它让我知道了瘟疫、传染病的前世今生。

尹烨：喜欢研究历史的人，肯定愿意看这本书。在《了不起的基因》里，我基本是以基因为主线，介绍了人类与基因相关的若干个故事，比如基因与肿瘤、罕见病以及肠道菌群的关系等一系列有趣的事情。

其实可以想象，随着技术的发展，未来十年之内，会有相当比例的人可以做基因测序。他们会拿到自己的基因组报告。基因组报告就四个字符：A、T、C、G，体细胞是 60 亿个碱基对，染色体 23 对，1 条染色体就对应一章的内容。这些内容会帮助我们精确地了解自己的生命状态，就像是我们自己的一本基因说明书。更多的人未来或许能活到一个可以顺天承命的状态，而不是遇到疾病后抱怨一句：这都是命。因为在今天，已经可以通过技术精准地去避雷和预防所谓的"命"了。

俞敏洪：基因科学对普通人来说有什么用呢？

尹烨：第一个好处就是让人生得"对"。中国现在出生缺陷的发生率是 5.6%，这里面至少有一半是基因导致的。如果夫妻双方在孕前查一下基因，就能避免这样的情况，比如重大的遗传性疾病，就是基因说了算，因为这是与生俱来的基因。有时候就怕父母都没事，但他俩各携带一个有害基因，恰好墨菲定理应验，两个有害基因在下一代碰到一起。

第二个好处是提前干预疾病。比如肿瘤，肿瘤是基因病，正常细胞突变成癌细胞，然后不断生长、增殖，慢慢变成肿瘤。其实只要发现得早，就都能干预。所以，**没有突然发生的肿瘤，只有突然发现的肿瘤**。但我们可以通过基因筛查帮助大家远离中晚期肿瘤，在早期就发现它。

第三个好处是基因很大程度上也能帮我们改善环境。我们跟云南大学胡凤益教授刚有了一个不错的成果，我们把水稻做成了多年生的，插一次秧可以收割七年，像韭菜一样，割了就长，割了就长，这就是基因技术。实际是通过不断的杂交选育，使水稻可以直接在原位再生出来。这能节约多少劳动力呢？尤其对于梯田这种没办法机械化耕种的区域，种上多年生水稻，就把这块区域的水土保持住了。所以，基因可以帮助我们做很多关于农业、能源，甚至双碳的事情。

俞敏洪：我小时候在农村长大，比如我们种双季稻，把第一季稻割了，有时候稻子的根还在地里，确实能再次长出来，也能结稻穗，但它结的果实比第一次少很多。现在的基因技术能解决这个问题？

尹烨：对的。您讲的叫作再生稻，可以耐受一次收割，第二次的产量比第一次要低，但毕竟不用把第一次的割了再插一次秧，这也是很不错的技术，但我们今天的技术不需要这样。我们现在在西双版纳做了七年的数据显示，只要田间管理到位，七年之内不减产，一年两季，每亩一年最低产量 920 公斤。

我们用的是杂交技术，选择一种野生水稻，它具备多年生的根，再选出一种可以控制米质的水稻，相当于用一个野生的多年生父本和一个可以控制米质的母本进行杂交。怎样让它做到多年生呢？水稻在第一年被割了以后，它的地下茎就会往周围其他地方生长，就跟竹子一样，我们看到的一片竹林往往都是通过一棵竹子的地下茎发育出来的。所以我们就选短的地下茎，越选越短，直到它不往周围长了，就在原位长，它就变成多年生水稻了。目前这个品种已经种到中国三十几个县了，也推广到了十几个国家，去年还上了《自然》杂志。

俞敏洪：现在地球上还是有一些地区的人吃不饱，你觉得通过这样的技术进步，未来整个地球还会出现粮食短缺现象吗？

尹烨：粮食短缺现象有各方面的原因，比如当地的管理等，但其中一个关键点在于，我们今天对于很多主粮的研究依然很有限，比如非洲有非常多的孤生作物，没有人管。所以我们希望能帮助非洲，水稻就在你这儿长着，我就教你怎么养护就够了。我们还希望能够用科技的力量解决各个国家的粮食自给问题。

俞敏洪：话说回来，你们是专门搞这个研究的，我们作为普通人，为什么要去了解基因的遗传密码？我们是不是等待你们的研究成果就好？你为什么要写这么多基因相关的书籍来向老百姓做科普，这是出于什么目的？

尹烨：一个技术想要普及，有三个核心要素，一是成本可控，二是渠道可及，这两件事都做到后，还缺第三个，就是认知正确。如果没有正确的认知，就会出现这样的情况：该打的疫苗你不打，该吃的药你不吃。假如发生了意外，你就来一句：这都是命。知之越深，畏之越浅，如果你不知道这些基本原理，我说破嘴皮子也没用，因为人没办法解决别人的认知问题。很多时候我们只能不断通过科普工作让大家去理解这些知识，所以我想多写几本书，更多地影响下一代。我现在特别喜欢到学校里给孩子们讲课，让他们对这些知识有更多了解和理解。我也写了专门给孩子们看的绘本。

俞敏洪：你做了很多生物学、基因学的普及工作，但有人骂你是骗子，有人说你在宣传伪科学，也有人说你夸大其词。你觉得你所宣传的内容是不是100%基于科学道理，是不是也有遗漏或者错误的地方？此外，你在做这些工作的时候，并没有想要哗众取宠，而是确实在认真宣传科学常识吗？

尹烨：有一句话说，要是没有听到风声，说明你站得还不够高。黑与红本来就是一体的，黑红也是红，红得发黑。某种程度上，只要你愿意出来讲话，就一定会听到不同的声音、意见。如果对方指出我的问题，我会非常虚心地接受，科学的本身就是证伪的。今天我说的结论可能明天就变了，因为科学就是在不断否定、不断补充的过程中才能进步。我不能保证我这一刻讲的都是正确的，因为我也有自己知识结构以及本身的局限。但如果对方是来找茬的，那我们就要达观。你说两句就说两句，反正我也不知道你是谁。我其实要感谢他们，谢谢他们一直让我保持很高的热度。

俞敏洪：有则改之，无则加勉。

尹烨：没错。其实蛮有意思的。现在很多人说尹老师你还带货？我说我哪是带货，我就是卖货。书是我写的，益生菌是华大营养的产品，我现在是华大集团的 CEO，我一个 CEO 卖自己家的产品，不就是卖货吗？这很正常。更有意思的是，老有人觉得我们卖书就是想挣版税，其实版税才多少钱？我更希望能把我的知识分享给大家，这是我真正想做的事情，我就是希望让基因这种生命的语言，能够被更多的中国下一代所喜欢、热爱。在我们的下一代还很小的时候就培养兴趣，这样将来我们就有很多大师可以代表中国在这个领域创造奇迹。

俞敏洪：有一点你说得非常对。有时候在公开场合，如果语言本身或者表达的东西不那么严谨，就会被攻击，我也常常陷入这种舆论场中。

尹烨：断章取义就是这样，所以无所谓，喜欢你的人依然喜欢你，而总有一些人不喜欢你，也没必要去改变他。

▷ 基因的"十万个为什么"

▶ 基因与肠道

俞敏洪：从基因角度来说，我一天吃 10 个馒头或一天吃 1 个馒头，最后体重没变化，这种基因是什么基因？

尹烨：吃多少都不胖，主要就两个原因，一是肠道菌群好，二是有些人天然就不是易胖体质。有个关于肠道菌群的小知识：妈妈会通过母乳将自己的菌群复制给孩子。我们过去并不了解母乳中的一些成分，后来发现，有些成分是人吸收不了的，但它能诱导出孩子的益生菌。关于母婴知识，有几件事很重要，第一是能顺产就尽量顺产，因为母亲的产道里有大量乳酸杆菌，顺产的过程就是一个通过产道给孩子做益生菌接种的过程；第二是尽量母乳喂养，这样能帮助孩子建立良好的、稳定的菌群。

俞敏洪：孩子在妈妈肚子里的时候会长益生菌吗？

尹烨：不会。孩子的第一次益生菌接种就是通过母亲的产道。

俞敏洪：我比较爱喝酒。喝酒会给身体带来什么影响？

尹烨：纯粹从器质的角度来讲，喝酒对健康没什么好处；但从情绪调节的角度来讲，喝酒可以拉近人与人之间的距离。

俞敏洪：为什么有人酒量大，有人酒量小？这也和基因有关吧？

尹烨：我们有一个 App，它会通过你的乙醇脱氢酶、乙醛脱氢酶等数据给出一个评分，比如您是酒神 100 分，可能我是酒弱 20 分，咱俩一人一杯肯定就不公平了。

▶ 基因与精力

俞敏洪：说到"公平"这个词，这个世界上每个人都发展得不同，是不是挺正常的？举个简单的例子，比如现实世界中的"能者多劳"是不是也和基因有关？

尹烨：对。其实在很大程度上，精力的好坏是有很大的遗传性的，而且每个人可能天然想做的事情、能做的事情就不一样。所以从这个意义上讲，如果你精力好，请珍惜这份天赋，多做点事情。

俞敏洪：但也不能过分透支身体。我觉得我的恢复能力还可以，假如我觉得特别劳累，只要眯上 15 分钟，就感觉像睡了一夜，精力就恢复了。但平时我主要还是靠熬，因为我躺在那里也睡不着。我晚上平均睡眠时间大概是 5 到 6 个小时，不管睡得怎样，至少能睡着。我有一段时间吃安眠药，现在把安眠药给戒了。除了去国外倒时差不得不吃两片安眠药，其他时候不管睡得着睡不着，我都不吃了；实在睡不着，我就起来看书，熬到想睡为止。

尹烨：神经系统也有自己的周期。我们的睡眠能力会随着年龄的增长越来越弱，小时候很能睡，比如婴儿一天可以睡十几个小时，那段时间大脑会疯狂发育。不管我们基因有多好、精力有多好，每个人都应该保持规律的睡眠。即使是俞老师这样有韧劲的人，也得规律睡眠，不一定非要早睡，也不一定非要晚睡，但要有规律。

▶ 基因与睡眠

俞敏洪：人睡觉时间的长短也和基因有关系吧？现在的父母都不希望孩子睡太久，因为学习太紧张了，家长都认为睡 7 个小时就够了。是不是有的孩子睡 6 个小时就够了，有的孩子要睡 9 个小时才够？

尹烨：是的。父母可以关注一下孩子的睡眠时间，如果孩子睡不好，会影响情绪，甚至会造成神经损伤。睡权剥夺是很厉害的一种惩罚，一个人被剥夺了睡眠，他的大脑会有一些不可逆的损伤。长期不睡觉，会死脑细胞。

俞敏洪：你对孩子的睡眠有什么建议？

尹烨：有两件事情家长需要知道：第一，不管是谁，都有睡眠周期。一个完整的睡眠周期是一个半小时，理论上讲，四个周期是 6 个小时。假如你半小时才能入睡，那你睡 6 个半小时就够了，而不是睡 7 个小时；如果你想睡五个睡眠周期，就是 7 个半小时再加上半个小时，一共 8 个小时。如果你经历了完整的睡眠周期，再把你叫醒，相对来讲你是舒服的，最怕的是被人半路打断睡眠。希望家长们能理解这一点。

第二，大家总认为熬完夜，睡一觉就能补回来，实际上是补不回来的。身体会越来越透支，就像一块电池，你总瞎充电，它的寿命就会越来越短。有些家长希望孩子在周末玩命睡，有些家长会让孩子在中午睡很久，但如果午觉的时间过长，孩子晚上就不好入睡了，所以我们提倡中午打盹儿，不要睡完整的睡眠周期，20 分钟、半小时已经足够了。

俞敏洪：眯 20 分钟、半小时，又能恢复体力，又能恢复精力，大脑也得到了休息，并且不影响晚上的睡眠。我以前有过这样的经历，中午累了，睡了一个多小时，结果到了晚上 2 点都睡不着，直接导致第二天精神萎靡不振。

尹烨：对。大家也可以做一点准备，比如温度跟睡眠很有关系，睡觉的时候屋里冷一点，被子盖厚一点、重一点，会有利于睡眠。

俞敏洪：同一对父母生的孩子，他们的基因也会不一样吧？

尹烨：没错。因为父母也各有父母，所以这对父母有两套染色体，当他们生下一代的时候，除非是同卵双胞胎，否则即使是异卵双胞胎，他们的基因也肯定不一样。**生命就是一个随机的行为，生命唯一不例外的就是例外，有了这个例外才会让一些特殊的事情发生。**他既像你，又跟你不一样。

俞敏洪：我有一个儿子、一个女儿。我女儿的睡眠时间相对比较短，她差不多睡 6 个小时就够了，也能保持精力，保证学习成绩；但我儿子的睡眠时间明显长一些，要让他睡 6 个小时就起床，他一天就会迷迷瞪瞪的。后来我稍微读了一点这方面的书籍，知道这个东西应该是天生的，没办法强行纠正，所以一直到他高中毕业，我都允许他尽可能睡到自然醒。

尹烨：对。现在家长都很关心孩子的身体。很多人就说，睡眠到底影响什么？睡眠影响免疫，睡得好的人不容易生病，尤其不容易生大病，情绪也比较稳定，比较阳光。所以我一般会推荐家长尽可能营造良好的环境，让孩子有充足的睡眠。

俞敏洪：父母如何区别孩子是真的懒惰还是他确实从基因上来说需要睡得久一点？

尹烨：在孩子很小的时候，我们都会比较关注他的睡眠，等他上学以后，因为有功课的压力，才逐渐开始逼得他睡不够觉。有一种极致的基因，叫作"撒切尔基因"，有这种基因的人，一天睡很短时间也没有问题，但不是所有人都有这种基因。一般我建议处在青春期的孩子每天都要睡满 8 个小时，也就是 5 个 1.5 小时的睡眠循环周期，再加半小时的入眠时间，差不多就是晚上 10 点睡，第二天早上 6 点起，这样的作息也能应付一般的学业了。

▶ 基因与语言

俞敏洪：你对你的孩子有要求吗，会要求他们必须在班内是前几名吗？

尹烨：我有两个丫头，一个 12 岁，一个 3 岁。我对她们没有特别多的要求，我觉得她们能有一些自己喜欢的事情，能有内心的安宁就可以了，跟世界和谐相处是最重要的。现在的孩子最大的痛苦就是卷得太厉害了，不幸福，不快乐。都说世界的尽头在海淀，一个 4 岁的孩子都卷得能认识几千个单词了。

俞敏洪：如果一个 4 岁的孩子能认识几千个单词、中文字或者能背上一百首古诗词，孩子的大脑会受到伤害吗？还是说孩子的大脑如果预先训练好了，将来思维会更加敏锐？我一直反对过早教育孩子，但不知道是否有什么科学依据。

尹烨：如果是谈培养孩子的多语言能力，确实最好让孩子在很小的时候就处在多语言的环境下，因为人类学语言最好的时间是 6 岁以前。我以前做过一次核磁共振检查，结果显示，我讲中文和讲英文是在两个脑区。但如果孩子从小就在多语言环境里，比如一些能讲多种语言的欧洲国家，那孩子说各种语言就会在一个脑区。也就是说，你的母语足够固化的时候，再学新的语言就融不进去了，它会把两种语言分到两个脑区去处理。所以，要想培养孩子的语言能力，至少听说能力，我比较鼓励在孩子小时候就创造相应的环境。

俞敏洪：你说的语言能力不是学科能力，比如背多少单词、句子，而是自然表达的能力。我是搞语言研究的，你说的这个我比较熟悉。孩子在小时候无意识地听多少语言都是正常的，而且不用额外花力气，比如上海的孩子，如果他的爷爷奶奶、姥姥姥爷是上海人，只会说上海话，但他到了学校要说普通话，他就会在普通话和上海话之间无意识地切换。他面对姥姥姥爷的时候随口就是上海话，面对老师同学随口就是普通话，而且他不会意识到这种语言的切换。其实从发音角度来说，上海话就是一门外语。结合你前面的观点，我想跟所有的家长说，一个人的语言学习，并不是背几百首诗、背几千个单词，这不是真正的语言交融。真正的语言交融是让孩子从小就很自然地处在两种语言的环境里，尤其在听说方面。从这个意义上说，如果孩子从小能用中文和英文两种语言去自然听说，长大以后他再学其他语言的难度会低很多。

尹烨：对。孩子一旦有了这种多语言能力，他看这个世界的角度应该是比较均衡的。**真正可怕的世界观是什么？是没有见过世界的世界观。**语言并不只是一种简单的工具，每种语言都有自己的文化。有时候只有你多学了一种语言，比如中文、英文、日文、韩文，你才会明白语言到底是什么。所以，我鼓励家长们在孩子很小的时候就给到一个很好的、融会贯通的语境，保障孩子在婴儿阶段的大脑快速发育期，让语言能力跟上，这是非常重要的。

俞敏洪：我两个孩子从小在中英文环境中长大，他们两种语言的切换就没有任何问题。但我从进北大开始学英语，到现在也学了三四十年了，尽管后来做了新东方，学的时间变少了，但毕竟我在北大属于最用功的学生之一——**到今天为止，我的英语水平也完全没有赶上我的中文水平，甚至英语对我来说仍然是一门外语。当我想要表达思想、情感的时候，我肯定随时能用中文表达出来，但要用英文的时候，就一定要想一想，甚至表达出来的意思还不一定妥当**。这也牵扯出一个问题，人类在古代肯定有不会说话的时候，从基因的角度来说，人类是怎么进化出语言能力的？

尹烨：这是一个很有意思的问题。首先，我们肯定是先有语言，后有文字。先得会沟通交流，比如鸟有鸟语，兽有兽语，猫咪也有猫咪的语言。在所谓的人猿相揖别上，过去发现大概有七个重要的基因变化，其中最重要的是人类突然有了一个语言基因的突变，比如我们的口腔变大，我们的声带、口腔肌肉配合可以发出一些复杂的语音、语调。在那个时间点上，人类在物理器质上先做好了准备，这时候就可以逐步和同伴聊很复杂的情感、观点。智人走出非洲抵达欧洲的时候，他们遇到了尼安德特人。今天去看尼安德特人的骸骨，他们人高马大，非常强壮，但为什么最后被灭了？大概是因为智人的组织能力更强。也许一个尼安德特人很厉害，但三五个人是对付不了几十个人的。有人推测，智人在长期迁徙的过程中，发展出了比较复杂的团队配合能力，语言在这个过程中一定起了很大的作用。

俞敏洪：所以人类语言能力的产生是一种基因突变的结果，而不是基因循序渐进、不断发展的结果。我们对人类社会有一种期待，认为人类社会会永远进步，会变得越来越有秩序，人与人之间会越来越相互理解，高科技也会不断发展。那么，人类生理层面的发展，比如基因、智商的发展，是某种突变和意外的结果，还是说生命只要继续发展下去，就必然会越来越好？如果是这样，其他动物为什么不会变得越来越聪明或者学会说话？

尹烨：这是演化论里的一个重要问题。其实在19世纪中叶，拉马克和达尔文就争论过这件事。拉马克认为用进废退，比如长颈鹿为了够得到树叶，脖子就越伸越长；达尔文则认为，长颈鹿也不知道脖子有长有短，只是短脖子的不如长脖子的更方便吃到树叶，所以短脖子的就被自然淘汰了。这个演化是不是随机的？它是随机的，叫辐射状演化，360度，哪个方向都有，问题是自然环境最后决定了你往哪个方向走才会成功。所以，**基因没有好坏，只有基因和环境之间是否能够相互配合的问题。**

到了今天，我们开始明白，其实拉马克的用进废退理论在微观上是成立的。最近有一本书写得很好，叫《拉马克的复仇》，是讲在表观遗传学上，很多事情的确遵循了用进废退的原则。人类走到今天，这些改变是随机、突然发生的，肯定是先具备了语言能力的人更有优势。比如同样在非洲大草原上猎杀动物，你的语言越丰富，打猎的成功率就越高，这个部族就能得到越多食物，后代就会扩张得更快。慢慢地，这个有语言能力的种群或者部落就会越来越大，应该是这样一个过程。

▶ 基因与性格

俞敏洪：人的心态决定了生活质量的好坏，决定了幸福与否。我们都知道，从大面上来说，在物质条件相同的情况下，积极向上的乐观心态一定会带来更高的生命质量，积极乐观的人一定比消极悲观的人更幸福。从基因上看，是不是也能找到和心态相关的因素？让一个消极悲观的人变得积极乐观是非常不容易的，让一个积极乐观的人变得消极悲观也不容易。但我们也看到了，一些突然爆发的事件会让人转变，导致他从积极向上变得消极悲观。这种转变是表面的转变，慢慢养着就会恢复，还是说有时候也会引起基因的变化，从此再也回不去了？

尹烨：我们先说基因能决定什么。基因确实可以决定人的一部分性格，比如喜欢交朋友。人类交朋友的时候，有一个激素起主要作用——催产素，就是女性在分娩时会分泌的一种激素。正常人也会分泌催产素，比如拥抱的时候，催产素就会起作用，你会得到安慰。这个激素表达量本身的高低，的确和遗传相关。但您讲到的人对情绪的控制，其实是可以修炼的。经过一定时间的训练，确实可以做到乐观，甚至达观，就是既不乐观、也不悲观，而是情绪稳定。当然，在这个过程中，如果遇到过、目睹过一些特别悲惨的事件，这种情况下所造成的瞬间创伤会反映到器质上，大脑的一部分回路会被直接破坏掉，这会在相当长的一段时间内让人陷入反复出现的悲惨画面中，这就属于心理创伤。其实心理创伤本身是非常多的，而且可以跨代遗传。美国做过一个统计，目睹了"9·11"现场的孕妇，她们生下来的后代中，有抑郁情绪的比例会更高。这意味着，人类如何很好地控制自己的情绪，是一个非常重要的命题。大家现在都在说这是一个充满不确定性的时代，我们怎么能让自己有确定性，不管外面的环境怎么变化，尽量能保证自己的情绪稳定。这可能是我们都要做的功课和修行。

俞敏洪：从基因学和医学上说，一个人如何避免心理创伤？在遇到打击的时候，如何保持情绪稳定和心理稳定？

尹烨：第一，宗教为什么存在？很大程度上就是为了解决这个问题。现在很多科学家信宗教，特别是西方的科学家，他们实际上信的是一种不可知论。他们不讨论到底有没有上帝，因为无法验证，但他们愿意相信会有一个可以寄托的对象。人类最终是"生也有涯，而知也无涯"，这就是为什么不能把宗教简单地理解为迷信。宗教的存在本身也是人类情感在演变过程中的一个载体。

第二，居里夫人讲过一句话：**世界上其实没有真正可恐惧的事物，只有尚未被理解的事物，知之越深，畏之越浅**。所以，学习是很重要的，因为你可能会遇到很多现象，如果没有科学知识，就只能把它当成灵异事件、鬼狐仙怪，而没办法用科学去解释，也不会用正常思维去理解，这样一来，你就可能不断被自己的知识边界所困扰，从而被迫陷入迷信的状态中。

第三，我觉得大家身边一定要有正能量的朋友。多跟阳光的人在一起，比如俞老师，在这个过程中，我们的稳定性就会慢慢变强。

俞敏洪：其实我内心挺不正能量的，我对自己很悲观。我认为自己是一个内在的悲观主义者，但在生活中体现了乐观主义精神。我认为一个人内心的悲观，有时候是没办法马上改变的，但我也深刻地知道，人面对生活，如果不乐观、不坚强，最后什么都得不到。

尹烨：罗曼·罗兰讲过，"世界上只有一种真正的英雄主义，就是认清了生活的真相后还依然热爱它"。我觉得从"双减"到现在，您的乐观状态就告诉了每个人，没什么大不了的，只要你想做，即使上帝给你关上了门，也会打开另一扇窗。您的乐观状态影响了一大批人。我发自内心地觉得这是真正的企业家精神。

俞敏洪：我遇到打击，主要从三个方面来解决：一是外在的依靠，比如认命就是一种。有的老百姓会认为，吃苦是自己上辈子造的孽，这辈子老天就是要惩罚我，所以吃再多苦都认了，下辈子肯定会成为人上人。这是一个普遍的信仰，跟佛教的六道轮回观念有一定关系。但不管怎样，他对自己受的苦能够解释，**人如果对自己受的苦难能够解释，有时候就能解脱出来。**

二是个人的信念。我比较相信信念的力量。我常常引用孟子的"天将降大任于是人也，必先苦其心志"，我认为老天让我受苦，一定是为了让我做点更有意思的事情。所谓"祸福相依"或者"大难不死，必有后福"，这些东西其实都是人用来安慰自己的，但真的管用。我毕竟在北大学习了那么多年，你让我去相信这辈子受苦是为了下辈子活得更好，是不太可能的。我不相信有前世或者来世，我只有今生今世，所以要把它过好。当遇到困难、苦难时，我就暗示自己，这是为了把未来过得更好，把苦吃尽了，甘甜自然会来。尽管这可能也是一种虚幻，但真的会给人以支撑。

三是周围能有朋友劝解你，或者朋友本身很乐观，让你看到他过得那么苦都那么开心，我凭什么不开心呢？比如尹烨天天被打300鞭子还笑呵呵的，我总共才被打了30鞭子，我有什么好不开心的？毕竟人的幸福是在人与人的比较中产生的。你觉得呢？

尹烨：很到位。生命总会找到出口，只要情绪能找到出口，找到一个自洽的解释，很多的事情就有解了。

俞敏洪：对，情绪一定要找到出口和解释，不能闷在心里，你得说服自己。比如我会说服自己，如果我的事业突然被终止了，从事业失败的角度来说，的确会很难受；但我要找另外一个出口，比如这是老天在让我休息，让我好好看看世界，好好多读几本书。你可以把它叫作阿Q精神或者精神胜利法，但我觉得一个人如果没有这个心态，是很难活得好的。

尹烨：真的要这样。**很多人最后都是败给了自己的情绪，而真正有成就的人，**

最后都做了情绪的主人，而不是奴隶。 前面提到家庭教育，我们应该很早跟孩子讲到这点，让他做一个情绪稳定的人，做一个能够发光发热的人，多帮助别人，与人为善，这是能让孩子这辈子过得幸福的最重要的前提。

俞敏洪：在我的中学同学、大学同学以及后来我交往的社会人士中，都有会过分虚荣、过分自尊的人。他们不懂得自我讽刺、自我打击、自我贬低，要是有人说他一句不好，他就会感觉不舒服，就会奋起反击，他们平时的行为也总是想要表达自己的优越感。这样的心态，是基因决定的还是后天修炼不够？

尹烨：我觉得后天环境的影响可能更大，跟原生家庭、小时候的经历都有关。有一个寓言说，屠龙的少年坐在恶龙的尸体上，但他自己头上长出了角。很多权威在没有成为权威之前，一直都是反权威，但一旦成了权威，他就开始阻挡后面的人。所以原来的他其实并不是要求规则公正，他只是觉得自己没有站在得利的那一方而已，这恰恰是我们现在要特别警惕的。这种心态可能是受社会上急功近利现象的影响，长期来看是有害的。我们还是最希望看到，不管一个人有多大的成就，归来还是少年。

俞敏洪："归来还是少年"这句话，你有什么样的理解？我觉得你现在还有少年气质。

尹烨：评价一个人是不是老了就看一件事，你听到新技术还兴不兴奋。有一种老，叫作"学不了新东西了"。只要我现在看见那些有意思的技术能立马去学，我就觉得我还是少年。

俞敏洪：我看到美景、美食也很兴奋，还算少年吗？

尹烨：那还是春心萌动的。这个圈子里有一大堆高手，大家都还很年轻，还会为一个观点争得面红耳赤。我觉得中国人是浪漫的，我们应该多营造这样的环境，很有古风。我们一起聊一聊应该做点什么？应该为下一代做些什么表率？我觉得**少年最重要的就是要有责任感，对未来是坚定的、有自信的。**

▶ 自私的基因与无私的人性

俞敏洪：我读过一本书，叫《自私的基因》，里面提到，尽管基因是自私的，人类最后却发展出了无私的合作，你在你的书里也提到了相关的观点。

尹烨：人类从非洲走出来，穿过当年的白令海峡走到美洲去，在这个过程中，以家族、家庭形态生活的人存活概率更高；离群索居的人生存概率则偏低。在这个大筛选的过程中，为了活下来，人类学会了相互配合，而这部分相互合作的群体后来得到了大量繁衍。从这个意义上讲，不管一个人多牛、多强，以积极的态度支持、配合、与人为善、为别人行方便的人，更容易在当下的群体中获得比较好的生态位。

俞敏洪：我没学过人类学、社会学，但我个人基本也是往这个方向发展的。我家在农村，从小我就发现，我父母对村民都特别好。尤其我母亲，家里有点什么东西，她都会和大家分享，后来我家就变成了村民们聚集的地方。如果我家有什么困难，大部分村民也都会来帮忙解决，所以后来我家的条件比村庄上的大部分人家都要好。后来我也养成了"为人民服务"的习惯，我从小就是学雷锋的先进榜样，天天帮那些五保户、老人家干活；到了北大以后，也总是帮同学打水、扫地、打饭。我会尽可能对人好，这是一个特别朴素的习惯，这个习惯一直保留到今天。从生物学或者社会学角度来说，是有依据的吧？

尹烨：有依据。我们就是这样被筛选下来的，愿意帮助别人的人，在远古时代的存活概率更高。

俞敏洪：互相合作，互相帮助。能够活下来的人，其实是从基因角度来说愿意互相帮助的人，对不对？

尹烨：确实是这样的逻辑。很多动物也是这样。

俞敏洪：那为什么人群中还会出现极端自私的人呢？

尹烨：基因既会遗传，也会变异。基因本身还是具有极强的自私属性。你能帮助别人，还是你有能力，那在你没有能力的时候，还会不会去帮助人？实际上这是我们无私的人性和自私的基因之间的斗争。**人性的本质就是希望我们能用无私的人性去克服基因中的自私，这是一场修行；如果修行不好，很多人就会变得很自私。**

俞敏洪：总而言之，结论就是要尽可能对别人好，采取合作态度是生存的最好策略。

尹烨：是的。一定要多种善良的种子，总有一天它们会帮到你。活得越久，就会越理解这个道理。你遇到的事情足够多，就会知道，虽然我们也不知道会不会有一种看不见的力量主导善有善报、恶有恶报的因果，但从内心稳定的角度来讲，多做善事总归能让自己开心、情绪稳定。

▶ 基因与文化

俞敏洪：你觉得除了基因跟人的天性相关，文化在一个族群或者一个人身上到底能体现出多大力量？比如岳飞、文天祥，他们的忠君爱国行为就是一种文化行为，是文化教育的结果。我前两天讲郭守敬，就有人评论说，当时文天祥坚决不投降，留取丹心照汗青，可是郭守敬也是一个汉人，为什么帮着忽必烈做了那么多事情？一会儿帮他挖大运河，一会儿给他建大都。我说，其实郭守敬出生在金朝的地理范围内，他出生的地方当时本就处在金朝的统治之下，没有多少老百姓会有所谓的"我是汉人，我一定要跟他们做斗争"的概念。他就是在这种文化中长大的，是其中的一分子，他本就应该忠于金，而不是南宋。你说他不守道义、不忠君爱国，是偏颇的。如果文化对人的影响如此之大，面对文化，我们到底应该采取什么样的态度？

尹烨：这是一个非常重要的话题。大家不能假定在哪个朝代出生就是哪个朝代的人，还要看他具体出生在哪里。我看过一个很有意思的例子。一个妈妈带着孩子到水族馆参观，妈妈说，你看这些都是很可怕的食人鱼；食人鱼妈妈马上把孩子叫过来说，你看这些都是很可怕的食鱼人。同一个事情，人和鱼就是完全不同的观点，所以如果你不能换位思考，不能设身处地，可能就没办法做什么评价。

在中国的思辨体系里，最要命的就是非黑即白、非此即彼、非左即右，我们对灰度、对中间状态的理解是不够的。 比如电视剧《狂飙》，里面只有好人、坏人，没有中间派，这会让很多人最后变得很极端。极端不会让一个民族的科学素养得到提升，因为科学素养的提升恰恰需要一个允许大家公开讨论的环境，哪怕你反对我，我依然誓死捍卫你说话的权利，这是我们希望看到的。

从这个意义上讲，我们民族的文脉能够延续到今天，有非常多合理的地方，也有一些需要取其精华、去其糟粕的地方。不管怎么讲，在当下这个大的时局下，文化自信是很重要的。文化自信不是要让大家不学英语，而是母语也得学好，这样我们才能充分交流彼此的文化。在这个过程中，英雄惜英雄，大家就可以变成很好的朋友。

俞敏洪：我本专业是英语，但我上个礼拜没事干，就讲了一篇《滕王阁序》。有很多网友留言，说没想到俞老师中文也不错，能把古文讲得这么透。你刚才表达的就是我想表达的，如果一个人连自己民族的文化都学不透，那你学多少外语都不管用。但不能因为你学了很多民族文化的东西，或者觉得我们的文化很丰富，就拒绝学外面的东西。比如英语学习本身是一种能力，并不是说你学了英语就不爱国了。从某种意义上来说，为了获取更多的科技信息和世界最先进的创新思维，你也要学英语，这样才能没有障碍地获取信息，这是 ChatGPT 再发达也帮不了你的。我其实也想做一个示范，让大家知道，语言之间的互相习得是不矛盾的。

▷ 自由意志是否存在？

俞敏洪：人总要面对两个环境。一个是大环境，就是我们不能左右的环境，比如国际形势、国内的经济环境等；还有一个是小环境，就是相对来说可以自己选择的，比如我搬到别的城市去住，我读什么书、交什么朋友，尽管也会受到一定的制约，但都是可以自己选择的。人们讨论自由意志和环境通常有两种观点，一种是环境决定人，人是被环境决定的，自己做不了什么主；另一种是你有自由意志，你是可以改变的。

我想问，从基因角度来说，自由意志到底存不存在？我个人没有学过基因学，但我认为自由意志是存在的。至少我现在想喝这杯水，就拿起来喝了；我想喝毒药，也可以拿起来喝。但心理学研究表明，人在拿这杯水之前，大脑已经决定要拿这杯水了，只是大脑让你以为是你自己做出的决定而已。不是你的自由意志在做决定，而是你在潜意识中已经决定了。我不太认可这个研究结果，那样的话人类就什么都不用做了，因为一切都被设定好了，人没有办法决定自己的命运了。人在发展过程中应该如何面对大环境和我们能够用自由意志选择的小环境？

尹烨：我觉得面对宏观环境，更多要学会接受，毕竟那不是每个人都能去改变，但一个人确实可以在微观环境有所作为。怎么能把握未来？把握当下就是把握未来。把未来无限微分，今天就是未来的微分，你把每一个当下都把握住了，就把握住了未来的积分。换言之，怎么过今天，就怎么过今生。我觉得人要把自己变得更加确定以对抗不确定性，不管现在的外部环境如何，我们如果天天想的都是无能为力的事情，人就会很虚无，会觉得自己很渺小。这时候就要反求诸己，从自己身上找原因，让自己更确定，哪怕只运动、读书、睡觉，其他什么都不干，我也很支持。

至于自由意志存在与否，这其实是个哲学问题，基因没有办法回答。从数学角度来讲，人类大脑只有 860 亿个神经元，细胞数也是确定的，因此它的自由度就不是无限的，也就是说，我们的可能性是有上限的。拿水和不拿水只是一个 yes 或 no 的选择，但为什么拿水、拿什么水应该有无穷多解。为什么人工智能一旦有了意识，可能就会跟我们这些碳基生命有一场较量？这些硅基生命不是完全没有机会替代人类。我们也是经历了五次大劫难，最后智人才站在了这里。但我还是选择相信人类是有自由意志的，否则我们生而为人就没有意义了。

俞敏洪：我完全同意你的观点。尽管有专门搞心理学研究的朋友跟我说自由意志可能不存在，但我坚定地相信自由意志是存在的。哪怕这是一种"迷信"，我也相信。因为我要更加自主地生活，就必须能自我主张，不管自我主张的意识来源于何方。哪怕其实并不是真正的我在做决定，但至少表面上我认为是自己在做决定，能保留这种感觉也挺好。

人是意识的动物，不是现实的动物。人跟其他动物不一样，比如老虎、狮子，它们可能更多地会受生理需求的影响。像我家狗狗，它最开心的就是吃，吃完就睡，只要带它出去遛弯，它就很开心，但它并不能自己决定什么时候要做什么，而人可以。尽管会受现实的制约，但人的心灵可以自我决定是不是要"飞翔"。如果你觉得在北京生活得不好，是不是在上海会好一点？如果在这个公司上班不好，是不是可以到另一个公司试试？

尹烨：对。其实**人类唯一不可以被束缚的就是思维**。

俞敏洪：前面提到人工智能，最近出了 ChatGPT，有的人喜悦，有的人担忧。担忧的人怕以后 ChatGPT 不断发展，最后会使得硅基生物代替碳基生物，人类说不定就被自己创造的怪物消灭了。另一种担忧是，人工智能的出现，会不断干扰人类的正常生活和工作，以及消灭人的工作机会。比如现在有的工厂里，除了一两个值班工人，没有其他工人了，全是机器人在没日没夜地干。从你的角度来说，人工智能未来会取代什么类型的工作？人类对此应该做好什么样的准备？

尹烨：ChatGPT 刚出来的时候，我就用了，的确让我很震撼。做生物的人一定会感谢一个人，这个人叫图灵。图灵当时被怀疑是同性恋，被人指责，他就吃了一口含有氰化钾的苹果自杀了。苹果公司 Logo 的设计灵感，就来源于此。图灵用数学的方式解决了很多生命的问题。他有一个著名的论断：图灵测试。如果一个机器能通过图灵测试，就证明已经判断不了它是人还是机器了。很大程度上看，ChatGPT 已经有一部分觉知了，这部分觉知让人类第一次感觉到，原来智能也是可以制造的，即使它是人类发明的工具，即使它的效率没有大脑的神经元高。

我想补充一点，**我们往往会高估一个技术的近期，低估一个技术的远期**。短期上看，我觉得它可能取代不了一些创造性的行业，但它现在已经可以用来写论文了，如果原来你只是做一些比较简单的文字类工作，ChatGPT 就能够替代你。现在随便问 ChatGPT 几个问题，它就可以生成一份非常华丽的博士论文摘要，而且几乎没有办法判断真假，而在原来，我们就只能自己检索，自己写。这部分是我们近期可以看到的变化，原来自然语义识别类的、文字类的工作会被替代得很快。但它实际上学的还是人类的语言，我不认为它是自然语言。什么是自然语言？生命的语言就是自然语言，基因就是自然语言。如果生命是一组代码，我一直都希望人工智能的代码里是有爱的，这种爱能不能设计到我们未来创造的硅基生命中？这是我一直在主张的人工智能的伦理。

此外，面对人工智能，大家应该去拥抱技术。**未来并不是简单的硅基取代碳基，肯定是牛的碳基用牛的硅基，打败了不牛的碳基和不牛的硅基**。换言之，既然技术的趋势已经出现，我们就要勇敢地拥抱技术，不要把它看成洪水猛兽，应该因势利导，积极尝鲜，中国应该在这个领域迎头赶上。这是我自己的浅显理解。

俞敏洪：讲到人工智能的伦理问题，任何一个技术的出现都是中性的，背后仍然是人，但面向未来，人工智能的发展可能会超出人的预期。现在人类对人工智能的设计方向，在伦理上能不能过关，能不能把爱的能力设计到人工智能里，而不是让它最后变得残忍或者冷血，这就是人工智能要解决的问题。同理，基因的解密让人对生命的干预有了无穷无尽的可能性，这就带来一个问题，未来我们如何确保基因技术应用的伦理正确，以及如何维护人类社会的正常发展。大家都知道，深圳有一个案例，有人做了基因编辑，最后出了问题。

尹烨：我一直说，**没有科技的人文可能是愚昧的，但没有人文的科技一定是危险的**。我特别担心的就是您提到的问题。今天我们在技术上应该已经完全具备了操控基因的可能性，而且效率会越来越高，成本会越来越低。在这个过程中，有两件事情非常重要，第一就是立法规范伦理，对于科技向善的坚持和主张，这是要大家达成的特别重要的共识，对做科研的人来说更是如此。

第二就是让大众充分知情，不单纯是指科普，而且是指一种科学的认知、大众的觉知。因为如果我们和大众之间信息差过大，就可能会产生技术滥用的问题；如果不想让技术滥用，就得做好技术普及，而不是让一小部分有钱有权的人最后可以活到一千岁，其他老百姓却沦为工具。这是我真正担心的。**人类能具备基本的神性就是因为学会了等待和希望，我们应该让这个希望更加均等**。

▷ 没有人可以预判未来

尹烨：时间差不多了，我想问俞老师几个问题。您怎么看待东方甄选的这一批年轻人？您觉得他们应该继续传承、发扬，还是能走出完全不一样的路？

俞敏洪：我其实已经见证了太多次一代又一代新东方老师的成长，我从心底是喜欢他们的。我年轻的时候，把他们当作战友和同事，现在除了这样的情感，我对他们更有一种父辈的慈爱和喜欢。我看这些孩子就像看到我自己的孩子一样，所以他们身上哪怕有缺点，犯过错误，我都会极其包容，也会非常愿意给他们介绍我拥有的资源，跟他们认真地谈心和交流。我所有的做法都不是强制性的，不是纪律性的，也不是居高临下的。新东方特别主张独立人格，他们是有独立人格、独立意志的合作者。当然我希望他们不断成长，所以我也会对他们提要求，比如让他们多看书、多学习等。总体来说，我从很久以前做新东方开始，就鼓励新东方人努力做出自己的特色来，哪怕最后你离开了新东方，自己另起炉灶，我也极其开心。到现在为止，新东方每年还有一个老东方人的聚会，就是从新东方出去创业的老师和管理者跟我一起的聚会，大家会探讨自己出去干了以后的经验、经历、感悟和想法。新东方也有很多人在外面创业失败又回到了新东方。

我相信东方甄选这批年轻人。首先他们真的才华横溢，要在这样的大平台崭露头角或者被粉丝喜欢，比在教室里被学生喜欢更难，因为直播间后面每个人的心态、看法都不一样。现在平台上的这些孩子都是从新东方的几万个老师里精挑细选出来的，部分意义上他们能够很明显地体现新东方老师的特质，比如活跃、幽默、青春洋溢。我也要求他们有自嘲能力，甚至有自贬能力，要有互相之间的合作能力，更要有成长的心态和能力。我跟他们说，你们不可能在新东方一辈子，即使是一辈子，新东方也不会要一个不成长的人，你们的成长既是为了新东方，也是为了自己。这就是我对他们的要求。我跟这些孩子们的关系其实非常好。

尹烨：能感觉出来，完全不像雇佣关系，更像忘年交。

俞敏洪：我不太喜欢雇佣关系，尽管本质上算是雇佣关系，但其实我也是被所有新东方的股东们雇来的老板和执行者。

尹烨：最后一个问题，也是想替年轻人问。很多人只看到了俞老师一路走来能够有所成就，但没有人想过为什么，可能每个人的时代机遇都不一样。俞老师在大学的时候会想到有今天吗？你觉得自己的成功是一种偶然，还是你有一些自己的坚持？

俞敏洪：我觉得**没有任何人能想到后面会是什么状态，没有人能预判自己未来会变成什么样，但你面向未来的心态或者志向比较重要**。我在北大的时候，一直过得比较憋屈，因为我的同学都太有才华了，不管是写中文、写英文，还是跟老师交流、参加社团活动，他们都比我厉害很多。我在北大本科整整读了五年——中间因病休了一年，可能也是基因问题，因为我妈也得过肺结核——过得真的很憋屈。但有一点是我能做的，就是我面向未来的心一直是光明的，对自己一直是有期待的。但期待自己成为什么？有时候是迷糊的。比如我在北大当了老师后，想申请到国外读书。我申请了好几个专业，比如政治学、国际关系学，如果被录取了，我可能会成为一名外交家；我也申请了比较文学专业，如果被录取了，我可能会成为一个文学教授；我也申请了语言学研究专业，如果被录取了，我可能会成为一名语言研究者。其实我是迷茫的，我后来出来做培训也是意外。我申请了这么多国外的大学，结果没有一个大学给我全额奖学金。最后好不容易有一个大学给了我 2/3 奖学金，学费加上生活费要 3 万美元，他们给我 2 万美元，我自己得出 1 万美元。我完全不可能有这么多钱，我当时在北大，一个月工资才 200 多块钱，所以我才去培训机构上课挣外快。但这个到培训机构上课的举动，直接决定了我的未来。因为后来我发现，要是光拿工资，我需要好几年才能攒到 1 万美元，还不如自己开学校，所以就有了自己的学校。

当时我偷偷摸摸开了两个班，也没有执照，结果被北大发现了，给了我一个行政记过处分，直接导致我从北大辞职，开始大大方方做新东方。但这么一来，我觉得到国外留学这件事已经不那么重要了，因为我找到了做事情的乐趣和初步拿到钱的快乐，并且发现我教的学生都能考高分，都能拿到奖学金。我觉得我晚两年出去也不着急，可以先赚钱，把更多学生送出去，就这样一直做到了今天。**有时候你并不会想到你的命运最终会走到哪一步，但我觉得自己之所以能够走到现在，是因为我从来没有停止过向上奋斗的志向和动力，从来没有。因为我知道，让生活变得更好的唯一办法就是努力。**

尹烨：谢谢俞老师，我相信我们都心有戚戚焉。其实一个人如果想做事，世界会为他让路，即使看不见未来，我们依然能很好地把握住当下，这就是带给大家最好的礼物。不是有钱了才会谈这些事情，而是有钱没钱，你始终都要很笃定这一生要为自己做一点事情，要为别人做一点事情，一步一步就会有这样的心态和境界。

俞敏洪：我觉得奋斗和努力并不必然保证成功，但不奋斗、不努力，你又没有父母给你留下的资源，就必然不成功。所以，奋斗和努力还是必要的。尽管有时候奋斗、努力感到很孤独，甚至可能奋斗了一辈子，回头一看自己也没有得到什么，但我觉得还是要去做，因为没有别的办法。

尹烨：很受教。

俞敏洪：今天时间差不多了，我们就聊到这里了。谢谢老弟！

尹烨：谢谢俞老师，回见了，谢谢您！

（对谈于 2023 年 3 月 8 日）

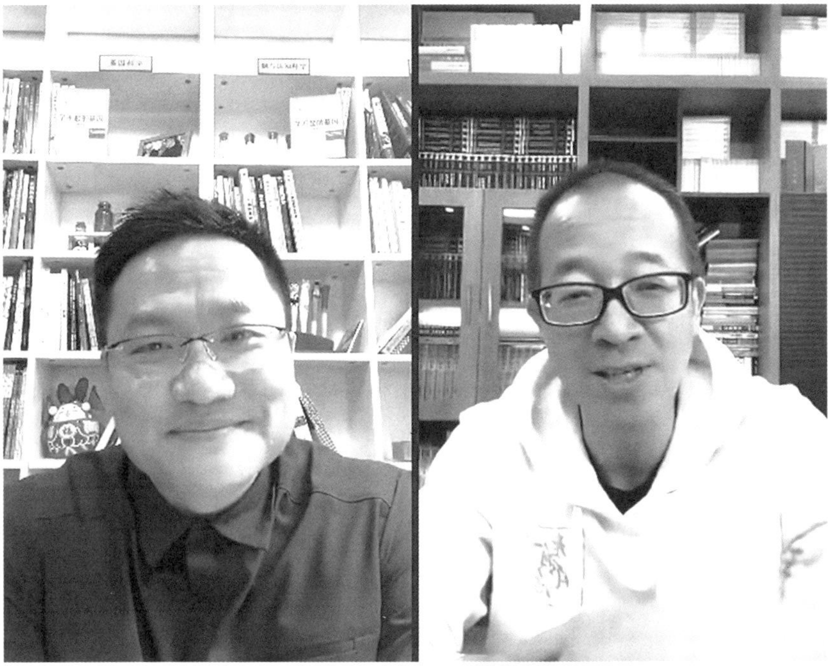

对话 吴京

人生的任何经历都是你的财富

吴京，出生于1974年，毕业于北京体育大学。中国内地影视男演员、电影导演、编剧、出品人。

俞敏洪：大家好，今天我邀请对谈的是大家非常熟悉的吴京。吴京拍了很多大家很喜欢的电影。京哥开朗、乐观、积极的个性通常会为电影中的英雄形象加分不少。在生活中，京哥特别随和、大气、讲义气，只要吃饭就抢着付钱（笑）。京哥的新电影《巨齿鲨2：深渊》已经上映了，作为吴京的朋友，我看了以后觉得值得推荐，所以请他过来聊一聊。

—— 对谈开始 ——

▷ **用不断的学习弥补自己的缺失**

俞敏洪：吴京来之前，给我准备了一份珍贵的礼物，大家知道是什么吗？是巨齿鲨的牙齿化石。

吴京：这是我朋友在化石博览会上购买的。

俞敏洪：很多人以为巨齿鲨是一种想象中的动物，其实它在生物史上实实在在存在过，是大海里最大、咬合能力最强的生物。我在电影里看到巨齿鲨的牙齿时，以为是故意设计得那么可怕的，没想到京哥说这是真的。让京哥给我们科普一下。

吴京：一条巨齿鲨嘴里有276颗牙，一生当中会换4万颗牙。它的牙特别锋利，牙上有小锯齿，切火腿肠特别好用（笑）。

俞敏洪：所以，巨齿鲨是真实的动物。我先来带大家了解一下巨齿鲨。巨齿鲨是鼠鲨目耳齿鲨科鱼类，身体非常强壮，呈流线型，体长是大白鲨的3倍。巨齿鲨牙齿十分锋利，像牛排刀那样呈锯齿状。牙齿之间有运送带，可以持续长出一颗颗牙齿，在牙齿脱落之后、变钝之前就会长出新的牙齿进行替换。巨齿鲨的脊椎能够生长并硬化到一定程度，从而变成化石。巨齿鲨在撕咬猎物时，其巨大的黑眼球会向内翻转，可以保护眼球的重要部分不被挣扎的猎物抓伤。电影中有一个镜头，当巨齿鲨想要吃吴京的时候，忽然白眼球变成了黑眼球，黑眼球中映出了吴京。这条巨齿鲨从小跟着吴京长大，把吴京认出来了，就从边上游了过去，没有吃掉吴京。

巨齿鲨生活在新生代早中新世时期，距今1800万年到200万年之间，属于后起之秀。巨齿鲨栖居于热带至温带海域，幼年则栖居于离岸较近的海域，化石发现于欧洲、北美洲、南美洲、非洲及亚洲等地。其他海洋动物基本都是他们的盘中餐。巨齿鲨是目前已知咬合力最强的动物，是地球历史上最可怕的掠食性动物。研究指出，气候变化导致两极海水变冷，巨齿鲨因无法适应冷海水的环境而灭绝。另一种说法是，地球水循环出现变化，导致食物缺乏，大量鲸类死亡，而以鲸类为主要食物来源的巨齿鲨也随之灭绝。目前，可以找到的巨齿鲨化石有它的牙齿化石和脊椎化石。

所以，《巨齿鲨2：深渊》并不是凭空想象出一个海洋怪物，再编出这部电影，而是根据历史考证、生物学考古的相关信息，结合一定想象还原了巨齿鲨这种生物。过去确实有这样一种动物在海洋中横行霸道，那时候它不吃人，也不一定像电影中表现得那么夸张，能把一艘船"咔嚓"咬断，但电影刚开始的一个镜头——巨齿鲨一上来就把一头鲸鱼咬成两段，这在现实中可能发生过。一般的鲨鱼、鲸鱼根本就不是它的对手。

今天邀请吴京来对谈，我其实更想聊电影背后的故事，比如做这部电影的心路历程，这毕竟是你第一次跟国际团队合作一部国际化电影，而且是在全球几十个国家同步上映的电影。这算是你在中国电影史上的一个创举吗？

吴京：不敢说是中国影史上的创举。现在的国产电影越来越成熟，我只是想多找些机会跟全世界的观众交流。所以这次无论是"造船出海"也好，"借船出海"也好，都算是往外面的世界走了一步。这个电影有个特殊点，它会在全世界多个国家、地区上映，这是在我的生命体验经历里所没有的，我也正好借这个机会了解一下这个类型的电影。一直都说好莱坞很厉害，我也很好奇他们走过什么弯路？他们的经验是什么？他们的制作流程是什么？我们能不能向他们学习制作怪兽电影的经验？我和郭帆之前就说，想拍中国的怪兽电影，但它的整个制作流程、工业化体系是需要学习和验证的。

俞敏洪：所以你是抱着学习的态度在做这个电影？

吴京：对，这是一个交流、学习的过程。而且，我有两个儿子，谁都想成为自己孩子心目中的盖世英雄，尤其是能打怪兽的盖世英雄。

俞敏洪：我记得你给儿子起名叫吴所谓、吴所虑是吧？

吴京：这两个词，是我们对他俩最大的人生祝愿，但后来觉得有点太不正经了，就改成了吴忧、吴虑。

俞敏洪：吴忧、吴虑，太可爱了。为什么强调打怪兽的英雄？是因为在孩子们的心中，打怪兽是一种英雄行为？

吴京：如果你知道奥特曼在孩子心目中的地位，就知道能打怪兽的人有多厉害了。所以我拍完这部戏之后，在家里的地位比奥特曼要高了。

俞敏洪：他们也看了这个电影，觉得爸爸厉害吗？

吴京：其实戏里章鱼和鲨鱼打斗的过程，这两个小家伙也有贡献。我让他们想象，如果他们一个扮演章鱼，一个扮演鲨鱼，他们会怎么打？

俞敏洪：你在设计电影场景的时候，也让孩子们参与了？

吴京：对。怪兽电影一般是成人视角、专业视角，或者是摄影、导演、演员的视角，极少考虑孩子的视角，可他们又是怪兽片的受众群体。如果是孩子的视角，会是怎样的？结果我家老大给了一个出其不意的点子，他说他是鲨鱼，要把章鱼拖到深海里去。我们就真的在戏里这样实现了。所以，从孩子的视角出发，表现出的东西是完全不一样的。

俞敏洪：大家都觉得演电影需要天分，确实也需要，比如吴京的长相，比如他的武术功底，但也需要实实在在地努力、拼命。大家以为电影演员在拍电影的时候只要到场就行，拍完就回去休息，不需要太多思考和努力。但吴京拍电影的时候，每一天电影怎么拍、拍摄过程中的反思、跟人打交道的时候应该用什么方式、明天的镜头应该怎么拍等，他都认真地用钢笔一点一点写下来了。

你拍每一部电影都有这样一个记录本，记录拍这部电影的过程，但并不是每个演员都会这样做，对不对？

吴京：我会把今天发生了什么，这场戏给导演什么建议、怎么修改，都记下来。有时候遇到特别生气的事情，或者郁闷的时候，就会写在背面，所以背面一般见不得人，正面能见人（笑）。

俞敏洪：什么时候我把背面复印出来发表一下（笑）。

吴京：我写这些是因为拍摄的背后会发生很多突发的故事，只能用这个笨方法来记录、学习。比如剧作，我不如很多专业编剧；比如镜头感，我不如那些专业拍电影的人。

俞敏洪：在这个过程中，你会不断观察、学习。你现在也自编自导了一些电影，也为未来自己在这方面有所突破做了更多准备？

吴京：我是幸运地走到了今天，但并不意味着我什么都比别人强。

俞敏洪：你是不是觉得自己在大多数事情上都比别人强？

吴京：每个人都有自己的强项，自然也会有不足的一面。在动作设计和动作表演方面，我有一定的优势，而其他方面，我也会有我的局限性，就只能不断学习。好记性不如烂笔头，记在本子上，总不会忘。

俞敏洪：你都快50岁了，还在不断学习。

吴京：不要暴露我的年龄。

俞敏洪：不过你看上去就像25岁。

吴京：我可能注定一生要在拍电影当中度过，所以要不断学习来填充自己的缺失。我不是专业出身，没有受过学院的系统理论教育，我的电影知识都是从片场来的，所以我只能拿着自己的经验，和书本上的理论做对照、印证，再看自己的经验哪些是正确的、哪些是错误的，而且还要跟得上时代，这样才能保证不被淘汰。如果每天都觉得我是天下第一，那就完了。

俞敏洪：在中国，和你类似的带有武打色彩或者英雄气概的电影明星里，你比较喜欢哪些？比如成龙、李连杰等？

吴京：两位我都非常喜欢。杰哥是我的师兄，我们是同一个师父教的。我们也是被同一个导演（《少林寺》的张鑫炎导演）带入行业的。

俞敏洪：杰哥早就退出电影舞台了，他跟我关系也不错。

吴京：我和成龙大哥也聊过很多。其实我以前年少轻狂，觉得他们不就是能打能玩命吗？我也能，凭什么我不行？后来发现真不是这样，他们承受的那些东西都不足为外人道。跟他们接触、聊天之后，你才会发现人家的成功是必然的，他们付出的东西太多太多了。到今天我都觉得自己很幸运，我和他们差得太远了。

俞敏洪：为什么说和他们差得太远呢？

吴京：成龙大哥那时候经历过太多生生死死，他在死亡边缘的次数比我多太多了。杰哥很有智慧，处理事情很沉得住气，他判断事情的智慧是非常不一样的，包括他对于历史的认知等，我也觉得自己差得很远。再比如洪金宝大哥，我要是他那个体格，我是翻不动的。

俞敏洪：你其实在学习每一个人身上的优点？

吴京：巩固自己的优点，弥补自己的缺点。

▷ **最大的难题是翻译**

俞敏洪：这次你参与《巨齿鲨2：深渊》的拍摄，对你来说其实意义很明显，你进入了国际电影领域。你在电影里的一些对白，以及与斯坦森的交流，让你和你以前在电影中从头到尾塑造的英雄形象拉开了一定距离，变成了一个更柔和、更幽默、更活泼的形象，包括你用中文和英文进行对白，是有点令观众耳目一新的。你是不是故意在电影中这样塑造形象的？是觉得这样会让人物形象更加丰富吗？

吴京：在拿到剧本之前，我也不知道这次应该塑造什么样的形象。初读剧本后，我们做了一些功课。里面张九溟这个人物，原本叫类似张健这样的名字，与人物的设定有点差距。后来俞白眉老师搜索了大量资料，取了"上凌霄汉，下烛九溟"的含义，也是《巨齿鲨2》副标题"深渊"的意思。

俞敏洪：三点水的"溟"是大海最深处的意思，刚好跟这部电影的主题、副标题是联系在一起的。

吴京：对。"九溟"这两个字可以代表从明朝开始中国人对于未来的探索、向往。我们也参考了中国各个企业家、科学家的日常，想要把中国的科学家、企业家的形象呈现给大家，比如你骑马的形象，张朝阳、王石爬山，雷军的办公室，你们演讲时的穿着等。

俞敏洪：做一个相对综合的呈现。

吴京：对。比如我办公室的背景墙上有"科学进步奖"、中学生奥数比赛冠军、游泳比赛奖项之类的。中国人现在对很多事情的处理越来越从容，我也想看看是否可以把中国人的善良、勇敢、幽默表现出来。

俞敏洪：所以，勇敢、善良、幽默、合群、谦卑，这些特质你都呈现在这个角色中了。

吴京：我是希望尽可能把中国人的这种形象传递给全世界的观众。

俞敏洪：这部电影几乎是在近一百个国家同时发行，对不对？

吴京：76个国家、地区。不知道成不成功，但总归要踏出这一步。我们一直在自己的电影工业化系统里制作电影，美国好莱坞，包括欧洲各国在内的其他国家，采用的是另一种系统。到底哪种系统更好？两种系统如何融合？当我们去和国外同行、电影人合作时，该用什么样的方式？什么样的情况下不会产生误会？同一句台词，中英文怎么讲才能不产生歧义？

俞敏洪：怎么讲中文不产生歧义，你应该很熟悉；怎么讲英文不产生歧义，对你来说肯定很难。你当时为什么不让我去当你的同传，你把我带过去，我也能参与大片的拍摄，还能现场看到那些电影明星，多好啊。

吴京：下次我们跟新东方达成战略合作行不行？一起去（笑）！不过我确实在这个过程中发现了一个特别大的问题，同声传译或者翻译并不一定能准确地把台词背后的潜台词讲出来，比如"那个孙子"，并不是真的有一个孙子，而是开玩笑的"孙 zei"，典型的北京话，但他们翻译成了"grandson"。

俞敏洪：那肯定不行。

吴京：所以，语言的本土化转换，英文变中文如何更贴切？中文变英文如何更贴切？很有挑战。跟国外团队配合的时候经常会遇到类似的问题，比如"有人牺牲了"，从英文来讲是"I'm sorry, he is gone"，翻译成中文就是"对不起，他死了"，但中国人不是这样表达情感的。

俞敏洪：但"他牺牲了"又不太符合外国人的表达习惯。

吴京：对。再比如，有一个同伴牺牲了，你去安慰那个小姑娘说"Be strong"。这时候如果翻译成"坚强点"，好像就不太对，那是不是有一个安慰的动作可能更贴切？经常会遇到这样的问题。

俞敏洪：两种文化和语言在表达时内在含义的不同带来了微妙的不对称。

吴京：我一度以为外国同事已经理解了，其实他们没有理解背后那句潜台词。像这样的文化差异特别多。

俞敏洪：肯定很多。所以我刚刚想问你，在国内拍电影和在国外拍电影，最大的不同是什么？你之前在国内拍电影是由你主导，想这么拍就这么拍，想这么演就这么演，你能说话算数，在国外也能这样吗？

吴京：其实在国内也不是这样。在国内，我们想给导演提建议的时候会说，导演，从这场戏来看，我原来是这样，但如果我们换一种演法，在不影响其他人的情况下，1、2、3这三个建议，您来选择。我提建议后，对手演员也会提出建议，两个人对好了，演给导演看，导演看得舒服了，说不错，大家就可以继续拍摄了。但在海外不是这样，已经定好的东西不能改，改了就坏了。

俞敏洪：所有流程跟着你一起改，就麻烦了。

吴京：对。我到那儿的第一天就问导演，章鱼打鲨鱼的戏如何如何，导演说我不知道。我说我们已经把剧本发过来了呀。后来我才知道，原来国外的流程是，剧本发给制片人，制片人发给电影公司高层、制作部、项目部，然后评估后期需要多少预算，然后再返给制片人，制片人再给导演，导演才拿来导戏。这个流程就像一个巨大的机器，缺了一个螺母，机器就会停转。当然，那些无伤大雅的东西是可以调整的。

他们分工很细，完成度也很高，你如果按照他的规划去做，进度就很快。像这么大体量的电影制作，工作人员有400多人，其他的一些剧集需要的人数会翻一倍。他们已经形成了一套流程，分工更细、更有效，但一旦发生变化就坏了。曾经有一场戏，是一场"被诅咒的戏"，拍到后面，因为一些原因大家产生了分歧，谁都听不懂谁在说什么，这么改也不对，那么改也不对。按理说这场戏四个小时就能拍完，但最后拍了四天。

俞敏洪：就是因为大家意见不一致？

吴京：对，意见不一致。怎么办？第二天再拍，又不一致了。因为里面有一些中文的融入，大家相互不理解。我们的衡量标准是一样的——取悦观众，技术标准是一样的，但在文化上，大家差异非常大。

俞敏洪：能想象出来。《巨齿鲨2：深渊》我已经看过了，大家完全可以带孩子一起去看，尽管里面有一些凶猛的大鲨鱼的镜头，但血腥场面其实很少，更多还是在跟鲨鱼的拼斗中带有一点紧张但又幽默的情节。这些幽默的情节，是吴京在参与电影拍摄的过程中费了很大劲，不断协商才加进去的。

吴京：中国人认为万物有灵，但想传递人和动物之间和谐共存的场景其实挺难的。最后一幕是巨齿鲨海奇救了张九溟，我们当时就跟西方的同事提议，巨齿鲨来的时候，能不能让它停下，让人类第一次碰触到巨齿鲨的鼻子？一个画面里，一个人、一个动物像静止的诗一样，我觉得那个画面特别美好。但西方的制作团队觉得这不符合物理规律，巨齿鲨那么快地向你冲过来，不可能到你面前就能瞬间停止。当时我们的反驳意见是，我们应该服务于观众情感。后来大家争执了非常久，最后说，好，既然是人类第一次和巨齿鲨碰触，那就改成巨齿鲨慢慢静止之后一个摸鱼鳍的动作。

俞敏洪：这个动作也挺美的。在国外的电影里，确实很少看到一个凶猛的动物与人之间这么温馨的画面。为什么你设计了这样一个镜头？因为海奇这条巨齿鲨是从小被张九溟养大的，所以它对张九溟有一定感情，但它又是一个特别凶猛的动物，吃起其他动物或者咬起人来不会犹豫。你在整个电影中设计这样一个镜头，其实是想传递中国人跟动物之间万物有灵的感觉？

吴京：它可以和我们共同生存，人与自然、生物之间的和谐共存。

俞敏洪：西方团队逐步接受这个观点了？

吴京：逐步接受了。我们最开始想的那个画面还是没有，但是抚摸到了鲨鱼的鳍，算是剧里人类和巨齿鲨的第一次碰触。但这个和西方沟通的过程，就像一枚硬币的两面，有些时候，A面跟B面永远碰不到一起，就像两个独立的个体，包括我和你之间对一部电影也是有不同观点的。

俞敏洪：一千个人心中有一千个哈姆雷特。

吴京：对。当中西文化出现碰撞时，硬币的两面如何能用齿轮合在一起？我觉得这是需要靠智慧的。而且我这次才发现英文很重要，如何把中文的解释翻译得恰如其分，让国外同行能够理解我们想表达的，其实是很重要的。

俞敏洪：因为中文翻译成英文，一不小心就会变成不符合他们文化习惯的表达，甚至有时候，一句很柔和的话会变成一句很强势的话。但我想，你的英文水平毕竟不能算特别好，你平时和剧组工作人员、演员交流的时候，谁帮你做翻译？

吴京：剧组安排了一个翻译同事。

俞敏洪：回到我们对谈的主题，下次需要翻译的时候，找我就行了（笑）。

吴京：好啊（笑）。以前我其实不太知道他翻译得是否准确，只能靠猜。但我有一点英文基础，有时候也翻字典，后来慢慢会发现，他翻译的不是我想表达的意思。

俞敏洪：你还是有点感觉的？

吴京：察觉到的时候，我就会告诉他，需要他做的更多是如何把剧本背后的潜台词、想要表达的东西翻译给外国同行,如何能够准确表达。一个好的英文作者并不见得是一个好的翻译,他还得了解戏剧。

俞敏洪:当然,真正的好翻译,需要非常了解两种语言背后文化的细微之处,而且同样的语言,在不同的国家还有不同的使用习惯,比如斯坦森是英国人,他和美国人同样说英语,但他们的表达有时候也会有细微的差异。

吴京:我们这次做译制版,中文版全是中文配音,我最后的那句台词原本是"那是明天的事情,今天我们应该感恩上天赐予我们的东西"。外国人在餐桌上会祷告,但中国人没有这种文化,也不会这样说话。

俞敏洪:确实不会这样说话。

吴京:最后改成了"那是明天的事,今天咱先喝起来"。但我们这么说的时候,外国人会觉得你们是记吃不记打吗?所以不知道该用什么样的准确台词来表达情绪,让大家都能舒服。

▷ **生命中的最后一次留痕**

俞敏洪:你和杰森·斯坦森是第一次合作吧?和这样一个演员合作,你在电影拍摄过程中有什么困难吗?

吴京:就是语言。

俞敏洪:个性脾气上会不会合不来?在电影中,你们俩是又打又闹的伙伴关系。

吴京:我对他印象最深的是,我一个朋友的孩子和他的孩子在同一个学校,他每天早上会骑着小电摩托送孩子上学。

俞敏洪:跟你骑自行车在长沙做宣传也差不多嘛。

吴京:对。在国外拍戏,是从早上6点到晚上6点,12个小时,周末不工作。除非进度掉下来了,大家才会在周六加加班,但至少也会休息一天。他们也不住在片场,晚上下班就回家;但中国人拍戏,所有人都会住在同一个地方。他有点轻微社恐,有几次我邀请他到我那儿吃饭,他都拒绝了,他拒绝的理由我都学会了。

俞敏洪：我看网友说他平时不太跟人打交道，喜欢安静待着。

吴京：因为他刚有了一个女儿，他说我要回家陪孩子、陪太太。我后来一想，也对，有什么应酬、饭局是不能推的呢？就应该多陪家人。这是我从他身上学到的，因为我们有时候会不好意思拒绝。

俞敏洪：你算是陪家人挺多的了。网友都说俞敏洪从来不回家，今天在这个城市，明天在那个城市。我说我两个孩子都大了，都工作了，不需要我了（笑）。

吴京：我特别怕和孩子之间有距离，尤其怕在他们成长的时候有缺失。

俞敏洪：这不能缺失，我有亲身体会。**作为父亲，多陪伴孩子，永远不会亏。**

吴京：我刚回家的那天，吴老二一开家门看到我的时候，他没有喊我，转头走了。吃饭的时候，他就在那儿默默看着我，过一会儿就给我夹菜。饭还没吃完，他就说爸爸你陪我玩。玩一会儿快睡觉了，他就抱着我一动不动，就那么抱着我。那种依赖感，瞬间融化了我。

俞敏洪：如此温馨。你在日常生活中的形象和你演的硬汉形象不是一回事啊。

吴京：我瞬间眼睛湿润了。这就是把真实的情感放进去了。

俞敏洪：你在电影里面对小女孩梅英也体现出了一部分这样的情感。有网友评价《巨齿鲨2：深渊》中梅英这个角色好像有点多余，但这个角色是从《巨齿鲨》延续下来的。小女孩的母亲在《巨齿鲨》里执行某次任务的时候牺牲了，吴京在《巨齿鲨2：深渊》里是小女孩的舅舅，斯坦森是小女孩的义父。在《巨齿鲨2：深渊》中，这个小姑娘的存在体现了斯坦森和作为舅舅的吴京非常人性化的、柔软的那一面。如果没有这个小女孩串场，这一面就无法在电影中体现出来，总不能两个大男人天天对着鲨鱼柔软吧？所以我认为这个小女孩的角色并不多余。

当然千人看有千人的观点，我也从来不对一部电影做绝对好、绝对差的评价。大家可以自己去看，自己做判断。我是抱着一种轻松的态度看《巨齿鲨2：深渊》的，我想看那个大屏幕，感受巨齿鲨冲过来的感觉。因为这种大型怪兽片，如果不在大屏幕上看，就感觉不到那种冲击力。所以不能把这种电影看成一个纯粹的故事片，它本身也不是故事片，而是一个奇观，让你看了以后有一种震撼的感觉。这种震撼说不上是好还是坏，孩子们可能会尖叫，大人可能觉得就那样，因为大人是有心理预期的。

吴京：非常客观。

俞敏洪：而且我更感兴趣的不是这部电影成功与否，而是这是你参与拍摄的第一部国际电影，且不是你主导的，很多时候你的想法不一定能落实到电影中。在这样的前提下，你觉得你参与这部电影的意义是什么？未来你还想不想参与国际电影的拍摄？

吴京：无论这部戏成功与否，它就是我人生的经历之一。如果下一次还有这样的电影让你去合作，你愿意抹去这份记忆吗？

俞敏洪：当然不愿意。

吴京：你下次再拍这样的电影，这段经历就会是你的财富，是你可以拿出来跟对方沟通、碰撞以及谈判的经验所在。这对我来说特别好。我们很久没有跟国外的同行发生过合作、碰撞了，但这一次，我知道了我们需要什么，我们需要弥补什么，我们的制作工艺跟他们的差别是什么，包括各个部门，服、化、道、美、灯、摄、导、宣传、后期、发行、特效、制作、项目、策划，以及海外发行的所有衍生产品的负责部门，这些和我们的功能是一样的，但大家做事的方法绝不相同。

俞敏洪：你觉得哪边的做事方法更科学？

吴京：他们的工业化流程效率会更高。

俞敏洪：假如未来你自编自导，你在那边的观察会对你未来的做法有很大的影响吗？

吴京：是的，我会将他们先进的工作经验融入到我的电影拍摄过程中。

俞敏洪：把中国灵活的工作经验再加进去？

吴京：对。**拍我想表达的情感，用中国人的叙事方式，这是我特别想做的一件事**。所以，这段经历是属于我的财富，独一无二的财富，而且还是在疫情期间，我一个人去的。

俞敏洪：我也想问，你居然没带一个团队过去帮你，也没带翻译。

吴京：我自己带了一个制片。我也希望我的团队能够从中吸取一些经验。

俞敏洪：因为是特殊时期，不太容易过去。

吴京：我刚到伦敦华纳片场的时候，几百个外国同行，忽然看到一个东方面孔，大家会那样看着你。

俞敏洪：大家对你不熟悉。他们在国外可能没看过你的电影。

吴京：你说他们不友好吗？也不是，他们只是想看看这个东方人，这个中国人，他的工作态度、敬业态度、专业态度，他要不要大牌，东方文化的表达是什么样的，怎么跟他接触，人家对我也充满了好奇。包括我身边的执行导演、服化道美部门、动作团队也是如此。吴京这人好沟通吗？不好沟通怎么办？他会不会投诉？所有人这么看着你，你会有一种无形的压力，你要扛住。幸好我是社牛。

俞敏洪：你的笑容很有感染力，像你这样发自内心的开怀大笑和从内心展现出来的友好笑容，确实是你独特的魅力。

吴京：就得一个人扛。比如跳直升机那一段，危不危险？还有一段吊威亚的戏，你就得告诉他，我行。就得咬牙上，必须用能力征服身边的人，让他们觉得你是可以信赖的，你是专业的，你是乐观的。我觉得他们对我的印象都挺好的，觉得我很有趣，我能吃苦。包括拍戏时我就自己摔，这在国外，基本不需要演员来做，都是找替身。我得为自己争取更多的尊重，这不是靠你英文讲得好，或者耍大牌换来的。你只能用你的真诚和敬业、专业赢得他们的尊重。他们都是内行人，看到你的状态，即使语言不同，他们自然而然也愿意来帮你，而不是给你设置更多的阻碍。就要用这样的方式跟他们沟通，我先向你们展示，我是开放的。

俞敏洪：后来大家都对你非常好？

吴京：非常好。后来我生日的时候，请他们吃饺子。我买了1000袋速冻饺子，500瓶二锅头，一百头蒜，三五十瓶醋，直接把他们的餐车包了。

俞敏洪：你也太社牛了。

吴京：我说，中国人吃饺子意味着团圆，但你们知道饺子怎么吃吗？一口二锅头，一口饺子沾上醋，还得来半瓣蒜，很"amazing"，中国人叫"饺子就酒，越喝越有"。最后收工的时候每人再送一袋饺子和一张纸，纸上用英文写着"饺子就酒，越喝越有"。这句话他们翻译了无数个版本，最后用了最简单的，"wine with dumplings, more to come, more to have"。

俞敏洪：翻译得还可以啊。

吴京：以前的前辈告诉我们，作为男主角，你有责任照顾大家的心情，无论是在国内还是国外，大家都愿意帮你，就会为你的角色提供很多助力。今后总会需要世界各国的精英为我们的电影服务，在这个过程中，你就可以了解他们的敬业，他们对于工作的态度，他们的方式方法。所以，**这种经验对我来讲是难能可贵的，如果再有同样的机会，我也一定会把握住，而且既然已经开始做了，为什么不让它变得更好呢？**

俞敏洪：最近你说过一段话，说有些演员因为角色小就不太愿意去演，其实任何机会都应该抓住。你为什么会有这么一段发言呢？你年轻的时候有过因为抓住小角色从而带来机会的经历吗？

吴京：当然。其实这句话来自周润发，发哥。我去香港的时候，曾经有一年半、两年没戏拍。一个大陆小子来到这里，虽然你确实能打，但这边的市场已经饱和了。

俞敏洪：你还到香港寻求过发展机会？

吴京：对。那时候大陆电影特别少，演动作电影的就是杰哥和成龙大哥两位，再后来有甄子丹大哥。我去寻求发展的时候，大家就觉得，你凭什么？后来有次很偶然的机会，我在台上碰到了发哥。发哥就说，喂，小子，你记住，不要因为角色小、台词少，就不去接这部电影。每一个角色对你今后的表演都是一笔财富，是一种积累，也是你锻炼的机会。所以我后来就拍了《杀破狼》，只有三场戏，只有一句台词。

俞敏洪：但那部电影呈现出了你的形象。

吴京：成龙大哥以前做武行的时候，拿个血包，被刀一砍，自己还得挤血包，"啊"，就掉水里了，大家都是这样过来的。周星驰导演和我们聊天的时候也说，他以前在TVB跑龙套的时候，也是靠那些小角色慢慢积攒到今天。所以，你不能因为这个角色台词少或者时间少，就看轻它，你应该反省自己，为什么没有能力把这个角色变得更好？所以，我一直觉得这就是看本事的行当。

俞敏洪：其实不光得抓住小机会，同时还得尽可能展现出自己的才华，而这个才华是你日积月累的结果。我想起了曹操的一个故事，少数民族的国王派使团来见他，他觉得自己又矮又小，可能没法代表一个国家的形象，所以就让自己一米八几、长相英俊的侍卫往正座上一坐，体现汉朝的威武，曹操自己则拿根枪在边上假装侍卫。但等到外国使者见完了假的宰相后，他们说，宰相是挺英俊的，但真正厉害的可能是边上那个拿枪的侍卫，他未来前途不可限量。他体现出了什么呢？一种气度、一种气概，乃至一种眼神。这些东西怎么来的？是靠日积月累。我觉得你之所以能成，是因为你一直不断地在训练自己。可以这么说吧？

吴京：俞老师太客气了，其实除了积累，还是要做很多功课的。我们必须尊重角色，尊重演员这个职业。我之所以讲那句话还有一个原因，陈道明老师曾经跟我说，"你记住，你在镜头前的每一次表演，都是你生命中最后一次留痕"。

俞敏洪：为什么这么说？

吴京：因为你现在对着镜头演出来的状态，不会有一模一样的第二次了。你现在的情绪也许是愤怒，也许是彷徨，也许是不正确的，但它都是唯一的一次，后面一定不一样。但有哪些表演入了导演的眼？我们作为演员只能提供无限的可能，最后让导演把它们嫁接在一起。我们给导演提供可能的时候，不可能是一板一眼、一模一样的，当下记录下来的，就是此刻生命的最后一次留痕，所以要珍惜每一次在镜头前的表演。

俞敏洪：认真对待每一次留痕，就像天空的鸟飞过，其实在空中留下了痕迹，未来再翻开自己的人生，这些东西都会记录在案。在你已经做过的事情中，最遗憾的是什么？

吴京：最遗憾的就是没在新东方学好英语。

俞敏洪：现在可以学，我亲自辅导，我的价格稍微高一点（笑）。

吴京：说好了（笑）！还有一次特别遗憾，以后可能也不会那样干了，就是我在拍戏的时候，为了寻求镜头的真实感，用自己的膝盖撞地，然后就受伤了，到现在都没缓过来。

俞敏洪：膝盖一旦受伤，影响是终生的。当时为什么不在底下垫一个像水泥的海绵呢？

吴京：没有那个条件。当时就装了一个护具，但还是太高，冲击力太大。但我不后悔，因为这些经验起到了警示作用，其他的动作演员就不会再因此受伤了，我以后也不会让我的戏里出现同样的危险动作。以后如果有更好的保护机制和条件，能让演员充分发挥，也意味着我们的工业水平进步了。电影工业水平不只在于机械手臂、工具有多厉害，还在于在整个系统、机制下，能够更高效地完成画面，我觉得这是我现在越来越了解的东西。

▷ 人生的意外

俞敏洪：你现在依然在不断寻求突破，比如到国外拍《巨齿鲨2：深渊》，你只是主角之一，尽管可以提出一些意见和建议，但不能主导拍摄。你之所以做这样的尝试，也是在寻求面向未来的人生和影视生涯的新突破，对不对？

吴京：我觉得我始终在路上。在我的成长过程中，我对于电影专业知识一直有缺失，因为没有受过专业的培养。

俞敏洪：当时你是怎么入行的？

吴京：我当时是北京武术队的专业运动员，我的工作就是比赛。

俞敏洪：并不是每个武术专业运动员都能去拍电影的。王宝强说，他是从小就立志要拍电影的。

吴京：我是沾了杰哥的光。杰哥当年就是从北京武术队里挑出来的，所以当年《少林寺》的导演张鑫炎张导又要拍一个少年片时，就又回来找了我们教练。那时候我还小，十八九岁，隔了两年，忽然就长大了，然后就拍了《功夫小子闯情关》。我是享受到了杰哥给我们留下来的运气。

俞敏洪：所以，你不是像王宝强那样自己跑到北京混出来的，而是刚好你对电影感兴趣，也凑巧有导演看上你。

吴京：我们那时候是在武术队参加专业比赛，不允许出去混。

俞敏洪：人生任何一次经历都不是白费的，都会变成你的财富，前提是你要有能力把它变成财富。对你来说，毫无疑问你已经把所有经历变成财富了，这种财富不是指现实中的钱，而是指人精神上、能力上的成长。

吴京：得继续走下去。可能我这一生注定离不开电影了，既然离不开，就一定一直在路上。我曾经问徐克导演，我说："导演，你已经到山顶了，未来该怎么走？"他说："没有，我还在山脚下。"我瞬间明白了，无论你今天有多大成就，无论你今天年纪多大，只要你在电影行业，你就永远在路上。何况，我还有很多想法没实现。

俞敏洪：以现在中国电影界的发展来说，你的那些想法未来能实现吗？现在已经比较难拿到电影投资了吧？

吴京：目前中国电影还是不成熟，还需要一个发展期。但现在大家对好项目都是一拥而上的，最稀缺的反而是人才。

俞敏洪：自编自导是你未来发展的方向吧？

吴京：对。我们拍电影的目的是什么呢？有人想自我表达，表达自己的一些意志；有人想做商业片；有人想做文艺片；有人想拍打打杀杀；有人想拍动画……每个人都有自己的诉求，但我们是服务于观众的，所以我们要先把市场定好。现在市场上还缺很多类型的片子，还有很多东西没有拍过。

俞敏洪：你未来最想拍什么类型的片子？

吴京：我的想法可多了，现在大家都管我叫"吴师傅"，说我老给人画饼。比如三四年前，我就在筹备一个动画片，但就是写不好剧本，始终拿不出来我想要的。我和沈腾还想搞功夫喜剧，结果我们俩连剧本都没看上。喜剧很难，动作喜剧更难。

俞敏洪：你未来会不会拍非动作类的电影？

吴京：我演爱情戏，可能观众不爱看。

俞敏洪：说不定还行呢？

吴京：我觉得还是先把动作片夯实，我觉得我的基础还是不够扎实。我今年想拍一个关于车的电影，中国版的《速度与激情》。

俞敏洪：要拍一个这样的电影，投资也不小啊？

吴京：不光是投资的问题，还有很多问题。我们剧本也有了，筹备也有了，但就觉得哪里不对。**电影是很难按照我们的想象发生的，就像人生一样，人生不会按照你的设定去发展。**

俞敏洪：**很多时候都是出乎意料的事情决定了人生的走向。**

吴京：有运气，有天时，有地利，还有个人能力，得很多东西加在一起才行。

俞敏洪：**人生最大的快乐是出乎意料的事情中的意外所得。**比如你是单身汉，只有出去旅行，走在路上，才会遇到你不认识的人，而这个不认识的人，说不定就能和你产生一段美好的爱情。但如果你天天待在房子里，这件事情就不能发生。

吴京：你讲得太美好了。

俞敏洪：那当然。**悲苦是人不得已却必须接受的一种现实，但人生必须期待美好，人一定要往更美好的方向去追求。**登山不是为了折磨自己，登山不就是为了看无限风光吗？

吴京：所以，永远在攀登的路上。

俞敏洪：在你是主角的电影中，你最满意哪一部？

吴京：我要回答一句官话了，"下一部"。

俞敏洪：这是绝对的官话。确实每个人都希望下一部会更好，但我是不是可以肯定地说，票房最高的那一部并不是你自己最满意的？

吴京：不是。**但我已经很幸运了，我觉得我已经体会过作为一个演员最幸福的那一刻了，你忘记了自己，你就是那个角色，你百分之百地沉浸进去了，那一刻是终生难忘的。**人的一生中，如果能因为一个角色而拥有一段全身心投入、忘却自我的状态，是一件特别幸福的事情。那个角色就是你，你就是那个角色，这份情感是独一无二的。那一瞬间你希望摄影机不要停，可当你想到摄影机不要停的时候，就已经走出角色了。只有那一刻，那个世界只有你自己，那一刻是特别美好的。

俞敏洪：你有过这种体验？

吴京：是的。有一次我跟张译演《攀登者》，演忘了，后面并没有顺着台词脚本说，我们继续演，演得存储卡都没了。那可能是作为演员的一种幸福感。

俞敏洪：未来你拍电影的时候，如果需要有一个反面角色，或者是像我这样的老古董角色，可以考虑我。

吴京：我看你骑马很帅，别人都追不上你。

俞敏洪：没法跟你比。你是为了拍电影去练的骑马吗？还骑到了完全熟练的程度？你什么时候开始练的？

吴京：1996年。我为什么要练骑马呢？那时候张鑫炎导演说，作为一个演员，尤其是动作演员，你不能让能力缺失成为表演的障碍，无论是游泳、潜水、骑马、开车、跳楼，你什么都得熟悉，都得会，要让它们成为你表演的助力。所以我1996年一个人去了一个马队。

俞敏洪：一个人去了一个马队？1996年你才20多岁？

吴京：对。我平常体验生活都是自己去，现在也是自己去。只有这样才能在你想体验的生活中得到同伴、教练最真挚的、最真实的反馈。如果只是走个过场，对你的角色不会有帮助。

俞敏洪：那当然，尤其是用假的方式。有些电影中，连骑马的镜头都是假的。

吴京：观众很聪明，看得出来的。包括你的动作是真的还是假的，是有替身还是你自己真的在卖力拍，他们都能感觉出来。

俞敏洪：你现在有马场吗？

吴京：我没有马场，我是和马场合作，教学生怎么控马。每匹马的脾气性格不一样，拍戏的时候，你要带入自己的角色，比如潇洒的、狂奔的、摔马的……机器还在那里，你要对着机器冲过去，如何保障自己的安全？所以别人教骑马可能是教你怎么驾驭它，往前走、往后走；但我是教他们如何控制马，不让自己受伤。不然拍戏的时候，13个炸点炸了之后，马疯了，就撞树、撞山，非常危险，曾经有人把膝盖整个撞翻过来。

俞敏洪：我也遇到过这种情况，马在树丛中狂奔，树枝在你旁边哗哗飞过，只要有一根树枝打到你的脖子，你就拉倒了，吓得我趴在马背上一动不动。

吴京：是的。所以我是教人如何控马，就是即使遇到危险的时候，也能控制住马，或者说有什么方法能处理这种突发情况。包括这次拍摄《巨齿鲨2：深渊》，我潜水去看水底的机械工程，就是为了减少一些危险，从而能更好地为画面服务。

俞敏洪：电影中的潜水画面是真潜水拍，还是假潜水拍？

吴京：以前我是拿命来拍。我不希望以后其他的动作演员再这样，就去了解了西方的同事是怎么拍水下电影的。他们确实不一样，命令下的不一样，方法也不一样。现在有很多水下拍摄的棚，但我想要学一下这个机制，哪个流程更科学？哪个更规范？哪个可以让演员的表演得到最大化发挥？如果在水里面目狰狞，你怎么表演柔情似水？所以，拍这部电影的过程中，我看到了很多我可以吸收的东西，尤其是流程上的一些东西；还有一些是道具上的，他们的小东西、小玩意儿弄得特别好。我们现在大的东西都有，但一些特别艺术化的东西就不够。所以我又准备了30瓶大二锅头，放点枸杞子泡了一个月，拿去跟人家换小零件。

俞敏洪：人家跟你换吗？

吴京：换。自从"饺子就酒"传出去之后，我说这个是 Chinese wine with goji berries，能帮你补气。

俞敏洪：相比茅台，外国人更容易接受二锅头，因为二锅头有点像伏特加或者威士忌。

吴京：对。我就拿这种他们感兴趣的东西和他们换，还因此交了不少朋友。

俞敏洪：网友们比较好奇，像你和章鱼搏斗的镜头、和巨齿鲨交锋的场景，是怎么拍出来的？

吴京：在水下拍电影是这样的：你会穿上威亚，它拽着你一甩，你就要转。现在这个镜头要求章鱼在画右，它有多大？它的视角有多大？现在拍中景，它的须子有多长？他们都已经计算好了你的动作，到时候摆好镜头，一拉威亚，你就在水底下往那边转、扯,模仿所有预设的动作轨迹,完成它,后期再通过特效、剪辑,把须子画上去。在水下拍摄比较难,因为你不戴眼镜什么都看不见。我离机器这么远,根本不知道哪边是画左、哪边是画右,就是一团黑,朦朦胧胧的,这时候就得靠经验、靠感觉。好在我以前用命去拼的时候,积累了一些经验,就能感觉到它在哪儿。所以,咱没丢人。

俞敏洪:在电影宣传期的时候,你在长沙骑着自行车路演的消息在网络上火爆起来了,还有人调侃,"真是路演啊,直接在路上骑单车"。当时怎么会这样?斯坦森为什么没来?

吴京:当时英国罢工了,好莱坞罢工了,全世界罢工了。

俞敏洪:整个电影界都罢工了,他要是来了就违反罢工原则了?

吴京:对。他来也得骑自行车,那天路多堵啊。其实也很奇怪,我跟黑马宣传团队只要一起合作,就得遇到要么堵车、要么飞机晚点的情况。如果赶不上,你就把观众晾在那里了。

俞敏洪:那当然不行啊,所以才有了你在雨中骑自行车这么一幕。

吴京:对。跑又跑不动,正好有自行车,我们就刷了个自行车赶紧骑过去。

路演是演员的职责和义务,是必须做的一件事,你去向别人介绍自己的作品,是天经地义的事。

俞敏洪:你是不是把观众当成自己的朋友看待?因为你对朋友是典型的赤胆忠心、侠肝义胆。

吴京:当然。而且还要听观众的反馈,好与不好都得接受。

俞敏洪:那当然。不能光听好话,总得被人批评,被人骂几句,让你的感觉更加全面。

吴京:我们两个人都不可能对所有事情的意见一致,何况千千万万观众。**每个人对于一个角色、一部电影的评价都是不一样的,听到好的、不好的评价,我们都要吸收。人总要成长,要为以后的电影吸取经验。**而且人家来捧你的场,你就更要尊重人家,你不能迟到,所以就骑自行车了。

俞敏洪:你的人品,在粉丝中算是有口皆碑。

吴京：我还犯傻了。在现场出字幕的时候，我们上去，结果我不知道那儿有一个台子，就直接摔那儿了。总是有很多的意外发生，但就如你所说，**人生很多东西都是因为意外而转变的。**

▷ 永远在路上

俞敏洪：下一部电影大概什么时候能出来？现在已经在拍摄了吗？

吴京：还没有，想休息一下，而且腿伤有点重。之前帮朋友的忙，演一只狗。

俞敏洪：演一只狗？

吴京：对。但这几年拍的东西都不是我特别想表达的，我想拍一个我想表达的。

俞敏洪：那就得自导自演。

吴京：对。我也一直惦记古装。古装动作片、中国功夫曾经那么棒，可现在这块一直没什么创新。该怎么创新呢？中国观众太熟悉中国功夫片了。

俞敏洪：你觉得面对中国观众，中国功夫还能拍出新意来吗？

吴京：以前都是京剧花腔那一套。当年胡金铨老师、张彻老师用唱大戏的服装把它变成一种新派，变成了实打实的那种，大家觉得这是跨时代的。那时候大家也觉得没什么可创新的了，但就那么一个偶然，就创新了。后来威亚发明出来了，能飞了，又是跨时代的创新。那个时代之后，是《少林寺》，再后来《黄飞鸿》《警察故事》……这么多创新出来之后，大家都说还能怎么样呢？后来甄子丹大哥出现了。当大家都觉得不知道该怎么办的时候，总会有一些人创造出新的道路。我不知道我能不能创造出来，但总想尝试一下。

俞敏洪：我感觉武打片如果只展示功夫，不管有多强大，多新奇，或多或少都在大家的预料之内；加上现在的高科技，不论动作怎么华丽，场景怎么绚烂，大家内心或多或少都会有预期，何况大家平时还天天打游戏，游戏中那些动作也都很精彩，但故事情节不在大家的预期之内，所以我觉得应该把故事情节和动作结合起来，用情节带动作吸引大家的注意力。这是我作为一个外行的理解。

吴京：这不是外行，这是每一个观众对动作电影的要求，所有人都是这样要求、期待的。人就两只手、两只脚，这些年拳脚打得差不多了，国外团队也学到了我们的武打技巧，所以全世界观众都已经麻木了，该如何呈现不一样的内容是需要我们思考的。

当然，武打只是一种表现形式，所有的动作一定都是为了情感而服务。有时候打得过于绚烂，打得七上八下、乱七八糟，不如一拳来得有力。什么时候、什么情节、用什么样的肢体语言表现不同的情绪，也是一直以来动作导演与文戏导演之间很难磨合的地方，再加上动作演员是否能够完成设计的动作，就容易出现三方意见不统一的情况。还好我这些年跟老前辈们学了很多东西，又自学了一些导演知识，我又是演员，又是动作指导，我希望能够在三方面能力的撮合之下，更好地设定戏剧内容。**观众觉得打多少能满意？如何打更真实？如何让打戏为情感服务？最后让观众有一种畅快淋漓的感觉。这确实需要现在的动作电影人做创新。**

俞敏洪：其实也是一种综合性的创新。单调的动作片大家已经不感兴趣了，一定要有故事、感情在里面。

吴京：每一个群体都有自己喜欢的类型，即使是单调的打斗片也有受众群体。但我们想让各种各样的类型更丰富些，也希望中国电影尤其是中国的动作电影能够有新的东西拿出来跟世界交流。

俞敏洪：谢谢京哥，今天时间差不多了，最后再和大家说几句话吧。

吴京：感谢大家的支持。很荣幸能够跟俞老师对话，也学到了一些金句。**电影是遗憾的艺术，但电影给我带来了很多生命体验，是我今后尝试不同类型的动力。**吴京永远在开创新类型的路上。继续开创新的类型，把更多其他类型的电影呈现给观众。我会继续努力！

俞敏洪：谢谢京哥。其实不管演员多么有名，他拍的电影中总有成功的，也总有失败的。不管是成龙，还是杰哥，还是你，我相信肯定会有成功的电影，也有失败的电影。但这并不重要，重要的是在电影行业中奋斗的电影人自己的心态、志向、志趣。

京哥跟我谈了他进入电影界后个人的发展历程。他之所以要跟国际团队合作

《巨齿鲨2：深渊》，其实是一种新的探索，表明了一个人的好奇心和勇于探索、勇于进步、勇于学习的精神，而这恰恰是我更感兴趣的。当然我也好奇，吴京的英语并不那么好，怎么敢一个人跑到英国，跟英国的团队合作，跟斯坦森这样的人合作。斯坦森是不太善于跟人交往的，他有点社恐，但从电影中能看出来，你跟他配合得真的非常好。

据我所知，这也是你第一次跟国际团队配合。我想这是第一次，但一定不会是最后一次。中国在不断走向世界，世界也需要中国市场，所以我觉得未来应该有更多机会。如果以后你需要好的英语翻译，让我来帮你选，我能选得更好一点（笑）。

吴京：这个真的可以提上议程。

俞敏洪：新东方有上万个英语老师，总能选出一个适合你的。实在不行，我亲自出马，说不定还能混个角色呢，多好啊（笑）。

吴京：一部电影，可能有人喜欢，可能有人不喜欢，不可能所有人都喜欢。反正在电影这条路上，我们继续努力，不停做新的尝试。

俞敏洪：今天我跟京哥对谈，有几个点很打动我：

第一，凡事应该从小事做起。小事做认真了，做大事的机会可能就会来到。 有做小事的能力，也不放过做大事的机会，而想要抓住做大事的机会，最重要的就是要从小事开始，或者从你认真为未来做准备的第一天开始。有一句话说得非常滥，"机会只给那些做好准备的人"，而这点在我周围朋友的身上，几乎无一例外都应验了。如果你没有做好准备，机会到了你身边，你也没有办法抓住。就像一个池塘里有一条大鱼等着你去抓，如果你不会游泳，是抓不了的。

第二，京哥刚才有一句话也很打动我，他说陈道明说过，"你在镜头前的每一次表演，都是生命中的最后一次留痕"。其实人生也是如此，**你在人生中度过的每一刻，都有可能是你生命中最后的留痕**。每一天都不是白过的，回过头来看，你生命的每一天都历历在目，即使你忘了每一天做的具体事情，但你的生命就是每一天做的事情的叠加，所以不能马虎对待自己的生命。

第三，如果能够抱着一种积极向上的心态去努力，那么人生的每一次经历，不

管是苦难还是幸福，都不会白费，都会变成生命中珍贵的一部分，并且推动你的生命走向未来。

　　人生很多美好都是因为在出乎意料之间碰到了意料之外的事情，但这个"意料之外"需要你行动起来，不断探索新的领域，才能碰到，墨守成规的人永远不可能有新的惊喜。我们也希望大家能和京哥一样，善于探索，努力进取，不断追求新的高度，让自己的人生变得更加精彩。

　　时间差不多了，今天的对谈到此为止，再次感谢大家。

　　吴京：感谢大家！

（对谈于 2023 年 8 月 10 日）

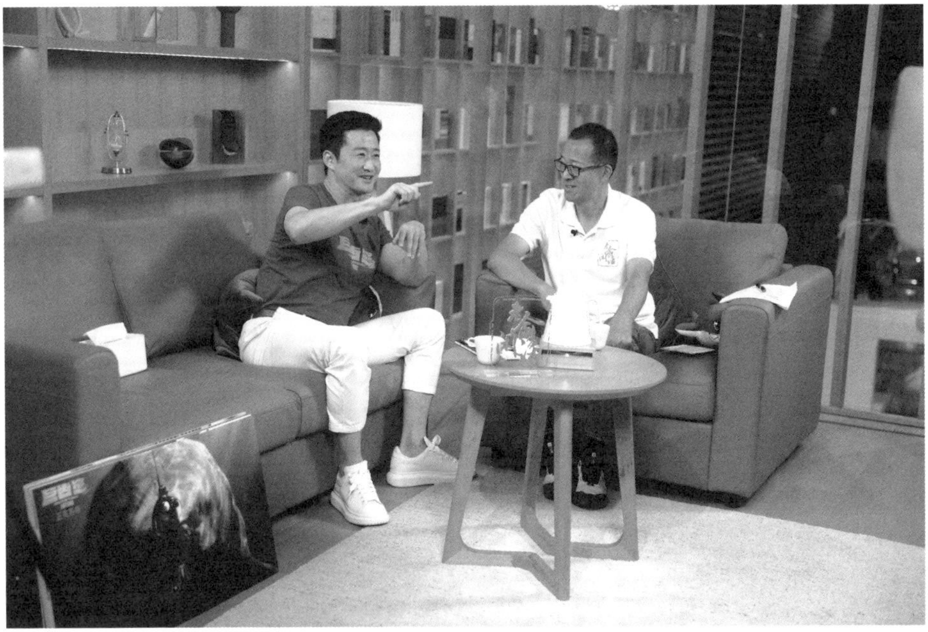

对话李小加

用资本给劳动赋能

李小加：滴灌通集团创始人及主席，滴灌通澳门金融资产交易所主席，香港交易所原集团行政总裁。

前言：去年亚布力中国企业家论坛闭幕式上，我作为亚布力中国企业家论坛轮值主席，和港交所原行政总裁、滴灌通集团创始人李小加进行了一场对话。小加是我的老朋友，他从石油钻井工人一路做到了港交所的行政总裁，退休之后下海创业。我近几年也在不断的创业中，无论是最开始新东方的转型，还是东方甄选的创业，再到新东方文旅的创业。面对两个60多岁仍然在挣扎奋斗的人，亚布力论坛把我们对话的主题定为了"行走的人生：道阻且长，重新出发"，感觉还挺贴切。

今天便把对话整理至此，与各位分享。

—— 对谈开始 ——

俞敏洪：亚布力论坛给这个对话起了一个名字，"道阻且长，重新出发"。我觉得倒也挺符合我们俩的现状，小加在港交所取得那么辉煌的业绩后，我以为他会荣耀退休，他毕竟是1961年的，那时候也60岁了。后来他告诉我要创业，跟我讲了半天他想创什么业，因为我对金融完全是榆木脑袋，基本没听懂。到今天，他的滴灌通已经服务接近 2 万家中小微企业了，很了不起。我呢？本来做教育做到 2020 年、2021 年，也打算要退休了，后来重新出发，接着就有了东方甄选，现在还有新东方文旅。

我们俩有一样的背景，都是学英语出身的，他是厦门大学英语系，我是北京大学英语系，而且应该都是 1980 年进的大学。在人生后半段，我们俩做企业的经历同样丰富，但他在上大学之前的人生经历比我丰富，因为他还当过石油工人、钻井工人，做了很多事情。今天我们俩就准备一起谈谈我们这代人是如何成长的，我们当时是怎么想的，以及后来在世界和祖国发展过程中，我们这代人又付出了怎样的努力，为什么我们现在过了 60 岁，还要再出发，继续在这块"生于斯，长于斯，歌哭于斯"的土地上，与这片土地共同成长、奋斗。

▷ 人生就是要抓住重点

俞敏洪： 你最开始怎么做了石油工人？

李小加： 我初中毕业后，其实没上高中。因为当时如果我去上了高中，就得要上山下乡；如果不上高中，就可以直接参与招工。所以当时我就直接去渤海油田当工人了。

俞敏洪： 你当时能参与招工，说明你父母还是有背景的。

李小加： 我们是油田的。

俞敏洪： 这起点就比我高了。我初中毕业也要参与招工，结果去挑大粪了。

李小加： 的确比你优越点儿（笑）。我们一年发两套工鞋、两套工衣。

俞敏洪： 那时候能当工人是了不起的。你当了几年工人？

李小加： 当了三四年工人，中间也被送出去进修过。那时候当工人，30 多块钱的工资，在海上吃喝也不花钱。

俞敏洪： 那时候你就已经搬到北京了？

李小加： 没有，是从甘肃搬到了天津塘沽。

俞敏洪： 难怪你身上有点天津人的特点，原来你在天津的码头文化中泡过。

李小加： 对。我天津话说得不错。

俞敏洪： 天津是有名的码头文化。从码头文化中出来的人一般都敢打敢拼，比如陈东升是从武汉出来的，武汉也是码头文化。我老婆是天津人，我是被码头文化管着的。

李小加： 你是第三次考上大学的？

俞敏洪： 对。我和你一样，初中毕业以后没上高中，因为当时国家有一个政策，贫下中农子女，一家只能有一个人上高中，我姐当时在上高中，就不允许我上了，但其实我挺喜欢学习的。1976年以后，我们村上有孩子实在不喜欢学习，但被强迫去上高中，那孩子坚决不上。我妈就去跟高中校长说，既然那孩子不上，就让我儿子上呗。所以我1977年上半年进了高中，当时高中只读两年，所以我只上了一年零三个月，到1978年7月就第一次参加了高考。

李小加： 我差点和你成同班同学了。我填志愿的时候，连分数都不知道。当时就想上大学，想着天津人都不喜欢离乡，所以我第一志愿是厦门大学，第二志愿是厦门大学，第三志愿还是厦门大学，就想选个远的学校，这样天津人就不会跟我争了，我被录取的概率就会大一点。结果成绩出来以后，我考了天津第四名，我妈就觉得不行，考这分数，不应该去厦大，应该去北大。然后她就跑到招生办的招待所里跟人家沟通，北大说这个学生我们要了，就把我的档案拿到北大去，准备录取了。我知道后就跟我妈急了……

俞敏洪： 不想上北大？

李小加： 不是不想上北大，是觉得我妈这样做可能算作弊，将来万一影响我上大学就不好了，我可是打死都不想再回油田了。我逼着我妈凌晨4点追到招待所，硬是把档案要回来送到厦大了。要不是还有这么一出，我有可能跟你一个班了。

俞敏洪： 你当时了解厦大是一个什么状态吗？

李小加： 不知道，就知道远，天津人不去。

俞敏洪： 幸亏你没去北大，你要是去了北大，我就更加自卑了，因为我在北大遇到太多聪明的人了，你的学习成绩在厦大也好得不得了。你初中毕业就去油田干活了，怎么能考上厦大英语系呢？你的英语水平是怎么提高的？

李小加： 我觉得我们那个时代，是个人就能考上大学。

俞敏洪： 我们那个时代只有3%到4%的录取率，每100人只能录取3个人，你把陈东升考上武大说得一钱不值了（笑）。

李小加： 那个时代的人真的不一样，想上学的那种渴望，现在的人根本想象不到。那时候真的是天天拼命看书，但现在我已经很久没有好好看书了。

俞敏洪： 你用了多长时间备考？

李小加： 至少也有八九个月。

俞敏洪： 英语从零学起？

李小加： 不是。英语是在钻井平台上跟着《美国之音》学《英文900句》。

俞敏洪： 一边钻井一边学英语？

李小加： 那时候工作8个小时之后就没事干了，每天那么多时间，又那么小个平台，天天只能看着大海，我就拿一个收音机听《美国之音》的《英文900句》。

俞敏洪： 原来如此。我们当年还算非常自觉的、特别喜欢学习的一群人，现在当然也有孩子非常喜欢学习，但很多孩子面对巨大的学习压力，产生了厌学的情绪。你孩子多大了？

李小加： 我有三个孩子。大女儿已经29岁了，二儿子28岁，还有一个小女儿22岁，明年5月大学毕业。

俞敏洪： 在教育孩子的过程中，你怎么样保证他们喜欢学习、热爱生活，而不是像现在有的孩子那样，讨厌学习、只想躺平？

李小加： 我太太对我最不满意的一件事，就是没有好好教育孩子。在我太太心目中，我除了跟孩子玩，天天就是带他们干很多乱七八糟的、没什么意思的事。但我就是喜欢跟他们玩，我对他们好像严肃不起来，不知道为什么。到现在为止，偶尔孩子们还会说，爸，今天我一个朋友碰到你，他说你很牛啊！孩子们都不知道他们的爸爸还是有点牛的，因为他们从小就觉得爸爸不是一个很严肃的人。

俞敏洪： 爸爸就应该带着孩子满世界玩，让孩子更加真切地认识这个世界。

妈妈则可以给孩子立一些成长的规矩，培养一些良好的生活习惯。你有兄弟姐妹吗？

李小加： 我有一个弟弟。我弟弟不怎么爱学习，但生活比我好。

俞敏洪： 所以，一个家庭里，其实每个人的发展方向都是不一样的。你在厦大这样一个环境优美的地方读了几年书，估计没少谈恋爱吧？

李小加： 没少谈，但只谈成了一个，就是我现在的老婆。

俞敏洪： 就是被套住了。

李小加： 不知道谁被套住了（笑）。

俞敏洪： 你从厦大毕业以后，1986年就去国外读书了？

李小加： 我先去《中国日报》当了两年记者，在北京。

俞敏洪： 我们差一点变成同事。我1985年毕业的时候，除了留在北大，另一个选择就是去《中国日报》。

李小加： 咱俩又错过了！我在《中国日报》的时候还闹过一个笑话，那时候报社就一辆车，有大记者或者领导经常坐那辆车。突然有一天，国务院一个管农业的副秘书长有个紧急采访，结果大记者都不在，就让我自己去，我肯定就得骑自行车去。到了文津街，去中南海签报，签好以后，解放军战士说，你是什么车型？我说金狮，他写个"金狮"，他说车号呢？我说还要车号啊？他说对啊。我就跑到停车棚把车号给他写上去。他一看怎么那么长，就问这是什么车？我说自行车，他就说走吧走吧。回来以后，记者们就觉得我在国务院给《中国日报》丢人了。

俞敏洪： 你在《中国日报》主要是写英文报道吗？

李小加： 对。我在评论版。

俞敏洪： 那你大学毕业后，英语水平就相当不错了。你觉得你在《中国日报》最大的收获是什么？

李小加： 我觉得《中国日报》教给我最重要的就是怎么想问题、怎么写问题。当时每天都要写稿子，写完就回家了。到了晚上，拼版的老头可能就会因为各种各样的情况把你的文章剪掉一部分，所以我们写文章永远是倒金字塔结构。

因为万一老头把后面一半剪掉了，最重要的一半还是在前面；如果剪掉了 3/4，最重要的 1/4 还在前面；如果只剩下 5 厘米的版面，就必须保证在这 5 厘米里把最重要的事情讲清楚。这种倒金字塔的思维方式，让我一辈子都很受益。

俞敏洪： 把最重要的东西放在最前面考虑。

李小加： 对。比如你是员工，你见领导、见老板，一定要在第一分钟把最重要的事情讲了。万一老板被电话打断了，不跟你谈了，你至少已经把最重要的事情讲清楚了。

俞敏洪： 这个思维方式真的非常重要。**人生就是要抓住重点，工作也是要抓住重点，寻找机会也是要抓住重点。** 如果一个人讲话拉拉扯扯，三五分钟还不知道他在讲什么，其实我就已经看扁这个人了。后来 1986 年，你拿到奖学金到国外学习了？

李小加： 对。我 1983 年就想出国，每次去申请签证，美国领事馆都说我有移民倾向，我说我真没有移民倾向，他说你真的有移民倾向，因为我第一个申请的学校是教会学校。其实我也不知道那是教会学校。他就问我，你信上帝吗？我说我好像不信。他说你是基督徒吗？我说我不是。他说那你跑去上什么教会学校呢？所以就说我有移民倾向，一直不给我签证。到了 1986 年，我才通过公派自费去了美国。

俞敏洪： 你 1983 年就申请了，一直到 1986 年才出去？

李小加： 对。1986 年，用自己的钱，但是由公家派出去，这样才能拿到签证。那时候也不知道哪个大学好，就跑到北京的图书馆，看哪个学校有奖学金，就看到了阿拉巴马大学，再翻到后面又选了一两个，剩下的就没时间看了，因为大家都在排队。之所以去阿拉巴马大学，是因为我和我太太都申请了阿拉巴马大学，它是唯一一个同时录取我们俩且都给了奖学金的学校，所以就直接去那儿了。

俞敏洪： 如果当时没同时录取，现在可能就分手了？

李小加： 那就不知道了。

俞敏洪： 那个时候，留学拆散了很多家庭。现在中国学生想一起出去留学就非常方便了。

李小加： 我觉得现在这一代留学的同学，没有我们那时候幸福。那会儿去留学，基本没有什么物质上的东西可以留恋，到了那边以后觉得眼花缭乱，觉得世界如此美丽，自己第一次开上车了，第一次吃麦当劳了……觉得一切都好。等我们学成以后，祖国发展了，我们又可以回来了。今天去留学的很多年轻人，觉得美国好土。我在哥大看到很多中国的同学，说是去留学，其实天天是和中国人在一起，好像根本就没留学。我们那会儿都是跟美国人待在一起。

俞敏洪： 那时候中国学生比较少，如果当时跟现在一样，到处都是中国学生，估计你也一样。你是学英语的，语言上的障碍会小一点，但八九十年代出去的其他中国学生，他们的口语和听力相当差，所以中国学生多了以后，就干脆和中国人混在一起了，但这样一来，能学到的国际性的东西就变少了。

▷ "生死劫"

俞敏洪： 你到阿拉巴马大学读完硕士以后，还到哥伦比亚大学读了法学博士，毕业以后又在美国工作了很多年。你后来怎么一步一步走到了金融圈，并且成为能够对世界金融发展、交易所发展产生重大影响的人物？

李小加： 我读了三年法学博士，读完以后就去律师事务所做了几年律师。那时候投资银行老来找我，说你可以做投资，我说我不懂，我没学过金融。他们就说他们真的缺人，你可以过来，没问题。一般进去后要先做经理，然后三四年升VP（副总裁）。我说我肯定做不了经理，因为我没学过，但如果你直接让我去做副总裁，我有可能成功。因为我虽然没学过，但可以指挥别人去做。那时候实在没人，感觉会说点中文的、懂点财经的，都可以当投资银行家，最后他们没办法，说好吧，让你当副总裁吧。我就直接当副总裁了。

俞敏洪： 你其实赶上了一个好时代，那时候国际上很多金融机构都在寻找中国的代理。

李小加：我们这一代人，至少我自己，每一个环节都是祖国发展的大潮把我推到了那个地方。 你刚好学成回国，国内万事都在期待着发展，你虽然不够好，但也没有更多比你更好的人了。我们这代人真就是幸运儿，比我们年纪再大一点的，很多人就被耽误了；比我们再小一点的，又没吃过苦，缺少对人生的领悟。

俞敏洪： 是时代变革带来的对人生的影响。

李小加： 我们刚好吃过苦，又没被耽误，这是不得了的事情。因为吃了苦被耽误了，人生就浪费了；没被耽误但没吃过苦，也没有意义。

俞敏洪： 在这一点上，我们这代人算比较幸运。小的时候遇到了吃苦的时代，在青春勃发的时候，祖国开始改革开放，全力以赴发展，和世界接轨。到现在，我们60多岁，依然是在祖国改革开放的繁荣时代，让我们继续老有所为，有不断施展的余地。

李小加： 你从教书开始，然后成立新东方，把这个公司做得如此成功，这个过程其实很艰难。

俞敏洪： 我觉得我的发展倒是比你容易。为什么呢？要是让我去哥伦比亚大学读法学，我肯定读不下来，那个东西太难了。后来你又在那么多国际大公司来回工作，在职业发展方面不断成长，最后能做到港交所总裁，这是特别了不起的事情。

李小加： 我是真心觉得我耽误时间了，都给人家打工去了，而你从一开始就闯出了自己的一片事业。

俞敏洪： 我觉得这是为世界做贡献的两种不同方式。比如你在港交所的11年，为中国公司在港交所上市和走向世界做出了巨大的贡献，这种贡献是任何一个公司都无法比拟的，因为你不仅继承了港交所的传统，还非常有进取精神和创新精神地在这个平台干了11年。这11年里，你鼓励大量中国内地公司到中国香港上市，开通了沪港通、深港通，并通过这些"通"把国内A股市场的上市公司和在中国香港上市的公司进行了对接，完全打通了中国资本市场和世界资本市场。你在港交所做的这些事情是需要创意和胆量的，因为万一失败了，就会落下能力欠缺的名声。我觉得你从学英文出身，到后来能在资本市场如此呼风唤雨，并且退休的时候，能在全世界资本市场有这么好的名声，说明你的贡献是非常大的。当然，我们这样的企业是在以另一种方式做贡献，但我们做事到最后，成功的载体都是港交所。简单地说，如果东方甄选没有港交所作为底盘，其实做不了这么好，我相信我们还会这样卖货，但成长的基因和获得的机遇就不一样了。

说到东方甄选，我还得特别感谢你。当初东方甄选的前身新东方在线于2019年到中国香港上市的时候，你亲自出席了新东方在线的上市仪式，给我们做了一个很好的加持。我当时觉得你可能太忙了，就没有提前告诉你，没想到你说我的公司来上市，你无论如何都要参加，所以当天专门从外面赶回来参加了敲锣仪式。那面大锣据说得60万块钱？

李小加： 对。那是投资回报率最高的一面锣，是在山西专门做的，60万元人民币。当时争议很大，说你弄一面那么贵的锣干吗？我说我们有小锣，敲小锣不要钱，我们再弄一面大锣，敲大锣20万。几乎所有想让企业成功的老板都会交20万敲那面大锣，所以那面锣是港交所回报率最高的一个投资。话说回来，在过去几十年中，你有没有想过放弃？

俞敏洪： 就我本人而言，当然有很多时候想过放弃。**我们这一代人的成长过程中，一开始是不可能有资本支持的，全靠自己有限的资源和能力，基本只能从小事做起。** 我1990年从北大出来，想自己攒学费到美国读书。没钱的话，人家不让你去。我当时在北大一个月只有120块钱的工资，就决定跑出来到别的培训机构去干了，每个晚上可以拿到50到100块钱，这样我一个月可以拿到两三千块钱，不就离出国更近一点了吗？没想到这么一干就把北大得罪了，北大就给了我一个记过处分，所以我就坚决地从北大辞职了。我花了60块钱买了备课需要的十几盒磁带，当时还是用卡式录音机。因为这件事情，家里一个多月揭不开锅，因为买完磁带就没钱买菜了，就是这样一点点走了过来。

李小加： 开始就你一个人干？你们几个"中国合伙人"呢？

俞敏洪： 就我一个人。那时候王强、徐小平都在国外。正是因为他们都出国了，我才想自己也要出国，但一文钱难倒英雄汉。后来我自己出来找活路，就开始自己干。最开始我招了两个月的学生，几乎没人报名，我一着急，就开始免费上课，你们愿意来听就来听。结果一免费讲课，就有学生来了，第一个班来了大概几十个学生。一共得讲 40 次课，讲到第 20 次课的时候，我说后面 20 次要交费了，否则我连饭都买不起了，结果全班学生几乎都交钱了，后来慢慢就做起来了。

这个过程中，确实也有难的时候，但最难的不是教学生或者招学生，最难的是和社会打交道。我在北大当了那么多年老师，完全不知道社会是怎么回事，一出来就遇到各种各样的问题。比如当时学校有了一点发展以后，其他机构就开始跟我们竞争，把我们贴广告的广告员捅伤了。我们找相关部门解决，人家根本就不理我们，但这个问题不解决，业务根本就做不下去。所以我想尽一切办法，找他们喝酒，才解决了问题。当时我把自己都喝到医院去了，在医院里因为酒精中毒抢救了 5 个小时，那是我第一次遇到生命危险。那时候就感觉做事好难，像我现在就比较能应付各种情况了，就是这几十年训练出来的。

李小加：你其实已经生活不愁了，但"双减"的到来还是让你从高峰上滑了下来。这时候你回过头来看，你对这个痛苦的感受，和你对过往痛苦的感受，有什么不同吗？

俞敏洪：在我做新东方的过程中，"双减"算是比较大的"生死考验"，毕竟一下子业务全部没有了。但我心里比较坦然，一是我觉得这个问题我能解决，因为我做事比较保守，新东方的账上一直有余钱。我当时算了一下，把所有学生的学费都退掉，把所有员工都辞退，账上的钱是够的。因为这个钱够，就比较坦然，本来就是赤条条干起来的，大不了最后赤条条散伙呗。国家的政策和法律法规是不可能撼动的，他告诉了你这个政策，你要想的是，这个政策如果要执行，你能不能处理这个政策给你带来的问题。我算是比较冷静地处理了这件事情，最后的结果就是，我们确实花了不少钱，把该辞退的员工都辞退了，把该退给学生和家长的学费都退掉了，后来还把所有的课桌椅都捐给了农村地区的中小学。这件事情给公司造成了比较大的损失，我们的股价掉了 90%，只剩下一个零头。但更重要的是，要去思考在现在这个基础上，我们未来还能干什么？

李小加：很多朋友都认为，就是因为你上次的危机处理所表现出来的担当和格局，使得你能够再出发。但最近大家看到的很多企业家，基本都没有再出发的可能性了。

俞敏洪：我觉得这跟人的个性可能有点关系。人的个性一般有两种，一种是到最后安于现状，其实大部分人都会往安于现状的方向发展，另一种人是勇于挑战的，而这些勇于挑战的人面对困难通常不会退缩，我身边很多企业家都是这种个性。这也是企业家对社会比较重要的一个原因，因为企业家不光创造了企业的发展机会，同时带来了很多就业机会、创新机会、繁荣机会。这些企业家身上都有一种不买账、不放弃的精神，就像新东方的口号"在绝望中寻找希望"一样，有那么一种精气神在。不管多大年龄，他们都不愿意放弃再次创新的机会，或者再次让人生、事业辉煌的机会。

你身上也有典型的企业家精神。你在港交所的薪酬也不会太低，你这辈子过去几十年赚的钱够你和家人过上非常优渥的生活，你退休后完全可以到全世界游山玩水，但你为什么还要那么辛苦地做滴灌通？你做滴灌通，辛苦地找来全世界的资本支持你，又全力以赴地去寻找中国的中小微企业，去支持它们的生存和发展。你心中有大爱，对祖国、对中小微企业、对那些艰难的创业者，你有一种感同身受的爱，否则你凭什么支持那么多中小微企业？你用你最具创新性的金融体系和方法，帮了那么多中小微企业。在普通人看来，你可是牺牲了60岁以后的幸福生活。

李小加：说实在的，说自己60岁，我自己都不相信。有一天我去一个朋友家，刚好有两个小孩在那儿跑。我一进门，他就说"叫爷爷"，我一生气，我说"叫你爷爷吧"，他说就是叫我爷爷，这是我孙子。所以，我还真是不服老。

▷ 用金融创新解决中小企业难题

俞敏洪：为什么你退休以后选择创业呢？

李小加：听起来好像很苦，其实不是。企业家论坛已经做了20多年，在这期间，我看到这些搞新经济比较成功，最后到港交所上市的公司，可以感觉到整个中国的互联网革命趋势。今天金融世界的状态其实就是互联网之前那些商业的状态，以前我们买东西都要去百货大楼，结果淘宝来了，亚马逊来了，我们可以在网上去淘上百万级的产品了，而不只是去百货大楼里那一万多家店铺。今天的金融市场，还停留在互联网之前的那个商业市场阶段，交易所就是那个百货大楼，交易所每年就上一两百个上市公司，全世界的交易所合起来也就两万个上市公司。但今天通过数字化已经完全可以创造金融界的亚马逊、淘宝了，数字化革命如此彻底和普及，我们在微端，不要去想什么传统概念，只要聚焦收入即可。我们要彻底把金融市场做成一个新型的亚马逊和淘宝。

如果你没搞过金融，这种创业可能也不太容易。互联网金融现在存在很大的问题，它必须完成一场像电商一样的数字化革命。这场革命就是要让成百万级的小企业有可能上市，就像成百万级的商品可以在线上售卖一样。以前你要是在台州一带生产杨梅，一年就产两个星期，全国人民中除了个别人，只有当地人才能够吃得上，但今天，杨梅在两个星期内可以分销到全中国。金融已经进入这个时代了，但里面有一个大问题。淘宝现在是钱和货之间的交易，今天的钱和今天的货，一手交钱，一手交货，淘宝在中间撮合。金融也要干这个事，但金融是钱和钱的交易，而且是今天的钱和明天的钱之间的交易，既然是明天的钱，就有一个时间上的风险定价问题。所以它既是一个互联网的问题、数字化革命的问题，又是一个传统金融的问题。

我学了一辈子金融，过去十年又看到了我们数字化革命的成功，没有理由再耽误历史进程，我们完全有可能用金融革命解决全世界的难题。这不光是情怀的问题。支持小微企业很好，支持劳动创业者也很好，但如果投资者不能持续赚钱，这件事是持续不下去的。商业不是慈善，我们一定要把它做成一个生意，让资本能够持续赚到钱，同时这个资本能够跨越一切，真正滴灌到根部，让根部得到资本的支持。现在有钱的人不想打工，打工的人没有钱，我最希望的就是让打工的人能够挣到资本的钱，同时能让打工的人成为资本本身。我们这种滴灌通的形式一定能让一个店铺、一个劳动创业者，在微端获得滴灌到根的支持，让他们和投资者之间能够形成一种新型的合伙人关系，而不是简单的股权和债权关系。

俞敏洪： 滴灌通到底是什么？简单地解释一下，这是李小加做的一件事情。李小加原来是港交所的老总。去港交所上市的都是大公司。大公司本身有信誉，有稳定的业务模式,有对未来的收入期待和利润期待。比如东方甄选在港交所上市,资本对你的未来有预期,就把它们的钱投到股市来买你的股票,让你用它们的钱为你未来的发展注入活力,这是原来交易所的模式。小加则看到了无数中小微企业,它们其实是有发展前途的,是值得培养的,因为它们是一个社会的毛细血管。这些成千上万的中小微企业,如果给它们一笔钱,它们可能就能发展了;如果少了这笔钱,它们可能就死翘翘了。但这样的中小微企业不可能上市,拿不到资本的钱,只有一些特别厉害的中小微企业能够拿到创业投资、成长基金,但这毕竟是极少数。所以小加创立了滴灌通,一个介于资本和中小微企业之间的服务机构,这个服务机构要有足够的信誉让资本家愿意把钱交给它,它再把钱分配给中小微企业,中小微企业拿到钱以后就可以不断发展,发展得来的一部分收入再返回滴灌通,让上游的资本有所回报,进而形成一个可持续发展的循环圈。是这样吧?

李小加:对,是这样一种概念。但是一开始滴灌通要有一部分自营业务,要把"样板间"建出来,让大家知道这个新东西是怎么弄的。我们真正的初心和计划,是在一两年以内,我们自己就撤出去,变成平台,大家的资本就以这种新的方式直接投资小微企业,通过我们在小微企业设置的电子化、数字化抓手,细水长流地从每天的回报中抓回来一些钱回到投资者这边。所以投一笔小钱,比如几十万块钱,每天收更少的钱,一点一滴地回报回来,同时每天收回来的钱还能有一个复利的再投资,资本就能拿到更多钱了,小店也就不用回报很多钱了。

传统金融就两种模式,一种是我是你的债权人,借你的钱你必须得还,要么给我抵押,要么利息多一点;另一种是我是你的股东,我可以承担风险,但我这辈子要跟你一直玩到底,你的好处都是我的。有了数字化革命以后,我们就要把这两种极不灵活的方式彻底转过来。小人物需要什么?最好是永久性资本,万一将来我失败了,可以不用还钱,全家不用抵债,但万一我做得特别好,我也不用给你太多,自己能留多点,就是这种朴素的思维。但用今天资本的话说,哪有那么多的好事给你?但如果用滴灌通这种模式去做,就有可能让投资者愿意跟你承担风险。投资者得到的回报有点接近股权,虽然不够多,但我能通过再投资,靠资金在实体经济中的快速转换，获得更高的回报。今天把钱收回来，明天给隔壁老王，后天又给隔壁老张，把复利运作再投资，一块钱当一块七八来用。这样成本大家都可以接受，同时给投资者的回报也是投资者能接受的。

用这种形式，中国就一定能够彻底改变华尔街的模式。今天你跟它互联互通，打通了大动脉，那它今天卡你大血管，你就会很困难，资金一走，A股就难受。但一旦打通了这些毛细血管，不管世界的资本怎么控制我们，世界的钱也都没地方可去，只能到中国来。

俞敏洪：我有一个问题，要筛选中小微企业的健康程度其实是有难度的，你如何判断哪些人其实就是骗子，哪些人是在实实在在做中小微企业，这个企业能通过他的努力耕耘，越做越好？

李小加：今天不讨论骗子的问题。因为融资量很小的时候，成本相对也低，而且发现的也很快。有一两个骗子出来以后，你不跟他玩就行了，这是一个很小概率的事件。核心问题是，我们要从你提到的那个思维里跳出来。为什么这么说？在传统金融业里，你需要找到一个好企业，但我们不需要找到好企业，因为中国的小微企业，比如餐馆，都是老百姓自己投的，或者是找亲戚朋友借的钱。这种生意有两个特点：第一，一般15到16个月就能回本，否则没有人去干这个事情。毕竟对他们来说，这不是搞投资，他还要投入劳动，得很快回本才行。对他们来说，回本就是活下来了。第二，这种小店在生命周期内回两三次本、最多四次本，它就自然死亡了。要么租期到了，房东让你走人，要么自己回两次本以后就累了，想歇两年再说。所以你永远不要想滴灌通是在找好的常青藤企业，我们就找在那两三次回本周期内的小微企业，我们能把那点小回报给抓回来就可以了。我们也知道你活不了那么久，但只要在那个周期内，我每天能抓回来一点就行。传统金融投的是树，树不死，一定得长成大树，即使死了几棵，但只要能有几棵长成参天大树就行。但现实生活中，草、麦子、稻子长得最快，它到秋天就死了，春天又回来了。我们以前没有手段在季节更替里把这个回报给抓回来，今天有了数字化手段，我们就可以去种粮食了，而不是天天想着去种大树。毕竟在经济发展过程中，最多的就是粮食。

俞敏洪：这件事情，你认为它体现的社会价值是什么？

李小加：金融本身首先就是要服务实体，实体到最后就应该是实实在在的每一个劳动创业者。一个劳动者不应该光去赚他的工资，他应该能把他的劳动用资本赋能以后转成一种对生意的贡献。资本的贡献、土地的贡献和人的贡献都是小企业的价值所在。你作为劳动者，你的劳动也应该让你成为股东，只是你没有钱而已。所以，第一，劳动创业者能够通过劳动产生资本，自己变成一个小资本，这是推动社会层面共同富裕的一种形式，可以从根儿上实现；第二，这种金融模式全部探到深土中以后，资本就不会在金融家之间空转，而是深入到真正能够拉动消费的产业里去。我给你理发，你给他按脚，他给你煮面，他给你修车，一系列的活动，里面每个人都是劳动创业者，每个人都不是在打工，每个人都是小资本，在一个小店里实现自己的人生目标。

俞敏洪：你在金融领域、交易领域经历了30年的风风雨雨，对世界格局、经济周期、企业发展周期肯定也非常熟悉。今天中国面临着经济上的一些考验，面临着转型时期的一些困难，你对于中国现在的民营经济、对整个中国经济的现状，有什么样的建议？

李小加：中国的数字化发展到今天，我们要把金融下沉。大家今天讨论金融的时候，为什么这么悲观、这么痛苦？因为我们主要是在看股价的变化，股价是决定我们情绪的最主要因素。股价是什么决定的？股价是你的利润乘上一个市盈率，市盈率只要超过10倍、20倍，基本都是投资者之间的情绪决定了股价应该是多少。牛市的时候，20倍的市盈率都往里冲。但现在七八倍的市盈率，大家都要跑，这说明什么？说明现在股市的表现以及经济价值的高低，都反映在二级市场投资者之间。其实有些企业可能本身变化并没有那么大，但股价可以向上飞，就是因为二级市场的表现是由大家的情绪决定的。这种定价模式是传统金融逃不出来的，包括华尔街也是这样。今天中国如果能够在深土里做出这样的改变，以后我们的金融就可以往下走了，我们不在上面了。

像滴灌通的投资方式，PE（私募股权投资）市盈率大概是1.7倍，你只需要看清楚未来几百天就可以。这就是一个种麦子的事。这个饺子铺今天不行，有可能明天做面条就行了，有可能后天开个理发店也行了。总之，任何一片土地都有可能找到最好的一个生意，而每一个小店一定会找到一个最合适的人来做，资本就在他们之间转，这个生意就起来了。这样大家好与不好，都表现为实实在在的现金流的变化，而不是股价的变化。

俞敏洪：中国还有一大批老百姓炒了很多年的股，面对未来的中国资本市场，你对这些股民或者关心股票的人有什么建议吗？

李小加：其实全世界的股票市场都是如此。股票市场长期来看和经济、货币政策都有关，但在短期行为上，是投资者之间的博弈，而且这个博弈都是在"大海"里。大海 90% 的情况下都是平静的，你看不见变化，除非什么地方有台风了，那个地方就有大涛大浪。但中国的资本市场不在大海里，是在像三峡大坝一样有一面有一定高度的墙围起来的环境里。

俞敏洪：有边界。

李小加：有边界，是围起来的。围起来的水和海里的水有什么区别呢？围起来的水如果在海平面之上，就意味着只要有人在围起来的水里多倒一点水，水就会溢出往下流。其实这里面有很多政策的手、有很多关系的手尽量想保证围墙内外的水是齐平的，但一旦有什么东西稍微动一下，它就会往下走，即使上去了也是硬憋上去的。**今天中国的经济体制还没有完成全面改革，所以我们不能全部放开，但我们都能意识到，要和大海的水相互流通，这意味着如果大风大浪来了，你得经得住。**而且这些水是会找平的，全世界的水都会找平的，你要是一个坝里的水，天然和外面的水具有一个高度差怎么办？中国的息差这么高就是这么来的。在这个市场里面，有很多事情不是你自己能决定的。投资者之间的决策影响了市场以后，整个市场还有一个海拔，怎么来调整这个海拔？

俞敏洪：我觉得其实还是中国经济的大势问题。如果整体上经济是不断往前发展的，让做企业的人和普通老百姓能够看到发展的希望，大家就愿意参与进去，**不管是经济实体的发展，还是股价的发展，只要遵循了市场规律和经济规律，大家能解除后顾之忧，一路不断往前行，中国的经济回暖应该是不难的事情。**别的不说，我觉得有一点可以肯定，即使我们现在到了 60 多岁，依然愿意为实现祖国的繁荣富强、为提升经济的活力，也为我们祖国能够常立于世界强国之林而努力。这非常重要。

今天时间差不多了，但我们其实没聊够，也没聊透，未来我们还有机会继续聊天。感谢小加为成千上万的中小微企业提供了"续命"的机会。我也要向亚布力论坛表示感谢，在亚布力论坛聚集了这么多企业家，大家年龄都差不多，都是老一代，当然也有新一代企业家在加入，重要的是我们在前赴后继地为中国经济繁荣、为中国企业的发展不断出谋划策，不断努力。我自己也在其中努力践行我们弘扬的坚忍不拔的精神。谢谢！

李小加：谢谢敏洪，谢谢大家！

（对谈于 2023 年 10 月 21 日）

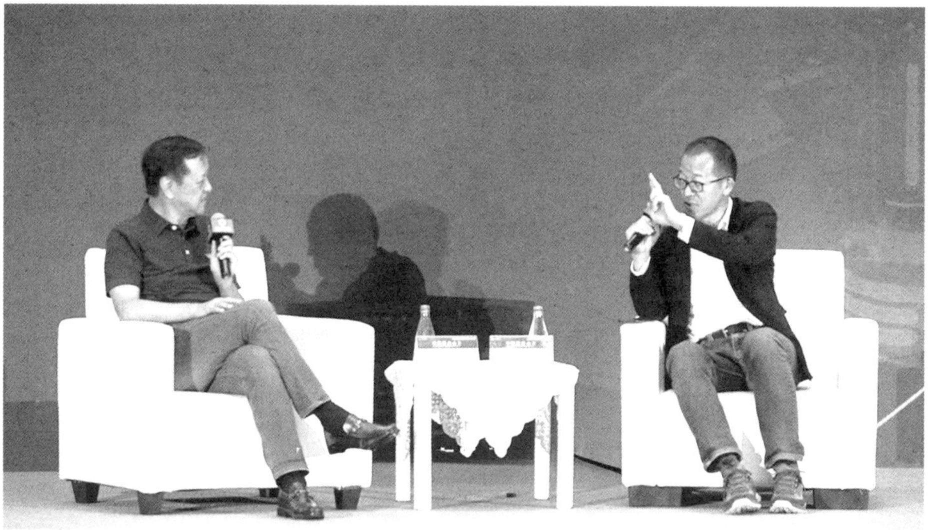

对话 刘庆峰

绝不能做"风口上的猪"

刘庆峰，1973年生，科大讯飞股份有限公司董事长，全国人大代表，全国青联常委，中国青年科技工作者协会副会长。

前言：2023年12月，我邀请了科大讯飞创始人刘庆峰老师对谈。在我心中，科大讯飞一直是一家特别了不起的企业，是中国高科技的代表。科大讯飞的科技成果，比如语音识别技术、"讯飞听见"、讯飞翻译机、讯飞智能耳机等，为我们的生活提供了很大的便利。在ChatGPT横空出世之后，他们也紧随其后推出了讯飞星火认知大模型。在这次对谈中，我们聊了很多语音科技、人工智能相关的话题。为了便于大家理解，我整理了一些相关概念的大意，希望能对大家有所帮助。

1. 语音合成（Speech Synthesis）：语音合成是通过机械的、电子的方法生成人造语音的技术。TTS技术（Text to Speech）隶属于语音合成，它是将计算机自行产生的或外部输入的文字信息转变为可以听得懂的、流利的口语进行输出的技术。

2. 语音识别：也被称为自动语音识别（Automatic Speech Recognition，ASR），其目标是将人类的语音转换为文字和指令。

3. 训练芯片：专门设计的用于训练深度学习模型的芯片，需要接收大量的输入数据，并根据这些数据来调整神经网络模型的权重和参数，以使其能够准确地预测目标。

4. 推理芯片：专门设计的用于在训练后使用已经训练好的模型进行推理或预测的芯片。

5. "863"计划：1986 年 3 月，王大珩、王淦昌、杨嘉墀、陈芳允四位科学家给邓小平写信，建议积极跟踪研究国际战略性高技术发展。经过邓小平批示，党中央、国务院批准了《高技术研究发展计划纲要》，这一计划被命名为"863"计划。随着该计划的深入实施，我国在信息技术、能源技术、先进制造与自动化技术、生物和医药技术、深海技术等领域都取得了重大进展。

—— 对谈开始 ——

俞敏洪：各位朋友好！今天我邀请对谈的嘉宾是科大讯飞的创始人刘庆峰老师。我跟庆峰是多年的朋友，比较熟悉。科大讯飞一开始就专注于语音领域，逐步通过语音识别、语音合成和机器翻译等关键技术的突破，将语音翻译做到了非常厉害的程度。新东方做的是特别原始的和学生面对面的语言培训，尽管也有效果，但和高科技没有半毛钱关系。一个搞高科技的，英语不一定比我好的刘庆峰同志，现在做出了在中国乃至全世界都非常先进的语音翻译技术，帮助无数人解决了语言不通带来的问题。

不少朋友都在用科大讯飞的翻译机。到世界各地旅行的时候，只要打开翻译机，日常交流就不会有太多困难。包括我现在参加很多国际会议，都会使用科大讯飞同步翻译和语音采集的功能。

讯飞星火认知大模型也很让人惊喜。最近我刚好要在一些大会上用英文致辞，我以前都是自己苦思冥想，用英文写上两三个小时，毕竟我们用英文思考要比中文慢很多。但我现在只需要写好中文演讲稿，再用讯飞星火进行翻译，一秒钟就出来了，基本上修改极个别的词和句子就可以直接照着念了，非常了不起。

我还试用过一款助听器。小时候我妈用镊子给我掏耳朵，一不小心把我的鼓膜捅穿了，从此我那只耳朵的听力就一直不太好。随着年龄增大，那只耳朵几乎就失聪了。有一次我去看庆峰，我说，你这个耳机挺好的。他说，这不是耳机，这是助听器。我说，让我试试。结果我一放到耳朵上，就听到了远处的鸟叫声，我就很开心。我说，你把这个助听器送给我吧。现在只要人多的时候，我就会用科大讯飞的助听器。科大讯飞的产品已经深入我日常的生活、学习、工作中了。

今天我将和庆峰一起聊聊他的学习、创业，庆峰和科大讯飞团队为中国的语音技术、人工智能技术、大数据模型做的贡献，以及他们的产品是如何跟孩子的学习相结合的。今天也是我第一次密切接触语音技术，所以完全是抱着学习的心态来跟庆峰探讨。

▷ **兴趣比成绩更重要**

俞敏洪：庆峰，你比我年轻差不多 10 岁。

刘庆峰：俞老师好，我确实比您小 10 岁左右。今天特别高兴能来这里。当年我们在中科大读书，人手一本"红宝书"，那时候俞老师就是大学生的榜样！

俞敏洪：谢谢。我们从你小时候讲起。你父母是知识分子吗？

刘庆峰：算是知识分子。我爸其实是退伍军人，原来在煤矿做机电工人，但他那些机电知识都是退伍之后自己学的。

俞敏洪：也是好学之人。

刘庆峰：对。我妈妈说我刚出生的时候，爸爸在家里到处写满了密密麻麻的机电知识。

俞敏洪：你妈妈有文化吗？

刘庆峰：我妈妈只上到小学四年级，但她很聪明。她当时在供电局的附属单位做会计，账写得很清楚。

俞敏洪：在你的成长过程中，他们俩谁对你影响更大？

刘庆峰：都挺大。我爸那时候在供电局。他先在农村的变电所里抄表收费，后来做站长，一直不在我们身边，所以我跟我妈的相处时间更长。

俞敏洪：你父母身上不同的品质或者个性，对你产生了哪些不同的影响？

刘庆峰：我觉得我妈最大的特点是付出。她非常坚韧，有牺牲精神。我和我弟弟从小上了这么多年学,我妈总是比我们起得早。我们如果早上6点起床,她一定5点半就起来了。

俞敏洪:她要给你们做早饭。

刘庆峰:对。而且她在我外公家是老大,有作为老大的担当,她对我外公、外婆也非常孝顺。我爸是那种即便家里穷得叮当响,来了客人也要把最好的东西拿出来的人,非常幽默,非常开朗,非常讲义气。他们俩当时参加供电局的知识竞赛,我妈背得滚瓜烂熟,我爸好像不怎么背,但每次考试,我爸都是第一名。

俞敏洪:记忆力很好。

刘庆峰:他们俩对我的影响还是蛮大的,比如做任何事情都要长期奋斗、坚韧不拔,这是从我妈身上学到的。我爸带给我的影响是让我性格比较大开大合,不太注重利益。**很多时候,创业也好,交朋友也好,财散人聚,财聚人散。**

俞敏洪:这跟你后来做科大讯飞时更注重团队精神而不是个人利益有一定关系?

刘庆峰:是。我们股权比较分散。早期我们在福建,人家把我留下来,一开始投资人给了我股份,我们团队其他人都没有。可我后来发现应该在合肥围绕中科大发展,就又送给中科大干股,又给团队其他人分了股份。我估计你身上也有这样的特征,把利益分享出去,把更多的人团结在一起。

俞敏洪:这是大爱,是必须的。

你跟你弟弟都是学霸吗?

刘庆峰:我弟弟学习也不错,也是中科大博士,但我俩很不一样。我基本属于能考100分就不会考99分的类型,自我感知、判断比较清楚,属于比较稳健的学霸。我弟弟属于好的时候很好,稀里糊涂的时候很差。

俞敏洪:你小时候专注力就特别强了吧?听说有一次你家里来了一帮亲戚朋友,喝酒、聊天、吃饭,两个小时后你弟弟告诉你,亲戚走了,你却说,啊,亲戚来了吗?

刘庆峰:类似这样的事还真不少。我家在泾县,但我高中上的是市里的宣城中学。当时不是说毛主席在闹市里也能读书嘛,我就每周六回家的时候,去那个人山人海的汽车站找个地方坐下来看书、学习。身边非常吵、非常嘈杂，但我不会受任何影响。

俞敏洪：你太厉害了。我也装模作样地拿着书去闹市里看过。结果两个小时过后，我一页书都没看，光在那儿看卖鸡、卖鸭、卖鱼了。

刘庆峰：所以你对社会的洞察能力非常强。

俞敏洪：我是典型的文科思维。

刘庆峰：北大学生的特点。

俞敏洪：你的数理逻辑能力这么强，你觉得是天生的，还是后天习得的？

刘庆峰：可能还是有先天遗传的成分。我觉得如果按照科学的学习方法学习数理，一般人都能学得还不错，比如高考150分，你考个120几分，智商正常的人基本都没问题。但如果你学高等数学、奥数很有感觉，说明你还是有学数学、物理的天分。我觉得人和人的特点不一样，有数理天分的人不一定就比别人强。有人有体育天分，有人有艺术天分，有人有书法天分，大家各自的天分不一样。

俞敏洪：你现在是两个孩子的父亲，你是不是认为应该按照孩子的天分来培养他们？

刘庆峰：当然，应该是这样的。

俞敏洪：你第二个孩子还比较小，可能还看不太出来，但你大女儿的数理天分是不是很强？

刘庆峰：她数学天分应该没有我强，但她对物理的感觉比我好。她上小学、初中的时候，别人家都在上各种兴趣班，我们家完全由她自愿决定，她唯一学的是弹钢琴。但弹到六级，她说不上了，我们就不上了，然后就天天玩。当时合肥最好的小学和初中是中国科学技术大学附小、附中，但我们住的地方离这几所学校单程要20分钟到半个小时。我们为了让她每天多一些玩的时间，少一些上学、放学路上花费的时间，就选择了在楼下的普通学校上学。

她读初二的时候，有一次马上就到期末考试了，我跟她聊到了武侠小说，她说她很感兴趣，我就给她买了一套金庸的武侠小说。还有一次，她不想做寒假作业，我扫了一眼说，你会做就不用做了。我就鼓励她跟老师沟通，说这个作业我都会，我就不做了。所以她读初中的时候，他们班主任对我很有意见。

俞敏洪：老师还不给气死。

刘庆峰：所以高中我们会让她上国际学校，即便她喜欢数学、物理，我们也不想让她在竞赛中反复刷题。我们希望她能享受开放性的学习，学自己想学的。她喜欢什么，我才让她学什么，因势利导。

俞敏洪：现在孩子在学什么专业？

刘庆峰：学物理，她喜欢这个。我觉得，**作为父亲，重要的还是让孩子开心，让她学自己感兴趣的东西**。安徒生诞辰一百周年的时候，有一句我特别喜欢的话：**安徒生对人类最大的贡献是什么？发现了童年。童年是人生的一个独立阶段，不能把童年和青少年两个阶段都变成为了成功而拼命付出的过程。我觉得天真无邪地享受快乐的童年非常重要**。所以我希望将来对孩子们的教育能因材施教，比如数理化学习，我们能针对每个孩子的知识掌握情况，给他们推荐不同的内容，让每个孩子有不同的作业，减少无效、低效的重复训练，也把那些过难的训练省掉。因为如果孩子前期的知识点没掌握，后面的知识点学十遍也学不会。他会以为自己很笨，老师也会以为这孩子教不了，事实上如果你循序渐进，就会越学越自信。

俞敏洪：**激发孩子的学习兴趣，比孩子的成绩要重要。**

刘庆峰：一方面是学习兴趣，另一方面是学习的自信心。**现在中国的孩子在家里得到了太多关爱，在学习中受到了太多打击**。其实很多时候，孩子并不是不会，而是在学习过程中，因为贪玩、分心，对于某些知识点的掌握缺了一环。基础没搭建好，导致上面怎么都盖不起来，一步缺，就步步缺。老师不知道他缺在哪儿，孩子和家长也不知道。现在的人工智能通过精准分析孩子的作业、试卷、课堂互动情况找到薄弱点，针对性地帮孩子补上缺口，不光学习效率高，关键还能让孩子有自信，他接下来也会有学习兴趣。

俞敏洪：科大讯飞学习机今年卖了几十万台。你们这个学习机是为学渣设计的，还是为学霸设计的？

刘庆峰：学习机主要是能对学情做分析，对学习做推荐，对语言做提升，能以成效促信心。我们对学生做完测试以后，能帮他找到自己的知识盲点。如果盲点太多，想一晚上补上是不可能的，我们会给他推荐知识点学习的顺序，比如怎么在 50 分钟的有效学习时间内把最应该补的先补上。学习是需要后程发力的，所以这个功能会对孩子非常有帮助。有一些孩子，原来觉得自己考不上高中或者重点高中，学习机提高了他的兴趣，后面也能进入不错的学校。也有学习好的学生使用我们的机器，现在一般不讲高考升学率，但确实在很多地方，孩子用了以后上了清华、北大。

俞敏洪：学渣能慢慢提升成绩，学霸也能找到自己发挥的空间。

刘庆峰：对学霸来说，他更需要把无效、低效的重复学习任务省掉，比如大量刷题。

俞敏洪：我们都有这样的经历，老师布置了两小时的作业，十分钟就做完了，剩下的时间做什么呢？不知道。学习机能解决这个问题吗？

刘庆峰：能解决，而且已经很好地解决了。学习机的另外一个作用是什么呢？现在的学习机有一个语言对话功能，可以让孩子根据自己的兴趣选择想要学习的知识——我们不把孩子分成学渣和学霸，孩子总有各自的个性和天性。想学科学知识，可以直接跟爱因斯坦交流；想了解算术知识，可以和祖冲之对话。这种方式可以极大地提升孩子的学习兴趣、拓展孩子的知识面，对孩子会很有帮助。

俞敏洪：学习过程中，学生自信心的提升最重要。所以现在不管是什么水平的学生，都能通过现代化人工智能设备，包括学习机，提升自己学习的自信心吗？

刘庆峰：现在孩子最大的焦虑来自哪里？就是学了几遍还不会。为什么学不会？因为他前期的知识盲点并没有被补足。尤其是理科，知识点与知识点之间有相关的习得顺序，知道了 1+1=2，才会知道 1+2=3。当前面的知识盲点没有被补足的时候，后面的学习也会比较艰难。而学习机最强大的功能在于，它能帮助孩子找到自己的知识盲点，并帮助孩子学习。

俞敏洪：这一点在理科里特别明显。如果是文科，先读《水浒传》还是先读

《红楼梦》根本无所谓，但理科不行。

刘庆峰：对。理科的学习有一个习得顺序，所以只要找准了孩子的薄弱点，他学会了这一点，学下一点的时候就会轻松很多，就会进入良性循环。

俞敏洪：把知识基础打扎实了。

刘庆峰：对。如果孩子能像郭靖一样，有七八个老师围绕着他，可能也能学习好，但我们没那么多社会资源，所以现在通过人工智能来因材施教，提升孩子的学习兴趣，是一个很好的方式。**我们承担了国家发改委和教育部的教育大数据专项课题研究工作，分析了大概 30 多亿次孩子的作业，发现孩子在家做的作业，50% 是无效、低效的重复作业。如果能把这部分作业省掉，孩子不光会学得更自信、学习成绩更好，还能腾出时间让孩子锻炼身体，参加劳动、提升艺术、科学素养**……陶行知说要解放孩子的头脑、双手、眼睛、嘴、空间、时间。不这样做，他哪有时间解放这些？

俞敏洪：现在孩子们在这 6 个方面都不自由，被束缚在那一点点教科书和家庭作业上了。

刘庆峰：**最大的不自由就是时间的不自由**。现在孩子要先保障基本的学业，再把时间腾出来。根据我们统计出来的结果，针对单个知识点的练习，其实减少 50% 的作业量后仍然可以达到同样的效果，这样孩子就有时间五育并举，有时间享受童年。

▷ 把中国语音产业掌握在自己手上

俞敏洪：你考大学的时候，据说分数超过了清华大学分数线四五十分。为什么不去清华，去了中科大呢？

刘庆峰：1990 年的时候，中科大分数线在全国和北大、清华齐平，甚至有时候更高，尤其在安徽。

俞敏洪：当时对中国科学技术大学有一种迷信是吗？

刘庆峰：是的，尤其是喜欢数学竞赛的。当时的数学竞赛冬令营都在中科大，杨振宁、李政道做的全国 CUSPEA（中美联合培养物理类研究生计划）考试，每年在全国选 10 个人，有六年全中国第一名都是中科大的，中科大的数理很强。我本来在宣城中学，当年那是我们地区唯一一所安徽省重点中学，当时最好的学生可以推荐上清华，他们就把这唯一的指标给了我。高考成绩出来后，中科大要我。那年清华大概是 550 几分的分数线，中科大是 580 多分，我是 590 几分，加上奥数加分就有 600 多分。我那时候被"两弹一星"的精神所激励，所以还是选了中科大。

俞敏洪：你中科大的同学应该也都很厉害吧，都是脑子转得极快的？

刘庆峰：我觉得中国这一批好学校的校友都很强，关键在于持续努力。

俞敏洪：你在大学时候的学习内容跟语音技术有关系吗？

刘庆峰：我的导师王仁华教授是当年从美国、日本留学回来的。他带了国外的设备回到中科大，建立了一个实验室：人机语音通讯实验室。在中科大，王老师是最早让研究生参加科学研究的，也是最早让本科生参加科学研究的，我是大二的时候被他挑到了实验室。

俞敏洪：因为你成绩太好了？

刘庆峰：还可以。他要的就是数学和物理好、学有余力的学生。那时候我大一、大二的数学、物理等很多课的成绩基本都是第一名。后来王老师选了三个人进他的实验室，我是其中一个。我们本科毕业前，他推荐我保送研究生，我就继续跟着他学习了。

俞敏洪：王仁华老师也是奇人，年轻的时候是足球队员，后来居然成了科学家，成了中国语音之父。好厉害。

刘庆峰：王老师今年 80 周岁，给他祝寿的时候，我们讨论了他当年的足球经历。他当时在华东师范大学，原来是上海青年队的，跟徐根宝他们都是同学，但他同时很喜欢数学、物理，一直喜欢搞研究。当时的足球经历给了他一个很大的人生体会，要当好队长和教练，就要懂得如何调动每个团队、场上每个球员的积极性，所以他在中科大的时候会让年轻人参与科学研究。

俞敏洪：有团队精神在里面。

刘庆峰：对。而且他愿意让年轻人成功，所以他把毕生心血都传授给了我们。我们创业，他甚至主动说，庆峰，你的股份必须比我多，我在后台支持你。我们让他当董事长，他说，我不当，你就董事长兼总裁。后来我跟他说，那么多投资人，都是非常牛的人物，我才 26 岁，我怕我在董事会上"hold"不住啊。您是老教授、大教授，镇得住场子，他这才同意。2008 年科大讯飞上市以后，2009 年他说还是想退了董事长，就跟我商量，让我兼任。

俞敏洪：你也是少年老成。一九九几年创业的时候，你还是学生吧？

刘庆峰：一边读博士，一边创业。

俞敏洪：创业的想法是王仁华老师想出来的，还是你想出来的，还是大家一起讨论出来的？

刘庆峰：我在 1995 年保送研究生以后，王老师就让我负责"863"计划的一个项目，单独研发一项技术去参加国家"863"计划的竞赛。后来机缘巧合，我们跟华为合作，又做了很多语音合成的创新。

俞敏洪：当时你已经完成语音合成的各种专利和创新了？

刘庆峰：对。那时候倒没有想过申请专利，但拿了首届"国际汉语口语处理年会"（新加坡）最佳论文奖，提出了很多新的方法。什么叫语音合成？就是让机器把各种文字读出来，且读得自然流畅。人从肺部呼出来的气流会通过声带的调制，变成脉动气流，经过整个声道后（像滤波器一样），再让声音传出来。当时用机器做声音最大的问题是什么？如果你用一个一个的音节拼在一起，音色很好，但会一蹦一跳的，像外国人在讲话，很不自然。如果用语音合成器把声音的音调变得很自然，音色又会受损。所以我们提了一个语音合成的方法，叫作"基于 LMA（Log Magnitude Approximate）声道模型的语声合成新方法"。本来这是日本研究机构拿来做语音调节的工具，王老师问我能不能把这个算法效率提高一倍，结果我一个月把它提高了十倍。他后来说，你有这个本事，就用它做一个语音合成器。在这个基础上，我们做了中国第一个达到 3.0 分的语音合成系统。

俞敏洪：说出来已经像人说的了？

刘庆峰：最好的播音员是 5 分，普通人是 4 分，能用的语音是 3 分。1998 年，我们刚刚做到了 3.0 分。就在这个时间点上，王老师叫我去华为跟他们合作。

俞敏洪：当时包括像华为这样的公司，已经很需要这样的语音合成技术了？

刘庆峰：对。当时大家打114，如果想查新东方的电话号码，那边报一个个数字，"010"什么什么的，听着就不像人说的，但华为想要做得跟真人的声音一样，就找到我们实验室合作。我做了两个月以后，它和播音员的声音几乎可以相混淆，本来华为只掏了三万块钱，后来又加了一万块钱作为奖励，让我到华为总部跟他们联合调试。去了以后，我突然发现了一个语音合成的办法。

语音合成最难的是什么？每个人讲话的腔调都不一样，语气也不同，怎么在自然语流中找到一种流畅的方式把它们合成出来，一直是个很大的问题。原来很难找规律，后来我突然发现，数字串特别容易找规律，可以把所有的单字、二字、三字和更长短语的语调用数字串来模拟。于是我提出了基于数字串外推的韵律构建模型、听感量化等语音合成新方法。我跟王老师一谈，他不光支持我赶紧做这个，还把实验室里所有跟语音合成相关的力量，甚至是副教授，都放在这个组里了，并由我牵头，承担国家"863"项目。所以王老师真的是敢让年轻人担纲，我跟他提这个项目的时候才24岁，他就把这个项目交给我了，让我带十几、二十人的团队。

俞敏洪：这可以体现一个好老师的重要性。出身由不得自己选择，但上大学包括上中小学的时候，遇到一个好老师对一个人命运的影响是非常大的。

刘庆峰：后来想实现产业化，也是我跟王老师共同的想法。我当时觉得，如果不实现产业化，第一，我们没钱买国际上最好的设备；第二，最优秀的同学都想出国，你要留住他。当时很多人出国是奔着一年一万多美金的奖学金去的。那时候国内的博士生一个月才两三百、五六百块钱，太穷了。所以我说必须要产、学、研合作，实现产业化，挣到钱，留住人。

我为什么不愿意出国呢？第一，在我研究生阶段，王老师把我送到北京，跟着中国社科院语言所88岁的老专家吴宗济老先生学习，他是赵元任先生的弟子。那时候中文语音全部是IBM、微软的天下，我们自己的中文语音没人家做得好，市场是他们在掌握。当时老人家一直说，**中文语音技术能不能由中国人做**

到世界最好？中国语音产业能不能掌握在我们自己手上？**语言是文化的基础，是民族的象征。他说："庆峰，这件事能不能在你手上实现？"我在劲松西区跟他一起干了三个月，天天早上到他家，晚上九点钟、十点钟走。他把一辈子的积累全部传授给我了，那时候是带着这种情结的。第二，那时候我们的算法技术，差一步就能达到 3.0 分、4.0 分，就能规模化应用了，王老师当时也已经把整个团队交给我了，说按照我的创新路径去做，如果我出国了，就不会有这样的机会了。

俞敏洪：在这个过程中，哪怕是研发同样技术的老师，如果不具备王老师这样的胸怀、气度、前瞻性以及对年轻人的爱护，说不定就不会有科大讯飞了。

刘庆峰：其实我那时候看到过很多不愉快的结局。当时中国科学技术大学的本科是五年。1994 年，我大四的时候来北京实习。当时国内有很多家做语音的实验室，但经常一个实验室过几年就分成了两个，要么是老师之间不合，要么是学生和老师闹矛盾、打官司。当年有几个做得还不错的，最后都因为里面的人心胸不够开阔，走了下坡路。确实如此。本来一个大学教授是当 CTO、首席科学家，还是当董事长、CEO，跟个人特质和能力有关，但有些教授什么都要做，什么都要抓在自己手上，导致自己成了孤家寡人，最后根本没法实现产业化。王老师就完全放开，你们年轻人做得越大越好，只要把这项事业做成，无论是名还是利，他都愿意让出去。

俞敏洪：遇到这样一个老师，名与利都愿意让，而且隐在背后，了不起。坦率地说，我以前只知道科大讯飞有刘庆峰，不知道有王仁华。老人家现在 80 周岁了，你们在这 20 多年的合作中，有为了名利打架的时候吗？

刘庆峰：争过一次。那次我们在合肥成立公司，送了 20% 的股份给中科大，中科大奖励我们 6 个点。王老师说，庆峰，你应该比我多。我说，那怎么可能，这是你的毕生心血，你必须比我多。最后争来争去，王老师 4 个点，我 2 个点，但他约定员工期权我必须拿大头。其他任何时候，从来都是王老师说，庆峰，还要我支持什么。他退休之后也是如此。

俞敏洪：我几乎没有见过你和王老师这样完美的合作伙伴关系。很多中国高科技企业做着做着，创始人、CEO、首席科学家就开始打架了，有时候打着打着公司就没了，要么就是一拍两散，各自去做自己的独立公司了。在科技这条线上，比如语音合成以及未来的业务发展方向上，你跟王老师有过争执吗？

刘庆峰：基本上没有，但王老师一定会给我们踩刹车。我们比较爱往前冲，他总会提醒我们要做得更稳健一些，但基本上我们决定的事情，他都支持。这几年一直有人找我们说，讯飞是不是可以写本书？我们都拒绝了，因为我们觉得讯飞做得还不够好，我本人也还在奋斗中。但今年是我们的24周年，也是王老师80周岁，所以为了给王老师祝寿，我们团队商量着写了一本《星火相传》。这本书里写了当年王老师是怎么教书育人的，以及早期讯飞创业时的安排机制等故事……每次看完我都心潮澎湃。我们每次培训新员工时会讲到科大讯飞的使命、愿景、价值观，而创业早期的故事往往是最打动人的，所以这本书本身是先给我们自己看的。同时，这本书也可以给很多想做科技成果转换——特别是高校的科技成果转换，以及产、学、研结合的团队，带来不少借鉴意义。此外，大家关心的智能语言、人工智能的发展历史，也在书中有对应的版块。我觉得这本书最大的特点是，我们对王老师最早的这些学生、我们的创业团队，还有原来国家"863"项目的老师们，做了原汁原味的采访，没有做任何包装和延伸，我们想尽量回归本质、保存真实。

俞敏洪：之前他们专门给我打印了一本，等出版以后，大家可以买来读一读。可以看看师生之间的情义和他们对中国科技的热爱，是如何打造出科大讯飞这样一个奇迹的。

刘庆峰：当年决定产业化的时候，王老师到北京跟计算所的李国杰院士聊应该怎么做，李院士就跟王老师说了一句话，最好不要又想当教授，又想当企业家。那时候本来中科大有领导想让我们留在学校，一边做企业老总，一边兼职做教授，我们坚决说不，把关系编制全部拿到了开发区。中科大的年轻老师想加入也需要先辞职。为什么？不要让员工感觉脚踩两条船。包括后来我们可以申请各种荣誉，但还是觉得把事业做出来是最重要的，可要可不要的荣誉就尽量不要了，可做可不做的宣传、演讲也尽量不做了，回归根本。

▷ **有条件的企业，还是得做基础研究**

俞敏洪：今天的语音合成已经到 5.0 分了吧？

刘庆峰：中文在 4.7 分到 4.8 分之间，英文大概是 4.5 分。

俞敏洪：几年前我听语音合成的时候，比如朗读中文或者英语，感觉不是那么完美，尤其是朗读英语，语音、语调等都有差距，但今天我再听，感觉基本跟真人朗读差不多了。我现在用的一些阅读平台已经添加了 AI 朗读技术，我有时候如果用手机看书看累了，就用语音朗读来听。这个 AI 朗读当然还没有达到 5.0 分的播音员声情并茂的程度，但它的语音、语调和表达、断句听起来已经比较舒服了。像这些平台背后的技术，是不是科大讯飞提供的？

刘庆峰：应该绝大部分是我们提供的，我们占了 70% 到 80% 的市场。比如新华社、人民日报、学习强国、冬奥会、冬残奥会、大运会、亚运会，都和我们有合作关系，还有今年最大的体育赛事，布达佩斯田径世锦赛，采用的多语种播报合成全是我们提供的技术。

现在这种语音合成技术相对比较成熟了，下一步继续做什么呢？比如要语音朗读一篇文章，我们的技术可以做到自动判断角色，用不同的男声、女声来播，并且能自动配上背景音乐，自动增加音效，比如刮风声、下雨声、脚步声。在此基础上，再配上虚拟形象，有面部表情，有手势，有动作，有衣服和背景画面。目前这些功能在讯飞星火里已经逐步实现了，今年 8 月 15 日发布以后，已经有十几万人在用了。再下一步就可以做个性化合成，可以模仿俞老师的声音，模仿我的声音。当年我们在高德导航中模仿林志玲说话，需要到台湾录一个礼拜的声音；后来模仿郭德纲，只需要录一天的声音；再往后只需要一个小时。现在的极限情况是录一句话就能模仿，但声音素材越多会越像。

俞敏洪：比如我出版的这些书，我录一段我朗读文章的声音给你，我所有的书就都可以用我的声音来朗读了？我不标准的普通话也能模仿出来？

刘庆峰：对，可以。语料越多模仿得越像。比如从现在开始，把"老俞闲话"的所有对话语料都给我们，就可以做得很好。此外，大家会看到 ChatGPT4

的对话非常自然，甚至有"嗯""嗯""啊""啊"的对话感。从核心技术上说，我们都能实现，主要问题还是在于语料录制形式。ChatGPT4 用的都是对话式语料，训练出来就会有对话感；但如果你让它读一篇小说，它不会读得很好。将来我们要提升语音表现力、个性化、场景化等方面的合成效果，让闲聊的时候是闲聊的风格，演讲的时候是演讲的风格，跟不同的人说话能给人不同的感觉。

俞敏洪：比如我的声音，我朗读是朗读的风格，演讲是演讲的风格，我们对话是另一种风格。只要把不同的语音风格设置好，就能在不同的场合达到比较完美的呈现？

刘庆峰：对。现在我们已经有工具可以让大家挑选风格、调整语速了。我们可以自己定义到底是要欢快的、悲痛的、正式的、活泼的，还是性感的语音风格。

最早的语音合成叫"文本到语音"，即 TTS（Text—to—Speech），再往后要进一步从意念到语音。我们现在在尝试满足一些医疗场景中的需求，比如通过脑电波让工具帮你说话。那些没法说话的人想翻个身、想喝水，以后就可以由机器帮他说，这就是从意念到语音。

俞敏洪：这就很了不起了，能帮助很多人。现在好的阅读 App 还能提供真人朗读和 AI 朗读两个选项，但我现在反而是以 AI 朗读为主，因为速度更快，而且它的语调感觉比较平稳。常常有人问我，俞老师，你怎么能读这么多书？其实我一年里有接近一百本书是听完的，不是读完的。因为你路上的时间、散步的时间、上下火车的时间，是没有办法静心阅读的，这种时候就可以听。对我来说，这项技术已经到了能让我的学习变得更便捷的程度。

刘庆峰：我们跟残联合作了一个"三声有幸"公益计划，给一些盲人朋友提供语音合成和识别技术，他们可以基于这项技术去听、去打字，进而成为写作高手，甚至可以做电商。盲人虽然看不见文字，但他们听文字的效率很高，语速比一般人快一倍以上他们都能听清。

俞敏洪：我也有两三个盲人朋友，他们给我发文字信息的时候，我就说，你们发语音就行，结果他们说，我们都是用语音自动转文字的，几乎没有错别字。

刘庆峰：现在回想起来还是蛮感动的。1999年创业的时候，那时候我们虽然做到了业界第一，但我们只有中文语音合成技术。后来我们代理了美国Nuance的技术，把语音识别和英文语音合成、多语种合成结合在了一起。当时Nuance是所有语音技术的标杆。

俞敏洪：今天Nuance还在吗？

刘庆峰：还在，微软花了大概100多亿美金把它收购了。当时它是三个语音公司合并的，我们一开始都是做它的代理。到了2007年，我们决定必须自己干了。

俞敏洪：当时觉得，如果继续合作下去，我们这边会处于弱势？

刘庆峰：对。当时我们先产业化的是语音合成技术，但很多场合更需要语音识别技术。我们那时候一致认为，讯飞必须往能听、会说的方向发展，让机器像人一样能听、会说，实现人机信息沟通无障碍，这也是我们最早的梦想，所以我们决定自己做。我们当时可以先告诉Nuance，代价就是他们不再让我们做代理，或者我们选择做出来以后再告诉他们。我们内部讨论之后决定选前者，毕竟人家支持你做中国总代理，你却悄悄自己做了，国际友人会怎么看？所以我们直接告诉他们我们要自己做，他们就把代理权收回了。语音识别的技术难度很大，但我们做了两年之后，做到了业界最好。

后来我们又做了翻译。当时很多人都说，翻译根本没机会了，因为谷歌、百度有那么多文本翻译的语料，讯飞还做什么翻译？我说这事非干不可，这也是我们早期的梦想。我们就做了语音到语音的翻译，做到了业界第一。现在我们的文本翻译也很厉害，在今年国际最权威的机器翻译大赛IWSLT（国际口语机器翻译评测比赛，下同）上，我们拿了全球第一；在大学英语六级考试中，我们文本翻译的水平已经超过了99%的大学生。

2014年，我们确定了人工智能战略，让机器能理解、会思考，做认知智能。中国的第一个人工智能宣言，《人工智能深圳宣言》，是2016年3月在深圳由我们牵头，和一批顶尖公司一起发布的，当时工信部分管部长亲自出席。我们讲到了人工智能的核心技术、标准、法律、伦理、人文等，那时候我们就决定了，要进一步让机器能理解、会思考。

2017 年，新一代人工智能规划出来后，国家先设立了四家国家新一代人工智能开放创新平台，科大讯飞和 BAT（百度、阿里巴巴、腾讯），后来科技部在科大讯飞专门成立了认知智能全国重点实验室。所谓"认知智能"，就是指机器学习推理和决策的能力。这就是为什么去年 11 月 30 日 ChatGPT 推出来后，半年后我们就推出了讯飞星火，而且快速迭代。目前（2023 年 12 月）是星火 3.0 版本，比 ChatGPT3.5 还要好，但和 ChatGPT4 相比，在复杂推理、多模态能力、小样本学习上还有差距。产生这些差距的主要原因是什么？不是我们的算力不够，而是完整训练 10000 亿的浮点参数模型需要时间。10 月，我们基于国家算力构建起了能训练 10000 亿参数的模型，大概明年 4 月，我们就能达到今天 ChatGPT4 的水平。

当然，他们也会陆续推 4.5、5.0 版本。所以我经常和大家说，中国有这么多院士和企业，我们在认知大模型方面，大概差美国半年左右，不会被它彻底甩开，但也有一个艰难追赶的过程。我们有信心能做得更好，尤其是在教育、医疗、司法等很多专业领域。11 月 23 日，国有经济研究院针对大模型最常用的七个领域做了测试，给出的结果和我们的判断很接近：**讯飞星火是中国表现最好的，整体比 ChatGPT3.5 强，有少部分地方比 ChatGPT4 强，但整体跟 ChatGPT4 还是有差距。**所以，我们要看到差距，认识到不足，但也要有信心迎头赶上。

俞敏洪：在语音合成、语音识别、人工智能认知模型等方面，中国现在领先于世界的是哪些方面？和世界有差距的、需要追赶的有哪些方面？

刘庆峰：比如认知智能。全世界有一个非常有名的机器阅读理解比赛，由斯坦福大学牵头的 Squad 比赛，比赛中大概有 10 万篇英语文章的片段，来自两万篇维基百科，由人阅读以后向机器提问题，机器阅读以后回答人的问题。我们是全球首个超过人类平均水平的人工智能系统，这方面我们是走在前面的。这个可以运用在什么地方呢？比如高考作文评分，现在人工智能已经达到了阅卷专家的水平，而且比阅卷专家更标准、更公平。目前，它已经在 12 个省的高考语文作文评分中使用了，这也体现了教育部考试院和各地教育系统想用新技术推动教育公平的决心。雅思英语的口语和作文评分，我们的人工智能也比人准。

俞敏洪：这些技术是我们自己创新研发出来的吗？

刘庆峰：是的，我们拥有完整的自主知识产权。冬奥会、亚运会、大运会都在用我们的技术。今年在匈牙利布达佩斯召开的世界三大体育赛事之一的世界田径运动会，赛事组委会需要给他们的虚拟人物做语音合成播报，且要能支持多语种翻译。在全球招标中，中国最后"PK"掉了美国、欧洲，中标了。中标以后，因为我们技术确实最好，所以我们代表中国，牵头把以欧洲国家为主的12个国家的18个本地人工智能龙头整合起来，跟美国人"打群架"。

再说语音识别。今年语音识别中最重要的技术就是抗噪，因为噪音会干扰语音识别系统的准确性，导致识别错误率增加。而且，很多人听力下降了，如果只是单纯的放大耳机的声音，听着就很痛苦，因为正常声音变大的同时，噪音也变大了。我们现在做的耳机已经拿到了医疗许可证，里面用了我们最好的抗噪技术。前段时间，我们获得了该技术在工业领域DCASE（声音场景与事件检测分类挑战赛）全球工业声纹挑战赛冠军，我们的机器可以听懂各种机器设备运转是否正常，各种产品是否噪音超标，是否有瑕疵。我们的工业听诊器，能够达到什么程度？普通人讲话的声音大概70到80分贝，但我们在130米之外都听得清清楚楚，国外最好的技术只能听80米远。一般蚊子的声音大概30分贝，音乐音箱底座噪声是20分贝，我们在7米以外就能够精准成像，目前是国际上最好的。

再讲到医疗。我们今年发布了医疗大模型，测试结果比ChatGPT4更好。这个医疗模型最重要的作用是什么呢？中国有1300万左右一线医生和医疗从业人员，有医师资格证的有400多万人，有全科证的只有40多万人。国家一直在大力培养医生，但培养周期很长。我们就让机器学了53本医学博士要学的教科书，以及几百万篇医学论文和电子病历，让机器参加国家执业医师资格考试。国家执业医师考试满分600分，分数线360分，我们考了456分，超过了96.3%的医生。现在这个机器已经看了7亿多人次的病，现在能考多少分？525分。它每天能看70多万人次的病，天天学习。这个机器能够帮到很多基层医生，这也是极为迫切的一个需求。

俞敏洪：这就是人工智能大模型的好处。

刘庆峰：医疗大模型的技术底座跟 ChatGPT4 还有半年的差距。算力方面，国内已经有厂商能够做得不错了，基本不会被卡住。我们把算法和数据再堆上，算法形成我们自己的独特优势，再形成领域优势。通用大模型底座整体咬上，不被彻底甩开，在行业领域中实现超越，我对此是非常有信心的。

俞敏洪：美国现在对我们各种卡脖子，这对科大讯飞的发展会有影响吗？

刘庆峰：影响不小。2019 年 10 月 7 日，继中兴、华为之后，美国又将 8 家中国科技公司列入了实体清单，其中一家就是我们。在那之前，2018 年底到 2019 年初，我正带着团队在美国、欧洲，准备大规模国际化。出现这个情况以后，我们就赶紧收回来了。但在 2019 年到 2021 年，我们仍然保持了 30%，将近 40% 的增长。

俞敏洪：这都是在国内增长的？

刘庆峰：这是总体上市公司的业绩。其中还有个变化，之前卡脖子的时候，美国给出的限制是，产品和技术中美国技术占比不超过 25% 的，我们才能买。但去年，在中国几百家企业被列入实体清单后，美国又挑出了 28 家机构进行极限施压，包括大学、科研院所和企业，讯飞就在其中。这个极限施压的方式是，只要涉及美国技术的产品，都不许买。所以我必须推进人工智能的训练、推理全国产替代，我所有的学习机、翻译机、办公本才能不受卡脖子的影响。当然，本来里面的核心技术都是我们自己的，只是运行这些核心技术需要的那些芯片、配套设备，还有一些软件，过去有一部分是美国的，现在因为被限制了，就必须完全脱钩。这种情况下，大家本来以为我们要完蛋了，或者至少业绩"腰斩"——确实在去年四季度，我们业绩下滑了 20%，今年一季度下滑了 17%，但今年二季度和三季度我们稳住了，到四季度已经有正向增长了。

俞敏洪：稳住的主要原因是我们在系统和各种机器中用的芯片已经国产化了？

刘庆峰：第一，核心技术已经国产化；第二，在 2019 年被列入实体清单之前，我们就一直在准备，预判可能会有问题。**虽然产业链大部分都国际化了，但核心技术都掌握在我们自己手上。** 2019 到 2022 这几年，我们做了更多的国产化和产业生态合作，所以去年被再次施压后，才没有出现重大问题。

我特别自豪的是，**在业界现在已经公开的、能测试、能下载的大模型中，讯飞星火是唯一一个在国产算力平台训练起来的。** 别的大模型可能用的是国产推理芯片，但是用英伟达训练芯片训练的。去年 10 月 7 日，美国规定中国不能买英伟达 A100，只能买 A800；今年 10 月 17 日，连 A800 也不许买了（A100、A800 均为 AI 芯片）。讯飞星火是在国产算力平台训练出来的，明年 1 月到 4 月，还会有两个重要版本升级，这些都是完全自主可控的，所有代码、数据、算力都完全可控。所以我才说，**我们在大模型上已经不会被美国人卡脖子了。**

俞敏洪：不管怎么卡脖子，讯飞的发展基本还是安全的？

刘庆峰：对。这种卡脖子肯定会让发展速度受限，但基本是安全的。

俞敏洪：你觉得这种卡脖子的行为对中国科技发展会有什么影响？中国需要多长时间才能全面突破，甚至超越？我常常觉得这既是一个挑战，也是一个机遇。

刘庆峰：其实这种打压来得早一点比来得晚更好。来得越早，给我们的准备时间越多，而且这毕竟是迟早会发生的事情。**以大模型为例，据预测，到 2026 年，全世界 80% 的企业要用到认知大模型，将来几乎所有的代码工作都会是零代码、低代码的模式，软件会变成连接虚拟和现实之间的工具。** 如果我们现在不够警觉，在各方面都用国外的大模型，等到那时候人家再卡脖子，你整个银行就崩掉了，电力就崩掉了，所有国计民生产业都会崩掉。而且这还涉及认知域作战、国家网络舆情和国家安全等问题，所以我们必须自己干。如果不是前几年我们做了准备，今天一旦大模型战略机遇来了，把你脖子一卡，我们整个完蛋。现在我们和西方虽然有差距，但至少我们在一部分领域扛住了，其他领域我们还有信心赶上。

俞敏洪：在一部分领域我们扛住了，另一部分我们需要追赶，但假以时日是有可能赶上的。

刘庆峰：但我特别想说，我们现在差距还是非常大，这一点一定不能盲目乐观。我们在局部领域确实有可能超越，但在非常多的领域还是会受到比较大的制约，差距很大。从长期看，因为这些人工智能大模型的出现，ChatGPT4 也好、ChatGPT5 也好，很多领域已经彻底改变了现在以人力和时长为基本表征的商业模式。它会颠覆整个研发、生产的过程，但它也并不一定是最后的形态，将来可能还会有更大的变化。我们现在能跟上这一波革新，能在部分专用领域上有所超越，但如果中国不做源头上的创新，将来可能会被彻底甩在后面。**我们现在的基础研究氛围并不是太好，偏急功近利，偏商业导向。我们还是得有一批人愿意去做基础研究，那些赚了钱的企业还是要做源头上的创新**。在这一点上，像谷歌这样的公司做得真的很好。

俞敏洪：科大讯飞赚的钱也不太多，但股价还不错。你们通常会把利润用在源头创新上，还是急功近利上？

刘庆峰：从创业到现在，包括上市以后，我们每年基本有 20% 左右的销售收入会用在研发上。我们的毛利大概 50%，所以我们是把赚到的钱的 40% 都用在了研发上。这个比例能在 5% 以上就算是还可以的科技企业了，我们的研发投入还是比较大的。

我们的研发投入有一个"721"的说法：研发投入的 70% 用在当下的关键技术和产品突破上，里面也有很多跟源头创新相关，大概 2/3 跟产品有关，1/3 跟核心技术有关；20% 用在未来三到五年的关键技术研发上。我们为什么能在 2011 年第一个在全球推出语音云平台，宣告手机的语音听写时代正式到来？因为 2006 年深度神经网络的基本理论框架正式提出之后，我们就跟上了，我们是全球第一个把深度神经网络理论应用到语音识别领域的公司。包括后来的图像识别、机器翻译、认知智能领域，我们能跟上，都跟我们这 20% 的投入有关；还有 10% 是用自由的眼光看更远的未来。我们在 2021 年的国庆战略务虚会上专门给所有高管发了一本书，爱因斯坦的《我的世界观》，里面就提到"要用自由的眼光看更远的未来"，要有一批讯飞的科学家，能像当年 18 到 19 世纪的欧洲贵族一样，完全源于热爱去做面向未来的创新。

俞敏洪：即使他们一辈子什么都没发明出来，也不后悔？如果有二十个贵族性质的科学家，哪怕其中只有一个科学家有了一个突破性的理论或发现，对我们来说都是合算的？

刘庆峰：当然是。**为什么很多企业不愿意做基础研究？因为风险太大。**前年科大讯飞全球"1024开发者节"的时候，我的发言题目是"听见花开的声音"。创新就像一株花，大家都喜欢它的成果，但如果你想把花掐掉放在瓶子里，它过几天就枯萎了，所以它必须经历种子在黑暗的土壤中孕育的过程，需要你天天浇水，而你也不知道它哪天能冒出芽来。如果你在过程中没有坚定地相信这颗种子和土壤，就不敢继续浇水。当然，即使真的发了芽，它也需要（像小草一样）一路成长，到最后才会含苞欲放，直至怒放。所以我们说"听见花开的声音"，是想强调源头创新。中国要有这样一批企业，能从种子期开始做起，所以我们特别强调产、学、研合作。我们跟中科大、清华、北航以及中科院、社科院的几个所都建了联合实验室，而在没有被美国列入实体清单之前，我们还跟MIT（麻省理工学院）、普林斯顿、斯坦福有相应的合作。

俞敏洪：现在很多合作都终止了？

刘庆峰：都终止了，因为美国人不让你做。好在我们主要的创新性研究都是在国内做的。

俞敏洪：这真是特别了不起。

▷ 开创智能交互新纪元

俞敏洪：现在我们研发出来的一些基础技术，是不是已经应用在中国很多公司的底层架构中了？尤其是跟语音识别、语音合成以及认知模型相关的技术。

刘庆峰：是的，我们收入中有很大一块就来源于技术支持。

俞敏洪：我们有一款辅助老师、学生的"To B"学习机，也用了你们的技术。

刘庆峰：那我们很荣幸。我觉得，要做好教育产品，技术只是一方面，更重要的是要有教学理念做引领。中国教育在未来一定要实现评价体系的改革，如果不能成就导向多元化，不能"天生我材必有用"，大家都盯着清华、北大，那一定会造成内卷，不管做什么其他的努力，焦虑感也不会消失。

除了理念，还要关注教育的本质。我们常说，学习机可以帮助孩子学得更好，能成为老师的教学助手，但根本上，老师是什么？是人类灵魂的工程师。**爱因斯坦说过，教育的本质是忘记了在学校所学的具体知识之后剩下的东西。所以，培养孩子的学习能力、价值观、探究精神、好奇心、幽默感，才是关键。**

俞敏洪：我记得科大讯飞最初做的是"To B"业务，相当于为企业服务，现在你们也做了大量的"To C"产品，这里面有怎样的理念转变？还是说公司发展到一定程度了，觉得能为 C 端客户提供特别好的服务了？

刘庆峰：我们还是根据用户的使用场景，结合技术落地的需要出发。比如翻译机，现在我们的翻译机能翻译 80 多个语种，覆盖 200 多个国家和地区，而且是从语音到语音的翻译，拿着这个机器到全世界旅游都不用怕了。

俞敏洪：而且这种即时翻译，至少在英文翻译上，没有太多的错误。

刘庆峰：为什么要做翻译机？手机中的翻译软件我们也可以提供，但你的大部分使用场景是嘈杂的，而且很多时候是离线、无网络的，这个时候翻译机就非常有用。

俞敏洪：上个礼拜亚布力企业家论坛在新加坡开了一个合作峰会，刚好你为每一个企业家提供了一台翻译机。我发现大家开会的时候都会把翻译机拿在手里，基本不听同传了。字幕出来以后，我看了错误率，也就是 1% 到 2%。

刘庆峰：国际上的比赛叫 IWSLT，科大讯飞拿了 2022 年的冠军。国内有一个全国翻译专业资格（水平）考试（CATTI），是人社部和外文局联合组织的。在这个考试中，三级能当同传，二级是高水平同传，我们已经通过了二级的技术测试。

俞敏洪：能达到二级的同传水平？

刘庆峰：对。这个翻译机还有一个好处，它是双屏显示，我在这儿翻译，对面的人也能看到文字；还比如，在开会过程中，他说英文，你担心会漏掉，或者有几个单词你反应不过来，没关系，它全给你翻成文字了。现在还有很多孩子用它上网课，听英文资料，把这个翻译机往电脑上一接，所有多语种资料马上就能配上中文字幕了。

俞敏洪：现在很多中国孩子去国外上高中或者大学的时候，还是会有上课听不懂的情况，容易错过关键信息。如果在听课的时候把这台机器放旁边，就可以起到两个作用：一是听不懂的时候，可以对照两种文字，可能就懂了；二是所有老师讲课的内容都会被记录下来，回去就可以复习，既可以听着复习，也可以看着复习。所以，除了用于旅游，翻译机也是一个很好的学习工具。

刘庆峰：对。虽然翻译机的屏幕看起来比较小，但它连接电脑之后，就会在显示屏上增加字幕，就很方便查看了。除了英语，我们还支持多语种翻译，日语、德语以及其他语种都能翻译出来，非常便于大家听网课或者看材料。我们下一步还准备增加一些新功能，比如一个翻译机可以拖着几个耳机一起开会，你说英语，我说俄语，他说德语，他说法语，我们可以自由交流，能直接将其他人说的话翻译成我需要的语言。

俞敏洪：这个东西可以帮到太多人了，除了旅游场景，商务场景、学习场景中都非常实用。"讯飞听见"也很有意思，它是一个软件，我经常用。有时候我会就某一个主题自说自话，通过"讯飞听见"录下来，再转成文字，一会儿工夫就全部转完了。我做过一次《滕王阁序》讲解，不知不觉就讲了六万多字，我边讲边用"讯飞听见"转成文字，除了我自己普通话发音不标准的地方，以及"嗯""啊"等语气词，剩下的六万多字的文字版就发表在我的"老俞闲话"上了，非常方便。

刘庆峰：我们还有实体的"讯飞听见"，在我们访谈的过程中，它相当于一个麦克风，而且它可以过滤噪音，留存的声音很清晰。此外，它会在后台自动将录音转成文字，自动翻译，现在也可以自动帮你写成待办事项、新闻通稿。

我们的助听耳机也很好。我周围有很多朋友的父母亲年纪大了，听不见了，就不跟子女对话了，因为他三聋四哑的，就不想讲话。戴上这个助听耳机，他就能听见了，人都活跃了很多。我们把最好的抗噪技术放在了耳机中，能有效过滤背景噪音，提升声音中有信息的内容的比例。如果你在手机上操作一下，可以更精准地帮你去除背景噪音,他就会听得更舒服。而且这个耳机的设计也比较时尚,不用戴一个大头盔,这对提升老年人的生活质量、家庭氛围非常有帮助。去年我们刚推出这款产品,春节前就卖断货了。

俞敏洪:这次去新加坡,新加坡的总统接见我们,我就戴了这个小耳机。有人问我,为什么这么隆重的场合,你还要戴这个白色小耳机?我马上说,这是助听耳机,大家就明白了,居然还有这种外挂的助听耳机。大家一般只知道那种塞到耳朵里的助听器。

刘庆峰:我们的办公本也很不错。在我们沟通、交流或者听报告时,很多时候我们认真听就记不全,认真记就没法跟别人一起思考。这个办公本可以语音识别,能记录下来所有的语音内容并且转成文字。此外,在倾听、交流的过程中,你如果对什么内容很感兴趣,可以先(用笔手写)记录下关键词,后续再在办公本里点击一下,就可以找到对应的录音,便于回顾。而且这个内容一辈子不会丢,都存在后台。现在用大模型还可以自动生成整段录音的摘要,两个小时的会议内容可以变成几百字的摘要。

俞敏洪:它不会摘错吗?比如把我们讲的笑话都摘出来了。

刘庆峰:基本不会摘错,你也可以手动修改。做会议记录的时候,如果我认为这件事情是待办的,就画个圈;如果是我要关注的,就打个五角星,它们就自动划到我的日程表里了。

俞敏洪:这个笔记能够自动上传,是吧?比如上传到我的电子邮件?

刘庆峰:对,它和电子邮件是完全打通的,你还可以生成二维码分享给其他人。包括你写作的时候,可以语音输入,可以手写,也可以拍照以后自动识别。最重要的是,黑白屏不伤眼。

俞敏洪:他们说,过一段时间可能彩色墨水屏也要出来了。

刘庆峰:对,现在我们也有彩色的,但这种黑白屏更适合办公。在办公场景,讯飞星火大数据模型也非常实用,它能生成多风格的长文本,包括语言理解、逻辑推理、知识问答、数学代码等。对于职场人士来说,它有一个 PPT 插件很实用,到了年底要做 PPT 的时候,你给它几个素材,它就帮你把 PPT 的基本模板写好了，你再修改一下即可。它还可以给孩子编故事、讲故事。比如孩子想听孙悟空和熊大还有科大讯飞董事长一起跟俞老师直播的故事，它就能编出一个来。孩子还可以不停地提要求，相当于孩子不仅听故事，还参与了故事的创作。

俞敏洪：我来体验一下星火大模型。请为刘庆峰写一首情诗，以"北京下雪天"为主题：

在京城的冬日里／雪花纷飞是画笔／庆峰你我手牵手／漫步在这白茫茫的世界／雪中的故宫更显庄严／千年的历史犹如昨日／你的笑容如阳光般灿烂／照亮了我心中的方向／胡同里的老北京风情／与你共度这美好时光／骑着自行车穿越繁华／感受这座城市的魅力与温暖／夜幕降临／霓虹闪烁／我们漫步在长安街旁／你的眼睛中闪烁着星光／让我为你献上最美的歌唱／庆峰／你是我心中的英雄／在这个冬天／让我们一起追逐梦想／在北京的雪地里留下我们的足迹／让爱情在这座城市永不凋零

一秒钟就写出来了，而且一个病句都没有。

刘庆峰：最近大家一直问，中国大模型是不是写诗、作画、写古文比较强？自然科学方面怎么样？其实我们的主要精力反而是用在做代码、做科研助手、做科普上。

俞敏洪：再试一下。用《史记》文体写一首赞扬刘庆峰和科大讯飞的话："商海之璞，领袖之才，潜心研究语音技术，开创智能交互新纪元。"还真有点意思。

刘庆峰：星火可以自己读，不过你读的我们更愿意听。我们希望能跟更多不同领域的伙伴合作。2017年，《新一代人工智能发展规划》出来之后，到目前为止，我们作为国家首批四个人工智能开放创新平台之一，开放了600多项AI原子能力和参考设计，覆盖语音合成、语音识别、机器翻译及各个领域的应用，现在已经有500多万个开发者团队参与合作了。今年5月6日，讯飞星火发布以后，开发者团队又新增了150万个。他们（开发者）告诉我们，他们在什么地方，有什么能力，想用我们哪项技术做什么事，我们同意之后就对他们开放接口，他们再基于我们的技术开发新应用。目前已经开发出来 30 多万个新应用了。今年特别有意义的是，这 30 多万个应用中，有一半跟工业、产业有关，跟产业升级有关，而以前大部分是和趣味、社交、理财有关。尤其现在我们的 AI 编程能力大幅提升，所以很多企业都开始加入了。比如太平洋保险和华为，他们和我们合作成立了一个"数字劳动力联合实验室"，研究大模型怎么赋能现在的数字劳动力市场。只要你愿意，5G 通话助手未来就能在你刚打完电话时就给你梳理好会议纪要和待办事项，能大幅提高每个人的效率。

俞敏洪：这太了不起了。

▷ 宰相肚里得能撑船

俞敏洪：你作为一个科学家，26 岁的时候还在读博士，怎么敢于挑一个公司 CEO 的担子？到今天为止，我也认为你是我认识的企业管理者中最优秀的之一。你是怎样将自己从科学家转变成一个优秀的 CEO 的？

刘庆峰：首先，作为一个企业管理者，我还有很多不足。比如讯飞虽然做了很多创新，但在产业规模和商业模式上还要不断探索，包括如何把核心技术应用到产品上，中间其实有很大的跨度，还有很多需要学习的地方。

回过来想，我最早不想当总经理，也不想当 CEO。我们在中科大读书的时候，就想着只有搞算法、搞研究才是创新。王老师当年在中科大当了分管科研的系副主任，干了一年就不想干了，他也觉得做研究更好。我们那时候觉得，做管理、卖东西、跟各种人打交道都是很耗费时间的，也不是创新的本质，就想做核心研发。

那时候我们想实现产业化，要留住更多优秀人才。我当时是班长，也是实验室的大师兄，我就把中科大校园 BBS（网络布告栏）里 8 个跟电子计算机相关的版面的其中 6 个版面的版主都挖过来了。1998 年，我刚读博士，就开始跟福建合作组建研发基地了。我的梦想跟王老师一样，要做中国的源头创新。可做了一阵以后，我们发现，做这样的新技术成果是需要时间的。如果我们跟其他人合作且对方不懂技术，对技术的长期发展没有预判性，今天做 PDA（Personal

Digital Assistant，个人数字助理），明天做电脑软件，后天做工商查询系统……如果总是变，技术就没办法积累，在市场上也会手忙脚乱，会做得很痛苦。结果我们干了大概不到一年，那帮小伙伴就说，你要是不当 CEO，我们就重新准备出国了，散伙。王老师跟我说，中国科学技术大学的学生单干能力都很强，但从来没有这么多优秀的人能团结在一起干同一件事。他说，我认为这事，你们能成。1999 年，科大讯飞正式成立了。

俞敏洪：你当时已经是这个年轻团队的核心力量了？

刘庆峰：因为是我把他们组织起来的。后来让我下定决心的是一件事。当时中国科学技术大学算法很强，中国科学院声学所对声信号的研究很强，社科院语言所对实验语音学的研究很强，我们都要参加国家"863"比赛，要竞争。我们就通过公司机制把大家团结起来，经费给的比"863"还多，然后设置相应的利益分享机制，科研成果的荣誉归他们，但由我们统一产业化。这样一搞，大家就都特别愿意由竞争走到合作。把这件事做成以后，我就发现，让更多的年轻人在一起做技术，比我单独做研发更快。所以我就安慰自己，过去对我来说是做研究做得越准确越好，相当于一个神枪手追求精准；但是要打赢产业化这场仗，可能需要有人来当元帅，指挥一批神枪手朝同一个方向射击。那就让我自己试一试当这个 CEO 吧，然后一干就干了这么多年。

俞敏洪：你领导一群和你年龄差不多的年轻人一起做事业，过程中有过激烈的斗争吗？

刘庆峰：我们团队总体来讲都个性鲜明。我后来一直说，我创业最大的体会就是：**宰相肚里得能撑船，你得容得下人**。原来我们做研究的时候，有些人我还不愿意和他交往呢，觉得他没有我强；但如果你是创业，只要他比你能找到的其他人更优秀，就是难得的人才，你就得包容他、鼓励他，而且让他讲真话。

在 2001 年，联想投资进来以后，我们团队当时的 17 个核心骨干，除了一个在试用期，到了上市之后的十年，基本上没有人离开；后来这两年，因为我们被列入美国实体清单，有一部分业务要往外分流，也有一部分人是身体原因，就有几个骨干出去了，其他的核心成员都还在讯飞。所以，我们的凝聚力还是不错的。

　　这里面我认为最重要的是三件事：**第一，大家对事业发展的梦想是一致的。**我们真的有共同的愿景，让机器能听、会说、能理解、会思考，不仅要做中国第一，还要努力拿全球第一。不光技术层面要做到第一，还要真的改变教育、医疗、世界，等等。

　　第二，我们的企业文化确实还可以，能够说真话，相对包容。后来我们还专门提炼了"421克拉价值观"等。

　　第三，越是艰难的时候，一把手越得撸起袖子在前面带头干，而不是让兄弟们干，你去干别的事。我几乎所有身家都在讯飞，我们2008年上市到2019年，十多年里我一分钱股票没卖。到目前为止，我增持了4次，都是为了保持公司股权架构的稳定，或者股灾的时候，响应号召把钱投进去（后来卖股票，也仅限于归还增持入股的贷款本金）。

　　俞敏洪：这个过程中，有团队成员直接离开或者卖了股票就走吗？

　　刘庆峰：我们最早有13个实控人，基本上除了最近几年有退休的，他们卖了，其他人都没有。

　　俞敏洪：大家基本还是保持了一致的团队精神。

　　刘庆峰：是的。

　　俞敏洪：你们当初的13个人，现在还有多少人在公司？

　　刘庆峰：还有一半以上，将近10个人。如果是说在大讯飞生态中的话，那我们几乎都还在，只有一两个人离开了。我们被美国列入实体清单后，有很多限制，还有一些探索性业务不适合放在上市公司做，就依法合规地让一些人员在外围做，但是对公司也很有帮助。

　　俞敏洪：是的，必须有这样的互补关系。你当了这么多年科技公司的掌门人，你觉得最需要做到的是哪几点？

　　刘庆峰：我觉得我做得不好，但我觉得，最重要的是对未来战略的洞察力，这是最需要的，我们这几次还都跟上节奏了。

　　俞敏洪：有人说，科大讯飞能跟上节奏就是运气而已，你这么认为吗？

刘庆峰：我认为绝不是运气。我是第一个在正和岛批评"在风口上猪也会飞"这个说法的，因为如果你真是头猪，风一停你肯定摔死，所以绝不能当风口上的猪。我们1999年开始创业时的梦想一直没变，2013年到2014年定下的愿景"让机器能听会说、能理解会思考，用人工智能建设美好世界"，一点没变。在源头创新上，这个认知大模型就是我们2017年建立的认知智能全国重点实验室的一个成果，这就是我们想干的事。只不过技术在不断突破，每过几年就会有新突破，大家就会说，哇，你又抓住风口了。但过两年可能又会有一个艰难的爬坡期，再过两年又上来。任何事物的发展都是波浪式前进的，甚至是在走"弯曲的直线"，高科技含量的技术发展曲线都是先概念导入，接着到了黄金期，然后泡沫破灭，所有人发现怎么没有预想中那么好，再慢慢爬坡，最后苦尽甘来。2017年那一波深度神经网络的热潮我们跟上了，但实际上我2006年就开始关注了，只不过到了2016年大家才看到我们做的事情而已。从深度神经网络到卷曲神经网络、对抗神经网络，这一步一步的突破，都是自然而然的技术延伸。这一次的ChatGPT大模型，从1.0、2.0、3.0，现在是3.5、4.0，我们早就知道它的逻辑了，甚至预训练的方法，都是我们一直在跟踪的。所以我觉得，**作为董事长，首先要做到的是，战略预判完之后，你得知道什么技术是最重要的，你必须紧跟甚至提前布局。**

其次是得想办法将这项技术进行商业变现，不然你就饿死了。这方面我们做得很一般，还在不断学习。其实我们在前年的时候，利润还有15亿，缴税十六七亿，那时候真的很好，如果不被列入实体清单，可能现在利润能有20多亿。这两年因为疫情以及被美国极限施压，逼着我们通过国产替代的方式重新做了一遍所有训练。

最后是要善于用人，能够整合社会资源。这非常关键。

俞敏洪：太正确了。你觉得自己作为董事长，是怎样的个性？

刘庆峰：我可能天性比较乐观。很多人问我，你有没有遇到过特别难的事情？但我其实从创业到现在，好像没遇到过特别难的事情。基本上每次美国一施压，我马上就能找到新的机会，应该从哪里突破……总之，干呗，不会出现很大的焦虑。

俞敏洪：这方面我们俩有点相似，遇到难的事情，会发现这可能是个机会。

刘庆峰：王老师跟我提醒过两件事。他说，庆峰，第一，你不要过度乐观；第二，你在用人的时候不要心太软，太讲人情。

俞敏洪：这点跟我也差不多，没有乔布斯那种杀伐决断。

刘庆峰：是。

俞敏洪：全世界范围内的科技公司老总，你最佩服谁？

刘庆峰：我还是很喜欢乔布斯的，也非常喜欢马斯克、任正非，他们都是真正的大企业家，赚了钱以后，不是去做别人都能做的商业模式创新，不是从企业家变成商人，而是真的去做能改变人类未来的、最重要的硬科技。我们需要一些这样的企业家。

俞敏洪：现在科大讯飞长远的愿望是不是也是做能改变人类未来、让人类社会更美好的新科技？

刘庆峰：对，而且我们觉得这种新科技不是空泛的。因为我们看到了很多实用场景，比如赋能教育、赋能医疗。比如通过学习机，我们可以解决对孩子因材施教的问题，让孩子用同样的时间能取得更好的学习成绩，而且能对自己的学习更有自信心。比如学数学，过去每一章节需要练习几十道题，现在十道题以内就可以精准找到你的薄弱项，它会自动分析，给出知识图谱，告诉你每个知识点的相互关系是什么，应该从哪个地方开始学。这完全是把大模型变成了你的一个学习助手、随时随地提供辅导的老师。

我们希望有了这个学习机以后，能从小培养孩子的科学精神。科学精神要从娃娃抓起，要从小学一年级开始。我们看到的真实情况是什么？都说提出问题是科学成功的一半，孩子们总会天马行空、脑洞大开，但孩子提问以后，老师们能回答多少呢？23%。孩子问五个问题，老师只能回答一个，所以很多孩子不愿意问了。后来我们用星火大模型学习了中国科协的科普资料以及很多学校课后的素质拓展教育的内容，还学了《科普中国》《十万个为什么》等很多科普书里的内容，现在它的回答率能达到95%。

俞敏洪：学生的任何问题，基本都能从大模型中得到解答？回答的难度也是根据学生的不同水平给出来的？

刘庆峰：是的。另外还能看到一个指标，孩子们的举手率从16%变成73%。

再说另一个问题，青少年抑郁症。现在很多家庭都会焦虑，一旦孩子有了抑郁症，就不跟老师说话，也不跟家长说话，很难让他敞开心扉。而且就算遇到好的心理医生，（治疗过程）又很花时间，以至于北京安定医院的号都排到一年以后了。怎么办呢？教育部、国家卫健委要求对中小学生做抑郁症的全量排查。怎么排查？只能用人工智能。我们用人工智能可爱、亲切的形象单独跟孩子对话、聊天，就能够判断孩子是否有抑郁症，程度是几级。现在我们已经跟安定医院合作使用这项技术了，马上就会申请医疗许可证了，效果比基层医生还要好。

人工智能更进一步能做什么？机器能跟孩子对话，引导他。很多孩子的焦虑来源是什么？人际关系敏感、亲子矛盾、身体问题、校园霸凌、考前焦虑等，很多孩子跳楼就是因为考前焦虑。我们一旦做出了相应的判定，就能给孩子分享很多故事，让他不用担心，他马上就会放松。现在已经能看到，很多学校的发展性评价机制的覆盖率从10%左右提高到70%—80%了，很多孩子都被关注到了，考前焦虑的比例也从34%降到了17%。

所以，我们的梦想不仅是核心技术做到业界第一，这是一个对抗性的、纯技术向的梦想，我们也希望能通过人工智能，给社会带来更多更有温度的贡献。

▷ 做一个真实的人

俞敏洪：今天时间差不多了，你再跟大家说几句。

刘庆峰：当今世界，全球政治、科技、经济都面临很大的不确定性，很多人都有蛮大的焦虑感。认知大模型所带来的通用人工智能确实有了全新的机遇，有人迷惘、有人焦虑、有人兴奋。我觉得在这个时间点上，大家更重要的是要想清楚，价值创造的根本到底是什么？我们要的是什么？任何时候，无论做产业还是做自己的事，都得返璞归真，回到最真实的本源。源于初心，才能走得更远，走得更愉快。我们也希望将来中国有更多的科技与文化、技术与内容的结合。虽然我们都面临很大的压力，但我仍然希望我们都能够轻松乐观，能够不断找到环境中创新的机会，也希望朋友们越来越好。

俞敏洪：谢谢庆峰。今天我跟科大讯飞创始人刘庆峰老师做了两个多小时的对谈，收益良多。我们主要聊了几个方面：

第一，有关个人成长。庆峰某种意义上是一个天才型的人物，他的数理逻辑能力天生就比较好，从小一直是学霸。但除了智商，他的成长和成功也跟家庭的培养有关系。尽管他的父母不是高级知识分子，但对孩子的个性产生了非常大的影响，成了孩子的榜样。比如庆峰从母亲身上学到了坚韧和专注力，从父亲身上学到了气度、大开大合的性格。所以父母对孩子的影响是非常重要的，**好的父母是孩子成功的一大半。**

第二，从庆峰的成长历程中可以看到，尊重孩子的天赋，比强制性地把孩子塞到统一的模式中培养更有效。孩子都有各自不同的天赋，比如庆峰的优势是数理能力，我的优势是形象思维能力，所以庆峰从小偏理工科，我从小偏文科，我们两个都在顺利地往各自的方向发展，因为父母没有干预。当然，我父母也没有能力干预。有的孩子有体育才能，有的孩子有艺术才能，我们要尊重孩子的才能。在发现孩子在某个方面有特长和天赋的时候，要加以培养。

第三，当孩子大了以后，要鼓励孩子大胆去做自己的事情。庆峰当科大讯飞CEO的时候才26岁，我从北大出来的时候28岁，做新东方的时候31岁，都算比较年轻。在承担得起失败的前提下，多鼓励孩子在大学毕业以后，甚至大学的时候就出去闯荡，这种经历其实能对孩子一生的成功起到一定作用，毕竟能力是在训练中成长起来的。为什么抗日战争、解放战争期间中国出了那么多优秀的将领，如果没有战争，这是不可能的。所以，**在战斗中培养战斗能力，在管理中培养管理能力，在领导中培养领导能力**，这一点适用于每个人。很多人一辈子唯唯诺诺、缩手缩脚，最后回头一看，觉得自己这一辈子活得不合算。挡住我们的这堵墙有时候并不是外在因素，而是我们自己，自己就是最厚的墙。像科大讯飞能不断地钻研、发展，遇到困难也能一再突破，我觉得就是勇敢精神、冒险精神和探索精神起了作用。这些精神来自人的内心，所以，我们毫无疑问应该给自己，包括给我们的孩子更多的鼓励。

另外，我们可以看到，中国科技公司的发展是不容易的。中国从改革开放到现在，在商业化和市场经济大潮中，不少公司从只是建立商业模式赚钱，慢慢走向基础研究，走向创新源头建设，这是有目共睹的。比如科大讯飞，在语音合成、语音识别，以及现在的人工智能大模型方面，可以说是不断推动着中国这些领域的发展，甚至在某些领域已经做到了世界领先。大家知道，近几年来，出于方方面面的原因，中国科技企业非常不容易，但我们的自主创新研发能力一直在不断提升。

对于一个企业来说，如果没有国家在背后大量给资金，想要靠自己的资金、靠市场的活力来生存，其实是非常难的。在这个过程中，要保持企业的发展，要能持续研发出老百姓喜欢的产品，同时还要保持自己的科研能力。因为如果不保持科研能力，也许你还是可以继续卖一些产品，但回头一看，你已经落后很多年了。所以，以科技背景和研究能力为核心的企业对中国来说是尤其宝贵和重要的，因为他们能够把研发、把商业化、把祖国的发展跟老百姓的需求紧密结合在一起。当然，这样的科研公司，有的会探索失败，有的会探索成功，但不管是失败还是成功，只要是以科研为核心来研发产品的企业都值得赞扬。

科大讯飞是成功的，尽管他们也遇到过各种各样的危机。当企业遇到危机的时候，我相信企业家精神是尤其重要的。除了庆峰提到的科研能力，作为一个企业家，勇气和胆略也极其重要。比如他提到的自己最欣赏的企业家，像乔布斯、马斯克、任正非，都是有这种勇气和胆略的人。

同时，企业家还需要有对于未来科技发展的战略洞察力，这不仅是指模仿能力——模仿本身并不坏，要是模仿好了，说明你也在进步，中国的改革开放、中国的基础设施建设都经历了从模仿到超越的过程。同时，作为一个科学家型的企业家，他的用人能力、整合社会资源的能力、不畏艰险的精神以及挺立在风雨之中毫不动摇的定力，都是一个企业家在经营企业过程中最需要的。

我是一个科技盲，只会用科技产品，不会研发科技产品，也不能做任何贡献。但我希望通过和庆峰这样的交流，能不至于在科技产品应用方面太落后，也希望能从他们身上感受到一种情怀和精神，并且能把这种情怀和精神注入自己的工作中。同时，我也非常愿意宣传、推广我们自主研发生产的对老百姓的幸福生活能起到推动和促进作用的优秀产品。感谢庆峰为中国的老百姓做了不少可以反复使用的优质产品，也希望你们的产品能做得越来越好。

刘庆峰：谢谢俞老师。我觉得今天不仅很开心，有些地方还挺感动的。我也给大家透露一下，俞老师也是我们创业的榜样。6月9日是科大讯飞的周年庆，2012年6月9日晚上，我们创业团队喝完酒以后，一起去看了《中国合伙人》。怎么跟核心团队打交道，怎么包容团队各种各样的不足，同时又发挥各自的特长，面对各种困难如何调整心态，始终保持乐观、积极、向善、向上的态度，我觉得我从电影里、从俞老师身上学到了很多。所以，今天非常开心能到这里跟你对谈。

俞敏洪：大家不要被庆峰误导。《中国合伙人》里黄晓明演的程冬青，个性其实跟我有很大的差别。那个形象很容易让人感觉，一个人只要忍辱负重，就能创业成功。忍辱负重当然是一个很重要的条件，因为创业过程中总会有各种各样需要你忍辱负重的情况出现，但更重要的是眼光和决断力。

刘庆峰：在该忍辱负重的时候要忍辱负重，也需要眼光、决断力和担当。还有一条，我从您身上能看到诙谐乐观和回归人性。比如你说过，如果不喝酒还有什么意思？**该流露真性情的时候，还得做一个真实的人。**这点非常重要。

俞敏洪：我觉得这点你做得不错。人生海海，如果你总装，总端着，就会很麻烦。如果自己活得都不痛快，还艰苦创业干什么？你想想，如果在前线打了一次仗回来，是不是跟老战友们一起喝杯酒、聊聊天、开心开心是最好的事情？时间关系，今天直播就到此为止了，我们也得回去聊聊天、开心开心了。谢谢大家今晚的陪伴！

刘庆峰：谢谢俞老师，谢谢大家！

（对谈于2023年12月12日）

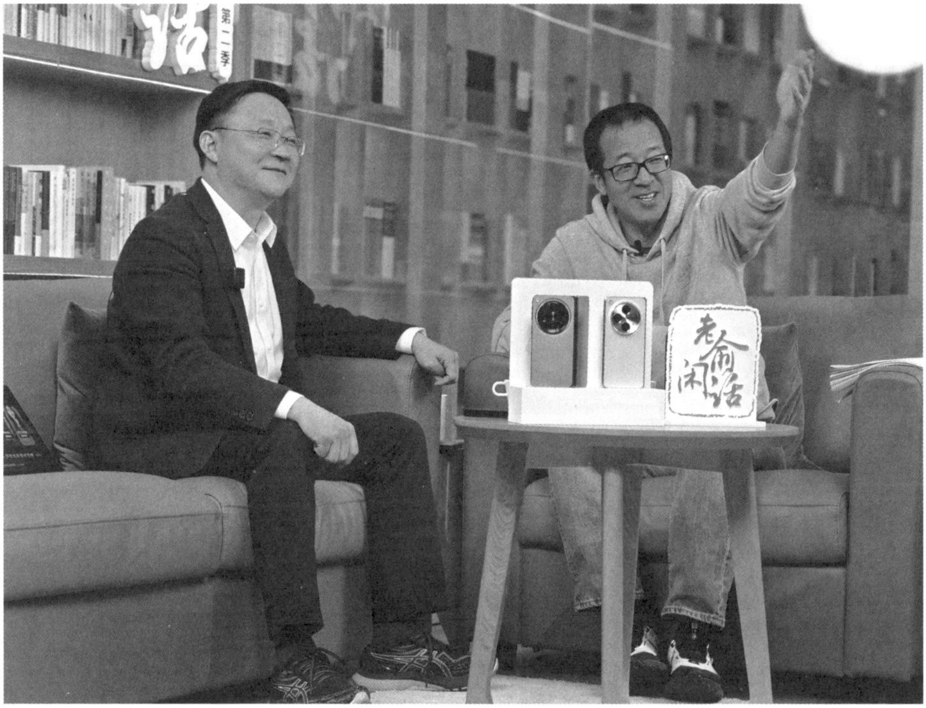
第二季
老俞闲话

第三部分

一切源于热爱

▷ **王金战**：老师站在讲台上，传授知识仅仅是手段，培养学生的格局、胸怀，树立远大的理想，才是真正的目的。

▷ **刘慈欣**：人类自身没有什么超越自然规律的东西，由物质组成的我们能做到的事情，机器也同样能做到。

▷ **薄世宁**：真正的爱不是肤浅的卿卿我我和脱口而出的海誓山盟，而是两个生命已经交织在一起，失去你就是失去我自己。

▷ **奚志农**：排除人类的一切干扰，就是最好的自然保护。

▷ **李成才**：纪录片能表达一个创作者对社会的看法，其中有他对社会的判断，有他对社会的理解。

对话 王金战

44 年来，只做一件事

王金战，著名教育家，全国优秀教师、博士，北京宽高教育集团总校长。

俞敏洪：各位朋友好，今天邀请对谈的是王金战老师。王金战老师是我的朋友，我们认识很多年了。我对他的教育理念，尤其是他对教育理念的实施能力，佩服得五体投地。我自己也办过中小学，但办得一塌糊涂。王金战老师进一个学校，就能办好一个学校；进一个班级，就能办好一个班级。现在他的宽高教育集团下面有近 20 所学校，每一所学校都有很多优秀的学生。很多成绩普通的学生，在王金战老师和他的团队的教育、引导下，都考上了非常好的大学，个性也变得更加开朗。一个孩子好，不光是成绩好，他的个性也要好。如果一个孩子成绩好，但性格变抑郁了，这个成绩好就是不合算的。

—— 对谈开始 ——

▷ **名师之路：学习改变命运**

俞敏洪：我们俩都是从农村出来，最后走进教育领域的人。

王金战：对，我们俩有很多相同的地方。第一，咱们都是 1962 年生的，但你比我苗条多了，我很羡慕你的体型（笑）；第二，我们都是从农村出来的。

我家是在山东沂蒙山区，1977 年恢复高考制度，我 1978 年参加高考。你也是 1978 年参加高考，咱俩答的是同一张考卷，但我那年考上了。

俞敏洪：所以你比我厉害。

王金战：我上了专科，你上了北大，你不比我厉害？

俞敏洪：对于农村孩子来说，当年如果能考上专科，就是天大的喜事。我 1978 年考的时候，唯一的志愿就是专科，但没有考上。所以，还是你比我厉害。

王金战：当时我对于考大学这件事比较迷惘，就是考着玩玩，结果一不小心考了一个专科。我上了两年专科，1980 年就毕业了，毕业后分到了一所乡镇中学，是沂水县下面的一所公社中学，离县城有一百里路。

俞敏洪：当初专科毕业的大部分都是到乡村中学去。

王金战：不是，我们班里分到沂水的同学都留在县城了。我当时在班里学习成绩挺突出的，但只有我被分到了村里。我觉得我到了那个地方，这辈子连媳妇都讨不上了。那时候年轻气盛，我就去找了教育局局长，我说我学习成绩应该是很突出的，他们都留在县城了，怎么就把我一个人分到农村去了？那个局长的回答真的让我不得不佩服。他说，正因为你成绩最突出，农村最需要有能力的人，所以才派你过去。我就懵了，无话可说。

我到了农村的学校，那里真的缺老师，而且我进去教的第一届就是高中毕业班的学生，学生年龄都比我大。农村的孩子非常让人感动，非常朴实，我比他们年龄小，他们面对我，表现出的却是敬重、期待，把我被分到农村的所有不愉快一扫而光。我当时就想，必须尽我最大的努力，帮助他们走出去。

我一头扎到工作里面，根本不考虑别的事，每天睁开眼就是工作。学校没有体育老师，我就把体育老师的责任担起来；高一年级没有英语老师，我就自学把英语教学也给担起来。我教的学生数学成绩非常突出，后来县一中选数学老师，他们一看，怎么一所名不见经传的中学，数学成绩排第二，就问是谁教的。那年四个毕业班，数学都是我一个人教的，猜都不用猜，这个荣誉肯定落我身上。所以，在村里干了两年以后，我就被调到县城一中了，当时叫沂水一中。

俞敏洪：当老师是要学习的，你怎么 18 岁当老师就能把学生带那么好？你觉得你天生就是当老师的料吗？

王金战：是。

俞敏洪：你年龄跟他们一般大，刚刚专科毕业，高中的孩子还不太好管，当然农村的孩子好管一点——你居然把学生教出来了，学生还喜欢你的课。我在北大当老师的前三年，学生都跑光了。

王金战：我记得我上高中的时候，政治老师是小学毕业的，物理老师是初中毕业的，所以当时有我这么一个在恢复高考制度后分到学校的正牌大学生当老师，大家还是相当惊叹的，所以大家本身就对我有一些敬仰。

我一开始当老师的时候，给自己定了一个规矩：**只要讲课，就一定要脱稿**。数学题在哪页上，我都背得清清楚楚。这么多年一直这样。所以我站在讲台上，也不拿课本，先声夺人、气势夺人，学生就很惊叹。我还能保证40分钟卡点下课，铃声一响，我的课一定会结束。当然，我能脱稿的底气就是我课前用了大量的时间去钻研，我对自己备课的要求到了近乎残酷的程度。但这么多年我对自己的严格要求，也练就了我现在的胆量和厚脸皮，大小场合我都要脱稿，看着稿子读反而找不到感觉。

俞敏洪：优秀的老师都是脱稿的。

王金战：一个老师一旦对教材研究得比较到位，再加上备课很熟，剩余的智慧体现就是幽默了。我听你讲课、做报告，下面经常笑声一片，感觉你很随性、很幽默。但如果你课都没备好，讲课吞吞吐吐，怎么幽默？

俞敏洪：**幽默是熟练以后的一种轻松**。

王金战：学生最喜欢风趣幽默的老师。当你把课备得非常到位，讲的时候行云流水，偶尔幽默一下，学生会特别喜欢。

俞敏洪：你的个性中本身就有风趣幽默的一面吗？确实好多老师讲课不错，但要让他们风趣幽默就很难；有些老师风趣幽默，但讲课非常差。**能把课讲得好，还能让学生在一种轻松愉悦、风趣幽默的氛围中听完一堂课且把知识全部学到手，这种老师真的是顶级好老师**。你毫无疑问就是顶级好老师。你觉得上课的轻松幽默是你刻意训练出来的，还是你个性的自然表达？

王金战：说不准。我小时候没发现自己的幽默细胞，18岁刚刚成人就稀里糊涂当了老师。但我上大学的两年，老师对我影响很大。我有一个教数论的老师，他就是那种博大精深、风趣幽默、让所有学生特别崇拜的老师，我感觉我将来一定要当这样的老师。所以从大学实习的备课开始，我就坚持掺杂一些风趣幽默的成分在里面。

俞敏洪：到现在为止，你也做了40多年教育了吧？

王金战：到现在为止，我工作44年了，都是在中小学一线。

俞敏洪：从18岁开始当老师，我估计你得教到81岁（笑）。

王金战：对啊。清华的口号是"为祖国健康工作50年"，我现在工作44年了，还很健康，应该能做到。

俞敏洪：50年肯定没问题，关键是完成以后，你说不定还愿意为国家健康工作60年、70年。你一直教的是数学？

王金战：一直教数学，而且一直都在当班主任。我在沂水一中当了一段时间政教主任，在青岛二中还当了一段时间教导主任，但我的主业还是教学、当班主任。

俞敏洪：我没有到过中小学的第一线。我从北大毕业以后当老师，直接教的就是北大的学生，后来做新东方，首批学员也都是大学生。到新东方有中小学生来参加培训的时候，我已经不在一线教课了。所以跟你相比，我对中小学生的了解是缺乏的，尽管后来也做过一些研究，也读过一些书，但和你一线的经历是不一样的。

王金战：我在沂水一中工作了13年，后来调到了当时山东最牛的一所高中，到现在也是最牛的，叫青岛二中。我在青岛二中工作了5年，1999年才被调到人大附中。到了人大附中，我除了一心一意当班主任，带数学竞赛，其他什么也不干了。

俞敏洪：怎么就开始带竞赛了呢？是一直有这个经验吗？

王金战：我37岁调到人大附中，在此之前我其实没搞过竞赛。当时青岛二中的竞赛水平很高，刘彭芝校长（当时的人大附中校长）以为我搞竞赛也很厉害，就问我，你们青岛二中每年都有一块国际奥林匹克竞赛的金牌，很厉害，这里面有没有你的功劳？因为我当时在青岛二中当教导主任，我就说有我的功劳。她说，那好，这个年级的数学竞赛就由你来负责了。我一听，后悔死了。你说我说那句话干啥？

俞敏洪：（笑）就是为了炫耀一下嘛！

王金战：搞数学竞赛要做遍天下难题。我把九章数学书店的那些书全买来，一头扎进数学竞赛研究里，拼了三年，把国际奥林匹克数学竞赛的所有内容攻了一遍。那三年，我做遍天下难题。我本身是专科毕业，这对我是很大的挑战。

俞敏洪：但这是一个超级提升自我的过程，相当于自己读了一个研究生。

王金战：这三年下来，确实脱胎换骨。我专科毕业后也一直在一边工作一边学习，1983年我就获得了本科学位，1995年获得了硕士学位，2007年又考了博士。

俞敏洪：那时候你已经45岁了。

王金战：博士在45岁之后就有报考限制。我当时看着那么多博士生、特级教师纷纷进入人大附中，有一种要被淘汰的危机感。为了适应人大附中这种不断提升的教师水平，我就开始读博士，读了五年，才把博士学位给攻下来。**我这一路走来的过程就是不断学习、不断改变命运的过程，所以我非常认同"学习改变命运"这句话。**

俞敏洪：在中国的中学老师里，能从农村中学一路奋进到北京乃至全中国最好的中学，你这算是绝无仅有，很了不起。你这一路，从公社中学、县里的中学到青岛、北京的中学，城市越来越大，中学也越来越好。现在青岛二中是最好的学校之一，人大附中就更不用说了，几乎是神一样的存在。你和刘彭芝老师这一帮人创造了最著名的人大附中奇迹。

▷ **44年只做一件事：帮助别人成功**

俞敏洪：你是一个农村孩子，高中的时候还是一个差生，但最后你考上了专科，后面又读了本科、硕士、博士，现在自己还带博士生。除了学习能力，你觉得是什么让你一路走到今天，成为一个教育集团的创始人和领路人？

王金战：也是一个逐步提升的过程。当时对我改变比较大的一件事是，我上高一的时候，当时高考还没恢复，我只想着高中毕业就回农村，后来恢复高考，我们班主任就动员班里前五名的同学提前参加高考。我当时在班里成绩很差，天天瞎折腾、调皮捣蛋，我们班53个同学，我排在40名之后，但我提出要考大学。

那时候考大学不是你想考就能考的，要先筛选，比较优秀的才能考大学，我肯定不在其列。我也要考大学，这让班主任很是怀疑。后来班里五个最优秀的同学就搞了一些恶作剧，他们当着全班同学的面打击我、侮辱我，说你要是能考上大学，大学生就一文不值了。大家都觉得我要考大学是一件很可笑的事，结果他们一侮辱我，也不知道我哪来的一股劲儿，就在班里当着所有同学的面跟他们对骂起来了。我说我想考大学，得罪谁了？你们凭什么这么侮辱我？有谁规定我不能考大学？就凭你们五个人的德行，我今年非考个大学让你们看看，还说不准谁能考上呢，咱们走着瞧！我当时确实是这样的想法，但后来才感觉到自不量力，对自己的大话很后悔。

俞敏洪：你的进步都是后悔引起的。你没搞过竞赛，就答应刘校长你可以带奥林匹克竞赛，结果把自己弄成了竞赛专业户。高考也是，你说你能考上，最后还真努力去考了。

王金战：后来我想，那五个同学是我人生最大的贵人。如果不是他们当着那么多同学的面侮辱我，我可能就稀里糊涂地放弃这个念头了。结果被他们一刺激，这个念头就来了，我就开始学习。一个小学、初中都没怎么上过的人，书也没看过多少，就想要考大学了。我从初中课本开始，一页一页往后看，一步一步找到了学习的乐趣，然后全情投入，最后成了当年我们班唯一一个考上大学的人。

村上春树说过一句话，**人不是慢慢长大的，而是一瞬间长大的**。我感觉我的成熟过程里，很重要的一步就是发誓考大学，结果一不小心真考上了。我在大学里学得也很投入。毕业以后，我被分到农村，一开始觉得很丢人、很失落，但一看到学生，看到他们对你那种崇拜、渴求的眼神，这些烦恼就都没了，然后一头扎到教学中。

我就这样一步一步通过奋斗赢得了人生的重大转机——我在1991年29岁的时候，评上了全国优秀教师、山东省优秀党员，30岁就评上了高级职称，那时候中学还没有正高级。我没什么领导水平，也没什么背景，但**我为什么能评上全国优秀教师呢？源于我刻苦投入的精神和比较突出的教学业绩、科研业绩。**

俞敏洪：实际是专注、一心一意带来的结果。

王金战：当我专注工作时，发现收获最大的是我自己，光想着从工作中索取，我是不会得到那么多的。

俞敏洪：这源于你对当老师发自内心的热爱，这种热爱已经变成了你生命的一部分。你看到学生就喜欢，发现自己把课讲好了以后，学生进步了，你内心就充满了喜悦。

王金战：对，就是这种不断的成就感让我苦中作乐。洛克菲勒讲过，**一个人视工作为快乐，人生便是天堂。**这句话我体会很深刻。**我走到今天，一直这么执着，很重要的一个原因就是，我把工作视为一种快乐，而不是一种养家糊口的手段。**

俞敏洪：如果你把它当作养家糊口的手段，就不会有今天的成就，不会在教育行业里深耕40多年。

王金战：这些年，越投入教学，就越感觉责任重大，同时也为自己带来了很多快乐。有一次我在青岛过年，我一个学生在事业上已经干得很红火了，是国家的一个正厅级干部，他听说我在青岛，就一定要来跟我一起过年。我说你都当那么大的领导了，好不容易过个年，你得在家里陪陪家人，跑到青岛来找我干吗？他说，老师，我得找你，要不见你，我这个年没法过。一见面，他就拿出了一封信。

很多老师，包括学校，都更关注考得好的学生，但我不是这样。我觉得每次考试下来，最难受、最需要安慰和帮助的往往是那些考得差的学生，因为他们挺痛苦的。所以每次大考之后的两天内，我都会和那些考得不好的学生一个一个地谈话。那时候在沂水一中，每个班90多个学生，我两天之内谈不过来，怎么办呢？学生晚上睡觉的时候，我就在办公室给他们写信，只给那些考得差的学生写。你得了解他的特点，知道他为什么这次考差了；你还得抓住他的优点加以鼓励和表扬。有时候写着写着我自己都被感动了，默默流眼泪。

俞敏洪：太认真了，很少有老师这样做。

王金战：我一晚上写二三十封信，写到天亮，就把信封起来，写上学生的名字，然后放在他们的座位上。你想想，那些孩子考得不好，一个个心里正难受，一看到我的信，那种顿悟、感动，那种考得差的苦闷立刻就烟消云散了，擦干眼泪，重新燃起决心和斗志。

俞敏洪：坦率地说，有几个中学老师能做到像你这样？你太厉害了。

王金战：他就是其中一个收到信的学生。高考前最后一次考试，他考得很差，他又是个农村孩子，就彻底崩溃、绝望了。结果一看到我给他的信，又感动又自责。感动的是没想到老师这么了解我，对我这么关心；自责的是人间正道是沧桑，这么点困难、挫折都承受不了，怎么能笑到最后呢？他茅塞顿开、状态回升，结果高考的时候，他考出了高三这一年历次考试中最好的一次，终于考上了好大学。

那天他来见我，掏出那封信。已经20多年了，那封信都发黄了。他说，王老师你看，全是我的眼泪。我一看，我那字写得挺好，都被那小子糟蹋了（笑）。他一直带着这封信，后来工作了，每次遇到困难，他就拿出来看一看，看一次哭一次。他说，我一路走到今天，人生最关键的时候，就是你给我这封信的时候，这封信成了我一生重要的转折点。在学生人生的关键时刻，你对他多用心一点，看似你付出了辛苦，但收获最大的其实是老师，因为你让这个学生赢得了一生更辉煌的事业，也算是为国家做了贡献。

俞敏洪：你的学生中，是不是也有部级干部？

王金战：应该说为数不少。

俞敏洪：你真是桃李满天下。他们当中，当科学家的肯定有，当工程师的肯定有，当大学老师的肯定有，当国家干部的肯定有，出国留学的肯定也有。

王金战：对。我那时候在人大附中当班主任。**我的培养目标是什么呢？叫科学家的思维，外交家的策略，政治家的胆魄，军事家的勇敢。**

俞敏洪：讲课过程中就把这些目标融进去了，潜移默化中影响孩子的格局、眼光、气度、能力。

王金战：**老师站在讲台上，传授知识仅仅是手段，培养学生的一种格局，一种胸怀，让他树立远大的理想，才是真正的目的。**如果一个老师就教学而教学，就传授而传授，说培养了栋梁之材……

俞敏洪：就会非常偏颇。就像一对父母只知道给孩子做饭、穿衣，不知道如何培养孩子的个性。如果一个老师只知道给孩子灌输知识，却不知道如何培养孩子宏大的、开放的、包容的、积极的个性，这基本不能算是一个合格的老师。我觉得你的成功，不光在于能给学生讲好知识，而且还能把学生的人格培养好。

王金战：我当老师越久，对教育的感悟就越深。我就是一根筋，44年就干了这一件事。用一句话概括，**我这44年干的事就是帮助别人成功**。世界上没有两片相同的树叶，一个学生一个样。面对不同的学生，我得琢磨，怎么让他成就最好的自己。怎么琢磨？不能找缺点，只能找优点。越是那些感觉问题很多的孩子，越得找优点，甚至得戴着放大镜去找，然后给予鼓励、表扬。我发现这一招很管用，所以在我的欣赏、引导、启发下，学生一个一个找到了自尊、自信。

俞敏洪：同时你也成就了自己。

王金战：**我的成功归结为，成功了你的成功**。我的快乐就是快乐着学生的快乐。其实就是毛泽东那句话，"待到山花烂漫时，她在丛中笑"。老师一定要追求这个境界，别光想着自己多么辛苦。我后来当校长，跟班主任们开玩笑，我说你们觉得当班主任很辛苦，但你们有没有想过，当军人不辛苦吗？当医生不辛苦吗？当警察不辛苦吗？但哪一个行业能像当老师这样，**虽然付出了辛苦，但赢得了学生一生的感激**。

俞敏洪：老师当好了，有时候收获、回报比你付出的还要多。

王金战：对。**在你付出心血、智慧的地方，后面是一片参天大树，是一片郁郁葱葱**。哪一个行业能有教育这么伟大？学生毕业了，有几个认识校长？但大家都感谢班主任。班主任看似最辛苦，但某种意义上讲，校长都是在给班主任打工。

俞敏洪：班主任不光教某门课，而且还会关注学生在学校时的活动，他的性格、他的发展、他的品行，班级同学之间的团结友好氛围都是靠班主任引导的。如果遇到你这样的班主任，整个班级就都是英才。

王金战：我也在努力往这个方面过渡。现在很多家长选学校、选班。其实，像你的"老俞闲话"里一篇文章说的那样，**选学校不如选老师，关键是要找到一个好老师。**

俞敏洪：你从公社中学到县中学、青岛二中，再到人大附中，一路过来，你是学生推着成长的。因为你教的学生得了高分，你被更上一级、更重要的学校重视，才会把你往上调。在自己做教育集团之前，你是被人一级一级拉起来的。你来人大附中的时候，刘彭芝已经比较有名了，她对老师的要求也是很高的。

王金战：是的。

▷ 问题孩子的背后是问题家长

俞敏洪：教育界有一种说法，这个世界上很多技能都需要证书，开挖掘机也要有证件才行，只有家长的身份是被老天赋予的，只要孩子生出来，你就是家长。我们发现，中国有一半家长用尽九牛二虎之力，以爱孩子的名义，却把孩子给毁掉了。

王金战：可能远不止你说的这个比例。

俞敏洪：我在教学一线看到的情况是，**90%的问题孩子背后是问题家长**。家长们都想为孩子不顾一切，但当你想做一件事却把方向搞偏时，用力越大，离目标就越远。**教育孩子不是用力不用力的问题，何况很多家长用的都是离心力。**

王金战：是，力气完全用偏了。用力越大，对孩子的摧残就越大。

俞敏洪：你过去和很多家长聊过天，你觉得中国家长犯的最常见、最典型的错误有哪几个？

王金战：**第一，家长有病，孩子吃药**。这是非常典型的一种现象。这个问题本身是家长的问题，但家长看不到自己的问题，老是指责孩子；**第二，过分关注孩子的成绩、排名**。好像孩子生下来就是一个学习工具，全然不顾孩子首先是一个有基本需求的动物，有动物的本能。小孩子有童年、童真、童趣，很多家长不关注这些，结果孩子学习成绩上不来，心态也不好。现在青少年心理疾病患者这么多，都是这个问题导致的；**第三，希望孩子完美，总爱挑孩子的毛病**。有些家长动不动就凶孩子，我说你怎么老挑孩子的缺点？孩子考了 95 分，回家高高兴兴的，你来句"别骄傲，你怎么不考 100 分？邻居家孩子考了 100 分，你骄傲什么？"这对孩子来说是一个很大的打击，孩子会觉得自己的压力非常大，甚至会觉得自己再往上走非常困难，最后心灵上受到很大的伤害。

我写过一篇《使孩子变废的十大高招》，看完这十大高招的家长哭着喊着说，王老师你怎么不早点写这个，我孩子都高二了，现在一塌糊涂，我老是怒其不争，觉得这个孩子怎么不上进、不争气，看了你的"十大高招"，才知道是我把孩子毁了，"十大高招"我至少用了七招。

俞敏洪：能意识到问题的家长，还算是好家长。

王金战：那"十大高招"有：**过分苛责、处处干涉、追求完美、看重高分、父母不和、不准发问、事事代劳、限制爱好、鼓励听话、拔苗助长。**

俞敏洪：尤其是独生子女家庭越来越多以后，这些情况越来越明显。原来一家有三四个孩子，家长无所谓，也忙不过来，现在可以 24 个小时盯着一个孩子，而且是好几双眼睛同时盯着孩子。

王金战：因为追求完美，就光找孩子的问题；找完问题就指责，孩子就没有成就感，就会自暴自弃。刘彭芝校长的理念是**"爱和尊重是教育的前提"**。《礼记》中有一句话叫"有深爱者，必有和气；有和气者，必有愉色；有愉色者，必有婉容"，这是一条线的。有些人生了孩子，就老挑孩子的毛病，批评、指责，这不是天天找气受吗？所以，我们倡导家长们不要挑孩子的毛病，而是要天天找孩子的优点。

举个例子。小学生放假回家，老师布置了一大堆作业，第二天上学的时候都得家长签名才能交给老师。有些家长是怎么弄的？检查作业，就挑毛病，你看你这个作文写得乱七八糟，字写得也乱，还有错别字。但我引导家长们，我说孩子抱着作业来到你跟前的时候，你先感动一下。十来岁的孩子，一天学习十多个小时，抱着一大堆作业来，多不容易。你一感动，不就和颜悦色了吗？感动完了，开始找优点。哎呀，这篇作文写得这么好。如果这个字写得不好，但有哪句话写得很恰当，你就说，哎哟，这句话写得太恰当了；如果这句话不恰当，总有哪个字写得很好吧？哎哟，这个字写得真漂亮……你总能挑出优点来。如果一个家长每天给孩子签名的过程，变成为孩子的付出感动的过程，变成寻找孩子优点的过程，家长能不赏心悦目吗？看着孩子的优点一天天多起来，他能不高兴吗？家长天天找出孩子那么多优点，孩子就越来越喜欢生活、喜欢学习，他的心态就越来越阳光。在这样的家庭中，氛围肯定很和谐。

俞敏洪：现在很多家庭被孩子的作业搞得鸡飞狗跳，其实不是孩子的问题，本质也不是笨和聪明的问题。笨和聪明是相对的，聪明也是被鼓励出来的。实际上教育有一个原则就是，**唯有鼓励、支持和赞扬，才是孩子成长的正确路径。**当然，鼓励、赞扬和支持并不是溺爱或者纵容。很多孩子明明犯了错误，家长也不用恰当的方式指出、批评；或者孩子已经做得过分了，比如在公共场合大声喧哗、做事不礼貌，家长也不告诉孩子应该怎么做，这是纵容、溺爱，这种孩子长大肯定是不行的。表扬和鼓励是指能够客观地找出孩子的优点，包括他的个性优点、学习优点、人品优点，还有其他优点，让孩子知道你在欣赏他。为了得到赞许，孩子会不断重复这些优点，会继续寻找自己新的优点。

面对孩子的学习也是如此。我有一次在一个朋友家，他们家孩子有一门课考了40分，家长就开始骂他，我说你不能这样，要是我就先表扬他一下，他毕竟做对了40%，说明他已经理解了一部分。但你不能给他提一个下次要考到90分的目标，因为孩子肯定没法做到。你可以提出一个孩子觉得能达到的、并且你愿意和他一起努力达到的目标，比如先考到50分，从50分再考到60分，这样可能就会一路鼓励孩子成长了。

王金战：我研究成功教育多年，写了一百多本书。成功教育就强调，**问题学生是怎么产生的？是学生反复遭遇失败的打击以后变成的。**小孩那么天真可爱，为什么不久就变成了问题学生呢？是教育把他培养成了问题学生。他有一种想被表扬的期望，但你不表扬，老打击、打击、打击，一个问题学生便诞生了。**怎么让问题学生变好呢？其实很简单，就是反其道而行之。**他因为反复遭遇失败的打击，

所以变差了，那你就让他反复享受成功的喜悦，这个学生就一定能走出困境，走向成功。 很多人觉得我在抓差生方面很有绝招，觉得我很厉害，其实我最大的绝招就是这个。

俞敏洪：不断用最适合的方法鼓励孩子进步。

王金战：**让孩子反复享受成功的喜悦。一个孩子一旦连续三次取得成功，他就会形成路径依赖，信心也足了，就会沿着成功的路径往前走。**

俞敏洪：最重要的就是重建信心。

王金战：是的。这些年我就用这个办法，帮一个个困难学生"脱贫致富"了。比如面对一个考了倒数第一的学生，我就说，这回考试，后面有没有人？他说没人了。我说，哎哟，好险，咱们下次考试，能不能让后面多一个人？其实倒数第一追倒数第二是很容易的。他说，校长，行。我说真行？他说真行。好！只要下次你后面能有一个人，你在我这儿就是顶天立地的、有前途的学生。他真的完成后，你再给他鼓励和表扬，他就有了追倒数第三的勇气。

俞敏洪：我有一次演讲的时候谈到，最后一名其实挺好的，最后一名最有成就感。学生就问，为什么最后一名最有成就感？我说，你看，前面的同学都被你追得半死不活，后面没有一个人追你，不开心吗？如果你变成了倒数第三名，一下就超过了两个人，不是很厉害吗？我觉得我的理念跟你的观点有点相近（笑）。有朋友留言说，以前班里考倒数第一的学生，现在在北大上学，估计他的老师就用了你这个方法。

王金战：有个小女孩，以前是前五名，她第一次考了第一名，第二次考了第五名，其实也挺好，但家长就觉得塌了天了，你怎么考了一个第五？孩子看着家长哀怨的表情，就发誓下次一定要考好，结果更紧张了。第二天要考试，前一天晚上就紧张得睡不着，考场上拿着笔就哆嗦，手心出汗，紧张到了这个程度。然后她考一次退步一次，考一次退步一次，初一考第一，到了初三的时候，成了班里第三十名。这时候家长找到我说，王老师，我的孩子成绩已经起不来了，一点信心都没有了，你得帮帮她。

我跟孩子一见面，是个长得挺漂亮的小女孩，但满脸的青春痘，而且有种淡淡的忧愁。我就问她，你考多少名？她说，第三十名。我说，这是你的成绩吗？她说，不是我的成绩。我说，怎么说？她说，我考过第一，怎么也得是前五名。我立刻知道这个孩子的问题出在哪儿了，她已经不敢面对现实了，而且很严重。第三十名就是第三十名，别总想着拿曾经那个第一来欺骗自己。我说，必须让她接受现实，问题才能解决。我说，你到旁边考虑一下，别急于回答我。小孩就坐在旁边冥思苦想后说，王老师，我每次考试都特别想考好，背上了想赢怕输的包袱。每次考试之前的两天，我就睡不着觉，而且满脸青春痘；一旦考完，我的青春痘就没了。其实就是孩子内分泌失调了。我说，问题找对了，我开始帮你。这样，距离期末考试还有一个月，在一个月后的考试中，你能不能超过科科都不如你的第二十八名？她说，那太容易了。我说，不容易啊，你只要能超过第二十八名，我就有办法让你中考取得好成绩。有时候真真假假，假假真真，我能有什么办法？其实就是鼓励她。她说，王老师，我一定能做到。期末考试成绩出来以后，那个小孩给我打电话，我现在还记得她那激动的声音：王老师，我成功了！我太幸福了！我太高兴了！她说，我超额完成了任务。我说，你考了多少名？她说，我考了第二十五名，超额完成了任务。她很兴奋。

俞敏洪：先把欲望降低，心情放松些。

王金战：得先让孩子找到成功的体验，预期一定要低一点。她做到后说，王老师，放寒假了，我还想再好好学习，开学后想再提高5个名次，行不行？我说，不行，5个太高。她说，我这次很轻松地就提高了5个名次，下次再提高5个名次，我能做到的。我说，不行，5个太高了，再提高2个名次，我就有办法让你中考进入你们班前五名。她说，老师，我一定完成。结果这个孩子中考的时候，真的是以他们班第五名的成绩考进了北京一所重点高中。她全家对我千恩万谢，特别是他爸爸告诉我，王老师，你救了我们一家的命。

俞敏洪：独生子女一直压力这么大，就会出大问题。

王金战：对。他说我家就这一个孩子，三年下来，家里天天生活在愁云苦雨中，一到考试，全家就紧张，但跟你谈话以后，孩子就完全变了一个人，完全放松下来了，我们才知道你的教育魅力这么大。这个家长说得也不假，我用几招就让他整个家庭从教育的误区中彻底解脱出来了。

俞敏洪：你接触了很多高中生，你觉得中学生现在存在怎样的问题？他们自己如何纠正？他们如何想办法更加奋发，靠自己的能力走出困境？

王金战：我总结过，社会上的人可以分为三种类型。**第一种人是自燃型**，不需扬鞭自奋蹄。**第二种人是点燃型**，给点阳光就灿烂。很多自燃型、点燃型的人都符合二十大报告里谈到的对青年人的要求——有理想、敢担当、能吃苦、肯奋斗。**第三种就是不燃型**，有一种"死猪不怕开水烫"的感觉，属于躺平型。现在有一批青少年就是躺平型。

现在生活条件越来越优越，孩子又少，家长都怕孩子受委屈，百般呵护、包办代劳，导致孩子的自主能力、吃苦耐劳的能力越来越差。为什么要把"有理想、敢担当、能吃苦、肯奋斗"写到二十大报告里呢？因为现在很多青少年学生缺少这些东西，他们没有长久的动力。很多学生问我，王老师，我听您讲一次课，就热血沸腾、斗志昂扬，半个月之内学习热情很高，但半个月之后就不行了，**请问我怎么保持持久的学习动力呢？现在分析，很多学生都缺少理想，内心没有格局，没有高远的追求**，光想着学习那点事，越学越苦，连学习上的困境都走不出来。**我觉得现在的中学生还得通过树立理想、学会担当，把自己的格局打开，然后再面对学习。**

俞敏洪：但这本身就是一个"先有鸡还是先有蛋"的问题。大部分中小学生很难做到有理想、有志向、有热情，必须有外面的某种帮助，需要有人先"点燃"他们，他们才能"自燃"起来。现在学生周围的环境，包括家长、老师给他的压力，导致他不光自己燃不起来，还会把已经点燃的部分按下去。

王金战：所以对于家长来说，**第一，培养孩子，不要光盯着孩子的分数**。一定要先关注孩子是不是关心别人、心态阳光、有责任感，逐步培养这些东西，才可能无心插柳柳成荫。你光盯着孩子的分数，反而使得孩子一无是处。这是对家庭提出的要求。

第二，家长一定要放手。鱼缸里肯定养不出大鱼，温室里也长不出参天大树。现在有很多家长，什么事都替孩子包办代劳。孩子没上幼儿园的时候，家长就喂孩子吃饭，因为不喂他就不吃，不吃就饿。可是现在有几个孩子饿着的？都是营养过剩。结果孩子一上幼儿园，别的孩子十几分钟就吃饱了，要家长喂的孩子却一口菜都吃不进去；没人喂他，他就会挨饿。

现在与其说要对青少年提要求，不如说青少年的很多问题的根儿都在家长身上。 我记得有一次，咱俩在厦门的家庭教育论坛，我说**家庭教育不是让家长学怎么教育孩子，而是教育家长怎么当家长；现在最不需要教育的就是孩子，最需要学习的是家长**。把家长的理念改变过来，那一批孩子就被挽救了。首先要放手，家长不放手，孩子永远长不大。

俞敏洪：当孩子们本身已经遇到了这样的家庭时，家长过分管理孩子，不给孩子更大的空间，也剥夺了孩子的某种自主权，孩子们应该怎样反抗或者摆脱这样的局面，让自己成长？

王金战：我们办的学校都是寄宿制学校。

俞敏洪：尽可能减少家长对孩子的负面影响？

王金战：对。现在家长投诉学校成为常态，孩子在学校受了一点委屈，回家一说，家长就开始投诉，弄得老师们一惊一乍的，都不敢当老师了。我那天说，当全民族都在干预教育的时候，这个民族一定会得到报应。现在就进入了这种恶性循环，家长管不了孩子，老师又不敢管孩子，弄得孩子放任自流。

俞敏洪：老师确实不敢过分严格地管孩子。一管，孩子一告状，家长就"杀"到学校来吵架。

王金战：经过我的仔细分析发现，凡是经常投诉老师和学校的家长，他们的孩子基本上都是问题孩子。如果通过咱们的呼吁，能让家长们如梦方醒，就能拯救一批家庭。我们学校迫于无奈，就要求全寄宿，从头开始就让孩子们住在学校里，他们的独立性会更强。我们会保证孩子每天睡8个小时，锻炼1个小时。孩子们睡眠能得到保障，精力充沛，身体也能得到锻炼。

我们现在有作业熔断机制。怎么熔断？一般学校的孩子回家，老师会布置大量作业，晚上11点到12点都做不完；在我们学校，高中晚上10点10分熄灯，全部睡觉。这样一来，大家的节奏感就上来了，效率就高了。我不跟24小时争，我就抓效率。

俞敏洪：学习时间长，远远不如学习效率高。

▷ 教师困境与教育困境

俞敏洪：你当一线老师40多年，你觉得中国老师身上有哪些毛病应该改掉？我觉得有时候一些孩子的心理问题是老师造成的，而不是家长造成的。当然，家长和老师合起来，孩子的心理问题就叠加了。

王金战：我觉得可以聊三点。**第一，缺乏热爱；第二，缺乏学习；第三，包办代劳**。关于第一点，有一句话说，人生三个境界：就业、职业、事业。现在很多人把做老师当成就业，当成养家糊口的手段。

俞敏洪：某种意义上说是缺乏对教师职业的尊重和热爱，只是把它当成普通工作看待。他们到别的地方不好找工作，每年教师的需求量很大，就索性考进来，接这么一份活，拿这么一份工资，把备的课讲给学生听就完了。

王金战：对。他们不把教师当成一种事业，只当作一种就业手段。老师本身待遇不高，不光中国，世界上任何一个国家，教师这个职业都是相对清贫的，没什么更高的经济地位、社会地位。有些把教学当成养家糊口手段的老师就会生气，把气撒到学生身上。一个老师面对50多个学生，对应的就是50多个家庭，他如果缺乏教学艺术或者教学品德，可能就会影响50多个家庭。

我很担忧这件事，所以我呼吁老师们一定要把教育当成事业。苏霍姆林斯基有三句话：**教育是事业，其意义在于奉献；教育是科学，其价值在于求真；教育是艺术，其生命在于创新**。我就是把教育当成事业的人。

俞敏洪：你属于献身型。

王金战：我收获满满，培养的学生也都"郁郁葱葱"。既然从事了教育行业，一定要培养优秀的学生，一定要把它当成一项事业，千万别当成就业的手段、养家糊口的平台，那样你永远找不到成就感。

第二，现在的老师缺少学习。面对面向未来的学生，许多老师只有上大学期间学的那点东西，以至于现在有一大批不学习的老师逼着孩子们学习。他们墨守成规、故步自封，外面的世界很精彩，他们也不去学习，都不想走出舒适区。

俞敏洪：每年上的课是重复的，讲到最后，连备课的时间都省下来了。

王金战：像你给我最大的感触是什么？你这个人老是折腾，老是愿意冲出舒适区，不断挑战自己。我记得"双减"一落地，你们就顽强地寻寻觅觅，后来我听说你要做农产品，就为你捏一把汗，觉得这个行吗？但你又做成功了。现在你做文旅，我能感觉到你在大自然中的那种绽放，那种全情投入，真的使我大开眼界。你就是找到了自己喜欢的事业，我确实叹为观止。

俞敏洪：学习无止境，努力无止境，眼界无止境。

王金战：第三，**教育不是灌满，而是点燃。现在很多老师上课就是满堂灌、一言堂，不给孩子任何思考的余地**。重要的不是老师讲了多少，而是学生真正掌握了多少。老师大量地讲，剥夺了孩子的学习机会，剥夺了孩子学习的主动性和自觉性，最后还把老师累个半死。

俞敏洪：就像父母把孩子的事情都包了，到最后孩子觉得累，父母也觉得累，是一样的。

王金战：教育的目的是培养学生。**学生能干的事，教师包办代劳，就剥夺了学生成长的权利**。老师上课讲，自习课也讲，结果把孩子学习的时间都给剥夺了。这是现在中国中学教师普遍存在的问题。

俞敏洪：这三条真的非常到位。中国的部分老师不学习，不给孩子创新的机会，不把教育当成热爱的事业。如果没有对知识的热爱、对学生的热爱，真的不能当老师。

王金战：是的。我有时候给集团的老师讲，你们如果把当老师作为谋生的手段，这么辛苦，你绝对没有成就感，请你抓紧离开。如果在我们的平台，请你一定要把它当成一项事业、一种热爱，用一种献身的精神来从事这项事业，就会有满满的成就感。

俞敏洪：我觉得很多中国的老师还有一个问题，就是功利心和分别心太重。功利心在于，他会非常认真地了解孩子的家庭背景，而不是你说的有教无类。他们也没有抱着仁慈心对孩子们一视同仁。如果这个孩子家庭背景非常好，老师就会对他非常好。还有一种是分别心，这跟家庭背景没关系，他对好学生加倍的好，对后进学生则完全忽略，甚至讽刺打击，导致后进的学生心理更加失衡。我觉得有两种人是不能有功利心和分别心的，一种是老师，一种是医生。医者医命，老师医心，如果医心和医命的人都有功利心和分别心，这个行业就乱套了。

王金战：是的。

俞敏洪：现在有个现象，中国的大学越来越多，孩子们的内卷反而越来越严重了。我们当初是没什么大学可上，大家不得不拼命努力考一个大学。1978年的时候，考试人数是610万，今年的考试人数是1300多万。

王金战：现在是剧场效应，大家都对孩子施加压力。其实现在考大学越来越容易，但心理疾病越来越多，大家还是盯着分数、排名。当今时代，我们不鼓励内卷，但如果能卷出一批英雄豪杰、国家栋梁，那也值了。就像红军长征两万五千里，那时更艰苦，但卷出了一批将军和元帅，那个卷就值得。

俞敏洪：但现在卷不出来。你不卷，能上清华、北大的人是这么多；你卷了，也还是这么多。能上名牌大学的学生，70%到80%还是那批人，结果他们因为卷，心理上面临巨大压力。说到这里，我们就进入了一个比较沉重且不好谈的话题：中国教育到底出了什么问题？你从事基础教育40多年，对这个问题肯定有更深刻的思考。我觉得国家也在想办法让学生不卷，可好像没有起到太大作用。为了一个小小的幼儿园，卷得半死；为了一个小学，卷得半死；为了一个初中，卷得半死。国家不让考试了，但当面不考，背后偷偷考。卷着卷着，人口就要卷没了。

2023年出生人口只有900多万，今年有多少我不知道。全国中小学所有的座位加起来，已经远远超过出生人数了。继续卷的话，未来出生率可能还会下降。如果按照现在的趋势再往后推十几年，中国所有大学未来预计录取的学生人数加起来，会比现在出生的人数还要多。你觉得应该怎么做，才能把这样的局面扭转过来？

王金战：我曾经在我的一个视频里发表了一番"谬论"，但成了爆款。**我希望国家的中小学学制压缩到10年，小学5年，中学5年，中间没有中考**。现在的中考是内卷很严重的一个部分，去掉中考，内卷就轻多了。

比如现在孩子刚上初二，你不参加中考就考不上高中，但中考对于一些尖子生来说完全是浪费时间。现在青少年老是学习过去的东西，他不感兴趣。让他接受一些更有挑战性的东西，这些孩子会学得更快乐，还感到有挑战性。压缩掉两年学时，中间没有中考，5年中学之后再分流，一部分走大国工匠的道路，一部分走理论研究的道路。我看两会上也有很多代表提出这个思路，我在我的平台上发布以后也是好评如潮，几乎没有反对的声音。

俞敏洪：现在18岁上大学，到22岁毕业后都找不到工作。如果让大家16岁上大学，20岁毕业找工作，不是更加麻烦吗？

王金战：现在每年退休的人口就有一千多万。

俞敏洪：国家还在讨论延迟退休呢。①

王金战：假如从现在开始推算，这批孩子长大以后正是国家人口数量下降、严重缺少劳动力的时候。现在的高中分流，是把学生分成文科、理科考大学。未来可以把大学分成两类，一类招技术型人才，一类招理论型人才。现在大学生都找不到4000块钱一个月的工作，想招一个农民工、木工、瓦工，一万块钱招不到人。现在有些大学生毕业后选择到蓝翔技校"回炉"，再去找工作。

俞敏洪：研究生毕业送外卖。

王金战：所以我觉得真的要好好研究研究怎么解决这个问题。

俞敏洪：我当全国政协委员的时候提过很多关于基础教育改革的提案，但没起到太大的作用。我曾经提出，中国的卷，最核心的原因是中国学校从幼儿园到小学、初中、高中都分成了优秀学校和普通学校。一个城市优秀学校的资源是有限的，而且几乎全部是公立学校。这些优秀学校是怎么来的？是因为这些学校的校长和老师，或者原来的历史基础把它变得非常优秀。所以我就想，要想让孩子不卷，家长也不用把孩子送到培训班，而是要从根本上消除优秀学校。

消除不是说把学校关掉，而是说，既然学校优秀的来源是优秀老师、优秀

---

① 我国已于2025年1月1日起开始实行渐进式延迟法定退休年龄的举措。——编者注

校长、优秀基础，有没有可能让一个地区内的老师和校长每过三年就抽签轮岗一次。比如王老师在人大附中，你抽到了北京的温泉中学，你也得去。你原来在公社的时候都能把学校弄得那么好，可能过几年也能把温泉中学变成一个好学校。但你不能永远待在那儿，否则温泉中学就又变成大家卷的学校了。你再一抽，抽到了更远的延庆中学，这样好老师不就开始全市流动了吗？家长也不用非得到某个学校了，反正孩子也是抽签就近上学，这样一来，心态就平和了，孩子也不卷了。现在为了上好学校，有的孩子一天要走30公里去上学。

王金战：特别是在北京，这种事太普遍了。

俞敏洪：我个人感觉，只要有一套好的教育体系，孩子在哪个学校都会有学习的热情，甚至在压力小的情况下，学习热情会更加高涨，因为没有互相攀比的压力。到了高中，学生都有了自主学习的意识，就像我们当初都是农村中学出来的，后来不也都考上大学了嘛。

王金战：对，我们当时面对生活的挫折和艰苦，甚至面对一些不公，也没有那么消极，反而都比较乐观地面对。

俞敏洪：在中国，由于历史因素分出了教育上的好学校、差学校，培养出一批"校长贵族"，现在有一些优秀小学、中学的校长特别牛气。

王金战：越是大城市，这个现象越突出。

俞敏洪：因为越是大城市，有权的人就越想把孩子送到好学校，而且他们手中的权力很大、资源很多，就形成了叠加性的不公平。

王金战：你说的那些话题，我也感同身受。但话说回来，我现在干的是什么呢？我其实已经退休了，**为什么办这么多学校？因为我们没法改变人家，也没有什么地位，说话也没有分量，但我自己办几所这样的学校，给困难重重的基础教育带来一抹亮色、一点改变，也挺好。**

我们集团每个学校都有那么几个口号，第一句话是"教育不是灌满，而是点燃"。不讲前途、不讲心态、不讲理想，光考虑分数是不行的，如果让孩子们带着一种责任、激情去学习，效果就完全变了。我们有六大办学特色，"名家之校""点燃激情""高效课堂""精细管理""集团联动"，特别是最后一点，叫

"多元发展"。

我觉得现在国家在高考改革方面也越来越开放,我们考大学的时候只分文科、理科,但现在考大学有21种路径。

俞敏洪:怎么有那么多种路径?

王金战:过去我们上学就是要么选文科、要么选理科,现在新高考的3+X有20种组合,学生选择的余地就大了。既然如此,为什么还要内卷呢?真的没有理由。所以我现在这些学校就尽量给学生构筑一座人才发展的立交桥。

俞敏洪:在你的这种管理下,你的学生上名牌大学的比例是增加了还是减少了?

王金战:大大增加。包括我在人大附中带的一个班,13个学生保送清华、北大,10个耶鲁、剑桥、牛津。

俞敏洪:充分尊重了他们的天赋和兴趣的发展。

王金战:对。所以我没觉得这些孩子当时学得多么累,但他们最后的结果都很好,都找到了适合他们发展的路。现在有一句话,**马和牛赛跑,牛肯定输,但这不能证明牛的无能,只能说明安排这种比赛的人无能**。两千多年前孔子就讲"因材施教,有教无类",仔细想想,现在教育还得回归本质,别光喊口号,要尊重规律,因材施教。世界上没有两片树叶是相同的,一家几个孩子,也各有各的前途,各有各的性格。

俞敏洪:对,龙生九子,子子不同。

王金战:国家高考政策的改革也得往这个方向发展,家长们和学校再一配合,这个环境就有望得到比较好的改善。

俞敏洪:你觉得会慢慢改善?

王金战:我就是做这件事的人。为什么我说我一根筋?我一头扎到基础教育上。我没精力办更多学校,就办了十多所学校,压力也挺大的,但我把每一所都办得红红火火。我感觉自己现在更没有退路了,一定要把现有的学校做到最好。

俞敏洪:你手下有十几个校长,这些校长都是你的弟子吧?

王金战:有些是我的博士生,有些是我这几年培养出来的。学校风气正,能培养出一批骨干教师迅速成长。

俞敏洪：说不定你能做出一个示范来，不管是公立学校体系还是民间教育体系，慢慢模仿你，有可能开花结果的就越来越多。

王金战：我期望能出现这样的情景，所以我要把自己的事情做好。

▷ 怎样让普通孩子成为英才

俞敏洪：今天时间差不多了，我来介绍一下你的这几本书。我先介绍一下我认为最综合的一本，叫《怎样让普通孩子成为英才》。这本书不光适合孩子们看，也适合家长们看，是家长和孩子可以共同阅读的一本书。书中讲了王金战老师的综合教育理念、对于学生遇到的事情的解决方法以及案例分析。语言非常易懂，案例非常生动，而且每个案例的人物都有名字，意味着他们都实实在在当过王金战老师的学生。

这本书总共分了十个部分：第一，学生心态的调整；第二，发掘学生的天赋；第三，如何突破学业障碍，培养学生的学习能力；第四，面对孩子的青春叛逆期，家长和老师应该如何应对，孩子应该如何正视；第五，如何培养孩子好的性格，包括培养孩子坚韧的品质，抗挫折、抗打击的能力；第六，家长和孩子之间如何进行有效的沟通，尤其是中学生的家长，沟通的要领是什么，怎么对孩子表示尊重；第七，如果孩子早恋，应该如何应对，家长应该怎样尊重、宽容以及引导孩子进行选择；第八，如何应对电子游戏。孩子压力越大，越容易沉迷电子游戏；第九，为什么成人比成才更重要。如何尊重孩子的个性和人格，如何培养孩子的自主性，如何培养孩子的爱与良知，如何培养孩子学会合作、开放思维的能力；第十，怎样应对新高考，如何选好专业，以及如何树立自己未来的志向，让自己变成一个有使命感的人。在这十个主题下面，王金战老师用大量的故事进行阐述，包括历史人物的故事、现代人物故事、科学家的故事，也有一些同龄人的故事，让大家读完以后能对各个主题有更深刻的认知和理解。

这本书我从头读到尾，是非常好的一本讲孩子成长和教育理念的书，也是王金战老师所有书籍里，教育思想最综合、全面的。它从方方面面讲述了在孩子成长过程中，有哪些是作为家长需要关注的，有哪些是作为学生应该关注的。王金战老师教过上万个学生，他的不少学生非常成功。尽管读这本书，你会觉得，怎么王老师的学生不是去清华就是去北大呢？其实很多孩子之前是连大学都上不了的，所以王老师的很多做法，家长基本可以借鉴学习。

王金战：我说说写这本书的初衷。我过去写过一本《英才是怎样造就的》，销量接近一千万册，畅销了20多年，但随着新质生产力、人工智能、新高考的出现，教育发生了很大的变化，孩子们的背景和心态也跟原来不一样了。现在家庭教育的环境比过去还要糟糕，家长们、学生们有各种问题纷纷求助于我，所以我就在那本书的基础上做了全面的升级、改版，浓缩为让普通孩子也能成为英才的十条路径。

我当时就感觉这本书最适合在你的平台上首发，因为你的粉丝不少也是孩子的家长，而且，"怎样让普通孩子成为英才"，你不就是一个最典型的案例吗？一个农村孩子，历经磨难挑战，最后走到这一步，令全世界敬佩，我觉得这本书就是为你写的。

俞敏洪：我已经不用读了，我是过来人。"成就英才的关键支点"是一个系列，一套是12本书，基本是针对孩子的。从小学一年级到高三，每一个年级都有一本成长之书，主要讲每个年级到底应该关注什么，才能让孩子成为一个更加完善、更加优秀的学生。今天我们带来的三本，一本绿色的是专门为高一学生写的，一本蓝色的是专门为初一的学生写的，还有一本黄色的是为小学一年级的学生写的。

以高一这本为例，主要是写如何让高中生有良好的心态，有好的学习方法，以及如何树立自己的志向，包括了"无奋斗，不青春""做人德为先""目标是前行的灯塔""规划好自己精彩的人生""良好的人际环境助力成功""尊重、宽容是一种美德""学会赞美别人""做自己时间的主人""勇于创新争先""兴趣让你拥有丰富有趣的人生"十个主题。到了高中这个阶段，对应的这些主题跟王老师写的通识主题是相近的。

王金战：这三本书是怎么回事呢？我这人可能有点自作多情。我确实感觉现在中国的基础教育、家庭教育出现了很多误区。现在的孩子们非常内卷，作业、作业、作业，考试、考试、考试，把孩子的一些兴趣爱好，甚至心态都给弄没了。在这种情况下，我是吃着老百姓的饭，操着皇帝的心。我教学40多年了，必须为中国的中小学生写一套与学科无关、但比学科更重要的书。

我挖空心思找了50多个教育方面的、有情怀的老师，研究给中国的中小学生写这么一套书。这套书不是同步教材，不是同步作业，不是同步练习，而是从他们的心态、理想、志向、方法等方面展开，看看一年级应该关注什么、二年级应该关注什么……所以一个年级一本书，每一本书有十个最重要的专题。这12本书对应12个年级，从小学一年级一直到高三，一个年级一本。高三的这本已经写完了，明年三月份就出齐了。高三的学生应该关注什么呢？新高考、高考志愿、高考怎么冲刺、怎么面对难题、大型考试考差了如何面对挫折……现在我每天都面对家长和学生大量的求助，也在挖空心思地想，我得通过一本书把这些问题概括起来，所以这本书比《怎样让普通孩子成为英才》厚了很多。

俞敏洪：今天我们时间差不多了，王老师还有什么想说的？

王金战：虽然我学历不高，地位不高，但我是很孤傲的一个人。可是我这么多年对俞敏洪老兄是由衷地敬佩。一方面你干了这么大的事业；另一方面，你的一些思维、责任、担当，很令我敬佩。

我是个一根筋的人，一心一意想做中国最好的基础教育。我这辈子就干这一件事，目标是为强大的国家培养各行各业的领军人物。希望我写的书也好，我的观念也好，能让更多的人知道。希望你在百忙中能抽出时间，咱们有机会到一些中小学里去讲讲。

俞敏洪：对，要去现场讲，学生和老师才会认真听。在网上讲，只要稍微有点事情他就放在一边了。后来我发现我到中学去演讲，那个影响力才是深远的。在平台上讲，看上去人多，实际上影响力比较小，深入性非常弱。

我觉得我们可以做两件事情。第一，我们做一次"教育的吸引力"对谈，可以把对谈内容变成你的另一本《怎样让普通孩子成为英才》。我们要谈的不仅是如何让孩子成为英才，而且包括中国教育的方方面面；第二，我们出于过来人的责任心，可以到一些中小学给孩子们、老师们讲课，让他们得到一点启发。

王金战：在现场讲，效果一定非常好。然后把它录下来，不断在一些有影响力的平台上播放。有时候一句话、一件事就可能改变一个人的一生。我们也不需要更多的社会地位和财富，咱就是为中国的教育鼓与呼，多做一些有意义的事。

俞敏洪：同意。我去给你当主持人，你来讲，因为你在教育方面的思考和对教育的理解比我强太多了。

王金战：今后也期待有更多的人站出来为中国的教育"鼓与呼"，提供更多正能量。俞敏洪老兄是中国一个干事创业的典型，特别是你在新东方成立之初的那句话，"在绝望中寻找希望，人生终将辉煌"，鼓励了一批年轻人。

俞敏洪：我把这句话当作自己生命历程的一个写照。

王金战：所以你是一个非常励志的典型，我们每个学校都有复读的学生。

俞敏洪：你也把我作为榜样了（大笑）。

王金战：面对常规在读学生，我也会把你作为榜样讲给他们。你在青少年中的影响力非常厉害。对于基础教育，每个国家都有各自的问题，我们不回避问题，而是希望能有正能量来引导解决这些问题。

俞敏洪：我们一起努力！我们今天的对谈就到这里了。大家再见！

（对谈于2024年12月26日）

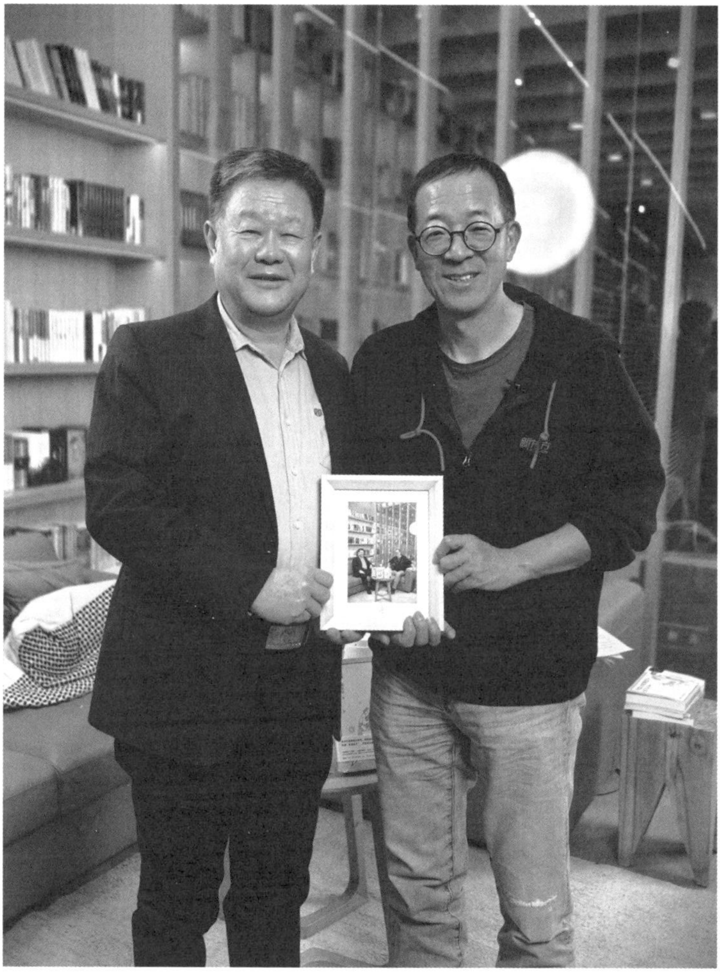

对话 刘慈欣、王晋康

用科幻致敬人类的想象力

刘慈欣，生于 1963 年 6 月，1985 年毕业于华北水利水电学院水利工程系，后于山西娘子关电厂任计算机工程师。中国科普作家协会会员，山西省作家协会会员，中国科幻小说的主要代表作家，被誉为中国科幻的领军人物，代表作《三体》三部曲。

王晋康，著名科幻作家，中国作家协会会员，中国科普作协会员，河南省作协会员。先后十六次获中国科幻银河奖，并获全球华语科幻星云奖终身成就奖和中国科幻银河奖终身成就奖。代表作有"活着"三部曲、"新人类"系列等。

俞敏洪：各位朋友好！今天与我对谈的是刘慈欣老师和王晋康老师，他们两位都是中国科幻小说界的扛鼎作家。刘慈欣老师是《三体》和《流浪地球》等作品的作者，王晋康老师的"少儿科幻系列"（包括《生命之歌》《泡泡》《步云履》《追 K》《寻找中国龙》《可爱的机器人》，下同）也非常受欢迎。因为王晋康老师有事需要提前离场，所以在和大刘对谈之前，我们先和王晋康老师聊一聊。

—— **对谈开始** ——

▷ **从给孩子编科幻故事开始**

俞敏洪：王老师，您算是老一代科幻作家吗？

王晋康：我和大刘是同一代作家，我比他大概早七年发表作品。

俞敏洪：在你之前中国有过科幻小说家吗？比如在改革开放之前，有没有人写过科幻小说？

王晋康：中国的科幻小说发展经历了几个时代，首先是清朝末期到民国；然后是 20 世纪 50 年代，当时科幻小说相当火，出现了周文光、汪文正、叶永烈等作家；"文革"以后，科幻热也随之沉寂；80 年代稍微有一个小的复兴，后来由于某种原因又沉寂了。我和大刘都属于 90 年代的作者。

俞敏洪：那时候您应该已经 40 多岁了吧？怎么会想到开始写科幻小说的？

王晋康：我写科幻小说时已经 45 岁了。其实我在大学里就已经开始练笔了，但写的是主流小说。后来，44 岁那年，我儿子 10 岁，每天逼着我给他讲睡前故事，不讲故事他就不让我睡觉。然后我就给他讲各种故事，有时候没故事可讲了，就随便编一个科幻故事。讲完以后儿子说，爸爸，今天这个故事是你自己编的，还是在书上看的？我说是我自己编的，他说我觉得这个故事很好，比书上的还好。我心想，既然儿子这样支持我，我就想办法把它变成小说。

俞敏洪：儿子变成了你写科幻小说的动力。

王晋康：他经常吹牛说，没有我就没有你这个科幻作家。当时有一个报道在各个报刊转载，叫"十岁儿本无心插柳，老爸爸一不留意成名"，说的就是这件事。

俞敏洪：王晋康老师是中国比较早的一批科幻小说家之一，和大刘是同一批，只不过他比大刘早几年发表小说。王老师的"少儿科幻系列"来源于他和他儿子之间的互动，是他专门面向少儿创作的科幻系列。我想问下，这套书适合多大的孩子看呢？

王晋康：小学四五年级以上就可以了，里面有一些科学知识。

俞敏洪：一直到初高中都能读？

王晋康：我个人偏向成人化写作，这些小说都是创作完成后，为孩子们专门改编的。

俞敏洪：所以你对孩子读不懂的地方进行了适当的简化，适应了孩子的阅读习惯，也把内容与孩子的价值观、人生观、世界观相匹配。

王晋康：是的。

俞敏洪：你刚开始写科幻的时候，是为了给儿子讲故事。某种意义上，你讲故事时，是不是也像写作一样娓娓道来？

王晋康：这是大刘给我的一个评价。他说我的写作基本不是一下把头发拽到地面，一下把你扔到一个陌生环境，而是不知不觉把你引上来，然后你才发现，这原来是科幻。我认为他说得非常好。

俞敏洪：少年儿童为什么要读科幻小说？如果你们愿意把自己的作品改编成适合少年儿童阅读的内容，那作品背后一定有你们内心认可的价值。和阅读一般文学作品相比，读科幻小说给孩子带来的不同是什么？

王晋康：和一般文学作品相同的价值就不多说了，因为科幻本身也还是文学类型的一种，一般文学作品具有的价值：培养人生观、学会去爱、提高语言学习能力……科幻作品肯定都有，我主要说下科幻小说与一般文学作品不同的地方。

一是可以拉近孩子和科学的距离。科幻小说会在不知不觉中给孩子灌输一些知识，让孩子对科学产生一种爱，在他心里种下一颗种子，只要有合适的条件，这颗种子就能自己发芽。我们不能把知识硬塞给孩子，那是不牢靠的，他们必须要有发自内心的爱好。

俞敏洪：通过讲故事的方式传播一些科学知识和理念，比让他们纯粹在课堂里学科学理论更容易吸引孩子的注意、培养孩子的爱好。

王晋康：对，不要那种填鸭式的，而是要这种启发式的。

二是可以让孩子们做好心理准备。我们这个时代确实已经到了剧变的时代，大家可以想象一下，30年前、50年前跟现在一样吗？已经大不一样了。那30

年后、50年后会和现在一样吗？我们不能对未来做真切的预测，但可以准确地说一句话：未来50年的变化肯定远大于这50年来的变化。所以我们可以让孩子们读一点科幻小说，提前做好心理准备。

刘慈欣：王老师刚刚说得很全面，科幻小说描述距离我们生活比较遥远的时间和空间，能够激发小读者的想象力，能极大地拓展他们看待世界的角度和视野。同时，科幻也是一种具有强烈创新色彩的文学类型，能够培养孩子的创新精神，让他们对自己的未来和所处世界的未来的各种可能性有更广阔的视野和更充分的心理准备。

俞敏洪：我个人认为，**第一，人类面对未来，不仅需要知识，更要具备想象力、创造力，还有对世界未来发展的某种预测能力。**这些东西在传统文学著作中不太容易找到，而在科幻小说中能够更容易感知到。

第二，所有科幻小说都是面对未来世界中人类可能面临的危机或是某种不可预知、将会发生的场景。正如王老师所说，现在的世界日新月异，让孩子们能够习惯于在变化的世界中看待人生、看待人类的未来特别重要。

第三，科幻小说本质上也是文学作品，孩子们可以从科幻小说中学到比一般文学作品更加有想象力的语言表述，而这恰恰是他们未来在文字运用方面所需要的。让孩子读一读科幻小说，也可能会使孩子在未来学习科学、物理、数学、化学的时候，产生更多兴趣，很自然地让孩子在面对理工科知识时不感到违和、抗拒，让他们更愿意进入科学领域。

此外，读科幻读物还有另一个功效，小说中的紧张、冲突和面向人类未来的设想，能大大缓解孩子内心的紧张和压力。这是我个人的感觉。

王老师，我和大刘差不多同龄，你年龄比我们还要大一些。你现在还在写科幻小说吗？

王晋康：科幻小说是比较特殊的文学类型，特别依赖想象力和激情，我认为自己现在的年纪已经写不出太好的作品了，所以基本不写了，但偶尔也会写。

俞敏洪：你觉得中国科幻小说未来会往什么方向发展？

王晋康：科幻没有一定之规，我们推崇大科幻的概念，各种题材、各种风格，只要大家喜欢就可以写。但总的来说，还是希望未来硬科幻能占相当的比例，绝对不能绝种。

俞敏洪：你说的硬科幻，是说科幻小说中对物理、化学、生物、医学等方面基础知识的描述不要太违反科学规律？

王晋康：对。要有相对正确的知识，能够基于科学提出非常新的科幻构思。

俞敏洪：我们今天的科学也包括人工智能。科学发展带来的改变日新月异，你这个年龄要写科幻小说，是不是还要学习这些东西？

王晋康：其实像人工智能这样的东西，我们在二三十年前就在书里提到了。

俞敏洪：现在的人工智能和你们二三十年前提到的有区别吗？

王晋康：现在还没达到那个高度，但快了。

俞敏洪：你们的科幻小说中提到的人工智能的高度比现在已经实现的还要高？

王晋康：对，还要高。我的《生命之歌》里就提到了，人工智能可以具有人的意识、人的生存欲望，它们也想传宗接代、生儿育女，已经到这个程度了。

俞敏洪：硅基生命也想生儿育女，这个蛮有意思的。

王晋康：它们也有和科学家亲人非常深厚的爱。

俞敏洪：作为科幻小说家，一般都是设想人类未来几十年、上百年、几百年的发展方向。从你刚开始写科幻小说到现在，几十年过去了，你觉得人类科技的发展方向，是在沿着你们科幻小说设想的方向走，还是说超出或是低于了你们的设想？

王晋康：我们没有为科学发展规定一个方向，只是提出一些可能性，它们有可能是对的，有可能是错的。总的来说我有两个想法。第一，科学发展速度太快了，我真的没想到小说里写的一百年以后的东西，我居然在有生之年已经看到了。第二，我们的设想当然会更高一些，现在的科技还没有完全达到。

俞敏洪：大刘最近说过一句话，随着人工智能的进一步发展，比如 ChatGPT 出现以后，它自己就能写作。我曾经让它写爱情、写论文，出来的文章还挺过得去的。

王晋康：大刘十几年前编过一个程序，写朦胧诗，几可乱真。

刘慈欣：那个程序很简单，只有一千多行。

王晋康：ChatGPT 写一流的小说完全没有任何问题，它现在唯一缺的就是真实的生活经验，如果没有这种很鲜活、很真切、很有质感的东西，就很难写出超一流的小说。

俞敏洪：对人性进行深刻描述，比如在历史重大变革中，人性的差别带来的不同结果，ChatGPT 就未必能做到。你觉得它能做到吗？

刘慈欣：不一定。它有一个发展过程，到了一定的时间，有可能具备这种能力。**人类自身也没有什么超越自然规律的东西，由物质组成的我们能做到的事情，机器同样能做到。**

俞敏洪：你说未来科幻小说可能慢慢会衰退或是不再那么兴旺，理由是什么？

刘慈欣：至少从中国来说，在可见的未来，科幻小说还有很大的发展空间，因为我们正在快速的现代化进程之中。但现在很多情况的变化也超出我们的预料，比如人工智能的介入，它最后会把科幻小说乃至文学变成什么样子，我不是太清楚。所以我们是拥有一种荣誉的最后一代作家：不管写得好还是写得差，至少我们的作品肯定是人写出来的——哪怕抄袭，也是从人那里抄的。但以后的作家不会有这个荣誉了，如果他写得很好，人们会提出一个疑问：你拿什么工具写的？

王晋康：可以用围棋来类比。现在人工智能在围棋上已经碾压人类了，而且它已经不屑于与人类比赛了，但人类的围棋比赛还要进行，不能因为上面有一个比我们更厉害的人工智能，就不比了。所以将来有可能这样，你 ChatGPT 可以去写小说，你们人工智能自己去比，人类还是在人类的赛道上。

刘慈欣：问题是读者要看最好的小说，他不管是机器写的还是人写的。谁都不看小说，小说就没市场了，自然就不行了。

俞敏洪：你还真认为最后人工智能写的小说会比人写得好？

刘慈欣：这个基本可以肯定。

王晋康：人工智能在围棋上可以碾压人类，在这些事上也完全不用怀疑。围棋也是经过多少代天才一代又一代的努力，才达到现在的程度，而人工智能几乎几个晚上就把人类碾压了。所以在写作方面，甚至在科学发现方面也是如此。现在科学的各个分支越来越深，越来越广，已经没有一个科学家能像牛顿、爱因斯坦那样集大成了，将来真正集大成的科学家有可能就是人工智能。

俞敏洪：人已经太专业化了？

王晋康：我们的脑容量是有限的，不能容纳那么多信息，这方面我们完全比不上人工智能。

俞敏洪：王老师马上要离开了，我再推荐下他的书。王老师的"儿童科幻系列"能让孩子们进入全新的世界，让他们脑洞大开，这或许能帮助孩子未来走得更远。

王晋康：谢谢俞老师，大家再见！

▷ 科幻从来不是我的一切

俞敏洪：大刘，你对科学类的知识，是从小就感兴趣，受到父母影响，还是受到某个东西的刺激？

刘慈欣：一个人的成长过程可能很复杂，受到方方面面的因素影响，很难说得清楚。父母的影响肯定有，特别是我小时候，很少有父亲会给孩子买书的，但我父亲就给我买过一些书，很多都是自然科学方面的。我记得有一本书，叫《宇宙》，是当时国内出的一本介绍宇宙学的科普书；还有《海底世界》，都是他给我买的。但我觉得这只是一方面，其实有很多复杂的因素，促使你一步一步对科学感兴趣，就像喜欢足球的人、喜欢钓鱼的人，他们也很难说清楚自己是怎么走到这一步的。

俞敏洪：兴趣也有可能是不断强化正反馈的结果，比如你比周围的小孩懂更多的科学知识，就有一个正反馈。据说你对于真正的宇宙开始感兴趣，是因为东方红一号发射，那是1969年？

刘慈欣：对，其实它只是一个事件，但确实对我影响极深。**正是那一次，让**

我心中天真幼稚的宇宙结构被真实的宇宙结构代替了。我当时以为人造卫星是在群星中飞，很担心它撞上星星，后来才知道，真正的星星比卫星要远太多了，所以脑海中第一次有了一个真实的宇宙结构。

俞敏洪：我记得我小时候，每天晚上都会听到卫星传来《东方红》的歌曲。

刘慈欣：是的，用收音机能听到。其实这并不是发生在我一个人身上的事，美国有一部电影叫《十月的天空》，是讲一个矿工的孩子，和我的人生历程很相近，他受苏联发射第一颗人造卫星影响，后来成了一名NASA（美国航空航天局）的工程师。

俞敏洪：他是行动派。《十月的天空》里那个孩子要自己做各种各样的航天火箭实验，虽然中间也经历了很多坎坷，但在朋友和老师的支持下，他在航天领域取得了成就。你当时没有这个机会，当时中国的航天技术也没有像现在这样，现在很多孩子下定决心要成为航天员，是因为有了杨利伟、景海鹏这些榜样。现在大家对航天还挺感兴趣的，50多岁上天的航天员刘伯明，回来以后写了一本航天日记，十分钟卖出去好几万本。

你初中还是高中的时候就开始读科幻小说了，主要是读凡尔纳，对不对？

刘慈欣：那个时期中国没有科幻小说出版，人们甚至没有科学幻想的概念，所以只能读20世纪50年代引进的很多外国科幻小说。当时从西方引进的是凡尔纳、乔治·威尔斯的小说，还有相当一部分苏联的科幻小说。那时候看科幻最惊奇的一件事情就是，我们不用学就能看懂繁体字，还是竖排的。我第一次看的是凡尔纳的《地心游记》，当时以为写的都是真事，后来父亲告诉我那是科幻，那一刻我就变成了科幻迷。按说《地心游记》的想象力在科幻里不算特别突出，但对当时的我来说，这种想象力已经很了不起了。

俞敏洪：你几几年上的大学？你在大学的时候还读科幻小说吗？

刘慈欣：1981年到华水（现华北水利水电大学）上学。我最爆发式的阅读就是在大学期间。1981年之前，引进的西方科幻小说都是比较老的，是20世纪初的，甚至是19世纪的。80年代初以后，西方的科幻小说才大量进入中国——像阿西莫夫、克拉克、海因莱因的作品，还有欧洲的一些科幻作品。我那时候才开始大量阅读，但比起现在，数量还是很少。我当时一年就把所有引进的科幻小说看了一遍，没花费多长时间，不像现在，科幻小说太多了。

俞敏洪：你在大学除了读科幻小说，还读其他小说吗？

刘慈欣：都是大家读的那些世界名著。在我的同学里，没有一个人和我一样变成真正的科幻迷。

俞敏洪：你在大学的时候想过要写科幻小说吗？

刘慈欣：想过，我在大学也写过。写了投出去，有的无声无息，没有任何回音；有的还能收到一个退稿，也没说原因，反正就退回来了。

俞敏洪：当时中国没有专门刊登科幻小说的杂志吧？

刘慈欣：有，1978年就有了，叫《科学文艺》，就是现在《科幻世界》杂志的前身。但那时候《科学文艺》容量有限，就那么厚一本，不可能容下那么多科幻作品，所以我们都是向普通的文学刊物投。那时候普通的文学刊物也发表科幻小说，包括《人民文学》。

俞敏洪：你大学毕业就分到了娘子关电厂当计算机工程师，那时候你开始写作了吗？

刘慈欣：这里面有一个历史原因。中国的科幻在1978年到20世纪80年代初有过突然的繁荣，但由于某些原因，在1983年到1984年，由繁荣一下变成了零，基本没有科幻作品出版了，这种现象一直持续到90年代后期。**我写作是为读者写，是想让读者看，没人看的话，我就不写了。**所以我从80年代中期到90年代末，只写过很少的长篇、短篇。

俞敏洪：从你在大学第一次写科幻小说，到第一篇小说正式出版，中间隔了至少15年？

刘慈欣：对。这15年也基本没写太多，就是一直关注科幻、喜欢科幻，但发表不了，我就没有去写。

俞敏洪：后来是什么契机让你重新写作了？

刘慈欣：有一天我在中央电视台看到一个新闻，说北京举办了一次世界规模的科幻大会，同时我在市场上也发现了零零星星的科幻书籍，长篇科幻小说又开始出版了。从各个渠道知道科幻文学又回暖了，这是促使我重新写作的重要原因。

俞敏洪：这次回暖是不是跟互联网兴起有关？大家突然觉得科学和科学的未来对我们太重要了？

刘慈欣：应该有一定关系。具体的原因还是科幻沉寂太长时间了，时代也在呼唤这种文体。

俞敏洪：你觉得写完以后有机会出版，有读者了？

刘慈欣：对。

俞敏洪：到今天为止，你在阳泉待了近40年。在你的小说真正被读者接纳之前，中间也有十几年到二十年的时间，身处这么一个相对来说朋友比较少或者略显孤单的地方，你生活的方式就是阅读和写作？

刘慈欣：倒也不是，毕竟有工作，后来又有了家庭，还有很多其他事要做，写作、阅读只是生活的一部分。

俞敏洪：其实你从来没有下过一个决心？

刘慈欣：**我从来没有想过要把全部身心、所有的一切都投入科幻中，因为你还得生活**。那时候在相当长一段时间内，靠写科幻没有办法生活，一千字的稿费才150块钱，长篇又出不了，靠这点收入不可能生活，所以得工作。

俞敏洪：你也没有暗下过决心，觉得我一定要变成中国最著名的科幻作家？

刘慈欣：没有，那会儿觉得也不太可能。而且即使那时候真变成了中国最出色的科幻作家，那也是很普通的，因为那时候科幻小说的规模十分小，受众很少，也不受关注，你就算变成了那个角色又怎么样？其实没太大区别，甚至你在那个位置上都养活不了自己。

俞敏洪：所以你写作只是出于内心的爱好？

刘慈欣：和现在是不一样的。

▷ 在小镇构建整个宇宙

俞敏洪：除了《三体》，你的《流浪地球》《微纪元》《全频带阻塞干扰》，我基本也都读过，你科幻小说中的场景都非常宏大。在娘子关这么一个地方，你怎么能产生这么宏大的科幻内容的构思？

刘慈欣：其实这和地方没有关系。比如世界科幻三巨头中的亚瑟·克拉克的小说就一贯以宏大著称，特别是他的《2001：太空漫游》，超越时空，描述的整个宇宙十分宏大，但他本人一生中相当长的时间就待在斯里兰卡的一个小镇里。他是一个英国人，但他生活在斯里兰卡。所以，**人的想象力以及由想象力创造的世界，可能和他所居住的地方大小关系不太大。**

俞敏洪：中国人的思想特点一般是基于现实的，比如中国大部分作家即使写小说，也是构建在他从小到大生活、工作的场景之上。

刘慈欣：现实主义一直是中国文学的主流。

俞敏洪：在中国，像你这样能够构建出让大家非常陌生的宇宙场景的人不多。假如你在北京，是不是反而构建不出这样的场景了？北京灯红酒绿、人山人海的。

刘慈欣：生活很难假设，但我相信我在北京也能写出来。**与其说我是一个科幻作家，不如说我是很顽固的科幻迷。我觉得不管在哪儿，我都会成为一个科幻迷。我觉得我身上有一种东西把自己往那儿指引。**

俞敏洪：你觉得这是某种天意吗？

刘慈欣：科幻迷离写科幻小说就一步之遥。至于如果我当初在北京的话，还能不能成为今天这种能写出超级畅销书的作家，就确实不太好说了。

俞敏洪：北京也有很多人写科幻小说吗？

刘慈欣：不但有，中国科幻小说在 20 世纪 90 年代末复苏以后，大部分科幻小说家都在北京。

俞敏洪：构建科幻内容的场景，是不是会被用尽？

刘慈欣：肯定不会。**科幻文学与传统现实主义文学相比，最大的优势在哪儿呢？它的题材资源极其丰富。**传统现实主义文学的题材真的有可能写尽，能写的就那么点儿事，男女爱情、人在不同时代的命运……事实上现在主流文学的题材已经写完了，只能在表现形式上创新；但科幻小说不一样，先不说科学会不断发展，光是现在科学所提供的空间和时间范围内，科幻能够描写的就已经远远多于传统文学了。举个例子，爱情被称为文学中永恒的主题，传统文学中的爱情基本就是男女之间的爱情，但在科幻小说中，很可能有第三种、第四种、第五种性别。机器人可以和人产生爱情，人可以和外星人产生爱情……这个题材范围就广阔了许多。其他领域的题材更是这样。

俞敏洪：科幻小说大部分是面向外部，关于人类和宇宙、外星以及外星人的关系，这是一个比较大的主题。过去三年，外星人没来，但地球出现了病毒，导致我们陷入了某种被动状态。我在想，会不会我们想象了半天，觉得外星人对未来是一个巨大的威胁，所以写了那么多小说来做预测或者渲染场景。但我们可能忘了，人类最大的敌人可能是看不见的，它们就在我们身边，比如病毒。你有一本小说《微纪元》，写的是由于人类资源不够，人都缩小了，变成了类似细菌的生存状态。从微观角度出发，你觉得也能写科幻小说吗？比如写人类跟细菌、病毒的故事。也许病毒跟细菌就是外星人派过来的某种东西呢？

刘慈欣：科幻小说题材广泛，而且它向两个方向延伸，**一个是向宏观上宏大的方向，向宇宙深处。另一个方向就是向微观**。微观的层次和宏观的层次一样，至少在科幻想象方面也是无穷无尽的，也有巨大的描写空间。

俞敏洪：你有没有想过，三年以后开启一个新主题，不再写宏观宇宙，而是写微观宇宙？

刘慈欣：我以前也写过微观宇宙，比如"三体"系列第一部里把微观粒子宏观化，再把它微观化。我觉得微观世界是一个很有意思的主题，有丰富的故事资源。大家都知道宏观世界的运行规律，符合我们的常识，比如万有引力把一些东西拉在一起组成一个运动系统；但微观世界的运行规律是超出常识的，比如量子力学里那些很诡异的行为规律，是远远超出我们的常识的，这对科幻小说来说是丰富的故事资源。

俞敏洪：以后在这方面说不定可以继续探索一下。

▷ **告诉他们，中国也有科幻小说**

俞敏洪：现在全国科幻小说迷大概有多少，你们能统计出来吗？

刘慈欣：按照平时科幻小说的销量推算，全国长期读科幻小说的人大概有一百万到三四百万。

俞敏洪：《三体》已经远远破了这个数字。

刘慈欣：《三体》是一个例外。

俞敏洪：坦率地说，我并没有把《三体》当作科幻小说。看《三体》小说的人多，还是看影视剧的人多，你比较过吗？

刘慈欣：我想应该是看影视剧的人多，因为它的受众群体比书的受众群体要大得多。

俞敏洪：即便是不看书的人也会看影视剧。两部《流浪地球》的票房加起来有80多亿，意味着有超过一亿人看过《流浪地球》。

刘慈欣：书要卖到那个数量，大概只有《哈利·波特》能做到吧（笑）。

俞敏洪：《三体》除了在中国，也翻译成了其他语言在海外出版。我听过一个笑话，说奥巴马给你写了一封邮件，让你快把《三体3》写出来，结果你把它当作垃圾邮件删除了。我也看到一些外国名人表示读了你的《三体》以后非常有感触。除了在中国，在世界范围内其他语言的版本，能够算出来大概发行了多少册吗？

刘慈欣：目前发行数量最大的是在英语世界，电子版加纸质书，发行了300多万册。

俞敏洪：迄今为止，中国应该没有哪一本小说能超越这个数字吧？

刘慈欣：超过了中华人民共和国成立以来中国文学作品输出数量的总和。其他的语种销量相对来说低一些，但在波兰，每130个人里面就有1个人购买，这个比例相当高了。另外在日本、德国卖得也不错，但和英语世界没法比。

俞敏洪：本身英语是中文以外母语使用者第二多的语言，而且即使不是英语国家的人也能读英语著作，比如我就能读英语著作。

《三体》在全世界发行了这么多册，你觉得你的科幻小说改变世界人民对中国科幻小说的看法了吗？

刘慈欣：我认为肯定是有所改变的。我们最初在翻译它的时候，无论是我还是出版商，最初的意愿就是要翻译到美国，让美国人知道中国还有科幻小说。因为以前和国外的作家、评论家交流的时候，一说起中国，他们很可能会说，中国还有科幻小说吗？就像我们问"美国还有武侠小说吗"是一样的。但它后来产生了这么大的市场反响，确实是我们没想到的，甚至具体为什么会有这种反响，我也不太清楚。

俞敏洪：到现在为止，你也不清楚《三体》为什么那么流行？

刘慈欣：不但我不清楚，出版商也不太清楚。很多人找出了很多原因，深入了解之后，我觉得都不是根本原因。比如有人说《三体》满足了西方世界对中国的好奇心，我觉得单纯这个原因不会让它卖到 300 多万册。

俞敏洪：想满足好奇心，他们也可以读莫言和余华的书。你当初写《三体》的时候，能想到它会这么火爆吗？在《三体》之前，你作品的阅读量也不算很高。

刘慈欣：绝对想不到。无论是我还是出版方，最初都是把《三体》当作很普通的一本科幻小说。

俞敏洪："三体"系列第一本第一版印了多少？

刘慈欣：这我还真不知道，但肯定没有后面这么大的量。"三体"系列真正销量井喷式上升是在第三本出版以后。

俞敏洪：如果没有《三体》的火爆，影视界是不是也不会关注到《流浪地球》？

刘慈欣：我想是的。没有《三体》的火爆，我作为一个作家，作品的改编 IP 受到的关注就小多了，毕竟《流浪地球》只是一个两万字的短篇小说，而科幻短篇小说的读者人数是有限的。当然，还是那句话，历史没有办法假设，我们真的不太清楚。

俞敏洪：但你的科幻小说最大的特点就是不断假设有关未来的"历史"。

刘慈欣：对，或者换句话说，它是在不断排列未来的可能性，把各种可能性都摆出来，让大家欣赏，摆得越多越好。至于这里面哪个会变成真实的，说实在的，科幻小说作家并不关心，那是未来学家关心的事情。

俞敏洪：我读了两遍《三体》，不少人也读了两三遍，大家已经不太认为它是科幻小说了，而是把它解读为关于社会历史和人性的小说，尽管它充满了科幻色彩。

刘慈欣：它在我的心目中还是一部科幻小说。

俞敏洪：《乡村教师》和《球状闪电》也非常好。《乡村教师》后来还改成了《疯狂的外星人》，但故事情节已经不太一样了。

刘慈欣：和原著已经没太大关系了。

俞敏洪：当初他们拍《流浪地球》的时候，你参与过编剧吗？

刘慈欣：参与过，不多。

俞敏洪：如果电影中的情节跟你小说中的不一样，你作为作者，会介意吗？

刘慈欣：不介意，只要观众觉得好看就行，因为小说和电影是两种艺术形式，我们应该尊重电影的表现方式。

俞敏洪：《流浪地球1》用了很多小说中的内容，但《流浪地球2》里基本没有了吧？

刘慈欣：基本没有了。

俞敏洪：你参与了编剧，《流浪地球2》变成了前传，拍电影一般第二部都是第一部故事的延续。

刘慈欣：也有这么拍的，比如《星球大战》后来补的就是前传。

俞敏洪：因为往后已经没的说了，所以往前补。你觉得他们还会拍《流浪地球3》吗？

刘慈欣：肯定会拍。

俞敏洪：现在电视剧《三体》只拍了系列的一部分就已经很火爆了，你觉得在未来，你还有哪个故事会变成大家很喜欢的电影或者电视剧？

刘慈欣：要拍一部质量很高、口碑也好、票房也好的电影，我当然很高兴，但是我更希望能拍出一部以前从来没有过的科幻片。比如他们说要拍《乡村教师》的时候，我就很激动。我说不管拍得怎么样，这种科幻片以前很少见。所以我还是希望以后能从我的小说里找出那么一篇，或者我新写一篇，拍出一部从来没有或者很少见的东西，至于它成不成功、观众接不接受，倒不是最重要的。必须有一种在科幻题材上或者影史上的创新，我最期望的是这个。

▷ 渺小的人与宏大的宇宙

俞敏洪：提到《乡村教师》，这部小说跟你其他科幻小说的风格或者场景设置有点不太一样，你怎么会想起来把一个普通的乡村教师带着孩子们学习的场景放进科幻故事中，最后还一个不经意拯救了地球？这是来自某种现实中的触动，还是你内心情怀的表述？

刘慈欣：只是想制造反差，想写出一部有巨大反差的作品。它的一部分在描写地球上最世俗的、离科幻最远的场景；另一部分就写最空灵的、离现实最远、最广阔的场景。这两种场景放在一起，我想可能会产生很奇妙的张力。我写《乡村教师》的主要目的、驱动力就是这个。

俞敏洪：是不是有这样一种内在含义，不管我们生活在哪个角落，不管你离现实的科学世界或者宇宙多远，实际上我们无时无刻不是在宇宙中生存？

刘慈欣：您说得很好。**我认为至少我写的科幻小说，所有的努力其实就朝着一个方向：描写渺小的人和宏大的宇宙之间的关系**。而且我描写的是直接关系，不是间接关系。间接关系是写一个人站在那儿仰望星空，然后得到领悟，这不是科幻小说。我要写的是直接关系，写一个人和银河系、和遥远的星系、和几百亿光年的宇宙发生了直接的联系。这很困难，但我坚信这种关系是存在的，也是科幻需要描写的。这也是我在所有科幻写作中努力的方向，《乡村教师》也是这种努力的体现。

俞敏洪：包括《超新星纪元》，写失去了成人的儿童社会，其实也是如此？

刘慈欣：对，那个写得比较早，但也反映了这样一种理念，来自宇宙中的某种事件对我们渺小的人类社会的一种影响。

俞敏洪：人尽管可以个体独立，但无往而不在宇宙结构和宇宙规律之中。

刘慈欣：对。更长远地说，在宇宙诞生的那一瞬间，我们所有人的原子其实都是在一起的，现在它们分开了。我估计它们之间应该仍然有某种需要我们进一步发现的联系。

俞敏洪：你相信人死了以后灵魂会存在吗？

刘慈欣：不相信。

俞敏洪：所以作为一个原子组合，人死了，原子就分散了？

刘慈欣：对。

俞敏洪：原子还会存在，但组成了不同的物体或生命？

刘慈欣：从我对科学的了解来说，**人身体内部没有任何超越自然规律的东西，我们的运行都是在自然规律、物理规律、数学规律之下的。所谓的灵魂一般超越了自然规律，超越自然规律的东西，我认为应该是不存在的。**

俞敏洪：你觉得会不会有一天，我们能把一个人活着的时候大脑储存的信息全部拷贝下来，并且永久保存？这被认为是人获得永生的一种方式。比如有一天，你的大脑的信息被拷贝在了系统中，我作为一个活着的人要采访你的时候，我们依然能够对话；或者我也在系统中，我们两台电脑放在一起就能对话，会有这个可能性吗？

刘慈欣：从理论上来说，会有这种可能性。人脑中存储的是信息，这种信息应该能够被转化，转化成电信号或者各种东西存储起来。但要做到这一点，从目前来看是极其困难、极其遥远的，甚至技术上能不能做到都不知道。为什么？要做到这点，我们首先要有发达的脑科学，要有对大脑深刻的认识，但目前人类的脑科学与信息科学相比，还处于很初级的阶段，大脑的运作机制、意识怎么产生、记忆的机制是什么，我们都不太清楚。在这种情况下，要把大脑的信息转化、存储是不太可能的。

俞敏洪：我有一个非常浅薄的看法，就算有一个技术把你大脑中全部的信息上传到系统中，表面上看你的大脑活下来了，但那已经不是你了。我个人认为，我们之所以能产生愉悦感和对未来的期望，就是因为有肉体存在，那是灵魂和肉体、信息和肉体密切结合的交互作用。

刘慈欣：这个我认为真不一定。假如我们的信息技术发展到了那种程度，它既然可以造出一个环境让数字大脑生存，同样可以在那个环境中模拟我们的现实世界，包括你的肉体，以及由这个肉体和周围环境互相作用产生的感觉，甚至这种感觉之丰富、敏感，要远超过真实的生物学肉体。可能生活在数字环境中的人会有比我们更丰富的感受，它可以看到紫外线、红外线，它的触觉、味觉可能更丰富。所以，我觉得这种可能性还是十分广阔的。

▷ 《三体》：没有一成不变的人性

俞敏洪：先不讲那么多虚拟性的话题。你在《三体》中提到，人类会慢慢研究出成熟的冬眠技术。通过冬眠技术，人在低温状态下生存，生命可以延续到百年、千年甚至万年以上。你觉得在现实生活中，在你所了解的医学和生物学范围内，这样的冬眠技术未来会出现吗？

刘慈欣：那种把人冻到零下200度然后复活的冬眠技术，我觉得不能说完全没有可能，但是十分困难。因为在解冻的过程中，人的细胞结构可能会被破坏。但另外一种冬眠，模仿现实世界中很多动物那样的冬眠，时间没那么长，可能是可行的。我们可以造出某种药物，对人的身体内分泌进行某种改造，很可能会以这种方式实现冬眠。当然，就这样让你冬眠一千年，可能性也不是太大，但冬眠十年、二十年，甚至冬眠一两年也不错，至少在太空飞行时可以睡上一年不吃东西，去火星需要承载的重量也小多了。

俞敏洪：**随着技术的发展，人类的贫富差距反而变大了。** 尽管整体上看，人类的生存水平提高了，但人最不能忍受的不是我富你也富，或者我穷你也穷，而是虽然我能活下去，却比你差得太远。这种情况下，心态不平衡就会产生。如果未来的医学技术发展到最后，有钱人通过各种各样的技术能比穷人多活一倍或者两倍时间，人类间的差距就会越来越大。人类作为一个群体，不可能接受这样的差距。人们选择冬眠，本来是想多活的，结果因为贫富太悬殊，爆发革命了，把冬眠的人全干掉了，这种可能性会有吧？

刘慈欣：会。事实上有科幻小说描述过这个场景。

俞敏洪：在现在这么一个科学时代，面向未来，我们设想了宇宙宏大的结构，核心是星际的战斗以及人与人之间的关系，你在《三体》里也写了大量人与人之间的冲突、和解、纠纷，最后是选择。**你觉得，面对一个贫富差距越来越大**

的社会，在外星人来之前，人类应该先怎么解决自己的问题？

刘慈欣：贫富差距自古就有。总的来说，我认为随着历史的发展，到目前为止，人和人之间的差距还是在缩小。当然，贫富差距不好说，可能反而扩大了。但过去最大的差距并不是贫富差距，而是身份地位、社会权利的差距。在那时候，这些差距是相当大的，但现在缩小了很多，至少主流价值观开始承认所有人的权利，这在过去很多时代是不可能的，而且不同性别之间的差距也大大地缩小了。至于贫富差距，可能会长期存在。

俞敏洪：人类社会会永远处于某种不平等状态中，只不过有些不平等是大家作为一个群体可以忍受、接纳的，而像原来奴隶社会的不平等大家就不愿意接纳，最后就造反了。

刘慈欣：对。

俞敏洪：你在小说中对人性做了很多描述，有意无意地进行了深度的探索。例如《三体》里的叶文洁，为什么明明宇宙终极已经发送过来"不要回答，不要回答，不要回答"的信息，她还要回答，那是她人生经历的痛苦、失望和绝望带来的结果。例如罗辑和程心，他们二人在和三体人的较量中呈现出不同的状态。罗辑尽管表面上非常坚定、冷酷无情，但他恰恰保护了人类和三体人之间上百年的平衡、幸福与安宁；但程心出于一种所谓的善良、美好，出于对人类和三体人之间互相友爱的相信，结果差点就把地球瞬间毁灭了。在人性的正常状态下，比如现在大家互相友爱、互相释放友善、互相关照，这才是人类的美好共存状态；而到了极端状态下，会出现类似美国看到中国科技在发展就不买账了的情况。原则上应该互相帮助，让大家一起变得更好才对，可实际上却做不到。你对人性是怎么看的？我们该相信人性是好的还是坏的？

刘慈欣：这确实是一个很复杂的问题。我觉得没有一成不变的人性。这和传统文学的理念不一样，传统文学希望把人性看作一种永恒的东西，但我认为，它会随我们面对的自然环境、社会环境的变化，慢慢去适应新的环境。我觉得未来也是这样，随着技术的发展，人性也会不断地适应新技术带来的新世界。至于那种大灾难时期，人性肯定也会适应新的环境，那时我们所面对的社会体制、组织方式和太平盛世肯定不一样。如果把现在的人性移到那个时候，人们肯定不会接受那样的管理方式、组织方式，但真到了那一步，整个人类文明都会有很强的自适应能力，我相信那时候人性也会随之变化，为了整个文明的生存，人类可能会变得更适应未来那种严酷的环境。

俞敏洪：你在"三体"系列里写罗辑和程心面对人类灾难时的不同态度的时候，暗含了一种什么样的观念？比如程心是一个心怀善念的女性，但她的操作差点两次把地球人全部毁掉，后来网友就叫程心"圣母婊"。你当初写这部小说的时候，预料到网友会这样评价程心了吗？

刘慈欣：当然预料到了。程心本来就是一个符号性的人物，代表我们现在世界认为的那些最正确的、符合主流价值观的东西。她的出现，把她甩到和现实世界完全不同的环境中间，是一个思想实验。我想通过她来表现的，就是我们讨论人性时我说的那部分，把现在你认为很正确、很普世的东西放在那样一个环境中，可能是不适用的。

俞敏洪：倒过来说，罗辑是不是你心目中男人的理想形象？

刘慈欣：也不算，只能说他最初出场时是很多男人的那种形象。

俞敏洪：最终你把他塑造成了一个独一无二的人类拯救者的形象。

刘慈欣：最终他是被拔高的一个形象，现实中是不是有那样的人也很难说。但他也不是一个理想的形象，他只能是拯救者的形象：一个普通人实在没有办法，一步一步把自己变成了救世主，这种形象在好莱坞电影中出现过很多。

俞敏洪：是不是可以这样说，即使在人类历史的真实发展阶段，实际上也有些人是被动地被推成了一个英雄形象？

刘慈欣：很可能大部分英雄都是被推上去的。**我相信历史对人的影响是决定性的，而个人对历史的影响可能不一定有后人想的那么大。**那些英雄也好、伟人也好，在我的历史观中，很大一部分是被历史造就的。

俞敏洪：你在《三体3》中说"失去人性，失去很多；失去兽性，失去一切"，在《球状闪电》中说防止受伤的最好办法，就是抢在敌人前面把武器造出来。这两种表述是不是有点关联？

刘慈欣：有关联。前者说的兽性是一种强烈的生存愿望，为了生存下去，他可以做出巨大的挣扎，去努力，去战斗。后者说的也是一样，你必须先把武器造出来才能生存。

俞敏洪：你首先得生存下去，生存下去才有能力战胜敌人。

刘慈欣：对。

俞敏洪：面对生死存亡的时候，你的善良不一定管用，但你的勇敢管用。所谓兽性背后代表的是一种勇敢决绝的像罗辑那样的思维——你要敢动我，我宁可同归于尽。人类几千年来一直处于互相之间的打打杀杀中，从来没有出现过一个全世界范围内真正的太平盛世，"二战"以后或长或短有过那么一段时间，现在又有点不安定了。你觉得有可能出现一个主宰一切的实体，最后让人类从此消停下来，不再打打杀杀吗？

刘慈欣：我觉得理想社会的出现，不是因为有某种神一样的实体管理人类，而是人类的每个个体在历史进化中，渐渐地适应了合理的社会形态和管理方式，在这种条件之下，才能出现相对应的、能发挥作用的管理机构。如果个体的水平、价值观、道德观、行为方式等达不到那种程度，即使有你说的那种神一样的管理方式、管理机构，可能也不一定会发挥作用。

俞敏洪：按照现在人类的意识，我也不可能服你管，对不对？

刘慈欣：对。

俞敏洪：有一些"三体"系列里的词语，包括"降维打击""黑暗森林""猜疑链"等，这些都是你自己想出来的，原来是没有的。像"黑暗森林"法则这类理念，现在被大家普遍使用，你怎么会生发出这样一些理念来的？

刘慈欣：这个理念并不太陌生。在思想史上，像霍布斯这样的思想家早就提出了类似的东西，我只不过是在星级尺度上以文学的方式去描写它而已，而且"黑暗森林"法则是有前提的，这个前提被很多读者忽略了。在我的描写中，它是在星级之间、文明之间极其遥远的前提下才成立的，你把它挪到人类社会中间，我显然不认为它会成立。

俞敏洪：你对黑暗森林的描述并不是指向人与人在现实社会中的关系？

刘慈欣：不是，它和星际之间文明的关系很不一样。

俞敏洪：是不是人与人之间的关系是一种内部关系，而人与外星人的关系有可能是一种生死关系？

刘慈欣：倒不一定是生死关系，但他们的关系很不一样。从常识来说，首先他们生物学上的关系就不一样，所有人是同一个物种，即便民族不同、文化不同。同一个物种首先在感受上就有共鸣，但我们和外星人的差别可能比我们和美洲的狗尾巴花的差别都大。这种情况下要产生同情和共情，就要对某个事物有共同的理解，甚至产生共同的世界观、价值观、道德观，这可能是一件很不容易的事，更不要提双方在技术能力和智能上的差别，这些差别可能更加巨大。

俞敏洪：在你的预料中，如果真的出现外星人，你觉得它们真的会和地球对抗吗？更高的文明一定会灭掉低端文明吗？还是说最后会形成一种友好关系？

刘慈欣：我从来没有觉得外星人和地球人相遇就一定是一种对抗关系，"三体"系列里只是描述了一种可能性，而且是最糟的可能性。这倒不是说我们悲观，主要是你如果在科幻小说里写，外星人来了，大家一团和气，很友好，谁愿意看这书啊？

俞敏洪：变成和谐社会了。

刘慈欣：对。别的方面也是一样，为什么科幻小说里的未来都那么黑暗？也不是因为悲观，而是因为写那种乌托邦、理想社会，大家都好，没有任何矛盾，生活和和美美，这种书没什么意思的。

俞敏洪：因为小说的本质是冲突。

刘慈欣：外星人也是。实际上，外星人真正到达地球时，各种可能性都有，甚至还会有一种我们根本想不到的可能性。高级外星文明来了以后，你第一件事就是判断他有没有智力。别以为这件事很容易，你可能根本没法判断来的是不是智慧文明，因为他们的智慧也许会和我们差距很大，就像蚂蚁没有办法判断人类是否有智慧一样，我们也没有办法判断外星人是否有智慧。如果真到了那一步，我们很难想象人和外星人的关系。

俞敏洪：但能肯定的是，如果外星人能先到地球，说明他们的科技水平和智能应该比我们高。同等距离下，如果我们先到他们那边，表明我们的水平比他们高。这就真有可能出现当初西方人去南美洲、北美洲和印第安人相遇的情况，甚至无意中带去的一个病毒就把印第安人灭绝了 90%。

刘慈欣：我们的病毒不一定会在外星人之间流传，有可能会是其他因素。

俞敏洪：当然，这都是科幻的想象。现在那么多年轻人解决每天的生存问题和现实问题都很困难，读读科幻小说只是让自己超脱现实，稍微遐想一下。

▷ 科幻小说只展示不同的可能性

俞敏洪：前段时间，你提到很多人给你的小说赋予的哲学意义，其实有 80% 到 90% 不是你的本意。但包括我在内，许多读者从《三体》里读出了非常深刻的含义，你写的时候真没这么想吗？

刘慈欣：其实**大部分作家搞创作的时候，注意力都是集中在自己的想象和描述的世界、故事、人物行为上，从科幻层面来说，是集中在创意构思上，至于这些东西表现出了什么意义，特别是哲学意义，至少在创作的时候不会这么想。**

俞敏洪：不会故意把一个哲学意义用故事的方式表达出来？

刘慈欣：你要每天想这些，写出来的内容可能不是太好看。至于之后读者解读出什么东西，那是读者的事情。因为假如你这个故事很好看、很精彩、很震撼，总能从中间解读出很多东西。可假如你这个故事本来就没什么可读性，还要在里面塞满预设的、主题先行的说教，可能里面哲学内容很多，深刻的内容也很多，但读者可能什么也看不出来。反正文学就是这样。

俞敏洪：是不是可以这样说，一本书出来以后，如果在市面上流行了，它就是一个独立的存在，其实读者对这本书是什么评价，跟作者已经没什么关系了？

刘慈欣：对，已经交给读者了。

俞敏洪：所以读者怎么评价你的书，不会给你带来什么波澜，或是愤怒、兴奋了？

刘慈欣：也没有那么超脱。有的解读真的太离谱了。

俞敏洪：能说一个你碰到的最离谱的例子吗？

刘慈欣：很多。有人说"三体"系列里描写了区块链，可是"三体"系列是啥时候出版的？区块链是啥时候出现的？这些解读经常有。

俞敏洪：网友把你书中的很多名言都摘了出来，在网上流传也非常广，比如"城市就是森林，每一个男人都是猎手，每一个女人都是陷阱"。

刘慈欣：这不是我说的，这是20世纪80年代的一句话，谁说的我不知道。

俞敏洪：安在你头上了。但有一句话是你说的，"给岁月以文明，而不是给文明以岁月"。

刘慈欣：这虽然是我说的，但它是从帕斯卡的一句话里改过来的。

俞敏洪：很多人读了这句话以后觉得，好美的句子，但真不理解在说什么，能给大家讲一下吗？

刘慈欣：这涉及人类对文明最终目的的不同理解。"给文明以岁月"，是把文明的最终目的设定为让文明尽可能长地延续下去；而"给岁月以文明"，就是把文明的最终目的设定为让每一个文明的个体都在很文明的社会中有尽可能幸福的、美好的生活。

俞敏洪：哪怕文明变成一个负面的、让人不幸的东西，只要这个文明活着，我们就苟延残喘吧。

刘慈欣：对，这是两种目的。让文明长久地延续下去是一个目的，让文明尽可能符合人性，让每个活着的个体在这个文明中有最幸福的生活、最大程度的自我实现，这也是一个目的。至于这两种目的哪种正确，很难说，至少我不知道。

俞敏洪：你这么一说，我觉得在中国历史上，比如少数民族南下、十六国南北朝时期，中原文明有点苟延残喘，但幸亏延续下来了，后来就有了盛唐时代。

刘慈欣：对。如果延续下去，我们还有机会"给岁月以文明"；如果什么都没了，以后这个机会也没了。但从另一方面说，有时候让文明在大灾难中延续下去，可能要付出相当惨烈的代价，这种代价大到我们是不是能接受，也是需要探讨的。

俞敏洪：但作为人来说，当这个形势来临、不得不接受的时候，忍辱负重就成了文明延续的一个方法，是不是？

刘慈欣：但也有另一种选择，是我不接受，我们一起走向终点，但是很平静、很幸福地走向终点。这要看每个人的世界观，每个文化群体的世界观不一样，就会做出不一样的选择。科幻小说只能把不同选择的可能性摆出来给大家看。

俞敏洪：我读《三体》，会想到后羿射日。后羿射日这种神话会给你启示吗？

刘慈欣：我知道有这个神话，但《三体》的基础是现在，所谓启示是从现代的宇宙学、天体物理学中得到的，并不是从古代神话中挖掘的。

俞敏洪：中国古代的女娲补天、后羿射日，算不算最古老的科幻小说？

刘慈欣：算神话，不算科幻小说，因为那里面并没有客观规律。但有一点值得注意，在产生这种神话的时候，中华民族的精神状态是不一样的。这些神话都极其宏大，有一种精神上的崇高和气魄，但是后来，特别是南宋以后，好像很难见到这种精神状态了。

俞敏洪：人的精神状态变得越来越萎缩，包括《金瓶梅》里描述的精神状态都非常萎缩。

刘慈欣：都变得越来越向内，状态很萎缩。在我们新时代的中国，科幻小说对这种崇高宏大的描述，不知道是否为找回过去那样的精神状态做了点微不足道的贡献？

俞敏洪：某种意义上是这样的。《三体》中最核心的一句话就是"不要回答"，霍金也说过，人类不要尝试去联系外星人。现在人类不断尝试往外星发送各种各样的信息，你觉得这是一种危险的行为还是好的行为？

刘慈欣：其实这个事情没有多深的道理，很简单，这是一个常识。谁都会告诉孩子，不要给不认识的人开门。这里面没有多深的理论。我们不能因为恐惧而停止探索，但这个探索有各种方法，比如像我们的FAST望远镜，可以看、可以听、可以监测，就可以了，为什么要往外发信息呢？

俞敏洪：从你的观点来说，人类应该更好地监测宇宙信号，而不是主动向宇宙发信号。

刘慈欣：发射也不是绝对不行，但要谨慎一些，或者至少应该有一个国际社会机构来统一管理，不能说谁想向地外发送信息就可以发送。有些大公司有相当大的能力，它可能会以相当大的功率向外面发射信号。并不是说外星人一定是邪恶的，但至少我们得是一个负责任的、谨慎的态度。

俞敏洪：你觉得像马斯克移民火星的计划，对人类未来是一个好的行为还是其实没啥作用？

刘慈欣：当然是好的行为。这一点我还是很钦佩马斯克的，我们必须向外面走，把自己的生存空间扩大，不管用什么方式，这是使我们人类文明得以延续的基本精神状态，我们必须不断开拓。

俞敏洪：以防万一，是吗？

刘慈欣：其实短时间的"万一"在相当长的一段时间内就会成为必然。

俞敏洪：ChatGPT 的出现，你觉得算是一个重大的技术奇点吗？未来人类的生存方式会因为 ChatGPT 的出现而变得不一样吗？

刘慈欣：它肯定会对人类的生存方式、对社会造成很大的影响，但这种影响还达不到科幻小说里那种人工智能统治人类的程度，目前来说它的技术还没有做到那一步。目前的影响都是很现实的，比如它可能会代替相当多人的工作，所以这是一个现实问题，而且它的影响可能会一步一步变得更深远。

俞敏洪：还会产生我们到现在为止没有想象出来的更大的变化。

刘慈欣：但大家要知道，**ChatGPT 只是人工智能发展的一个路径，这个路径有它的局限性，它是通过对大量数据的处理得出最后的智能行为。人工智能还有其他路径，这些路径也都会发展，比如像符号学派的那些人工智能路径，可能会发展出更惊人的东西。**

▷ **偶然背后的必然**

俞敏洪：我读到一句话：心中有海，不赶浪潮。我还发现有人在用这句话描述你，说你心中有宏大的科幻小说设想，以至于即使在娘子关这样的小地方，也能做到心中有海，不赶浪潮。我想问，现在的年轻人很焦虑，他们怎么才能像你一样，面对困境的时候有一份从容？

刘慈欣：你说的"不赶浪潮"还是有前提条件的，比如网络的出现。你待在任何一个地方，只要网络通了，就可以写作。你取得最新资讯的速度，不一定比大都市慢多少。但假如没有网络，你说的不赶浪潮也不可能，特别是写长篇小说，那些资料怎么查？最早的时候，我曾经为了写一个短篇小说，坐七个小时的火车跑到北京，到书店里面查资料。图书馆我进不去，只能去书店，而且那时候书店的书也不是你想看多长时间就看多长时间。所以"不赶浪潮"还是有前提的，失去这个前提还是不行的。

俞敏洪：年轻人现在怎样做才能从容面对生活，你有什么建议吗？

刘慈欣：我没有什么建议，我自己处理这些问题都困难。现在确实是让人焦虑和产生压力的时代，我还没有资格给人提出建议，我自己也有这方面的困惑。

俞敏洪：我们都是60岁的人了，你后面的岁月打算如何安放？还有写作计划吗？

刘慈欣：一直在努力写，只不过很困难，速度很慢。我的使命也好，寄托也好，还是在科幻小说上。

俞敏洪：继续前行，最终目的地有多远，其实并不在意了。

刘慈欣：但是写出来的东西好不好，值不值得出版，是另一回事。随着年龄的增长，创新能力、创造力急剧下降，你现在身体跟三四十岁没有太大区别，但创新能力很明显地告诉你：你老了。

俞敏洪：所以你并没有一定要超越《三体》，未来写出来的东西有没有人读，你内心也坦然了？

刘慈欣：我是《三体》的作者，<u>我最清楚《三体》能取得如此大的成功，除了书本身的原因，还有一系列外部的偶然机遇，这些机遇很重要，但具体是什么机遇起了决定作用，我到现在也不知道。</u>

俞敏洪：自己都搞不清？

刘慈欣：没法完全搞清楚，但有的可以搞清。比如《三体》在雨果奖提名，它只提名五个作品，《三体》正好落在第六名，但马上发生了一件雨果奖80年历史上从来没发生过的事情，就是有一个长篇提名的人弃权了，就把我给递补上了。这就是机遇，没有这个机遇就不行。你可以努力写出好的作品，但这种机遇靠你的努力怕是没法得到。

俞敏洪：我觉得所有机遇背后好像都有点偶然，包括第六名被提到第五名，但偶然背后实际上也有必然，这个必然来自你从小时候就爱好科幻。之所以会有《三体》的存在，是因为你几十年对于科幻小说的热爱。

今天我们时间差不多了，感谢大刘！

刘慈欣：谢谢大家！

（对谈于 2023 年 5 月 31 日）

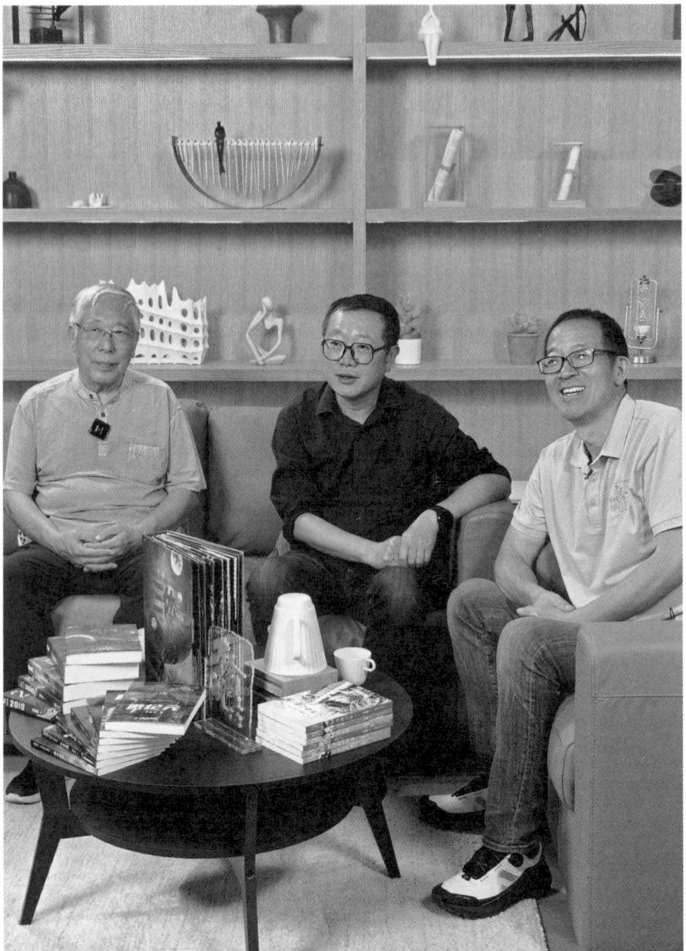

对话 薄世宁

每个人都会经历一次不可治愈

薄世宁,1974年生人,北京大学临床医学博士,北京大学第三医院危重医学科主任医师,国家突发事件紧急医学救援现场处置指导专家,在危重医学科一线工作22年,成功救治大量危重病例。

俞敏洪:大家好,今天直播我请来了北大的师弟,医学专家薄世宁老师。在北大,只要你比别人晚进北大,不论年龄多大,都会被称为师弟、师妹;早进北大的,不管年龄多小,也都是师兄、师姐。体育明星李宁年龄比我大,但他也叫我师兄,因为他去北大学习的时候比我晚,我占了大便宜。

很多人都非常熟悉薄世宁老师,说你是一个非常有仁心的医生,而且大家非常喜欢你的书。你在几年前出了一本《薄世宁医学通识讲义》,给大家讲了很多医疗和医学知识,非常通俗易懂,大家读了以后很有感悟。今天又带来了另一本书——《命悬一线 我不放手》,准备和我们聊聊你当医生时所经历的那些事。

—— 对谈开始 ——

薄世宁:其实是因为我头大,所以大家记得我。不过,人刚出生时的头身比就是比其他动物要大。

俞敏洪:是,这是一个很有意思的现象,是人类不断进化的结果。作为参照，猴子和猩猩其实没有分娩的困难，而且小猴子小猩猩生出来就能自由活动，甚至能爬到母亲身上去；但人不是这样，由于大脑活动活跃，人的脑容量越来越大，导致人在母体里发育的时候，脑子就已经很大了，最后为了能把孩子生出来，母体不得不提早生育。是不是有这样的说法？

薄世宁：对。有这样一种说法，**人类都是早产儿。**

俞敏洪：不管是 7 个月产、9 个月产，还是 10 个月产，人类都是早产儿。

薄世宁：对。人类的大脑大一些，所以人类的思维、情感、创造力会比其他动物更强，人类才会有现在的科学发展、精神文明等，都和这个有关。

俞敏洪：人类的头大、头小跟智商有关系吗？跟脑容量有关系吗？是不是头大的人脑容量确实要大一点？

薄世宁：好像没有这个说法。

▷ 每个人都会经历一次不可治愈

俞敏洪：《命悬一线　我不放手》一直摆在我的办公室里，有一次我看到了，一看是你写的，我想一定是讲你在 ICU 里跟病人打交道的故事，翻开以后发现果真如此。后来有一天，我觉得有点累，身心疲惫，突然间想读一本有关如何面对生死的书，就把你这本书拿出来了。我用两天时间读完了，你写了 19 个故事，我读每一个故事，都有点像在看电影，因为这本书非常有故事性，写的都是你跟病人在生死线上赛跑的紧张情节，以及在面对生死的关键时刻，你和病人、家属如何决策的故事，感觉不接着读下去，就睡不着觉。

我读了以后深有感悟，这不仅是一本写医生、病人的书，实际上写的是生命的哲学，当人面对生死抉择的时候，到底会是怎样一种状态。作为医生，面对生死抉择的时候，尤其当你的病人的生死某种意义上掌握在你手里的时候，你又会是一种什么样的心态。读了这本书以后，我会有一种想要深刻思考自己的人生的冲动，也对医生产生了更多的尊敬。有人留言说"像薄大夫他们这样的人，就是站在死神的门口，挡住人们不被死神给带走，他们像神一样地活着"，在一个没有神的时代，像薄大夫这样的人，就是我们心中的神。这是对你的高度评价。

薄世宁：**其实疾病、死亡是人类的终极困局，这时候医生能做的就是在困难当中给一些帮助。**我从医 23 年，每年会遇到 1000 个左右的重症病例，他们都是挣扎在生死线上的，最后我从中选出了 19 个故事，形成了这本书。我希望通过 19 个命悬一线的故事，来讲述我们遇见疾病时会有哪些困惑、哪些困境，从而引导我们思考，当我遇到这些困惑时应该怎样做决策，如何更好地爱和被爱，以及如何更好地活着。这本书去年也入选了央视读书精选"十大好书"，也获得了"中国好书"奖。为什么会选这 19 个故事？因为有时候我开车听着音乐，就会想起这些故事，然后哗哗掉眼泪，这些故事足够让我刻骨铭心，如果能有一个故事能让我这样一个工作了 23 年的医生刻骨铭心，那这个故事就一定能打动很多读者。

其实讲故事不是目的，更多是想唤起大家的思考，因为人在疾病和死亡的终极困局面前，一定会有很多困惑，比如你如何和医生共同做决策，比如有时候这个人的希望很渺茫，还要不要治疗？再比如有时候老人想回家，但孩子们就想让他住在医院里面……**其实 20 世纪到 21 世纪医学的快速发展是一个悖论，一方面，我们的生命延长了，但另一方面，很多人想安静地死反而成了奢望**——很多人最后阶段都在医院里，靠一些高级的器械、呼吸机、监护仪延长生命。所以很多人会困惑，什么时候应该放手？什么时候不应该放手？还有的时候，病人自己想治，家属不想治，你怎么处理？

俞敏洪：各种情况应该都有吧？病人不想治、家属想治和病人想治、家属不想给治了？

薄世宁：都有，家属更想治的居多。有句话说，**我们治疗病人的过程也是在治疗自己。**对医生是这样，对家属也是这样。我曾经有一个 6000 万播放量的视频，讲一个老人来的时候，大脑已经重度缺氧了，这时候治愈的希望是很渺茫的，她的老伴每天拿着小本记，他说你给我讲一讲，为什么白细胞高了？你是不是没好好治？你给她找一个懂感染的专家，或者你给她往鼻子里滴点香油？这发生在将近 20 年前，我当时因为年轻，就很不理解，明明没希望了，为什么还要坚持？年轻的时候，就觉得医学要以追求治愈为目的，但我那时候不懂，**每个人**

都会经历一次不可治愈。

当你掌握一定技术以后,就很容易陷入一个傲慢的地位,傲慢又会让你产生很多不理解的死角。那时候我就怼他,说你把专业的事交给专业的人,你不要指挥我,(滴香油)这种伪科学你也信?那个老先生个子不高,西北人,颧骨上有高原红。半年之后,有一次他找我,这次他没提问题,他说我老伴今天生日,我能不能给她唱首歌?那好啊,大家都来围着她唱歌。他就抓着他老伴的手,说三妹啊,你看咱们年轻的时候在高原那么辛苦,日子虽然苦,但是很快乐,现在日子不苦了,你又变成这样了,真对不起。他说,我给你唱首歌,祝你生日快乐。我印象特别深,他就像小学生一样站在老伴前面唱歌,结果他一唱,一首走调的老歌,我就看着他老伴的心率越来越快,70次、80次,越来越快。

俞敏洪:生命的感应。

薄世宁:然后她就掉了两滴眼泪,紧接着监护仪"吱"的一响,心跳停了。我冲上去,按压、抢救、给药,还是没救回来。到现在19年了,我挺后悔的,那个时候不懂悲悯,不懂别人为什么要坚持,明明是没有希望的人,你一个老科学家天天追着我问这些伪科学的问题。但到现在,经过了19年,救过很多人以后,自己尝过生活的甜,也尝过生活的苦,我就明白了,其实这个故事讲的是真正的爱。**真正的爱不是肤浅的卿卿我我和脱口而出的海誓山盟,而是两个生命已经交织在一起,失去你就是失去我自己。**

俞敏洪:我读到这个故事的时候,眼泪也掉下来了。老人之前对医生做的一切,在我们看来,好像有点骚扰医生了,但这一切都会烟消云散,因为在这时候,人的悲悯、生命的本真才是最重要的。

薄世宁:所以这本书更多是讲,医学到底为什么存在?我们习惯了追求治愈,往往忘了每个人都会经历一次不可治愈,但**在最危难的时候不放手,才是对人的终极安慰**。我希望能通过这样的故事唤起大家的思考,我们遇见这样的困惑时应该怎样应对。所以我也建议大家都去看看这本书。

俞敏洪:我看完这本书,觉得你特别适合写纪实文学。

薄世宁:我有一个写作方面的心得,就是要充分记录人物的对话。书里讲到一个 24 岁的女孩，她是一个肿瘤晚期的病人，她当时因为急性左心衰，喘不过来气，后来收到了我们院里。我记得那天早上，她的病情已经好转了，我路过她的床边，她就喊我。她说，医生医生，你来啊。我就问她怎么了。她说，我不想治了。我就说，是我们照顾得不好，还是怎么考虑的。她说，都不是，我就是不想治了。后来我就问她，你不怕死吗。她说，我不怕。她这样一说，让我陡然间抖了一下，因为在我的印象中，当死亡来临的时候，每个人都会拼命地想抓住一线生机，为什么一个 24 岁的孩子能看透这个呢？当时我就说，你不害怕就行，其实我们每个人的一生都很短，你只要不害怕，那就都一样。可是说这句话的时候，我觉得自己就像在说一句废话，也没有起到安慰的作用。

我接着问她，为什么不想治了？她说，你看，摆在我面前有两个选择，一个是死亡，一个是痛苦以后死亡，你说我会选哪个？我看病已经花了很多钱了，我不想让我的家人为我穷一辈子。然后我就下楼去找她父母，她爸就跟我说，我们家孩子从小就有主见，如果她不想治了，我们就把她转出去。他说，我们家孩子看病花了几十万，这里面有一半是花在脸上的，她爱美，爱买化妆品。这个细节我当时就不知道该怎么处理，你想想，你看病就已经让这个并不优渥的家庭雪上加霜了，怎么还好意思往脸上抹化妆品？

这本书前后改了五版，我每次改都不看原来的稿子，靠记忆重新写。最后一次改的时候，我突然想清楚了，一个 24 岁的孩子爱美是多正常的一件事情，当她有一天都不想往脸上抹（化妆品）了，开始担心家里穷，不想因为自己影响妹妹上学的时候，就是希望没了的时候。其实**人生中最让人刻骨铭心的往往是两件事，一个是痛苦，一个是希望，而且二者往往是一件事。我们为了希望愿意承受痛苦；当没有希望时，我们也无须再承受痛苦。**

俞敏洪：你能承受痛苦的前提是你对未来还有希望，不管是疾病的痛苦还是生活艰难的痛苦，你愿意承受，意味着你对未来还有期待。

薄世宁：对。后来那个女孩病情稳定了，就转出去了。过了几天，我听说她脑子里又出问题了，但她再也没来 ICU。为什么这本书很多内容都是访谈得来的，因为医生的视角永远不是家属的视角，也永远不是患者的视角。当时那次访谈就很颠覆我的想法，为什么她的家里人会想方设法给她治疗？就是想给她争取时间，因为没有人在痛苦面前会甘愿被命运一把扼住喉咙，所以要给她拼命争取时间，让她慢慢想明白这些事。**有时候痛苦也有一定的价值，这不是说我们应该心平气和地承受痛苦，而是说，有时候痛苦可以让我们对未来想得更清楚。**

俞敏洪：就像你在《薄世宁医学通识讲义》里讲的那样，一个人如果不知道痛，连自己被烧伤了都不会察觉，就失去了对生命的保护能力。**痛苦尽管是一个抽象的词，但一个人如果在生命中没有经历过痛苦，他对生命的美好就少了一分深刻的理解。**疾病的痛苦如果不跟希望连在一起，这个痛苦本身就没有意义。但之所以有痛苦，是因为你对未来还有期待、有希望。病人的求生欲和对自己未来还能治好的信心，会影响到他在生死关头时的结果吗？

薄世宁：会，其实我们要想了解你在面对疾病困局的时候会有什么想法，就一定要去采访那些经历过生死的人。我在书里就采访过一个吉兰-巴雷综合征的病例，这种病的特点是患者会在几天之内全身瘫痪。那位患者是一个40岁的外企女性，她就讲她的求生欲。什么叫求生欲呢？她先讲了一个故事，她说她在急诊的时候，隔壁躺着一个大爷，大爷主动和她聊天。大爷就问她，说姑娘如果你还能好，你有什么愿望？她在一个大的跨国公司做产品，做得非常好，事业非常优秀。她说我有什么愿望呢？你看我40岁，终日奔波，但从来没有陪孩子去旅游过。孩子已经6岁了，她说如果我还能够出去，一定带孩子旅游一次。后来大爷就说，姑娘，你这是一个好愿望，一定可以实现。过了一个多小时，那大爷就没了，因为肝衰竭晚期。她说我那一次才觉得自己到了死亡的边缘。什么叫求生欲？她说我在ICU，全身都瘫痪了，四肢肌力都是零级，只有眼睛会动，但你们往胃管里打水的时候，我会拼命做吞咽的动作。但这是不可能的，因为她全身都瘫痪了，不可能动。但她说，在给她胃管里打水的时候，她能感受到水的清甜，这种清甜、这种凉的感觉让她觉得自己还活着，还拼命地想活。

俞敏洪：实际是一种想象？

薄世宁：是一种想象。然后，她说在ICU的时候，光线永远是亮的，机器不停地在响，嘀嘀嘀地报警，一会儿这个人没了，一会儿那个人放弃了。有一天我在查房的时候，给她讲了一个故事，我说我大学的一个老师和她得了一模一样的病，后来医好了。她说那种感觉就像老师发小红花一样，说你今天好一点了，就更拼命地想活着。

后来她痊愈了，病好了之后就没再干之前的工作了。她现在在做什么呢？做娃娃的装饰。是一种小娃娃，给它穿衣服、化妆。现在网上有很多人买她的娃娃，非常有意思。

▷ **怀揣伟大的爱，做细微的事**

俞敏洪：你当初为什么选择医学？

薄世宁：我当时高考，医学很难考，包括现在学校的医科录取分数线仍然很高。我当时是因为医学难考，就想考医学，我所有的志愿，报的全是医科。

俞敏洪：你报医学是你自愿的选择？

薄世宁：完全是自愿选择，我们家里没人学医。

俞敏洪：你当时对医学其实并不了解，只是觉得这个难考，如果能考进去就很牛？

薄世宁：对。后来我为什么考 ICU 专业，因为我大学实习的时候，我弟弟病了，而且很严重，是急性肾功能衰竭，我说你赶紧到我实习的地方来。那是我第一次感受到当病人家属是多么绝望。为什么？因为我父亲是军人，在我印象中，他一直是一个很坚强的人，但我记得那时候，我们抬着我弟弟上楼，我父亲在医院的路上，走一段就蹲在路上哭一会儿。

俞敏洪：是觉得小儿子可能挽救不回来了？

薄世宁：是，因为当时的诊断结果特别严重，是急进性肾炎。这个病预后非常差，半年之内如果治疗效果不好，肾脏就会萎缩，终生需要透析。那时候我就缠着我的上级医生，说赶紧给药、给药。给了药的第二天，果然有好转，我就特别开心。一个医生，在他人命悬一线的时候，能给出正确的方法，效果还挺好，而且病人还是自己的亲弟弟，你想想得多开心。结果到了第二天，又反弹了，我就要求再给第二剂。人在疾病面前思维会窄化，越是你关注的人，你越想多倾注心血，思维就会越窄，反而会局限。当时已经有很多证据表明我误诊了，但我一直不撞南墙不回头，要求接着给药。非常侥幸，当天下午教授会诊，我汇报病历，我讲我的判断，讲他用药的反应，讲我特别想治好他。结果教授说，你们误诊了，他不是这个病，是流行性出血热。进行对应的治疗以后，我弟弟就痊愈了。

这件事给我带来了很深远的影响。第一是你理解了，其实人面对疾病时，不管你是否从医，都会有很多困惑，会逃避，会患得患失，会盲目激进，会不撞南墙不回头，会思维窄化——越是面对自己的亲人，就越窄化。一个医生尚且如此，更何况其他人？普鲁斯特写过一句话，"**凡属严重错误都有一个共同的性质，那就是没有克制感情的冲动**"。笛卡尔的二元论则认为情感是理性的杂音，当你过度关注这个事情时，一定会导致理性判断的丧失。

第二个影响是，**我觉得人在命悬一线的时候，你诊断正确、治疗正确，就可以带来很好的结果，所以我后来选了 ICU 专业**。其实那时候我还不懂 ICU。我记得我去考这个专业的研究生，那是个大冬天，那天早上起来，4 点到北京，到我导师办公室门口才 5 点多。然后我就在门口睡着了，7 点多的时候，一个老太太就拍我，说小伙子你来这里干吗呢？我说我想求学，我想学这个专业。她说你进来给我讲一讲，我就是你找的老师。我就给她讲我弟弟发病的经过和我对这个专业的理解。后来她说，你要是能考第一名，我就要你。结果我就考了第一名，之后就上了这个专业。我觉得我的导师改变了我的一生，因为求学不易，尤其是年轻人。我现在对我的学生，都是以鼓励为主，很少训斥，因为每个年轻人都怀揣梦想，无论是规培的医生，还是刚入职的年轻医生，都会犯错误，都会有困惑。有一次一个年轻医生就问我，说你怎么看待病人放弃治疗的问题？我有时候遇到病人，觉得可能有希望，但家属想都没想就拉走了，你怎么考虑这个问题？我当时就回答他，其实医生只能站在自己的角度来考虑疾病的治疗价值，但背后有很多社会问题，有各方面的问题，你不能卷进去。我们不做价值和道德判断，我只能说我会想方设法来帮你，我用我的信心、我的决心、我的善良告诉你，我会争取让你留下来，但很多时候我们也没办法解决这些问题。

俞敏洪：对于病人来说，那种技术好又有仁心、悲悯之心的医生肯定是最好的选择。你觉得在中国医学界，有多少人有悲悯之心？它是怎么产生的？医生的精湛技术和悲悯之心在病人的治疗过程中到底能起到怎样的作用？

薄世宁：如果我是病人，对我来说排在第一位的肯定是技术。我本身处在病痛当中，我一定更在意这个医生的技术好坏，因为我要解决问题。

俞敏洪：你技术不好，即使对病人态度好，也不管用，对吧？

薄世宁：对，因为患者是找你解决问题的，没有一个人想在医院遇到一个哭哭啼啼的医生。随着年龄的增长，医生会越来越理性，看起来就会有点不近人情。但我觉得，年龄再大一些，历练再多一些，比如我现在49岁，我和俞老师一样属虎，我现在考虑问题就更会换位思考了。**有时候换位思考一下，反而能对医疗起到很好的作用，甚至可能对别人来说就是一道光。**

我在书里写了一个破伤风的故事。破伤风本身就不好治疗，治疗时间会比较长，当时家属坚持到第四周，坚持不下去了，确实没钱了。但那时候我就鼓励他，我说一定要坚持，我每天能在保证安全的基础上少开一个化验，给你省钱，这果然对他是一个很大的鼓舞。而且我每天让这个病人和家属视频，家属说，有一天他看到他爸（患者）对着手机笑，他就哭了，真的是不舍。患者能感受到医生的真诚，就坚持了下来，后来果然治好了。所以，有句话说得好，**我们没办法做伟大的人，但我们可以怀揣伟大的爱，去做一些细微的事，有时候一些细微的善良，对身处痛苦的人就是一道光。**

俞敏洪：这挺了不起的。一个有着高超技术但冷冰冰的医生肯定不是病人喜欢的，一个非常照顾病人但技术不高超的医生，病人也是不相信的。真正的好医生，应该在技术高明的前提之下，有换位思考能力，对病人抱以真诚的态度，在坚持理性判断的前提之下，还能给病人带来治疗过程中的某种温暖，对吗？

薄世宁：对，这样的一点点温暖，似乎微不足道，但这对于身处病痛当中的人来说，是特别重要的事。如果社会上每个行业都有一点点善良，可能善良就会成为主流。

俞敏洪：我在书里看到很多你做诊断、判断的惊心动魄的过程。面对患者，当然也会有内科、外科医生帮你做很多判断，但在需要决定动用什么样的急救措施把病人从死亡线上拉回来的时候，你的判断力是怎么来的？是因为你有 20 年在 ICU 工作的经验累积，还是别的原因？

薄世宁：医生总是在紧急情况下做决策，而且是面对各种不确定因素时做决策，这时候我们有几个原则。**第一个原则是唐僧法则**。《西游记》中有一个很有意思的现象，沙僧经常只有一句台词，"不好了，不好了，师傅被抓走了"。唐僧面临各方面的问题，大家不知道妖怪在哪儿，就和我们不知道这个病在哪儿一样。这时候唐僧有一个方法，就是我跟你（妖怪）聊天，想方设法拖延时间，把紧急事件变成普通事件。所以 ICU 来了病人，有时候我们搞不清楚哪儿出问题了，就一定先维持生命体征，把血压给你提起来，把异常心律给你纠正过来，先保证病人能活下去。这就是把紧急事件转成普通事件。

争取到了时间后，就到了第二步。**第二个原则，叫斑马原则**。什么意思？国外的医学院有一句话，当你听到窗外的马蹄声时，你先想的是马而不是斑马。因为马是常见现象，而斑马是罕见问题，要优先考虑引起这个症状的最常见的疾病，而不是去考虑那些罕见问题。为什么？因为人有一个思维误区，当我们经历过罕见问题对思想带来的冲击后，再遇见同样的症状时，就会优先考虑罕见问题。但是医生要有一个思路，就是要永远把大概率事件排在前面。

第三个原则叫多米诺骨牌原则。很多时候各种各样的症状交织在一起，这个症状又可以引起那个症状，症状之间还互相影响，这时就要想方设法找到第一块骨牌，因为是这块骨牌引起的第二块倒、第三块倒、第四块倒，要找到核心源头。

第四个原则是高尔夫法则。遇见问题的时候，切忌一条路走到黑。比如我弟弟误诊的时候，其实已经有很多证据表明误诊了，但我们很容易把它当成偶然事件，这个时候你要及时做调整，当出现了新证据颠覆了你的诊断的时候，要注意这个新证据。

诊断是一个不停提出假设、寻找证据、验证假设的循环过程。当你出现循环错误的时候，当你发现你提出的假设不对的时候，要果断放弃初始假设。

俞敏洪：当你选择某种方法治疗之后，如果没有把病人抢救回来，你的内心会内疚吗？

薄世宁：当然会。我前两天有一个病人，特别胖，有糖尿病，但他在家的时候没有控制血糖，导致口腔感染引起了咽部感染、纵隔感染，这种疾病死亡风险非常高。我给他做了手术，做完手术后他就一直在我那里治。我就没见过那么好的家属，每次来都会说，我听你的、我听你的。像这种病例，你没给人家治好，就会觉得对不起他的家人。好在后来这个患者好了，昨天转出去了。其实有时候，**越是遇见那种掏心掏肺对病人好、无怨无悔的家属，医生心里的负担就越强烈。**

俞敏洪：很多人都关心医生的成就感问题。你会有怎样的成就感？这种成就感是不是支撑你到现在仍然每天在临床一线这么努力的原因？

薄世宁：应该是，支撑我从一开始当实习医生到住院医师、主治医师、副主任医师，再到现在成为主任医师。什么叫医生的成就感？影视剧里可能说得很豪华，什么家属感谢、送个锦旗，但其实真正的成就感不是这些。前段时间，一个40多岁的患者，来的时候全身都衰竭了，过了一段时间，他好转了，那天我就跑到门口跟他爱人说这个好消息。他爱人个子不高，在治疗过程中从来没有任何怨言。我想她一定会喜极而泣，结果没有，她就对着楼道的一个孩子喊，听到没有？你爸好了，赶紧上学去。后来孩子抹着眼泪去上学了。她说我们家孩子，自他爸生病以来，就一直在门口守着，就等着他爸。你知道因为挽救了这一个人，你挽救了一个孩子、一个家庭，这就叫成就感。

在我书里还有一个羊水栓塞的病例，病人一晚上心跳停了很多次。我那天判断正确了，第二天早上她的病情就稳定了。我给她爱人说了这个好消息，她爱人憋了半天没说话，就在那立着，过了很久他就说了一句话，他说你还没吃早点吧？我去给你买份早点。

俞敏洪：这种最朴素的表达就是最深刻的感谢。

薄世宁：这就叫成就感。不是什么经验增加、职称提升，这些是随之而来的东西。我觉得我们都是一样的，您做教育这个行业，帮助了很多人成就梦想，就是会有一种内心的成就感。我在2006到2007年的时候还上过新东方（的课），当年要是没有您的考试培训，就考不了那么好的托福成绩。

俞敏洪：所以对你来说，成就人生命的尊严和生命的延续就是最大的成就感。

▷ 不放弃就是最大的尊严

俞敏洪：在病人知道自己得了绝症以后，或者病人知道自己已经没有治愈希望的时候，病人到底应该选择放弃还是不放弃？还是说绝大多数病人其实在那个时候基本都想活下去？

薄世宁：我觉得多数人在面对疾病的时候，一开始会很困惑，会抱怨，会逃避，是不是诊断错了？之后就开始寻找治疗方法。我觉得**医学最伟大的地方，并不在于它能够治愈全部疾病，而在于它能够给生命争取一定的时间**。很多人一开始都非常积极地治疗，治疗一段时间以后，他抗争过，慢慢也就能和这个世界达成一部分和解，然后他会考虑到未来的事情。但毫无疑问，归根到底还是要尊重病人的意愿。我之前发了一个短视频，讲了我发小带着母亲回家的故事。

俞敏洪：那个故事书里也有。那个母亲自己想回家，后来确实没有治好的希望了，就把她送回家了，最后她在家里安心地离开了这个世界。

薄世宁：对。其实家的理念就是中国人的精神图腾。

俞敏洪：我到现在都不知道家在哪里。

薄世宁：您不是南方的吗？

俞敏洪：对，南方的，但家乡已经被拆得七零八落了，原来自己住的环境已经没有了。我在北京40多年，一直觉得自己是漂泊在这个城市，从来没有把北京看作我的归宿。

薄世宁：家是这种感觉，你做事业成功的时候，想到的是家，你失败、受挫折的时候，想到的是家。为什么中国有春运这样整个地球上最大规模的人口迁移？因为每个人心目当中都有一个家，都要回家团聚。当时我发小的母亲就要求回家，我发小和他妹妹立刻提出反驳意见，说你看我们那么艰苦的治疗都治了，现在天冷，等暖和一些，你可能就会好转一些。他们或许知道什么时候应该义无反顾地开始，却不知道什么时候应该带老人回家，这个时候就得尊重老人的意愿。我那天说，抓紧走，听我的，要是现在不立刻走，也就走不了了。他后来就带着母亲回家了，回家后，他母亲走得非常安详。

我在书中讲到，好的离开应该有三个标准：第一，无遗憾。治疗疾病的时候好好治疗。当时用了很好的药，找了很好的医生，已经给母亲延长生命了，现在没有任何遗憾了，就带老人回家。第二，不纠结。任何事情就当满足她的愿望，不纠结。

俞敏洪：何况这是老人自己提出来的愿望。

薄世宁：对，除了不遗憾，不纠结，还有第三点很重要，就是不痛苦。多数人在自然死亡的状态下，肉体会有很多痛苦，可以用医学的手段来帮他缓解这个痛苦。

俞敏洪：现在的医学已经能够做到，让病人回到家里安详地离开这个世界时，可以相对不那么痛苦吗？有这样的药物吗？

薄世宁：有一些止痛药物可以帮助缓解这个过程中的痛苦。其实每个人都要经历一次不可治愈，大家谁都逃不掉这一步。

俞敏洪：对，生老病死，谁都没办法脱离这个循环圈。

薄世宁：那个视频播出以后，我原以为大家对谈死亡、谈回家是忌讳的，没想到有那么多人留言。有的人就说自己特别后悔，当时没有带妈妈回家，有的人留言说自己特别后悔没有见到父亲最后一面，还有人留言说你看这城市的高楼大厦，到底哪里才是我的家？

俞敏洪：现在是大迁徙的社会，那种传统的家的概念已经不存在了。现在很少有人像过去那样坚守在自己出生的那个地方，从生一直坚守到死，或者家庭成员像中国古代大宗族一样永远聚在一起。如果让我对家做一个新定义，我觉得家就是你最亲的人所在的地方。

薄世宁：对，**莫道行宿无故土，心安之处便是家**。为什么我觉得每个人都应该看看这本书呢？我这样一个工作这么多年的医生，都不敢跟我父母谈这个问题，张不开嘴，结果有次我父亲看到我那个视频，主动跟我说，儿啊，以后我就跟着你。我就一愣，我说你身体好好的，为什么说这个？他马上故作轻松地说，我就是跟你说一说，怕你到时候忘了。我以前以为我父母以后肯定想回老家，但其实他们想和儿子在一起。"家"这个概念在今天不是以前那个物理坐标了，而是"心安之处"，你的亲人在哪儿，哪儿就是家。

俞敏洪：古代农耕社会就是一个非迁徙社会，家的概念就是地理概念，现在肯定不是这样了。有没有病人不想治疗，家属坚持要治，或者病人想要治疗，家属因为各种原因完全没能力治疗的情况？

薄世宁：有，但不多。有一个病例，也是一个女士，她也是晚期，其实这时候再去激进治疗，也没有任何意义，过度治疗可能会带来更多痛苦，但病人自己就是想把腹水抽一抽，让呼吸没有那么困难。我印象特别深，她的老公，油头粉面的，穿的特别好，一身高档服装，尖头皮鞋，每次进来就喊，她怎么还没死啊，赶紧拔管。提到这个问题，他还会跟我们发生冲突。

俞敏洪：这也挺残忍的。病人不管多么虚弱，在生死问题上都是非常敏感的。

薄世宁：对。我觉得这个世上最大的恶就是对将死之人落井下石。**放弃抢救不是放弃关怀，放弃不是抛弃，其实人在疾病状态下被抛弃，会让他产生极度的绝望和痛苦，所以这时候应该满足她的愿望，帮她缓解一部分痛苦。**

俞敏洪：语言上的安慰、情感上的关爱。

薄世宁：很多时候人不是死于疾病，而是死于被抛弃的那一刻。这个时候即便不做激进的治疗了，但是给予病人安慰，甚至一些关爱的疗法，都比这种冷漠的抛弃要好。这是非常少的案例，绝大多数人都非常积极地支持治疗。

俞敏洪：在你的病例中，有多少家庭是因为经济问题，比如再治疗下去就会破产，或者整个生活就会陷入绝对的困顿，最后放弃治疗的？

薄世宁：没有做过统计，但肯定有。

俞敏洪：如果中国的医疗保险制度更加合理和完善，放弃治疗的家庭就会少一些？

薄世宁：对，其实我觉得这是整个保障体系的问题。这个体系决定了很多资源的调配能力，包括医疗、教育等方面。

俞敏洪：其实有不少病人，最后就是因为经济问题，病人主动提出来放弃治疗，因为再治下去，后面家人也没法活了。这时候也挺感人的，老人以主动放弃治疗的姿态，保全子女们继续生存的余地。

薄世宁：用一代人或者下一代人的全部资源来换患者多一点点的时间，这到底值不值，其实没有答案。

俞敏洪：永远不会有答案。

薄世宁：我经常听到一句话，"我要是这种情况就不治了"，说这话的人很多，但你还没有面对这个事情，怎么知道你在这种情况下就不想治疗呢？

曾经有一个渐冻人，躺了几年，只有眼睛会动，头脑是清晰的，很痛苦。很多人说她太痛苦了，这样活着有什么意义？有什么尊严？关于这个问题，我和她老伴做过一次访谈。我说，你看阿姨每天躺在床上，没有任何生活质量，你们就没想过停了呼吸机吗？她老伴的答复一下子就把我打动了。他说了两个理由：第一个理由，我退休了，我不知道以后没了她我还能再做什么。我现在每天来给她擦擦身子、翻翻身，我觉得是一件事情；第二个理由，他说我们有一次问过她，你这么痛苦，要不要把呼吸机给你停掉？结果病人的眼珠子来回摆，她自己还想活着。到底坚持不坚持，没有对错，这不是一个医学问题，也不是一个伦理问题。**我们讲尊严，其实最大的尊严就是满足病人的愿望。尊严不是体面，尊严在人心里，尊严就是还有选择的能力和自由。人活一世，沧桑一生，你在患病时，家里人的不放弃就是你最大的尊严。**

俞敏洪：对，我想起了我岳父。我 20 年前写过一篇文章，叫《我的岳父》，在网上流传得非常广。我岳母中风瘫痪，不会说话，在病床上 17 年。我岳父当时还没有离休，有很重要的工作。因为老太太不允许也不想让任何人照看，老头儿就把所有的事务给辞掉了，只拿离休工资，照看了老太太 17 年。老太太去世的那天晚上，我跟岳父坐在那儿，他一根烟接着一根烟抽，他照顾老伴 17 年，没有任何沧桑感，但就在老伴去世的那天晚上，他坐在那儿，如丧家之犬，人一下子就苍老了。我就跟他说，你现在不是轻松了吗？妈妈安心地走了，你以后一个人待着也没有那么多负担了。老头儿就说，她走了，我都不知道怎么活了。当时我就感动得不得了，后来专门写了这篇文章。老头儿 13 岁参加抗日战争，后来又参加解放战争，是一个了不起的军人。那种**人类相互之间的亲情，有时候是不可战胜的。**

薄世宁：老年人之间的爱，和我们所谓的青春浪漫剧不同。我们经常在临床上见到这样的一些感人故事。

▷ 医疗的本质是支持生命自我修复

俞敏洪：在过去几年，中国的医患矛盾比较多。你觉得医患矛盾产生的原因，从病人一方来说是什么？从医生一方来说是什么？这些矛盾未来能不能避免？以及面对医患矛盾，病人方面应该做什么？医生方面应该做什么？

薄世宁：在医学还没那么发达的时候，我们把"神"当成医，但在今天，科学日益发展的今天，我们又很容易把医当成"神"。我在我第一本书《薄世宁医学通识讲义》中就讲过一个观点，也得到医学界的很多认可：**医疗的本质是支持生命自我修复。一方面，你要有自我修复的能力；另一方面，由医生提供时间、创造条件，一起对抗疾病。**现在医学有了一些进步，很多疾病能够得到很好的治疗，但这些是远远不够的，同时人类改善健康状况的愿望又非常强烈，这个愿望和实际是否有医疗手段进行治疗之间是会有矛盾的。我觉得医患矛盾里也有一部分是人的问题，比如病人不讲道理、医生不会沟通。其实医生与病人的沟通是需要技巧的，有时候你过度表达、承诺，会带来落差。本身现代医学就比较复杂，有各种术语，有时候你多说一句话，可能就会把这个矛盾压下去，但有时候少说一句话，态度生硬，可能就会产生一些问题。另外就是经济问题，如果保险都能覆盖医疗费用，矛盾相对就不会那么集中。但整体来讲，我觉得这些情况未来应该都会改善。

俞敏洪：国家对于医疗领域的整顿，对医患矛盾或者医疗行业腐败有改善作用吗？

薄世宁：现在很多药物都在降价，我觉得算是起到了很好的作用。

俞敏洪：病人如果不用那些特别昂贵的药和采取极端的医疗措施，其实治疗成本也会在可控范围之内。你觉得按照现在医学的发展，在多长时间以后，能让收入很低的普通老百姓也治得起病？

薄世宁：这可能不是医学的问题，是一个整体的问题。我们通常把人体解剖学、生理学、病理学这三门学科的成立看作现代医学诞生的标志。短短200年时间，我们正好赶上经济方面的进步，人类寿命快速延长。在很久以前，结核病就能要了人的命；在没有抗生素以前，还有天花、霍乱、小儿麻痹症等这些疾病会给人类寿命带来影响。但有了现代医学以后，那些烈性传染病得到了遏制，人类寿命逐渐有了稳步的增长。应该说，我们生活在特别伟大的时代，我们开始运用科学来干预健康，这是一个很大的转变。

俞敏洪：和过去相比，我们的生命在低代价的前提下已经得到了极大的保障，比如结核病，以前如果得了结核病，基本就没救了。我上大学的时候，得了结核病，因为有几种特效药，雷米封（异烟肼）、乙胺丁醇、链霉素，一年以后我就好了。这在古代是不可想象的，比如苏东坡其实就是肚子不太舒服，或者因为痢疾和其他原因，从海南岛回来的路上，到了常州后，一个礼拜以后就去世了，如果是现在，可能两片药就能解决问题。现代医学已经取得了巨大的进步，未来还会取得更大的进步。同时，如果国家能够给人民提供越来越完整的医疗保险制度，对绝大部分老百姓来说，看病就不再会是一个沉重的负担或难题。这样说对吗？

薄世宁：我觉得**任何新的技术出现，最开始都会相对比较昂贵，但随着病人越来越多，平均成本就会下降，很多人就可以得到福祉**。比如我在书中讲到靶向药的问题，一开始很贵，但因为国家保障体系的完善，价格就慢慢降下来了，越来越多的人得到了医治。我经常说一句话，什么叫"好病人"？好病人就是你在绝望时依然相信科学。但这并不是说科学是万能的，科学无法解释一切，科学有很多解决不了的问题。**好的科学是有能力、有速度、有温情、有态度的，好的科学是能让越来越多的人，在绝望的时候，还依然愿意相信科学。**

俞敏洪：有没有这样的情况，你争取把病人留下来，最终还是没有治好或者花了太多钱,最后家属倒过来找你算账?在我了解的医疗界是有这种情况的。

薄世宁:这种我还没碰见过,我觉得多数人都挺善良的。

俞敏洪:是因为你的态度、你的真诚让所有病人和家属对你给予了百分之百的信任,还是某种别的原因呢?

薄世宁:我觉得是我幸运。

俞敏洪:不能用幸运解释。我个人感觉是因为你面对病人和家属时,你的真诚态度让老百姓感受到你的心底是无私的,你不是为了拿红包,也不是为了让病人待在这儿多花点医疗费,而是在真诚地对病人的生命状态提出建议。

薄世宁:是。其实中国绝大多数老百姓都是善良的。

俞敏洪:善良需要互相呼应。我们常常说,**一个善良的社会的出现,是因为从制度到社会关系都是善良的;当一个社会的制度和社会关系都不善良的时候,即使是善人也会变成恶人。**

▷ 我还做不到看透生死

俞敏洪:你直面过那么多生死问题,包括家属和病人之间的极端状况,现在你对人性怎么看?

薄世宁:**疾病不会改变人性,但疾病会撕下人性的遮羞布。**当你的家人在重病状态下时,所有貌合神离的关系可能都会因此暴露出来。所以,我到现在也不知道该说人性本善还是本恶,我觉得人性很复杂。

俞敏洪:可不可以这样说,尽管人性在关键时刻有善有恶,或者会体现出复杂性,但在你过往的经历中,你也会发现,人类社会之所以能维护到今天,并且大多数情况下人与人之间都能比较友好地相处,原因就在于人间自有真情在?

薄世宁:对,就是这样。你说**生命的意义到底是什么?我觉得就是一代代地传递爱,从而让这个物种更有希望**。爱让生命有了意义,爱让这个星球有了色彩,爱让你在危难之际依然能坚持下去,所以人间确实充满真情。

俞敏洪:其实有时候维系亲人之间的关系,跟你和病人之间关系的维系是一样的,需要真诚对待和爱,对不对?

薄世宁：我有个病人，胸腔里长了巨大的肿瘤。当时他们两口子已经离婚了，后来他要来做手术。因为这个手术非常大，他就给前妻发了一条信息。他还挺文艺，他说你愿意陪我去闯一下吗？结果他前妻不理他。他说，你看，她不理我很正常，我现在要身体没身体，要金钱没金钱，能不能从手术中痊愈也不一定，她不来陪我做手术也很正常。结果第二天，他在火车站的站台上看见了他前妻。他就对她说，还送什么，你以后照顾好孩子。结果他前妻说，我是来陪你做手术的。他说，那一刻，他就在站台上嗷嗷哭。他说人活在这个世界上，当你没有亲情、没有爱的时候，你对这个世界也不会那么眷恋。当他身边有爱时，他就没那么害怕了。后来他走上了手术台，手术也很成功。

俞敏洪：也有不少人在原生家庭的成长环境中缺乏亲情、缺乏爱，后来在生命中留下了很多遗憾，甚至心灵变得孤寂。如何让这些人重获那份爱与亲情，或者即使他们无法与过去和解，是否能通过什么方式让自己在这个世界上活得更加温暖？对此你有什么建议？面对过生死以后，你应该非常知道什么最重要。

薄世宁：其实看过这本书以后就明白，你以前会计较，是因为放不下有些事。**当你真正了解，那些命悬一线的人是那么渴望明天的太阳，那么渴望爱的时候，你就知道爱是多么重要，你就可以重获爱了。**

我在书里提到一个故事，有一个女孩儿当时彻底对爱丧失了信任，从楼上跳了下来，结果她肚子里还有一个孩子。好不容易把孩子生下来了，她不想要，那怎么办？我们儿科给她养。她截瘫了，我们每天给她打饭，她还抱怨饭不好吃。那时候我不理解她，大家对你这么好，你为什么还这么抱怨？她有时候还咬管子、咬人，就这么一个人。随着时间慢慢流逝，有一天我们把孩子递到她手上，孩子在她手上挣扎，她也不理那个孩子。护士要把孩子接过来的时候，我说让她再抱一会儿，抱了一会儿后，她就哇哇地哭起来，后来就领着孩子回家了。其实真的经历过生死以后，重新去看待爱，可能会觉得，爱就是生活当中比较重要的东西。

俞敏洪：她之所以跳楼，就是因为孩子的爸爸抛弃了她，你们把她抢救过来，她在绝望的同时又截瘫了，确实生无可恋。在她跟孩子之间还没有建立爱的纽带的时候，她确实没办法鼓起对生的信心。当你们用友好的态度对待她时，并且让她跟孩子相处一段时间，建立起亲情之间不可拆散的关系，她就产生了生的欲望。可以这样说吗？

薄世宁：对。我觉得生命教育以后可以多一个环节，就是到医院看一看。看看那些得了血液病的孩子，一个个做完化疗以后，头发都掉光了，血管都脆了，他们还拼命地想活。再到ICU看看，对于他们来说，就是拼命想看到第二天的太阳，这个时候我们才能真正了解生命、了解爱。这就是一种很好的生命教育。

俞敏洪：每个人都应该珍惜今天的健康状态，并且在健康状态中让自己活得更加快乐，而不要等到进了ICU再去回顾，我当初为什么不好好地活。

薄世宁：在跟病人访谈的过程中，我问他们一个问题：你得病以后，最大的遗憾是什么？有的病人说，**我最大的遗憾就是从来没有好好地活过**。真的有时间思考以后，很多人就改变了对身外的这些事情、对忽略了的亲情、对爱的理解。

俞敏洪：你经历了这么多，会不会对生死变得很淡漠？

薄世宁：倒没有。很多人也会问我这个问题，你工作这么久，是不是能够看透生死？其实看不透，我不知道死亡那端是什么。人们为什么恐惧死亡？可能有很多原因，第一是不知道那边是什么，会对未知产生恐惧；第二是对死亡过程的恐惧和对遭受痛苦的过程的恐惧；第三是死亡以后，无论是现有的财富还是名誉，都会因为死亡这场告别烟消云散；第四是有些人还会担心自己死后，别人怎么评价自己。

俞敏洪：为什么还会担心这个？

薄世宁：我觉得我就有这个担心。我有一次出去讲课，那天飞机剧烈颠簸，把我吓坏了，我当时想的不是死了以后有多痛苦，而是想别人会说，这人出去讲课，结果还摔死了。其实我现在也会想，人死亡以后到底有没有其他空间，其他的量子纠缠？根本看不透。但就是因为看不透，我才那么珍惜生命，包括我的生命、亲人的生命、病人的生命。**就是因为看不透，才那么看重个体存活的时间、尊严和价值。**

俞敏洪：你每年都会面对上千个生死案例，20年就是两万个。你天天经历生死，也每天都在努力把人从死亡线上拉回来，却依然看不透生死。根据你前面的说法，你看不透，因为你不知道那头到底是什么。不管你担忧的是财富、名誉或者名声的失去，还是灵魂脱离肉体到底存在与否，总之，不管那头是什么，只要在这头，你还活着，就会让你更珍惜活着的状态，对不对？

薄世宁：对。现在就觉得活着太好了。

俞敏洪：你经历了这么多，反过来增强了你"活着太好了"的坚定信念，对吗？

薄世宁：是的。

俞敏洪：我想问一个我个人的问题。我过了60岁，尽管我做新东方、东方甄选、新东方文旅，做得都比较开心，但我一直觉得，再做下去，对我自己的生命就不合算了。我过去40年非常努力地奋斗，该创造的成就也创造了，也为社会做了一点点贡献，在家庭中也努力了，两个孩子也都上大学了，我觉得我该尽的责任好像大部分都尽到了。但我现在依然困在日常的事务中走不开，这一年多来，我下定决心想改变自己的生活状况，想做一些让自己感到愉悦的事情，而不是总做那些充满责任感、使命感的事情。我母亲有阿尔茨海默病，从85岁开始到89岁去世，最后两年半的时候，她完全不认识我了。我当然不想陷入那种状态，所以我觉得我现在不应该这么拼命了。

薄世宁：这个问题是放下的问题。我觉得有时候你以为放下以后会开心，其实未必。我觉得您无论是做新东方、东方甄选，还是新东方文旅，这些事情本身是一种激励自己努力的目标。

俞敏洪：所以如果你放弃了ICU的工作，你可能不会开心？

薄世宁：我现在喜欢旅游、摄影，但如果你抛弃了事业单纯去追求生活的乐趣，可能也就没有乐趣了。

俞敏洪：也就是说，我们沉浸在工作的烦恼中的同时，也在给自己带来乐趣，只不过自己没有感觉到而已？

薄世宁：对。当你失去这个以后，你就会发现这有多珍贵。

俞敏洪：我和很多朋友一样，都觉得要是真到了那一天，我肯定不想进医院，浑身插满管子，让医生折腾得半死不活，还拼命想求生。你觉得我这样的人，到了那个时候，怎样才能避免被插管子？

薄世宁：关于最后要不要抢救的问题，其实有很多人可以通过ICU机器的治疗而痊愈，比如你得了肺炎，你说你不插管子，直接立一个遗嘱吗？很多人确确实实经过插管治好了，你不插不就亏了吗？现在医学发展得这么快，不仅延长了我们的寿命，而且让我们更健康地延长寿命，这时候还是要听医生的建议。当然，医生是给你建议，而不是做决策，归根到底还是以自己的意愿为主。比如我自己想通了，每个人都是会离去的，我就是不想插管子，那延长一段时间的生命和违背病人的意愿来比，可能病人的意愿确实会更重要。当然，我们现在考虑这些问题可能都很草率，我们都还没有经历过这些生死时刻，真正经历的时候，或许就又改变了。甚至有时候，很多人仅仅经过治疗以后，就已经改变了。

俞敏洪：假如我去世了，是一把火烧掉好呢？还是把我的遗体捐献给医学院做研究更好？

薄世宁：这个根据个人意愿来看。

俞敏洪：如果捐献出去做研究，对人类来说一定会有更多价值。现在捐献器官、捐献遗体的人多吗？

薄世宁：现在还不够多。我们有一个数据，现在在等待合适的器官做移植的慢性疾病患者，和捐献的器官的比例是30∶1。其实捐或者不捐，我们不做价值判断，也不做道德判断，但我本人填写了人体器官志愿登记表，如果将来我出现脑死亡，器官还有用，我愿意捐给其他人。在医学所有的领域，死亡都是终点，只有器官移植这个领域，死亡可以成为新的起点。我讲过一个发生在其他国家的故事。一个小女孩出了车祸，脑死亡，后来她妈妈把她的器官捐给了不同的人。但她妈妈始终处在思念和愧疚中，一方面觉得自己没有照顾好孩子，另一方面觉得是自己同意把孩子的身体划开，把器官给了其他人。经过一段时间后，那个国家允许器官供者的亲人去见器官受者，这个小孩的妈妈就去参加了医院的一个聚会，大家都在绿地上追忆往事，谈论到器官移植以后，身体发生了天翻地覆的变化，又讲到捐献者的无私和伟大，只有这个妈妈坐在角落里哭泣。她正在哭的时候，有一个大男孩冲她走来，蹲在她面前，掏出一把听诊器说，"女士，你听听我"。她一听，"咕咚咕咚"，那是她孩子的心脏在跳，就好像在说，妈妈你别哭，我并没有离去。那个妈妈哭着哭着就笑了，她知道她女儿的生命已经化作了另外的生命，并且改变了别人的一生。我也是因为这个故事，成了一个器官捐献志愿登记者。

▷ 关于健康的建议

俞敏洪：随着医学条件的进步和发展，人类的寿命越来越长，即使全世界在疫情三年的影响下，出现了人类寿命变短了一点的情况，但人类整体的平均寿命都比过去长得多。现在中国国民的平均寿命 78 岁多，但在古代，就只有 40 岁左右。在生命走向终结之前，**人们应该怎样让自己更加健康快乐地活着？从医学角度你可以给大家提出什么样的建议？**

薄世宁：几点建议。现在世界范围内有循证医学延缓衰老的很多方法，**排在第一位的就是运动**。世界卫生组织给的运动建议是每周至少有 150 分钟中等强度的有氧运动或者加上一些抗阻运动。运动可以改善"三高"，降低心脑血管疾病带来的死亡风险，而且运动对于有某类肿瘤的病人可能会有很大的帮助。运动的时候，人体还会产生很多神奇的变化，包括体内多巴胺、内啡肽的释放。运动还有一个好处是抗焦虑。很多人会问我，你当 ICU 医生，工作强度那么大，每天面对很紧迫的情况，你怎么保持状态？工作再忙，我也会抽出时间跑跑步。

俞敏洪：我没有心脏病，也没有"三高"，像我这样的年龄，还能做剧烈运动吗？

薄世宁：可以做中等强度的运动，快走、慢跑、游泳、单车、羽毛球、乒乓球、篮球都可以。

俞敏洪：假如跑马拉松，一跑跑 20 公里，你建议吗？

薄世宁：不建议。马拉松是一种极限运动。我们运动一定要让自己的心率达到一定的程度，达到最高心率的 70% 左右是比较健康的运动强度。

第二个建议就是睡眠。我们以前可能把睡眠的作用想成单纯的恢复精力，现在看，睡眠的作用远远不止恢复精力这么简单。像成年人应该保证每天 7 到 8 小时的睡眠，孩子则要更长一些。

俞敏洪：现在中国的孩子，从小学开始到初中，连 7 个小时都睡不到，高中生连 6 个小时都睡不到。你作为医学界的大咖，能不能向领导提提建议，让孩子们多睡一会儿？

薄世宁：争取提。要想孩子们健康，有两个方面，一个是能睡够，另一个是户外活动时间要够。我们总认为近视眼和姿势有一定的关系，但还有一个很大的原因是缺乏户外活动以及日照。太阳照射下来，视网膜会产生多巴胺，多巴胺就能预防近视，等孩子真正变成近视以后再去户外活动，就没那么好的效果了。

俞敏洪：有些初中、高中给楼房装上了铁栏杆，防止学生跳楼，导致孩子们从小学开始，就只能在厕所交往。为什么呢？老师不让孩子们在操场上或者走廊里玩太久，孩子们就只能去厕所里互相交流，这种现象很奇怪。现在中国有不少青少年有抑郁症，孩子们普遍都不开心，从医学角度来说，在不影响现在教育体制的前提下，你建议学校做些什么，能让孩子们的心情好一点？

薄世宁：像我们小时候，都在山区跑来跑去，孩子和孩子之间有很多交往，如果做不到，可能养个宠物也会对孩子的心理有一些好处。养宠物会培养孩子的爱心、责任感，孩子和其他同学沟通的时候，还会多一些话题，包括对肠道菌群的建立都有一些帮助。如果让我提建议，就还是和之前一样，第一是运动，第二是睡眠。孩子们多运动、多交往，对他们的身心健康是很有利的。我们经常在讲，学习好坏一定能决定成功吗？读那么多课本一定能成功吗？不一定。当孩子失去心理健康的时候，什么都不重要了。

俞敏洪：海淀区公安系统有一个小组专门负责大学生的自杀事件。他们告诉我，虽然不常看到关于大学生自杀的报道，但这种现象其实不在少数。海淀区里都是著名高校，孩子们一路奋斗过来，心理会受到很大影响。进了大学以后，不少孩子找不到人生的目标了。其实很多焦虑症、抑郁，在初高中没有空间爆发出来，到了大学就可能会爆发。

薄世宁：确实要正视这个问题。从小让孩子多去交往。

第三个建议，现在很多病都和热量过多有关系，其实人吃得不要太多，热量少一些对健康有很多好处。

俞敏洪：避免热量过多意味着我们不要暴饮暴食，这就是为什么要"早上吃饱，晚上吃少"吧。

薄世宁：这是我们古代的一种智慧。人只有在热量稍微缺乏一点的状态下，身体才会告诉你，你要保持警觉。因为我们进化而来的智慧就是，你在能量少的时候才能保持旺盛的战斗力，去追野兽、摘果子、奔跑。你过度饱的时候，身体马上就有一个信号，你热量够了，赶紧睡觉，把它存成脂肪，这样一来，人的精气神就不会那么好。而且人在热量轻微受限的状态下，身体的慢性炎症程度会降低，而且细胞会启动自噬机制。

俞敏洪：这就是为什么有的人要去闭关或者辟谷，你觉得这些有好处吗？

薄世宁：短期内可能会有好处，但如果是长期，目前没有证据，没有大型实验做对照研究。

俞敏洪：比如我有一两天只喝水不吃饭，能激发生命的活力，让细胞更加活跃吗？

薄世宁：一般也不建议这样。我记得有一个杂志发表过一个很权威的综述，你即便是减少热量，也不能过度，每天少 500 大卡左右，能造成一个能量缺口即可，这样你身体的自我修复会更好一些。

俞敏洪：给细胞自己修复自己、活跃自己的时机，不要每时每刻都让它有负担？

薄世宁：对。而且细胞会自噬，就是细胞自己去吞噬受损的分子，吞噬掉一些衰老的物质，这也对身体有一定好处。

第四点是一定要筛查，而且要做有效的体检。比如，如果你抽烟，有慢性肺病，或者有肺癌家族史，45 岁以上，每年就要做一个肺部低剂量 CT 的筛查。这两年，这样的筛查慢慢多起来了，但以前很多人因为没有做这个筛查，肺癌拖到了晚期才发现。如果在一期就发现了肺癌，手术后的五年生存率在 90% 以上；但如果到了四期，生存率就不足 10% 了。差别很大。

俞敏洪：差别太大了。从一期到四期时间很快吗？

薄世宁：不快，很缓慢。其实身体给了你时间，让你去早些发现。包括结肠上有息肉，你做个肠镜把息肉切掉，出现结肠肿瘤的风险也会大大下降。筛查还是很重要的，但要科学筛查。

俞敏洪：有网友提问，阿尔茨海默病怎么预防，能预防吗？

薄世宁：有一年某个权威的医学杂志给了几点建议，如果能做到，可能能降低 40% 左右的阿尔茨海默病患病风险。第一，如果听力下降，要佩戴助听器；第二，严格戒烟和回避二手烟；第三，最好不喝酒，如果你是一个饮酒者，应该减少摄入量；第四，尽量接受更多的教育，因为接受教育多了以后，脑子会更灵活一些；第五，积极运动；第六，口腔卫生要做好，因为牙的细菌可能会影响到大脑，甚至肠道；第七，避免老年孤独，老年人要多去社交，比如打打麻将，有助于情绪的互动，延迟发病；第八，避免脑部外伤，脑部外伤会比较大地影响到大脑衰退程度；第九，要把低密度脂蛋白胆固醇这个指标降下来，要达标，这能起到保护血管的作用。

俞敏洪：我认真听这些建议，因为我母亲得的就是阿尔茨海默病。还有人问，晚上 12 点以后睡觉，危害大吗？

薄世宁：还是有危害。根据人和自然界的规律，睡眠期间的深度睡眠对预防和延缓很多疾病——包括阿尔茨海默病有一定的帮助。有时候你以为你生病了想睡觉是毒素引起的，其实不是，这是一种人类的自我保护本能，睡眠期间你的免疫细胞活力会更强，更容易战胜疾病。曾经有一个统计，经常倒夜班、熬夜班的医生和护士，发生二型糖尿病的风险就比别人高。所以如果因为工作不得不熬夜，我们得尽量补上，或者尽量在你身体允许的条件下多做运动，进而弥补熬夜带来的损害。

俞敏洪：我原来总熬夜，经常熬到三四点，后来我觉得不太对，现在我基本上能在 12 点到 1 点之间睡，早上 7 点左右起来。这算一个正常的作息时间吗？

薄世宁：对。有的人需要的睡眠时间长，有的人不需要那么长，你只要舒适就好。

俞敏洪：最后一个问题，一个人血糖高，但还没有到糖尿病的状态，他应该通过什么样的方法来降低血糖指标？

薄世宁：如果一个人的血糖高，但还不到糖尿病的诊断标准，我们称为糖尿病前期。目前已经有证据表明，如果此时不对血糖进行控制，未来将会变成糖尿病，而且有长肿瘤、患心脑血管疾病的风险，也会有焦虑、抑郁的风险。那么，在糖尿病前期，以改变生活方式为主，多运动，多吃膳食纤维，把体重降到正常范围内，至少降 5% 的体重，体重降下来以后，有一部分人可能血糖就会变得正常了，而且这种状态可以持续很久。假如你体重很轻了，血糖还是异常，那就建议药物治疗，不要等它变成糖尿病才开始治疗。

▷ 给医学的最好定义

俞敏洪：时间差不多了，最后你还想对大家说什么？

薄世宁：我觉得最后这段话我想读给大家。到底如何看待疾病和健康，我最后总结了一段话，我把这段话送给大家："人活一世，沧桑一生，健康时珍爱他，疾病时抓紧他，离别时宽慰他，分别后铭记他，并将人与人之间的这种关爱代代相传，亘古不变。这是对亲情与道义最好的回馈，是人类对生命最高的礼遇。"

俞敏洪：我也很喜欢这一段，"医学最伟大的地方在于对生命的终极关爱：治愈疾病是关爱，缓解病痛是关爱，让人活得更久、更有尊严是关爱，在人绝望时、痛苦时、孤立无援时的坚持和善意是关爱。而医学对一个又一个普通人的关爱还在于在他危难之际的不放手，在他离别之时坚定的搀扶、宽慰与尊重"。这是我看到的对医学最好的定义。

薄世宁：谢谢俞老师。

俞敏洪：今天我和薄世宁老师的对话差不多就到此结束了，如果大家希望更多地了解关于薄世宁老师的思想和他对于医学的传播的内容，可以看看《薄世宁医学通识讲义》和《命悬一线 我不放手》。这两本书我都认真读过，我觉得有几点总结值得记住：

第一，**作为一个医生，除了有技术和理性，还要有换位思考的能力，以及跟病**

人真诚交流的能力，这点对我们普通人也适用。 但一个人光是善良，光会换位思考，也是不管用的。你必须要有自己的生存之道，能够通过专业技能，让自己活得体面，这时候再加上你换位思考的能力和与人真诚相处的能力，就是如虎添翼，会让事业、人生变得更好。

第二，薄世宁老师讲到他为弟弟治病的时候"思维窄化"了，他急于抢救弟弟，眼睛就盯着这个病不放，不再去看任何别的症状，以致错误判断了病因，用错了药，好在后来在其他医生的纠正下调整了回来。**一个人遇到艰难的时候特别容易思维窄化，但如果你放松或者思考的维度多一点，新的方法或者路径可能就出来了。** 比如新东方遇到"双减"以后，连续三个月我们天天都在讲教育领域还能怎么做，后来有一天，我喝了点酒，我说我们为什么只盯着教育领域呢？为什么不能在教育领域之外想一想？最后就想出了另外的路径。我还读过一本书，说在科学研究领域中，如果一心只盯着那个目标，心无旁骛地想达到那个目标时，最后的效果往往是不理想的；但偶尔走走神，看看在这个过程中还有没有其他路径，或许就会有新的科学发明或者意想不到的科学成果出现。

第三，**每个人都要面对一次不可治愈的时刻。** 确实，每个人都无法避免生老病死，每个人也都无法逃避面对死亡的那一刻。所以我们更要认真思考，在生命还没有变成那样的状态时，我们能如何活得更好？这句话也提醒了我，从现在开始，必须让自己活得更好。尽管不可治愈的时刻不可避免，但在面对不可避免的情况之前，我要让天地更加广阔。

第四，薄老师引用了普鲁斯特的一句话，"**凡属严重错误都有一个共同的性质，那就是没有克制感情的冲动**"。用更通俗的话来说就是，当我们在愤怒、妒忌等情绪中做决策时，你的决策80%、90%，甚至100%都是错的。我现在倒是学会了一个本领，不在愤怒、带情绪的状态下做任何判断和决策，一定要在自己心平气和以后，再去思考。我年轻的时候很容易被人激怒，现在能激怒我的人不多了，这表明我在进步。

第五，**医生的医疗手段是在支持生命的自我修复。** 当你自己不想进步时，别人再怎么敦促你都是不管用的；当你自己已经放弃了生的希望时，医疗条件再好也是不管用的。你在书里还写了一个故事，说你的细胞其实都在拼命地想让你活着，那么多的细胞都在帮你活着，你为什么自己还不想活下去？人真正的希望在自己身上，当你内心充满了生的希望时，这个时候外部的医疗力量才是真正雪中送炭的力量。

第六，在讲到为什么病人进了ICU还要拼命活着的时候，你说"**痛苦和希望永远是在一起的**"，真是如此。人类从出生到死亡的过程中是不能摆脱挫折、痛苦、烦恼的，但是你要知道，你之所以有烦恼、有痛苦，是因为你未来还想有更好的生活，那就意味着你对未来还有希望。当你彻底放弃、心如死灰的时候，才是真正没有希望的时候。所以我们不要因为痛苦就让自己充满太多绝望，或者说，要把希望放在心中。新东方的口号也叫"从绝望中寻找希望"。

第七，**医疗就是给生命更多的时间**。其实不仅是给生命更多的时间，也是给家人更多的时间，给朋友更多的时间，给一些事情的发展更多的时间。俗话说，让子弹再飞一会儿。有时候慢一点，比你急急躁躁地去找解决方法，结果要更加好。

第八，**放弃不是抛弃**。我们常常说永不放弃，其实有时候人最怕的是被抛弃，被抛弃等于人没了尊严、没了价值、没了美好。但有时候我们一起讨论一个不可解决的问题，最终决定要放弃，那是一个大家共同的决策，这样的放弃反而是一种美好，所以我觉得这句话里也有很深的哲理。

第九，**生命的意义就是爱和亲情**。这么一句耳熟能详、表面平庸的话，恰恰是生命的真谛所在。如果没有爱和亲情，我们活在这个世界上干什么呢？

最后，在我们不可治愈的时刻来到之前，请记住薄世宁老师的建议，要运动、要睡好、不要摄入过多热量，并且坚持每年体检。

薄世宁：谢谢俞老师，谢谢大家！今天很有收获！

俞敏洪：谢谢薄世宁老师，谢谢大家！今天的对谈就到这里了，再见！

（对谈于2024年3月21日）

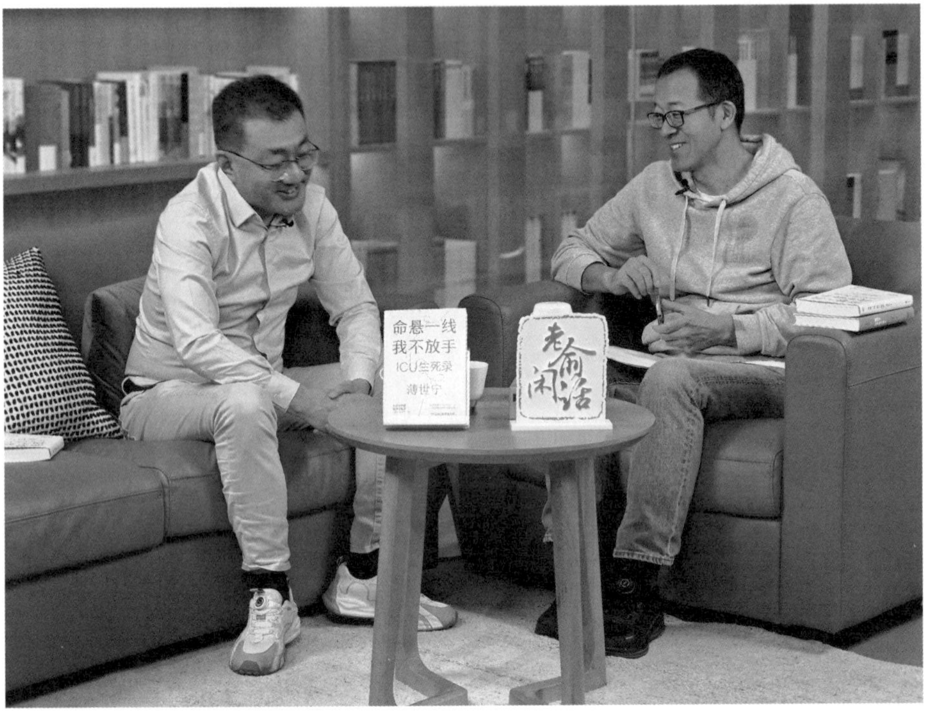
命悬一线
我不放手
ICU生死录
薄世宁
老俞闲话

> 对话
> **奚志农**

大自然是人类生生不息的源泉

奚志农，1964年生于云南大理，"野性中国"工作室创始人，野生动物摄影家，入选"国际自然保护摄影师联盟"（iLCP）的中国摄影师，"巨树计划"的发起人。

俞敏洪：各位朋友好，今天和我对谈的是著名野生动物摄影师奚志农老师。在过去40年里，奚志农老师在山河间行走，拍摄了非常多美好的大自然、野生动物的图片。在这个过程中，他还不断在保护自然、保护野生动物的方向上做出努力。今天他带着他主编的新书《生命的灵动：中国生物多样性影像20年》来到这里，与我们一起分享他40年的摄影生涯，讨论关于自然保护、野生动物保护的话题。

—— 对谈开始 ——

▷ 万物有灵

俞敏洪：奚志农老师带着他的团队和牧民摄影师一起拍摄纪录片。在他的带领下，牧民也能成为优秀的摄影师，在放牧的同时，通过影像记录，唤醒全国乃至全世界人民共同保护野生动物的意识，这体现了他们牧民身份以外的另一个层次的价值。你拍过雪豹的纪录片，有人觉得雪豹看起来像金钱豹，中国现在还有金钱豹吗？

奚志农：有，在离北京不远的太行山里。这些年有一个特别优秀的保护机构——猫盟，是一个以科学保护中国野生猫科动物为目的的公益环保组织。他们的 logo 就是一只金钱豹，趴在一块漂亮的石头上遥望远方。他们做了大量的工作，摸清了很多过去我们不知道的有关金钱豹的事情，这几年王放团队在宁夏六盘山也监测到了金钱豹。**金钱豹在历史上分布很广，但由于森林破坏、偷猎，它的分布范围就越来越小了。**

俞敏洪：主要是食物链断了。野外的华南虎据说现在也都灭绝了，是吗？

奚志农：灭绝了。

俞敏洪：但是还有室内饲养的华南虎？

奚志农：其实这是一个很长的故事，也是让人觉得很难受的一个故事。大家可能不知道，我们大大小小的养虎厂里，人工饲养的老虎总数量甚至超过了全世界野生老虎的总和。

俞敏洪：但他们养虎的目的不纯。

奚志农：俞老师一针见血。这始终是动物保护历程中一个不和谐的声音。

俞敏洪：我有一个大学同学，她为了让华南虎野生化，把华南虎送到非洲进行野生训练，你觉得这合理吗？

奚志农：非洲土地上从来没有老虎生存。华南虎生活在中国的山地、丘陵、森林中，非洲是狮子、猎豹、花豹的乐园。把华南虎放到非洲原野上，这个事情当年争议很大。

俞敏洪：也有可能万一养成功了，就变成外物入侵了。

奚志农：老虎在中国文化中有特别高的地位。

俞敏洪：有很多关于老虎的词语，比如虎虎生威、虎头虎脑、狐假虎威。

奚志农：太多了。老虎太强大了，它的体型在亚洲的猫科动物里几乎是最大的，也几乎处在亚洲陆地食物链的顶端。

俞敏洪：亚洲没有狮子？

奚志农：伊朗那边有一些狮子。但**正因为老虎太过强大，它在整个亚洲人类发展史上成了悲剧般的存在。**大家最熟悉的就是武松打虎，其实老虎还有一段惨痛的经历，那就是 20 世纪五六十年代的打虎运动。

俞敏洪：我读过一篇报道。大概在中华人民共和国刚成立的时候，好像是在河北，有一个老头用几年时间打死了 90 多只凶猛动物，包括老虎、金钱豹以及其他野生动物，得到了一个非常大的奖励。可能和你说的是一回事？

奚志农：对。近几十年，华南虎消失了，孟加拉虎也从云南消失了。东北虎呢？这些年保护在加强。在珲春其实有不少东北虎是从西伯利亚走过来的，它是最强有力的一个物种，是食物链顶端的物种，但也架不住人类的迫害。

俞敏洪：我看过一些在马路上开车看到东北虎的视频。但东北的大部分东北虎实际是从西伯利亚过来过冬的，等到开春的时候，它们又回去了。这是我了解到的消息。

奚志农：是的，大概率是这样。这些年北师大的团队在东北那边做了大量工作，我们也建立了东北虎豹国家公园。它们都非常隐秘，只会偶然在马路上惊鸿一瞥地出现一下。但在云南，老虎差不多都消失了。云南的虎是孟加拉虎。

俞敏洪：孟加拉虎、东北虎……这些种类之间有很大区别吗？

奚志农：是科学家把它们复杂化了。其实老虎就一种，但这个亚种、那个亚种，区分起来就有点复杂。东北虎理论上是体型最大的。在辽阔的西伯利亚，一头东北虎的领地大概能有一千平方公里。

俞敏洪：所以在中国保护野生老虎的难度已经非常大了，因为人类占据的地盘太大，森林砍伐得也太多了。

奚志农：供养一头老虎不容易。一头老虎一年大概要吃 60 头平均体重至少 60 公斤的食草动物，可能是野猪，也可能是鹿。

俞敏洪：这么厉害，差不多 4 到 5 天一头？所以很多老虎养殖场养不起老虎很正常。

奚志农：我觉得有一些养殖场是故意的，让你觉得我为了保护老虎，倾家荡产了。他来卖惨，早些年媒体会关注，地方政府、公众看见了，就觉得我们得去帮他。他就把死了的老虎往冷库里面一放，然后就偷着乐，等政府的经费、民间的支持。

俞敏洪：发心不正，必遭天谴。有一次我去黑龙江漠河，黑龙江的渔民捕鱼很厉害，但黑龙江刚好是界河，那边半条河属于俄罗斯，这边半条河属于中国，中国渔民只能在中国这半条河捕鱼。后来渔民告诉我，捕着捕着我们这边就没鱼了。那些鱼很有灵性，看见你在捕捞，就全跑到另外半条河去了，他们还不敢过去捕。所以动物是有灵性的，你对它好，它才会对你好；你对它不好，它就会离你远去。

奚志农：当年在可可西里，藏羚羊盗猎非常猖狂。我当年跟巡山队去巡山，进入可可西里深处一片新的开阔的荒原时，突然看到远远的天际线那边大概十几公里外的地方，藏羚羊看到车的烟尘就开始拼命跑。因为偷猎分子是开车去的，我们虽然是巡山队，是保护它们的，但它们分不出来。但在青藏公路的两边，藏羚羊完全不怕人，没有人敢在公路边朝它们开枪，所以你在公路边反而更容易看到藏羚羊。

俞敏洪：有一次我在国外滑雪场滑雪。等缆车的时候，有很多鸟儿落在滑雪人的头上、手上跟你玩。我在中国从来没有看到过野外有鸟落在人的头上。

奚志农：这些年慢慢地在改变了。比如昆明的红嘴鸥，20世纪80年代中后期进了昆明城，顺着盘龙江到了市中心。那时候昆明市民就开始喂红嘴鸥，喂了快40年了。红嘴鸥每年都到昆明来，特别爱吃人给它喂的东西，比如面包。在昆明，那些红嘴鸥胆大的甚至能飞到你手里吃东西。两方面的原因，一是你不伤害它，二是有食物。满足这两个条件，它胆子就变大了。

俞敏洪：他们说动物可以感受到人的内心是否善良。说有一个人每天都去喂鸟和其他动物，那些动物完全没有防备，因为觉得没问题。但有一天晚上，有另一个人找他，说你明天给我抓一只什么动物，给你多少钱。结果等他第二天再去喂那些鸟和其他动物的时候，它们就完全不靠近他了。你跟动物打了40年交道，你觉得动物有这种灵性吗？它们能区别出心怀叵测的人和内心善良的人吗？是不是能从脸色上看出来？

奚志农：以我自己的经验，确实不敢下结论。有很多朋友问我，你拍摄野生动物那么多年，你拍的金丝猴是不是认识你啊？其实不认识。

俞敏洪：两不相干。你别干扰我，我不打扰你。你不干扰它，它就已经很开心了。

奚志农：但人家不见得领情。

俞敏洪：到现在为止，中国灭绝的动物中，你觉得哪种动物的灭绝最可惜？

奚志农：白鳍豚。

俞敏洪：白鳍豚现在真的灭绝了？我小时候还在长江里看到过白鳍豚，当然也有可能是江豚。

奚志农：作为一个野生动物摄影师，我认为这是特别令人遗憾和痛心的事情。白鳍豚在地球上、在长江生活了千百万年，但这个物种灭绝了。在古代文献里面有记载，近代有国外的博物学家做了科学记录，但就是没有留下一张它在野外水下的照片。现在也没有机会了，特别令人遗憾。

▷ **排除人类的一切干扰，就是最好的自然保护**

俞敏洪：现在怒江、澜沧江、雅鲁藏布江这些大江大河上还在大量建大坝。大坝尽管可以发电，也可以防洪，但某种意义上中断了大自然的生息繁衍，是不是？

奚志农：是的，我自己就有这样的经历。2017年，在云南几条大江大河里算是偏小的红河上，有一个大坝正在紧锣密鼓地建设着。这个坝和那些超级大坝相比微不足道。

俞敏洪：但不管坝的大小，只要建了这个坝，大自然的道路就被挡住了，是吧？

奚志农：对。红河从云南中部一直到南部，和哀牢山紧密相连。以前红河里有世界上最大的甲鱼，叫斑鳖。它的直径有桌子那么长，有记录的最大的斑鳖直径达两米。

俞敏洪：现在应该没有了吧？

奚志农：没有了。前些年苏州动物园还有一只，后面从哪儿又找了一只，想让它们繁殖后代，但很遗憾没有成功，但我记的不是特别准确了。

以前，沙滩边经常有绿孔雀来喝水。它们要做沙浴，在沙滩上开屏、跳舞、觅食。山梁上有老虎在巡视它的领地。再往更高的哀牢山上走，有西部的黑冠长臂猿，清晨太阳出来的时候，它们会发出悠扬的啼叫。

现在呢？拿绿孔雀举个例子。现在中国的绿孔雀只剩下不到500只。为了保护绿孔雀，我们在2017年2月发起了"绿孔雀保卫战"。当时我们拍到了绿孔雀在沙滩上开屏，在河里面喝水，也在进行沙浴，但同时也拍到了电站正在紧锣密鼓24小时不停工地建设。2017年3月，我们用"野性中国"的微信公众号发了第一篇文章，同时转到微博上，没想到引起了很多人的关注。同年8月，云南楚雄彝族自治州中级人民法院正式立案，随后水电工程便停工了。一直到2020年4月，一审判决水电站建设项目停工，不得截流蓄水，不得对该水电站淹没区内的植被进行砍伐。要知道，那片地几乎是绿孔雀最后的栖息地了，我们必须保护它们。

很幸运的是，这个案子最后胜诉了。这也是国内第一起濒危野生动物保护预防性公益诉讼，引起了社会的广泛关注。我也很感叹，时代在进步。我们当初只能依靠官方媒体才能让公众了解的信息，后来能通过多种多样的自媒体渠道让大家知道。2017年绿孔雀危机的信息就是我们通过自媒体发出来的。

俞敏洪：现在如果大家能借助自媒体平台加入保护野生动物、野生植物和美好大自然的运动中，实际上会是一股强大的力量。

奚志农：是的。包括早些年，湖南、广西、云南等地区有一个陋习，当地居民会在候鸟迁徙的时候打鸟。后来有了自媒体，很多自然爱好者就借助自媒体发声，引起了政府的重视，进而制止了这些行为。

俞敏洪：我早些年看到，在洞庭湖、鄱阳湖那边的候鸟迁徙之地，当地人会用网把鸟全都网住，一网能网住好几百只。现在这样的行为应该基本没有了吧？

奚志农：对，这种明目张胆的行为应该差不多绝迹了，但在隐秘的地方，包括北京周边，甚至北京的公园里面，还是会有人做类似的事情。

俞敏洪：有很长一段时间，我们对保护野生动物是没有概念的，甚至会通过某种自以为有利的行为消灭大量野生动物，进而影响到我们自己的利益。比如中华人民共和国成立之后的"除四害运动"，要消灭臭虫、老鼠、麻雀、苍蝇，那时候消灭了无数麻雀。当时我还没出生，听我父辈们说，当时就是拿着铜锣敲，不让麻雀休息，它们飞到最后就累得掉到地上了，一捡一箩筐。结果第二年发现收不到粮食了。为什么呢？因为大量的虫子把粮食吃掉了。这时候大家才醒悟过来，原本以为麻雀吃粮食，所以要把麻雀消灭掉，但没想到，其实麻雀吃虫子比吃粮食还要多。这就是人类由于不理解大自然的规律所办的坏事。

奚志农：在中国发展的过程中，曾把野生动物当作资源看待，所以20世纪50年代提出了"护、养、猎并举"。我们是走过这样的路的。

俞敏洪：一边养，一边还要到野外去打猎。

奚志农：养是为了经济价值。那时候我们国家很穷，还得靠野生动物的肉、皮毛换取外汇。20世纪80年代中期，我跟着云南大学的王紫江老师和他的学生们一起到云南省土畜产进出口公司的仓库做调查。一个库房里全是动物的皮，比如白腹锦鸡（银鸡）的皮，从地面一直堆到了天花板。好几个库都是如此。还有的库里堆满了绿孔雀的皮、孔雀雉的皮。我到今天都特别后悔没有记录下来，那时候没有这个意识。

俞敏洪：**很多自以为造福人类的大工程或是行为，长远来说也有可能给人类带来无穷无尽的灾难。**比如砍伐森林。这个月北京沙尘暴已经出现四五次了。最近有一个漫画，画的是北京的天气，说早上吃毛毛，杨絮、柳絮到处都是；中午吃土，沙尘暴来了；晚上喝西北风。

我讲一个小时候的故事。当时我们村突然开始搞平整土地运动。在平整土地之前，我们家后面有一条小河，是从山上潺潺流下来的水。小河两边都是百年、千年的古树，古树后面就是土岗，上面种的都是桑树。我小时候进去割草还碰到过狐狸、黄鼠狼，还有雉鸡。平整土地一个月后，我们村庄周围的树就被砍得干干净净了，河填平了，土冈也削平了。平整土地的目的是多产粮食，但实际上即使平整了土地，因为它不够肥沃，所以粮食也产得很少。只是从此以后，原本的自然环境消失了，以致整个村庄周围一棵树都没有了。后来慢慢种了一些水杉，单调又难看。到现在为止，整个村庄周围都是稀稀拉拉的树，因为几十年是长不出真正的大树的。而我们小时候的树，树干粗到好几个人合抱才能抱住。在这件事里，其实发心是好的，是为了多点土地多产粮食，让老百姓能吃上饭，但最后形成了一个很难挽回的遗憾。我想问，**从保护自然的角度来说，我们应当用什么标准去评估人类的行为，以保障我们和大自然更长久地和谐相处？**

奚志农：其实在这点上，我们都不用谈那么多现代科学的办法，光看我们老祖先天人合一的思想、对风水的讲究，就足够了。**中国是全世界生物多样性最丰富的国家之一，几乎涵盖了全世界所有的生态系统类型，只是面积大小不一样而已。**我们有热带雨林、亚热带常绿阔叶林、温带森林、高山暗针叶林……有沙漠、戈壁、海洋生态系统……虽然没有极地（南极、北极），但有第三极（青藏高原），甚至我们的物种也是最丰富的。

正是因为中国有如此丰富的生态系统，才造就了中国那么丰富多彩的文化。我们的民族众多，建筑形式多样……陕北为什么有窑洞？西双版纳为什么有竹楼？北京为什么有四合院？云南大理为什么有三坊一照壁？都是为了适应当地的自然环境，是相应而生的。我们建筑形式的多样性、耕作方式的多样性、饮食的多样性、服饰的多样性、语言的多样性等，都是和环境相关的。

俞敏洪：现在常有一种说法，把大自然被破坏归咎于中国人口太多，你觉得这有道理吗？

奚志农：日本的人口密度比中国大得多，但他们的自然保护比我们好，所以我觉得不能这样简单地归因。在中华人民共和国成立初期，我们太想超英赶美，觉得人定胜天，所以才有了那么多惨痛的教训。

俞敏洪：现在大家至少有了这样的意识，"绿水青山就是金山银山"，这个口号非常好，表明了我们要保护大自然、保护生态的态度。到今天为止，中国的生态保护，包括对野生动物的保护、对植被的保护等，你觉得有哪些是做得不错的？有哪些是可以进一步改进的？

奚志农：有一句话叫"大自然永远是对的"。多年前，在生态保护界也有这样一个说法，叫**"排除人类的一切干扰，就是最好的自然保护"**。

俞敏洪：当人类为了生存不得不向大自然索取资源的时候，这个矛盾怎么解决？

奚志农：工业革命之后，我们的城市化进程可能是全世界最快的。这个进程并不顾及土地和大自然的感受，因为我们的力量非常强大。从这点来讲，城市的面积扩大，就是在压缩自然的空间，压缩野生动物的空间，使有的野生动物只能努力适应城市发展。

俞敏洪：国外现在也有很多野生动物在城市里跟人共存，会去垃圾箱里翻东西吃。

奚志农：这就带来了新的让人头疼的问题。在加拿大、美国的国家公园、省立公园，他们的垃圾箱是用很重的铁板做的，而且开盖子的机关设置得很隐蔽，就是怕黑熊去翻垃圾。有的野生动物确实在城市里找到了生存空间，比如浣熊、狐狸，在德国还有野猪。有的野生动物适应能力比较强，但还有很多野生动物，它们对栖息环境的要求极度苛刻。有一些两栖爬行动物，一个小水塘的消失，它就可能遭遇灭顶之灾。还有长臂猿，它一辈子都在树上，如果森林消失了，它能去哪儿？它没有地方去。

俞敏洪：我2022年12月去海南岛考察，听说海南长臂猿现在只剩下30多只。

奚志农：其实这已经是发展起来的结果了。我2004年去海南岛拍摄，正好是猴年，那时候只剩下11只了。

俞敏洪：但历史上曾经有上万只。

奚志农：对。就那么短短几十年的光景，一个物种就只剩下11只了。

俞敏洪：两个原因。第一是森林砍伐，它的栖息地没有了；第二是人为盗猎。

奚志农：我2004年追寻海南长臂猿的时候，一天当中听到了很多声枪响，而我当时正身处保护区里面。从您给到的数字来看，说明我们的保护力度加强了。

俞敏洪：但现在这个种群数量变得非常少，很容易造成近亲繁殖，最后可能会给长臂猿带来另外的灭顶之灾。

奚志农：中国在发展的道路上确实一直在进行各种探索。

俞敏洪：各种曲折，各种人为破坏，各种探索。常常是等到认为要做正确事情的时候，早已经付出了巨大的代价。

奚志农：确实如此。我再讲个例子，穿山甲。在我童年的时候，我妈妈在大理南边的蔚山教书。有一天，学校突然变得很热闹，原来是有一只穿山甲打洞进学校了。在那个物资匮乏的年代，俞老师完全可以想象，那只穿山甲肯定就被抓住了，我第一次见的穿山甲就是被男老师抓住的那只。

俞敏洪：中国现在还有野生穿山甲吗？

奚志农：还有。现在有个希望，有个年轻朋友在广东惠州做了一个小小的保护机构，叫西子江生态保育中心。他们在那边监测到了穿山甲的踪迹，有好几个种群在那一带奇迹般地生存了下来。

俞敏洪：真是一种运气，但种群数量太少，繁殖就会困难。

▷ 保护野生动物从娃娃抓起

俞敏洪：很多动物之所以在中国灭绝，是因为中国人的迷信。比如犀牛，中国人觉得犀牛角能治各种各样的病；比如穿山甲，因为它有穿山打地的能力，所以人们觉得吃了穿山甲就能有上天入地的能力……现在还是有一部分中国人相信这些迷信，想要用动物治病，比如认为喝了虎骨酒就会身体强壮。这其实没有任何效果，在我看来只是一种迷信，但确实有人坚信不疑。**我们应该通过怎样的宣传破除老百姓的这些愚昧想法，让他们回归到保护大自然的行列中？**

奚志农：还是参考小平同志那句话，**保护野生动物得从娃娃抓起**。一个小孩子可以影响他的父母、他的爷爷奶奶。所以很感谢俞老师的"远山博学课"项目，让我能给农村孩子做分享。小孩子接受了这些新的思想后，可以再去影响他们的家庭，这非常重要。

俞敏洪：我还得感谢你。你在"远山博学课"里给几十万农村孩子讲动物保护和动物摄影的课程，其实潜移默化至少救活了几万只野生动物。因为农村孩子最容易碰到野生动物，不管是松鼠、青蛙，还是鸟类。我从小在农村长大，我们对杀伤野生动物其实没什么感觉。像我小时候会抓一堆青蛙回来喂鸭子，看见黄鼠狼就会打，不会有什么感觉，因为这些动物到处都有。现在的农村孩子可能也会碰上各种各样的野生动物，如果没有人引导，他们可能就会像我小时候一样，杀掉一只野生动物也没有感觉。但当你做了这样的分享之后，孩子们就会对这些野生动物产生另外一种感觉。他们都舍不得你下课，说明**孩子们内心保护动物的柔软心理是很容易被唤起的**。你觉得我们俩怎样合作，能让全国中小学生更愿意加入保护野生动物的行列？

奚志农：热爱是最好的老师。我也希望通过我们的合作，能在中国孩子的心中建立起这样一种热爱的能力。我觉得可以先从培训老师开始。有一个很好的例子。十几年前，有一个喜欢看鸟的朋友，他是湖北人，平时在深圳工作。他参加了深圳的观鸟会之后，觉得也要让他家乡的人去看鸟，就买了望远镜，还请我到他家乡京山县三阳镇的学校给老师和孩子讲课。结果有个老师就喜欢上了观鸟，从那个学校辞职，专门去做培训老师的事情了。后来拍鸟的人越来越多，我就给那个朋友出了个主意，让他征集在湖北拍鸟的摄影师作品，每年做成年历发给周边的家庭，结果这个事情他一直不间断地做了十几年。后来国家林业和草原局给京山县授予了"爱鸟之乡"的荣誉，还让县委书记、县长签署了不吃野生动物的承诺书。

俞敏洪：我有个想法。我们可以每年办一些面向孩子的野生动物摄影夏令营、冬令营。我来负责招生，你来负责找老师。拍摄的过程中就会让孩子对野生动物产生更多了解、感知和热爱。他们拍的照片有可能获奖，也有可能挂在自己家里。很多父母也很愿意让孩子去亲近大自然，因为和大自然接触特别有利于孩子的身心健康。

奚志农：是的。**每个人的内心都有特别柔软的地方，都有对美好事物的向往**。但在我们这样一个大环境下，因为升学的压力、学校各种各样管理的加强，孩子在成长过程中接触自然的机会就越来越少。我上小学的时候是 20 世纪 70 年代，老师会带我们去挖中草药、识别中草药。我们得背着米、背着小锅自己做饭。上中学的时候，学校会让我们到农场劳动。

俞敏洪：我们小时候也有。中国的学校的确应该和家长联合起来，一起为孩子们多安排一些野外活动。野外考察也好，野外生存也好，野外认植物、认动物也好，这能很自然地打开孩子们的胸怀，也可以丰富孩子们的知识结构，还能消除部分孩子在城市里郁积下来的不愉快。

奚志农：这些年国家在这方面也做了一些努力，要求不同年级的学生每个学期得有多少游学的时间，一些经济发达的地区还有具体的实施细则和资金配套；但对于更广大的边远地区、农村的孩子来说，就不太有这样的机会。所以我们确实可以在这方面多做一些努力。

俞敏洪：国外很多学校也会设置类似的活动。把孩子带到大自然中，一去就是一个礼拜、半个月的，就住在帐篷里面，而且学校会和家长签生死协议。有一年冬天，加拿大的某个学校带着孩子到野外进行生存训练，结果遇到了雪崩，五个孩子被埋在里面，最后没救过来。因为家长们都签过协议，所以他们不会跟学校打官司，也不会去政府吵，最多在学校门口放一束花、点支蜡烛。但在国内，有些学校组织学生参加野外活动，基本是做做表面文章，因为一旦深入做这种户外活动，多多少少都会有一定风险。这种事情发生在国内的话，可能很难像国外的学校和家长那样处理。目前来看，这样的矛盾是不是不太容易解决？

奚志农：是。我们得从根子上、制度上来做调整。有一次我和挪威驻中国的白思娜大使交流，她是一个超级徒步爱好者。她说在中国徒步，会有各种规定，不许这、不许那；但在挪威，只要你到野外去，你就得为自己的安全负责。他们从小就有这样的意识和训练。我们中国的孩子在这方面是特别缺乏的。

俞敏洪：父母保护得太好了，学校也保护得太好了。至于保护的目的是什么，其实没想清楚。之前有人送了我一盆非常漂亮的杜鹃花。它从小在温室长大，所以冬天我得把它搬到室内，后来到了春天，我把它搬到了室外，我以为春天的气候有助于它生长，没想到它经受不了昼暖夜凉的温差，最后这盆杜鹃花就没了。**温室里的杜鹃花，像极了被我们保护的孩子们。**

奚志农：是的。苍山的杜鹃花，在冬天就会把叶子卷曲起来减少面积；春天来了，叶子再慢慢长开。植物也有智慧。

▷ 大自然中的美，需要俯下身去感知

俞敏洪：在这40年中，你拍摄了那么多优美的照片，这些照片治愈了很多读者。如果让你总结跟大自然打交道最大的三个收获，会是什么？

奚志农：**第一是意志力**。在自然中，你得靠自己的能力和意志力生存下来。我有过很多次这样的经历。你在山路上机械地行走，走上好几天才能走到营地，但没有别的办法。即使你已经耗尽了体力，也得向自己体能的极限挑战。走到后来，就进入了一个没有知觉的状态。

第二是耐心。我在野外拍摄野生动物，因为很多野生动物平时很难遇到，有时候就需要等待很长时间。之前我去拍滇金丝猴，三年只看到过两次。像书中的几百张图片，每一张图片少则等待一天，多则一年都有可能，这个过程很磨砺耐心。

俞敏洪：美好是在等待和耐心中产生的，只要你心中有美好的目标。

奚志农：**第三是欣赏自然的能力**。我毕竟是摄影师。

俞敏洪：应该叫审美欣赏力。你能抓住美的瞬间，不光得用眼睛、用心灵，还得用你的镜头。

奚志农：是的。我觉得我特别幸运，在追寻野生动物足迹的时候，领略了这个星球和我们中国大地上最美丽的风景。我觉得我有责任让更多的人了解这一切美好，我认为这是我的天职和使命。

俞敏洪：所以在你摄影的背后有使命感和责任感？

奚志农：是的。最早的时候可能就是憋着一口气。你们把鸟拴起来，拍标本对吧？那我就要学摄影。但在学习的过程中，在不断深入自然的过程中，你发现有那么多的物种都没被拍过，你开始觉得自己有那么多的事情要做。

俞敏洪：一般老百姓是接触不到那些的。当你把那些来自大自然的美展示在他们面前的时候，人的爱美之心就被激发出来了。其实每个人都有发现大自然的

美的能力。我们为什么要去郊区过周末？也是为了在大自然中寻求愉悦。这种愉悦来自你目光所及的东西、你闻到的味道等，比如鸟语花香。甚至风从你的皮肤吹过，都让你感觉到放松、舒适。所以欣赏也好、审美也好、感受也好，其实绝大部分人都有。在这个前提下，一个人该通过怎样的学习，提高自己对大自然的美的欣赏能力？

奚志农：大自然中的很多美，特别是细微的美，需要你俯下身去、静下心来寻找、感知和观察。比如北京三环、四环的天空中哗哗飞过去的鸟，很多人没有感觉。但如果你仔细观察，会发现，不对啊，那是鸳鸯啊。你得借助一定的工具去记录。现在的工具已经非常厉害了，以前我按下快门，要四个月以后才能看到照片，而今天我们掏出手机，咔嚓一下，就能所见即所得。

俞敏洪：不光要观察，还要记录。

奚志农：对。要感知这种美，还是得有一些方式方法，甚至可能要借助工具。就像一片树叶，如果不挨近了看，你就无法感知它的细节；就像一只昆虫，如果不借助微距摄影，你不可能看到它色彩的变化。所以，**自然摄影很重要的一个功能，就是记录和呈现我们目力所不及的世界，那些最宏大的、最细微的事物。**

俞敏洪：甚至都不需要这么细微。我讲讲我的经历。之前我从来没有感知过北京的春天，后来三年疫情期间，我才发现北京也有非常美丽的春天。我曾经看着我们家屋子前的一个水泥缝里钻出来几片叶子，慢慢长大，分出几个枝杈，到了 6 月份，就开出七八朵鲜黄色的雏菊，我突然感受到了大自然的美好和神奇。其实就像你说的，只有静心观察大自然，才会发现大自然的神奇和美丽。这给我带来了巨大的疗愈作用。我当时非常焦虑，在家里待着，哪儿也去不了。结果我就这样观察它长出叶子、开花，一直看了两个月，还拍了七八张照片。从这几朵小雏菊看来，其实大自然已经告诉了你一切，生命就是这样安静地成长。所以遇到问题不要焦虑，一朵小雏菊都能从水泥缝里钻出来，你有什么好着急的？我就释然了很多。

其实只要大家稍微关注一下，就能在城市丛林间找到美好。虽然有人会说城市里都是雾蒙蒙的天气，动不动就是沙尘暴，但其实沙尘暴也是大自然的一部分。虽然沙尘暴给生活带来了很多烦恼，但我看过一篇报道，说沙尘飘落到海洋后，会为一些海洋浮游生物的生长提供丰富的铁元素，固定大气中的大量二氧化碳，使海洋成为地球上具有强大碳汇能力的生态系统。我想这就是大自然的平衡，失之东隅，收之桑榆。所以，**尽管城市丛林之间都是高楼，但其实抬头看一看天空，也许会有鸳鸯飞过；低头看一看，可能有一棵小草正从水泥缝中发芽。**

奚志农：再过一段时间，北京雨燕要从非洲南部回北京了。

俞敏洪：得仔细看。尽管我们离大自然比较远，但大自然时时都在告诉人类，我就在你身边。

俞敏洪：你很年轻的时候就开始做野外摄影，你身上的每一个毛孔都散发着大自然的气息，从你个性的乐观中也能看出大自然对你的影响。你所有的学问、关于大自然的知识、对大自然的理解，完全来自实践。你高中毕业，没有上过大学，但意外成就了你目前非常独特、有价值的人生。结合你个人的成长经历，你觉得中国的家长有必要让孩子一定要考第一名吗？我个人觉得没必要。未来 AI 发展成熟后，现在孩子们学的所有知识都唾手可得。对于一个孩子来说，在他的成长过程中，你认为培养他哪些方面的素质才是真正重要的？

奚志农：我觉得**对于一个孩子来说，最重要的是要有爱。这个爱相对来说是广泛的**。其实每个孩子内心深处都有这样一部分。只不过由于各种原因，那些柔软的部分可能受到了某种程度的屏蔽，或者削弱，或者禁锢，但我们是有机会激活这部分的。我们不是一直在谈爱国主义教育吗？我们想象一个场景。比如你家门口的一棵树，天空中飞过的一只鸟，家门口小河里的一条鱼，你的老师、你的同学、你的父母、你的兄弟姐妹……这些都是我们这个国家的组成部分。如果要谈爱国，我们是不是要爱它们？**爱国家得先从爱你周围具体的事物开始。**

俞敏洪：虚拟的爱是不存在的。

奚志农：对。如果我们的孩子在成长过程中逐渐具备了这样一种能力，我认为他长大以后会受用一生。他长大以后，面对一条河流的时候，他会想，哇，这条河流养育了那么多野生生物，养育了那么多人口，如果把它斩断了会有什么后果？他思考问题的时候，就会有这样的意识。

俞敏洪：爱是人生一切美好的基础。人如果在大自然中找到了爱，就找到了对自己人生一切苦难的安慰。比如爱天空，爱星星，爱月亮，爱太阳，爱大江大河，爱高山流水，爱天空飞过的鸟，爱空中吹过的风，爱鸟儿的鸣叫……在这样的感觉中，一个人可以寻找到心灵的安慰。把这延伸到更高的层次，如果兄弟姐妹之间、父母和孩子之间、同学之间、老师和学生之间能够互相释放爱意和善意，如果真的能够做到这样，我觉得孩子有知识与否真的不会影响他一生的幸福。你的孩子喜欢野生动物吗？

奚志农：我女儿从小耳濡目染，确实对自然有天然的亲近感。上个月我们在青海拍了两个短片，我女儿也在。后来摄制组的人告诉我，有次我们停下来休息的时候，有一只藏獒走了过来，很多人都敬而远之，结果她走近了藏獒，还给它吃东西。所有人都惊了，我说她从小就是这样。

俞敏洪：动物能感知哪个人善、哪个人恶。对于善的人，动物不会轻易发起进攻。

奚志农：我女儿确实具备这种特质。我自己也感到特别欣慰。

俞敏洪：在大自然待久了，会不会有不想回到城市的感觉？

奚志农：真的有。在峡谷待三个多月再回到城市，我会产生一种很奇怪的幻觉。我看昆明最高的那两座楼，就怎么都觉得像模型。我就想，我也不是巨人，怎么看这两座楼的感觉这么像巨人看模型？这种神奇的感觉，差不多一个礼拜以后才会慢慢消退，非常奇怪。

▷ **保护和记录野生动物的接力赛**

俞敏洪：你在大自然中培养了意志力、耐力、审美能力以后，回过来再看城市，其实会发现人间烟火中也有很多的美好。你有没有发现，如果只是跟野生动物打交道，没有那么多人欣赏你拍的照片，没有那么多人支持你对野生动物的保护，你可能也会感到孤单，甚至觉得做这件事情没有意义。所以人和人之间的互相支持非常重要。

你在保护动物的过程中，还受到过相关部门的排斥。当然有时候这种排斥会让你更加坚定信心。你身边的朋友或者某个社会团体对你的支持，肯定也是让你支撑下去的重要原因之一。我想问，你能在拍摄野生动物这条艰苦卓绝的道路上坚持 40 年，人的支持因素占多少比重？有没有什么印象深刻的、温暖动人的故事？

奚志农：这一路走来，我要感谢的人太多了。特别是我们有了机构以后，大家都以各种方式来支持我们。比如北京动物园给我提供了十几年免费的办公室，而且在北京那么好的位置，一直到 2019 年。我们也没有辜负北京动物园对我们的厚爱。2007 年我们在金丝猴馆做了主题展览，还有视频播放；也在科普馆做了滇金丝猴相关的系列讲座以及一些针对公众的活动；也做了长臂猿主题乐园；还用北京动物园的场地做"野性中国"系列演讲。从 2009 年开始，我们引进了全世界最顶尖的国际野生生物摄影年赛作品在中国巡展，而巡展的第一站就是北京动物园。所以，特别感谢北京动物园，让我们在北京能有一个落脚的地方。而在北京动物园之前，有朋友把他的办公室腾出来让我们短暂落脚了一两年。

其实，这么多年真的有太多需要感谢的人。我们有大量的志愿者在帮我们，很多活动都有志愿者参加。特别是近些年，我们中心已经有 220 期志愿者在为游客服务了，这都是特别温暖的事情。

我不是一直在做野生动物摄影训练营吗？有一年，一个孩子的妈妈要给孩子报名，孩子才 10 岁。我很担心，因为我们从来没有收过小孩子，前思后想还是拒绝了这个妈妈。结果这个妈妈做了一个举动让我特别感动，她直接把训练营的营费捐过来了。后来我就用那笔营费设立了一个奖学金，能同时让保护区一线的工作人员也参加我们的训练营。又过了两年，她的孩子 12 岁了，她又带着孩子和她孩子的同学，一起加入我们的训练营。

俞敏洪：点点滴滴成就了我们保护野生动物和记录野生动物的接力赛。

奚志农：还有一个北京的老大哥。有一天他把他所有的设备都送了过来，他说，奚老师，你一个职业野生动物摄影师，都没有自己的设备，我看不下去了。

俞敏洪：捐了你一套设备？

奚志农：对。800mm 的镜头，我想都不敢想，我买不起的。

俞敏洪：800mm 的镜头能拍出什么效果？

奚志农：比如我离滇金丝猴 200 米远，800mm 的镜头几乎能让我看清它的眉眼。像我当年的镜头就不太行。

俞敏洪：这 40 年拍摄野生动物的过程中，其实你得到的来自外界大机构的支持并不多，你这 40 年的拍摄费用，是来自你拍摄照片的获奖费用还是你还有其他的经济来源？

奚志农：事实上我特别惭愧，还是我自己能力不够。虽然在不了解的人看来，"野性中国"那么有名，你们怎么会没有钱？在多年以前，我和一个基金会的秘书长在一个活动上见面。我们聊完以后，他跟我说，奚老师，我今天见你之前，一直以为每天都有很多基金会的人追着你给你钱，你都顾不上要，没想到你们是这个样子。所以我们磕磕绊绊还能活到今天，实属侥幸，也是多亏有那么多朋友的精神支持、物质支持，包括提供办公室的支持。我们如果是在北京租一个办公室，可能很多年前就关门了。早些年的时候，我也会报选题和国家地理合作，比如这个选题有 5 万块钱的拍摄经费，我就花 1 万块钱把这个事情做了，剩下的 4 万块钱就回流到我们小小的机构，又能撑一段时间。

俞敏洪：同样拍这么多照片，如果让国家地理或者 BBC 自己拍，可能花掉的预算会是你的 100 倍甚至 1000 倍，是不是？

奚志农：是的。

俞敏洪：像美国国家地理，还有 BBC，他们也是拍野生动物照片和纪录片的大型机构，他们的摄影师好像根本就不用在乎胶片的浪费或者钱的多少，他们背后有强大的经济支持。当然他们拍出来的片子也非常好。我有两个问题：

第一，相对来说，我们的摄影师毕竟还处于经济紧张的状态，包括你也不可能大手大脚地花钱。那我们能通过什么样的办法，拍出和他们一样优秀的纪录片和照片，并且还能超越他们？我看了这本书和你们拍的其他照片，里面有几张照片超越了世界水平，但并不是所有。我们怎么样去追赶？

第二，BBC 或者美国国家地理都有自己的商业模式。那在中国能通过什么样的商业运作，形成他们那样比较闭环的商业模式？

奚志农：虽然还没有成为成熟行业，但**技术的进步让中国在这个领域一下子缩短了和他们的距离**。过去用胶片的年代，连我们的中央级媒体都没有财大气粗到像美国国家地理那样的程度；但今天数码化了，我们在同一条起跑线上了。现在中国拍鸟大军的设备是全世界最好的。

1999 年，我去访问美国国家公园的时候，他们安排了一个行程，去见美国一个特别有名的野生动物摄影师，叫阿特·沃尔夫。去他的工作室之前，我看资料，我说我是不是看错了，资料说他每年要拍 7000 卷反转片（在拍摄后经反转冲洗可直接获得正像的一种感光胶片）。

俞敏洪：那是一笔巨资。你这辈子可能都还没有拍到 7000 卷反转片？

奚志农：怎么可能拍到？我 1983 年拿起相机，到 1999 年也就 16 年，那 16 年来我拍的反转片能有 100 卷就不得了了。他一年就 7000 卷，我一辈子都拍不了 7000 卷，也没有这个实力。但到了今天，你只要足够勤奋，我们就都在同一条起跑线上。大家都是数码，这是一个非常大的、了不起的改变。这就是为什么摄影数码化以后，中国拍鸟爱好者的群体越来越大，甚至成了世界第一。

俞敏洪：一排排退休老人拿着长枪短炮在那里拍鸟。只要我们拥有这些设备，拍出来的照片品质已经接近了；如果拍得不好，就是人的意识问题。

奚志农：其实拍单张照片相对简单，这本书里面就有一张照片获得了这个领域的全世界最高荣誉。但如果要用一系列照片去讲自然和野生动物的故事，我们和国际之间确实还是有一段差距。

俞敏洪：这个能力是不是来自系统化培训？

奚志农：系统化很重要。我第一次出国，去了 BBC 总部参观。他们的分工之细致、专业化程度之高，完全超乎我的想象。他们的很多制作人都是动物学方面的博士，他们最早去做调研的团队，成员都是生物学领域的各种顶尖博士、硕士。他们还有专门的研发团队，研发一些用来拍摄野生动物的特殊设备。

俞敏洪：其实应该是两个方面：**第一是专业度**。由于他们做这个事情的时间比较长，而且经过系统化的训练，训练过程就像计算机训练 AI 一样，越训练越成熟，而我们训练专业度的机会比较少。比如你让牧民们去拍摄，他们能拍出好照片，就是因为你给了他们一定的训练，否则他们自己扛起相机都不知道该怎么拍，即使看到了野生动物，也获取不了那么好的画面。所以，训练和专业度非常重要。

第二是经济实力和市场。比如大家今天买了你的书，你能拿到版税，至少可以再买一些高级设备，这就是有市场。为什么美国国家地理和BBC能撑得起那么高的花费，就是因为他们拍的东西有人看。

奚志农：他们有非常成熟的市场，公众愿意为这样的片子买单，这很重要。而且这么多年来，那么多优秀的片子，也会提高公众对自然的感知能力。看这样的片子是特别愉悦、特别开心的。事实上，早在20世纪80年代初，中央台的《动物世界》就让中国普通公众开始看到全世界最好的片子了。经过几十年，中国公众对野生动物纪录片的欣赏水平已经很高了，但我们的制作能力还赶不上公众的欣赏水平，这中间有巨大的落差。

俞敏洪：当时几乎每个中国人都看《动物世界》。我还能想起来赵忠祥老师的声音，"在广袤的非洲草原上……"。

奚志农：在那个年代，我还和赵老师一起工作过。我在导播台给赵老师打手势，该从这个地方进声音了，赵老师就开始念了。

▷ 大自然永远是对的

俞敏洪：对于野生动物保护和大自然保护，你对中国相关部门有什么建议？

奚志农：我确实得讲一个亲身经历，也希望相关部门的人能够听到。2012年，我带着我们年轻的野生动物摄影训练营老师团队，去伦敦皇家地理协会参加全球野生动物摄影师大会。我为我们这个年轻的团队争取到了一个发言机会。在我们发言的那天，也有一位英国摄影师要发言。他是在中国拍摄的，当时片子一出来，我就暗自庆幸我们在场，因为他是走访了中国的野生动物园、养熊场、养虎场、马戏团拍摄的。

俞敏洪：拍的都是对动物的折磨？

奚志农：对，触目惊心，令人发指。他的演讲结束以后，全场起立，以长时间的掌声向他致意，包括我们中国团队。下午就是我们发言，我们展示的是中国丰富多彩的生态系统和独特的野生动物，以及为保护野生动物而工作的人。我们演讲结束后，同样受到了那样的礼遇，全场起立，用长时间的掌声向我们致意。大会结束之后，很多同行，还有英国公众，都上前向我们表达了他们的敬意。

我想说的是，目前我们的法律还在支持那样的养殖方式。早些年，每年两会我都要去找一些政协委员、人大代表提案修改中国的《野生动物保护法》。后来，到了 2013 年前后，在民间机构的推动下，国务院发展研究中心开始做修法的一些准备工作，我也被邀请参加了其中一次研讨会。我当时就讲了英国的这个例子。我说如果不从根本上改变法律，继续放任这些养熊场、养虎场在中国大地上存在下去，这将会是我们走向现代文明进程中的一个污点。

俞敏洪：是一种耻辱。

奚志农：我 2012 年的原话是，我们中国也在发展，也在进步，经济发展得那么快，但我们文明的进步也得加紧，对吧？这种罪恶的地方，只要存在一天，就是对国家形象的伤害，就会造成非常负面的影响。因为有这样一些业态存在，说明我们离文明还有距离。后来 2020 年初，全国人大发布了禁止吃野生动物的通告，当时也产生了很多讨论。这就是我特别希望立法部门和相关部门的朋友能够听到的。其实我们可以做一个调查，养殖野生动物所得到的这些蝇头小利，对国家形象的影响是巨大的，花再多钱都没办法挽回。

俞敏洪：就像我们对一个人的看法一样。如果一个人做了一件事让你产生极不愉快甚至讨厌的感觉，后面就算他做的事情都特别好，你对他的不良印象也需要很久才能消除。外界对我们国家的印象也是一样，像那些取熊胆汁的事情变成影像传播出去，会对祖国形象造成非常大的伤害。

奚志农：这是非常不划算的事情。过去我们因为特殊的时代背景，走过"养、护、猎并举"那样的历程，但到了今天，没有谁会因为少吃一口野生动物的肉而被饿死，也没有谁会因为没有穿野生动物的皮毛做的衣服而被冻死，我们没有任何理由去消费野生动物。

俞敏洪：如果在饥饿年代，某种意义上还情有可原，但今天很多人吃野生动物只是为了猎奇，只是为了在餐桌上炫耀，或者是因为迷信，这其实是罪恶的。

奚志农：是这样的。

俞敏洪：到今天为止，中国的《野生动物保护法》还有改善的余地吗？

奚志农：还有。虽然后来做了很多调整，但还有很多遗憾的地方。**我们这片土地非常美好，但也非常脆弱。保护生态、保护野生动物，不仅是政府部门的事情，其实也关乎每一个人。**这一代年轻父母已经先走出了一步，他们有特别强烈的愿望，要带孩子们深入自然，接受自然的洗礼，在自然中探索，让孩子对自然产生感情和敬畏。我希望这样的父母和家庭越来越多，希望大家都能有这样的意识，让我们的孩子到自然中去。就算没有条件走太远，哪怕就在你的家门口，也完全能通过手机镜头观察植物的生长。中国的天地那么大，我们的生态类型如此丰富，每个地方的植物物种都会有所不同。所以，我特别希望从家长到学校都能在这方面多做做、多想想。

俞敏洪：特别感谢奚老师。你的亲身实践留下了这么多影像记录，以及不畏艰险保护大量野生动物的努力，一定会引发更多人对野生动物的关注和热爱，并且使更多野生动物有更好的生存空间。我最后来总结一下今天的内容：

今天和奚志农老师的对谈从中国已经灭绝的动物开始切入，从白鳍豚、华南虎，一直讲到大自然的脆弱和人类对大自然的保护。我们有时候并不是故意去毁坏生态环境，但跟大自然相关的工程，或者有些我们自以为善意的行为，极有可能会在无意中破坏大自然的生态平衡。比如有的人去放生，把外来物种放到了河里、湖里，就会侵害本地野生动物的生存空间。所以，我们不要做这些自以为在表达善心的行为。一些特别巨大的工程，比如今天讨论到水坝发电站的建设，现在更要考虑到大自然的平衡问题。人类有时候为了短期利益，会牺牲长期美好的生存环境或者长期利益。关于这一点，不管是国家部门还是我们个人，都需要特别注意。"绿水青山就是金山银山"已经变成了每个中国人的口头禅，但我们真正要践行这样的理念，还有很长的路要走。

奚老师说，**大自然永远是对的。只要我们敬畏大自然，大自然就会对人类很好。**不管怎样，我们每天就在自然之中生存。所以节约用水、用电，减少二氧化碳的排放，其实也是在保护大自然。近些年，冰川融化、地球温度升高，或多或少跟人类的贪婪和消费有关。所以，**对我们个人来说，想要保护大自然，不一定要亲眼看到动物、拍张照片才算，而是可以落实到每天都可以去做的小小行为上。**

同时，我和奚老师一致认为，保护动物、保护大自然要从孩子做起。他们是新一代的人类，如果当他们成长的时候，心中有保护大自然的思想，爱护动物，并且通过对大自然的保护，让他们内心产生对大自然的爱，对动物、植物、天空、大地、飞鸟的爱，他们的内心也会得到疗愈。在面对人类社会激烈竞争的时候，有个退身之所，他们的心灵也能得到一份安慰，少一些焦虑。现在的孩子们常常被父母、老师强迫扑在学习上，产生了各种精神问题，比如抑郁症。**希望家长们在培养孩子的时候，务必使孩子保有一颗热爱大自然的心。**未来我们也可以配合起来，在确保孩子安全的前提下，尽可能为孩子们创造一些接触大自然、接触野生动物的机会，让孩子们能够跟着大自然一起成长。

奚老师是高中毕业，现在是大自然的摄影师，还组建了幸福的家庭，可见学历和人的发展、爱、生存以及审美能力并不一定相关。希望我们的家长，即使你的孩子上不了大学，也不用那么焦虑，只要孩子内心有真正的追求，这种追求本身就会把他们带向自己建造的、随时可以毕业的大学。

今天我最大的收获，也就是奚老师总结自己跟野生动物打交道40年的三个收获：意志力、耐力和更高层次的审美力。这也是人类在这个世界上幸福快乐生活的三大能力。面对人生、面对事业的时候，**意志力能让我们不崩溃，让我们的目光能够继续看向远方；耐力意味着我们知道美好的东西不是时时刻刻都会来到，它会在那儿等着你，只要你愿意，有耐心等待、前行，就能碰到；审美能力不是空谈，而是对某个具体事物的欣赏能力。**当你因为看到一朵花的开放而怦然心动，当你因为看到白云飘过而充满幻想，当你因为春风吹过，内心冰封已久的角落开始融化，那就是拥有审美能力的开始。

目前，中国在野生动物保护和欣赏方面——包括影像资料制作离国际水平还是有一定距离。奚老师他们是先行者。希望我们的年轻一代能在未来真正拍出具有国际顶尖水平的野生动物和大自然纪录片。

在中国，相关部门的力量往往大于民间力量。我们也希望相关部门能够更大力度地参与到对大自然和野生动物的保护中来。

由于时间关系，今天我和奚老师的对谈就到这里，谢谢大家！

奚志农：谢谢，再见。

（对谈于 2023 年 4 月 13 日）

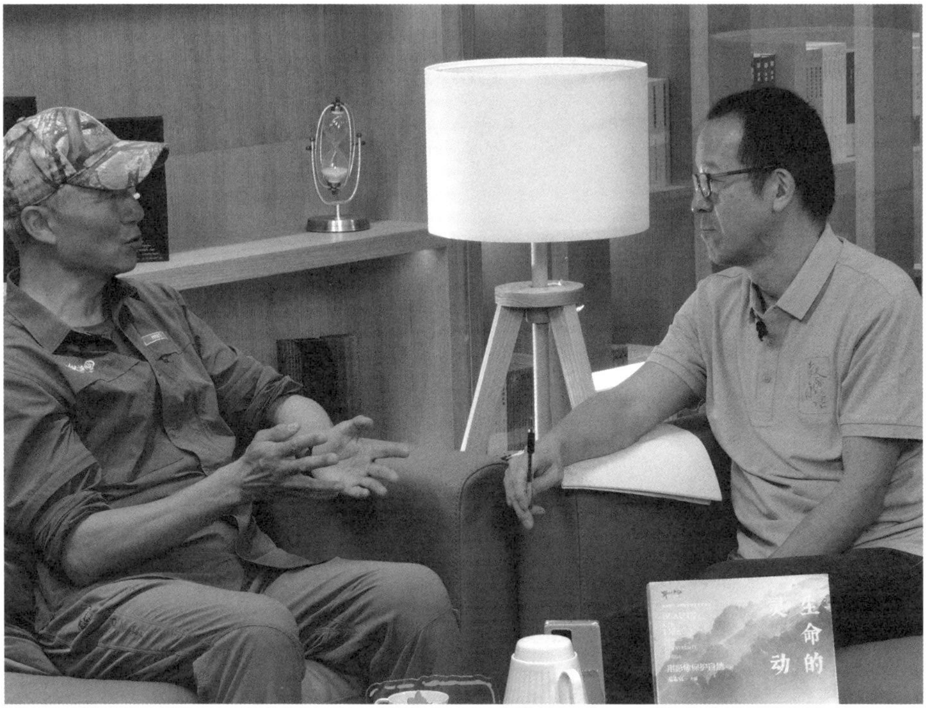

对话 李成才

热爱就是一切

李成才，1963年生，著名纪录片导演，中国纪录片协会理事，清华大学、北京理工大学教授，中国政府首届纪录片导演奖获得者。

俞敏洪：各位朋友好，今天我邀请对谈的嘉宾是中国著名纪录片导演李成才老师。大家应该或多或少都看过李成才老师导演的一些片子，《大国崛起》《华尔街》《百年金融》《货币》《基金》《创新之路》等，后来李成才老师导演的《影响世界的中国植物》也非常抓人心。下面我们将和李成才老师聊一聊纪录片，聊一聊李成才老师为什么要把自己的年华献给纪录片。

—— 对谈开始 ——

▷ 真实是纪录片的底线

俞敏洪：我本人对纪录片非常感兴趣，因为我喜欢记录真实世界的片子。除了你拍的纪录片，我也看过很多其他的纪录片，比如BBC大卫·爱登堡拍的各种记录大自然的纪录片，我们今天也会好好聊一下这些内容。我希望通过这次对谈，能让更多人喜欢上纪录片，并且去看纪录片。

李成才：大家好，我是纪录片导演李成才。中国纪录片目前处在一个发展中的态势，我希望通过今天的对谈，让更多人关注纪录片、关心纪录片。一方面，关注纪录片对提升观众的格局、增强对世界和人性的理解有帮助，能够给观众的心灵带来一些滋养；另一方面，更多的人关注、支持纪录片，纪录片创作者的整体水平也会提升，这是一个彼此关联的过程。

俞敏洪：相对来说，现在看纪录片的人比较少。虽然也有纪录片能赚钱，但大部分纪录片最多只能收回成本，甚至连成本都不一定收得回来。比如你以前在央视拍纪录片，央视会给钱，现在你自己开了独立工作室，要继续拍这么好的纪录片，自己就要投钱。尽管钱不是一切的根本，但有时候钱确实是做出一个完美作品的基本条件。现在中国的纪录片跟世界顶尖纪录片相比还是有一定距离，你觉得这跟我们拍纪录片投入的钱比较少是不是有一定的关系？还是说跟我们拍纪录片的技术水平以及导演水平有关系？

李成才：我觉得原因是多方面的。**如果要探讨一个行业、一个领域整体的发展水平到底是什么状况，这里面肯定有钱的问题，有政策的问题，有创作者本身的能力和水平的问题，也有相关的生态的问题。**当然，我觉得钱肯定是这里面一个比较重要的因素。

俞敏洪：但不是最重要的？

李成才：应该不是。**钱是一个很重要的条件，但最重要的还是有多少创作者热爱这件事情。热爱与否有时候不一定和钱有直接关系。**创作者一旦发现了纪录片的魅力和美妙，是会享受创作的。我们平常讲，纪录片和文学、小说、古典音乐或者其他艺术形式有什么一致性？这个一致性是属于艺术范畴的，它们有不同的受众群体。我觉得纪录片在中国遇到的状况跟其他艺术方式遇到的状况一样，有的小众一点，有的可能稍稍大众一点。虽然有很多人都在说要让纪录片走向大众，但我还是要修正一下这句话：**纪录片就是从小众走向更多的小众。**

俞敏洪：你认为纪录片不可能走向大众吗？

李成才：从全世界范围来看，是没法走向大众的。以电影最发达的美国为例，美国95%的影片是虚构类的，像电视剧、好莱坞电影等；非虚构才占5%，纪录片就属于非虚构的范畴。

俞敏洪：中国甚至连 5% 都不到吧？但中国的宫斗剧好像占比很高。但是，从古代开始，大家就特别喜欢读书，耕读传家。

李成才：我觉得那是士大夫阶层所向往的。

俞敏洪：也就是说，这只是很小的一部分人而已？

李成才：对。1952 年，中国扫盲的时候，文盲率是 87%。它的评判标准不是学历高低，而是识字率。

俞敏洪：那时候很多人完全不识字。我父母基本都是文盲。

李成才：我父母也是。我父亲是 1922 年出生，我母亲是 1925 年出生。他们因为是文盲，无法用文字记录生活。我现在都是通过看跟我母亲同时代的书籍进入他们的世界。回过头来讲，为什么纪录片在中国比较小众？看纪录片的获得感和阅读书籍很像，大多数人看纪录片是想获得知识和解答。

俞敏洪：所以，**看纪录片是另一种阅读方式**。那是不是可以说，喜欢看纪录片是一个人追求知识和智慧的表现？

李成才：我现在不能回应这个结论。必须要对纪录片观众群体进行大量的量化分析，才能得出相应的结论。

俞敏洪：但对我来说是的。我最喜欢看的影视作品就是纪录片，不是电视剧，也不是电影。我会看一些经典的电视剧和电影，但会反复观看的是纪录片。你的纪录片《影响世界的中国植物》，我看了三遍；陈晓卿的《风味人间》《舌尖上的中国》，也看了很多遍。

李成才：我的作品的主要观众群体里，大学生和企业家偏多，所以我们的影片经常会被安排走进大学或是长江商学院、中欧商学院这样的教育机构。如果要讨论看纪录片的人到底是怎样的素养，从我个人比较单一的经验来看，我觉得在广泛的群体里，这些人属于相对出色的，至少没有放弃思考，还是愿意去阅读，愿意去触碰很多未知。

俞敏洪：我一直觉得看纪录片是很严肃但很有收获的事情。**纪录片都是基于事实做说明，而不是为了表达某种观点**。比如在讲述历史、地理、动物、植物时，或是讲述某件事情的发展过程时，是不能虚构的，一定要抱着尊重事实的态度去表达。我想问,有没有那种拍着拍着就歪曲事实或者误导他人的纪录片?比如纳粹是不是也拍过纪录片来误导人?

李成才:对,莱妮·里芬斯塔尔拍过《意志的胜利》。**其实所有纪录片都是在真实的基础上的一种创作,这是底线**。但对真实的理解,既有哲学上的真实,也有心理学上的真实,如果要展开探讨的话,是一个复杂的话题。什么叫真实?怎么理解真实?毕竟纪录片也都是导演在主观描绘客观世界的真实,对吧?所以,不仅纪录片会有这种情况,书籍、虚构类影视等都会有。但谁会成为这种改变叙述历史的力量?我觉得都有可能,因为所有的创作都来自主观。

俞敏洪:你有一个口号,叫"让科学在纪录片中生动地流淌"。你是不是觉得不管拍什么题材的纪录片,用一种科学的态度、方法才会更具有真实性?

李成才:我觉得对于纪录片创作者来讲,如果他有意做假东西,这跟一般的犯罪是一样的,不应该在我们讨论的范畴内,因为它属于被我们所不齿的行为,是严重违背职业道德的。我们探讨的是如何能够最大限度地记录真实、表现真实、呈现真实。**真实不等于正确,但它是创作纪录片的一条底线**。你要在真实的基础之上再去选择、加工、提升。真实有很多副面孔。比如我们今天在大街上,你能够看到哪里有垃圾,哪里有白雪,哪里有人交流非常温暖的话题,哪里有非常不堪的东西⋯⋯这些都是真实,重要的是你要选择什么、表达什么。

俞敏洪:除了秉持真实的态度,你导演纪录片的时候,背后还有哪些责任和使命?

李成才:总的来讲,我还是一个表达者。我们每个人都有能力去表达,但表达背后都有自己的逻辑和支撑。就我个人而言,我比较欣赏巴赫,他的艺术观念扎扎实实⋯⋯

俞敏洪:巴赫是一个音乐家,跟纪录片有什么关系?

李成才:因为我们都是表达者,都是做艺术的。我们做的都不是属于衣食住行这种物质层面的东西,而是跟心灵有关的事情。**巴赫说过,尽管生活是零乱的,或者是不堪的,或者是慌张的,但我的音乐是纯净的、白色的、温暖的,我要让人们听到我的音乐后对人性充满希望**。

俞敏洪：在你之前，大量的纪录片都是在记录历史大事和背后推动人类社会发展的某种力量，比如《华尔街》《基金》《货币》。你也在寻找人类社会发展的原因，比如《大国崛起》。后来你拍了《影响世界的中国植物》，是在探索人与大自然的关系，讲述植物给这个世界带来了更多的美丽和更多可持续发展的力量。从这一系列作品来看，第一，我觉得你希望通过纪录片，让大家更加理解或者了解人类社会走到今天的原因，以及未来我们应该如何更好地发展；第二，从《影响世界的中国植物》能看出来，你在寻找一种自然的和谐以及人性的温暖。不知道这个分析对不对？

李成才：我的很多作品，尤其是近20年的作品是和国家发展特别同步的。比如拍《大国崛起》，是因为2001年我们入世之后，中国和世界融为一体，中国要在发展过程中借鉴世界这套文明体系，要寻找他山之石，为我们的崛起提供一些镜鉴。《华尔街》则是去看美国是如何崛起的，是什么支撑了美国的20世纪？其中很重要的一种力量其实是资本的力量，也就是来自华尔街的力量。那么中国要崛起，要不要依靠这种力量？《货币》也是如此。货币从诞生到现在有几千年，它是文明的一个重要尺度。我们曾经在相当长的时间里批判赤裸裸的金钱关系，但其实可以探讨，货币作为一种特殊的价值尺度，它与血缘、权力、朋友关系相比，哪种价值尺度更科学？所以我们做了那样一部影片。拍《创新之路》的背景是，2010年底，中国GDP总量成为世界第二。2011年第一季度，我们国家开新闻发布会，公布了经济数据，中国的媒体当时反应没有那么强烈，但日本媒体反应很强烈——哦，我们被中国超过了。不过，我们过去是用资源驱动的发展方式，才创造了世界第二的GDP，所以那时候中国开始制定新的发展战略，即以创新驱动发展的战略。我们就是在那样的背景下做了《创新之路》。

俞敏洪：为中国的下一步发展提供一些案例？

李成才：对。也是在全世界范围内寻找答案，寻找五百年以来崛起或者发展的国家，哪些是依靠创新实现的？创新的元素到底是什么？比如有文化的问题、法律的问题、企业家精神的问题，有政府的力量、资本的力量等，包括各种各样的因素。我们把所有因素总结出来，构成了《创新之路》。

我们之前拍摄的大部分大片都是和国家的发展紧密相连的。我 2016 年前的作品都带有鲜明的央视特征，因为这是机构行为。央视当时给了我们这样的条件，培育了我们这样的导演，能够用一部影片、一些镜头、一些情节、一些事件，把我们对国家的思考、对宏大问题的思考表现出来，这是在央视工作的好处，它培育了你这样的思维方式。我觉得我们这些影片能够产出，有机构的力量，也有我们个人的一些努力。

俞敏洪：你拍的这些跟国家发展关系比较密切的片子，是否也希望通过这些片子为国家的发展提供一些借鉴和启示？比如推动国家在相关方面的变革，加强对货币、基金以及华尔街等资本市场的理解；比如一些决策者看到这些片子以后，可能会更理解世界上这些东西存在的原因，并且利用这些东西进一步推动祖国的发展。还是你觉得自己花了那么多力气拍了这些片子以后，发现其实也没有人看，挺气馁的？

李成才：倒也不是。我一直提醒我和我的团队，如果我们做的片子不够好，人家的关注当然就会少一些，还是要多从自身找原因。不过我们的片子还是有相当数量的观众群体。

《创新之路》播出的时候，企业家宋志平说，你们能不能做一个关于中国思想界如何能够解放思想的片子？和平时期这么多国家都想成为创新型国家，结果大都失败了，只有极少数国家可以，背后的原因到底是什么？需要从制度、文化、企业家精神、资本市场等各个环节去寻找。

▷ **创新是推动社会前行的主要力量**

俞敏洪：既然你拍了《创新之路》，我想问问，你目前能看到中国从资源发展大国到创新发展国家的转型路径吗？中国在走向创新的转型过程中有什么优势？我们现在遇到了什么问题？

李成才：如果按照《创新之路》九大元素去看，我们有很多条件还不太具备，比如对专利和知识产权的保护，这是重中之重。

俞敏洪：中国在这方面确实做得不太好。

李成才：怎么能承认每一个个体创造者？他的权利是什么？怎么能保护这种权利？为什么这个制度会诞生在英国，而且只诞生在17世纪的英国？

俞敏洪：这就是为什么当时法国明明比英国有优势，工业革命反而发生在了英国。因为法国不保护知识产权，有创新能力的人到了英国才能发财。

李成才：著名人类学家麦克法兰先生的《英国个人主义的起源》是在全世界范围内探讨个人主义起源的一本书。为什么个人主义只能诞生在英国？它其实也是从皇权里面慢慢分离出来的，承认了你个人的创造力属于你自己。当时我们给部分内容起了个标题，叫《一次飞跃》，就是说这是历史上的一跃，在法律上完成了对个人创造力的认可。对我们来说，创造力是非常宝贵的能力。

俞敏洪：是不是对个人保护得越好——包括知识产权、个人权利层面的保护，个人的创造力就会越强，这个国家的创造力就会越强？

李成才：那当然。我们说自己是发展中国家，为什么？是我们的劳动力水平决定的。劳动力水平由什么决定？教育，不管是大学教育，还是家庭教育、社会教育。国家的创新是靠每一个个体的创造力迸发才最终实现的。我们探讨如何让个体生命拥有创造力，这是一个很系统的工程。所以，对于创新来说，保护个人权利或者保护知识产权是其中一个重要因素。

还有一个因素是大学。大学是什么？大学不一定是创新的地方，但大学是思想库，是创新的摇篮、人才的摇篮。中国1905年才取消科举制度，中国大学和日本大学相比差了半个世纪。日本在1968年左右超越了德国，率先成为世界第二，它已经在发达国家里面、在第二的位置上占了大约半个多世纪。为什么？因为它背后有一套人才培养机制，有一套大学教育的机制。我记得当时影片播出，清华大学的一个老师说"我含泪看完了这一集内容"，他说的就是《创新之路》中的"大学使命"。

俞敏洪：除了知识产权和大学使命，九大元素中，你能再举出另一个吗？

李成才：企业家精神。

俞敏洪：这不是说到我们了吗？企业家精神为什么那么重要？我跟张维迎老师专门谈过这个话题，他是一天到晚宣传企业家精神的人。企业家精神和一般商人赚钱的态度有什么区别，企业家精神为什么对一个企业的创新会有好处？为什么企业发达的国家，创新成果就会多很多？你能给大家讲一讲吗？

李成才：什么叫企业主，什么叫企业家，什么叫企业家精神？我觉得中国文化一直对企业家群体关注度不是很高，我们的"士农工商"排序已经形成惯性了，而且是巨大的惯性。简单点说，**中国文化里核心的东西就是官本位或者士大夫文化，但企业家需要空间，需要独立经营、独立决策、独立创造，要在现有的社会秩序里给他们留下空间才可以。**

俞敏洪：改革开放到现在40多年，中国涌现了一批非常优秀的企业家。改革开放给了他们发挥自己能力的空间，如果这个空间消失了，企业家也就没了。可以这么说吗？

李成才：对。原来我们是绝对的计划经济，从理论上讲，这是一套非常严格的体系，几乎给不了你什么自由的空间。改革开放就是改掉了那样一部分东西，腾出了一部分空间。

俞敏洪：个人做生意的空间腾出来了，个人办厂的空间留出来了。

李成才：对。留出那样一片天空，**让个体生命的创造力得以发挥，这是企业家生存的基本土壤。**我是搞文化的，在相当程度上，我最推崇的肯定是曹雪芹、李白、杜甫、巴赫这些人。我过去并没有把企业家看成特别值得推崇的人，直到我看完《乔布斯传》，再看我的苹果手机的时候，我眼睛会湿润。他提出来的东西是什么？要让我的产品在宇宙中留下痕迹。一个人对待一个产品就像对待生命一样，这实在是我们没有想到的。

中国文化里面其实是有这部分东西的。我们讲究立德、立功、立言。我们瞧不起立言的人，不光李白瞧不起，苏东坡瞧不起，哪个文人都瞧不起。龚自珍的一首词中有一句，"纵使文章惊海内，纸上苍生而已"，就是在批评文人立言。立德才是第一位的。立功，今时之功是具体的，是跟苍生社稷有关系的，比如你去建一个坝、开一个矿、造一片农田，这是苏东坡非常想做的事情。

俞敏洪：对，他到西湖挖一个苏堤就是这个原因。

李成才：因为在我们的文化里面，直接立言是被人鄙视的。但因为出版业的诞生，出现了一群以立言为工作的人。

俞敏洪：也是进步的一种表现，总需要有人不断立言。

李成才：你可以这样去做，因为你是北大学外语的，也是无意中就当了一个立言的人。但回过来看我们的企业家，看这些做产品的人，他们不是立言的人，他们不提供文化的东西，而是扎扎实实做某一个产品，提供某种具体的服务，这是能够直接改变人们生活的。乔布斯的夫人评价乔布斯的时候说，让大众能够通过工具的使用，对世界、生活产生美好的想象。这个评价特别美妙。

俞敏洪：那些坑蒙拐骗、官商勾结的不能称为企业家，因为企业家一直是一个正向的词。我觉得企业家最重要的使命就是两个：**第一是推动社会进步；第二是推动社会繁荣，让人们生活美好**。这是企业家要做的事情。如果他做的事情只是对自己好，对社会有害，就不能叫企业家。

李成才：对。我觉得企业家首先是创造财富的人，其次才是支配财富的人。他无意中还有可能成为解决就业的人。

俞敏洪：推动社会繁荣，不就是创造财富、解决就业嘛。

李成才：或者我们再寻找一下让社会前行的主要力量是什么。除了我们大多数人的善良的力量，企业家的精神是很重要的力量，当然还有其他的力量，至少我们能够分析出来推动社会前行的主要力量是什么。

俞敏洪：有少部分人依然会把企业家和剥削者等同起来，因为企业家成功以后，确实会比一般老百姓更有钱。那么企业家应当怎样做事情，才能让大家共同富裕，而不是让老百姓产生这种误解？

李成才：我觉得误解是永远存在的。只要有财富，就会有这种看法，只不过要看怎么做好平衡。当年马克思写《资本论》的时候，他也对相关的问题进行了批判，后来我们也看到一些制度在不断调整，比如工会、8小时工作制、最低收入保障制度、社会保障制度等的诞生，都是在不断修复、平衡劳资之间的关系。

俞敏洪：也是在不断发展、摸索中，接近我们最期望达到的共同富裕状态。

李成才：对，但首先得有创造。先得有蛋糕，才能分蛋糕。**首先是创造财富，其次才是分配财富。**

俞敏洪：对。现在政府相关部门拼命鼓励民营企业发展，也出了很多保护民营企业发展的措施。你觉得面向未来，在推动中国的发展或者繁荣方面，中国民营企业家们还能做些什么？政府还能为这些民营企业家们做些什么？

李成才：现在没有一个现成的模式可以参考，一切都要靠自己去拼出来、创造出来。包括我们看这些企业家精神最厉害的国家，比如美国、英国，他们也有这类的影片。像《美国商业大亨传奇》(The Men Who Built America)，就在讲美国的企业家精神，他们怎么在社会的各种产品里面发现自己的空间，然后做一些真的是出生入死、勇往直前的事情，我觉得特别了不起。比如马斯克，我们采访过他，他就是会让你动容，他经常晚上会哭醒，为了救特斯拉或者救 SpaceX 而去融资的事。其实他很年轻的时候就挣了二十几亿美元，他完全可以不过那样的生活，但为什么还要这样呢？

俞敏洪：对。也有人问过我，你遇到困难以后，为什么不干脆把新东方关了？最后还要那么辛苦再做个东方甄选。

李成才：很多人知道我要和你对谈，都说你提醒老俞，该放的放，该收的收，该停的停。我说"子非鱼，安知鱼之乐"，你不知道每个人的追求到底是什么。去年有一本书叫《时代纪录》，采访了 12 个人。12 个人都有一个必答题：你想用什么方式死去？

俞敏洪：我觉得我要么在工作中死去，要么在旅游和读书中死去，好像想不出来第三种死法。

李成才：我们 12 个人，其中 3 个人答的是：希望累死。我就是其一。我觉得这跟我的星座有关系，我是摩羯座。可能我永远拍不出来我最尊敬的、最欣赏的那些伟大纪录片那样的作品，但我会永远忙碌、追赶。我给自己的定位是"纪录片界的劳模"。

俞敏洪：那你绝对是。你头发都花白了，而且快全白了。

李成才：在一线导演里面，我年龄算比较大的，一直乐此不疲。

俞敏洪：你要么奔赴拍摄纪录片的地点，要么就在工作室看书，把优秀的思想智慧集中起来，还依然会思考下一次如何拍出更优秀的纪录片。我今天中午和几个朋友吃饭，吃完饭他们说，老俞你最近太累了，我们打个掼蛋放松下。我说不行，我得回去工作，晚上要跟李成才老师对谈，他的纪录片我还有两部没看完，要赶快回去看。我就冲回来，连午觉都没睡就开始工作。

我对自己的定位就是要做有意思并且有意义的事情，两者最好能结合在一起。 有意思就是你要做得开心，比如读书，对别人不一定有意义，但对我自己有意义，也有意思。有意义就是能够内心充实，带动社会进步。我喜欢旅游，就把旅游做成了直播，让大家跟我们一起欣赏祖国的大好河山；我喜欢阅读，我们就开始推广书籍。这些就是又有意思又有意义的事，就是我特别喜欢做的事。

▷ 纪录片是一个美妙的工具

俞敏洪：你进入影视行业以后，选了（拍摄）纪录片，到今天为止，拍了几十年了，到现在还乐此不疲，原因是什么呢？

李成才：**纪录片能表达一个创作者对社会的看法，里面有他对社会的判断、理解，他找到了纪录片这样一个很好的工具去承载。纪录片对我来讲就是一个工具，这个工具太美妙了。** 我经常跟别人说，对于影视从业人员来讲，我们是被巨人用双手举起来的。因为影视是科技的成果，是第七大艺术，它高度依赖科技，不像文学、诗歌、绘画、雕塑，从古代就有，对科技依赖度非常低。影视对科技的依赖某种程度上会降低对人的创造力的要求，降低一些门槛，弥补了我某些方面的不足。如果我文学水平特别高，我就会用文字去表达；我音乐天赋特别高，我就会用音乐去表达；我也可以用画笔去表达。但我独独选择了纪录片，纪录片有高度的科技感，是一件需要那么多人一起完成的事情。所以作为一个工具来说，纪录片是非常好的。

另外，从我个体的生命体验来讲——不代表所有纪录片导演，我觉得纪录片就是你对一个人、一件事、一个问题产生了兴趣，你想研究、记录、表达它。在这个过程中，你要不断研究、不断调研，最终呈现出一个影片，然后等待观众给你掌声、鲜花或者唏嘘。我觉得一个创作者能够享受这样一个过程，很美妙。

俞敏洪：对于你来说，是创作过程让你感觉更美妙，还是片子出来后，无数人觉得这个片子拍得好，让你更有成就感？

李成才：我也在意观众的一些评价，但更多还是在意自己。尤其像我这个年龄，更多的是在乎自己的内心。我不断内观，你知道自己心灵的抽屉里面哪一个是可以分享的，哪一个还空着，哪一个在等待着被丰富。你想做一个片子，就要做好充分的准备，才可以去表达。我为什么老失眠？因为特别害怕、特别惶恐。像电视剧、电影，大家充其量说好看不好看，故事讲得好不好，但对于纪录片的第一个评价是出错没出错。尤其我是做知识类传播的，"让科学在纪录片中生动地流淌"是我们对纪录片的理解和要求。**不管是金融知识，还是自然知识，或者其他关于硬科学、软科学的知识，如果里面出现了错误，你会浑身不自在，因为你是一个表达者，你误导了别人。**你想，这该是多么痛苦的一件事。

俞敏洪：但你不可能什么事情都懂，拍纪录片本身涉及的话题又比较多。比如拍《影响世界的中国植物》，你肯定不是一个植物学家，尽管你这方面的知识储备也还可以，但也一定要有人帮助你把这些东西理清楚。你们拍这些片子的时候，跟专业团队是怎么合作的？

李成才：《影响世界的中国植物》每一集结束，第一排字幕就是："向给予此片支持和帮助的科学家们致以崇高的敬意。"有 200 多位科学家参与其中，既有研究土壤的，研究空气的，研究水的，研究种子的，也有研究高海拔的，研究遗传的，研究古生物的。里面有很多很多科学家，有的人可能穷尽毕生精力就在研究一个物种。

俞敏洪：我有一个朋友，研究土豆就研究了一辈子。

李成才：《影响世界的中国植物》拍了 28 种植物。我们拍摄了高海拔的塔黄、绿绒蒿、雪兔子等，这些领域研究的科学家都很少，而且他们是毕生在研究；再比如地衣，看上去多么单一的一个物种，但有的人穷尽一生在研究它。

俞敏洪：《影响世界的中国植物》里的解说词非常美，很有诗意，但又不偏离真实。这样的解说词一般是什么团队完成的？

李成才：我觉得这是一个导演的功课。你看 BBC 的影片，会发现它有一个调研团队做前期的内容，最后肯定有执笔人，一般都是导演。我们从 2005 年左右就开始强调导演个人撰稿的作用。我们制作了一套严谨的拍摄流程，调研的时候要有调研文本，之后形成拍摄文本，再是编辑文本，最后形成完成文本，四个文本之间的吻合度要达到70%到80%。这是一套严格按照流程创作的体系。

俞敏洪：世界上的纪录片解说，包括大卫·爱登堡对于大自然动植物的解说都是差不多的流程？不可能是他一个人完成的吗？

李成才：背后都有一个团队。他有一套体系叫研究员体系，他的研究员既相当于策划，也相当于撰稿人、专家的角色，最终的出口是大卫·爱登堡。我觉得对表达者最高的评价就是他讲出来什么话你都不会怀疑，不用去验证"他说得对吗"。当然，大卫·爱登堡是一个博物学家，他背后有强大的科学体系，全世界范围内，所有生态系统他都去过，他在某个地方触景生情，见物起兴，是有具体的场景感的。大卫·爱登堡给我们起了一个非常典范的作用，也为自然纪录片的创作树起了标杆。大卫·爱登堡是1926年出生的人，到现在已经快100岁了，我不知道未来英国人会用什么方式纪念他。

俞敏洪：全世界人民都应该纪念他。中国做纪录片的人里好像还没有出现过像大卫·爱登堡这样可以在镜头面前很自然地解说的，是吧？基本都是背后的声音，比如赵忠祥解说的《动物世界》。

李成才：我觉得慢慢来吧，他们毕竟比我们起步要早得多。我这两年一直在思考一个问题：**我们是一个自然的大国，但我们是一个自然影像的弱国**。为什么？这里面有几个原因。第一，自然影片是高度依赖科学水平的。大卫·爱登堡是一个博物学家，他背后有强大的科研团队参与，包括他的摄影师很可能都能算是半个科学家，至少是专业人士，而我们影视从业人员的科学素养现在还偏低。

第二，现在的平台，不管是各大网络平台还是传统媒体，给纪录片留下的空间太小了。尤其今年，沟通成本特别高。我们有些创意特别好，就去找一些投资，但是很难。在这方面，其他国家做得挺好的。不过，也有一些品牌、平台、大机构在支持纪录片，比如壳牌，只要跟能源有关系，它都会支持。

俞敏洪：确实。国内大平台会出钱赞助拍网络电影、网络电视剧，但他们很少会出钱支持拍一部特别优秀的纪录片。

李成才：第三，科学家们不愿意出来做这件事情，他们认为这跟科研没有关系。其实也就是近两年，国家反复强调创新既需要科学家和技术人员参与，也需要大众参与，才把面向大众的科学传播、科学普及提到非常重要的议程上来。国家现在在各种政策层面都鼓励科学家走出实验室。你想，今天的社会里，包括人工智能、人脸识别以及其他结算工具的变化，都高度需要科学普及。

▷ 生命的特征是向上

俞敏洪：你后来为什么拍《影响世界的中国植物》？

李成才：每每有人问我为什么要拍一部这样的影片，我都会说首先是因为我的出身。我在北方农村长大，能够不假思索地背出各种作物的名字。哪块地里长的是玉米，哪块地里长的是豌豆、小麦、高粱、红薯、花生，我都能不假思索地分析出来。到后来就发现，中国疆域这么辽阔，自然资源这么丰厚，不是其他国家可以比的。中国植物的数量占世界的1/10，这还没有说它的奇特性。奇特性是指孑遗物种，那是在全世界都非常奇特的东西，比如银杏、珙桐、苏铁、茶树，以及其他各种各样的物种。因为中国有青藏高原、喜马拉雅山脉，独特的气候条件和地质条件孕育了非常独特的自然物种。可以斩钉截铁地说，我们这方面的东西太厉害了，不是中国人厉害，是中国的自然对中国人太眷顾了。

而且我觉得中国太需要自然教育了。我在上海、深圳等很多地方都做过一个主题报告，叫《生命教育从植物开始》。地球现在45亿多岁，在这里，最古老的生命其实是植物。地球上的第一个细胞是怎么出现的？怎么出现的蓝藻细胞？海洋里面怎么出现的最早的藻类？这些物种是怎么慢慢登上陆地的？陆地上原来没有生命指征，是苔藓率先来到陆地上的，它先开疆拓土，然后有了土壤，接着有了微生物，慢慢开始有了桫椤。桫椤是恐龙时期的植物类群，到现在已经大约1.5亿年了。桫椤是我们书里描绘的第一片"站起来"的森林，它站起来了，枝干伸向天空了，因为它有了一套输送营养的体系。

俞敏洪：如果把地球从诞生到现在的时间按照一天的24小时来换算，人类是最后几秒钟才出现的。

李成才：对，人类是最后出现的。我们说万物是一体的，如果没有苔藓，就不会有裸子植物；没有裸子植物，就不会有被子植物。被子植物就是开花的植物，到现在 1 亿多年。也就是说，1 亿多年前，世界上才开始有这么纷繁的色彩。有了花以后，才有了飞翔的物种，慢慢地开始有了其他物种，在距今 300 万年左右的时候有了人类的祖先。那时是采摘时代，有水果吃。我们在《影响世界的中国植物》中说让人们对生命做一次沉思，包括我们拍这部影片的时候，很重要的参考书籍是《物种起源》和为《物种起源》辩护的赫胥黎写的《人类在自然界中的位置》。其实做完这类影片之后，就知道人在生命的链条当中处在什么样的位置。**越做这样的影片，就越会对自然心生敬畏和谦卑之感。**

中国现在缺自然教育，我们太依赖课本了。梭罗写《瓦尔登湖》的时候，其中有一段写种豆。他为什么要写种豆？他不是在观察种豆的过程，不是想收获豆子，他最终是想锻炼自己的修辞能力：我有没有足够的专注能力、观察能力和描绘能力？我觉得自然教育就是这样的东西，我希望未来多做一些在地性物种研究，比如北京的孩子知道周围哪些是本地物种吗，对它了解多少？它有怎样的脆弱性？跟它相处的方式是怎样的？因为不管是中国提倡的生物多样性保护，还是全球气候大会、"双碳"目标，核心就是一件事情——1992 年签的《联合国气候变化框架公约》提出的理念：为了人类的可持续发展。

俞敏洪：生物多样性的消失就意味着人类的消失，因为人类是依赖生物多样性生存的。

李成才：对，是高度依赖的。所以保护大自然不是为了其他物种，而是为了人类的可持续发展，为了人类自身。因为人类消失之后地球还会在，而且还会"枝繁叶茂"，生命会非常繁盛。

俞敏洪：所以我说过，不是地球离不开人类，是人类离不开地球。

李成才：只有好好保护大自然，人类才能够可持续发展。

俞敏洪：那为什么我们会出现那么多破坏大自然的行为呢？是人口、发展的压力，还是我们这个民族的文明本身就带有功利色彩呢？

李成才：首先我们要活下去。我们的文明有两大起源，一个是以水稻诞生为标志的长江流域，另一个是以小米诞生为标志的黄河流域，但这些都是低产作物。我们的高产作物，玉米、红薯、土豆，都是16到18世纪才来到中国的。所以，**我们的文明，从粮食供给角度来讲，一直处于相对不富足的状态。**

俞敏洪：中国粮食富足的地区并不多。即使是华北平原，都不能真正算是粮食富足的地区，只有长三角、珠三角地区才算。

李成才：我记得前几年有一件特别热闹的事情，就是大象的迁徙。当时我看到一本书里面说，亚洲象原本出没于燕山山脉附近，是后来一点点从北往南移的，就是因为我们的人口在增加，我们需要耕地，就把大象的生存空间不断挤压了。有个英国人写了一本书叫《大象的退却》，副标题是"一部中国环境史"，也是讲这个问题的。但这仅限于农耕文明时期，而且谈不上是破坏，因为人的生存是第一位的，要有大量的耕地才能养活这么多人。

真正对环境的破坏其实来自工业革命，在世界范围内都是如此。有的国家可能醒悟得早一点。全世界最先诞生环境保护法的是美国，美国19世纪末至20世纪初，就诞生了一部分环境保护法，他们最早拍摄了跟人与环境有关的影片。20世纪30年代、40年代，法国、德国都开始拍摄这类影片了。大卫·爱登堡从二三十岁就开始从事这份工作，到现在已经有六七十年的时间了，他们都是醒悟得比较早的。

我们聊过徐霞客的话题。为什么聊徐霞客？他是在17世纪离去的，他完成了整个中国约20个省的游历。我们经常会想，那时候的中国还没有工业革命，今天沿着徐霞客留下的约63万字的游记去走，哪些东西还在，哪些东西已经不在了？

俞敏洪：这个我还真做过一点小调研。因为我想做一次重走徐霞客游历之路的活动，沿着他走过的路开车过去，后来发现他描述的东西有一半已经不在了。

李成才：对。很重要的就是为什么它不在了？是工业文明的原因，城市化进程的原因，还是其他什么原因？他描绘过的物种现在还在不在，怎么消失的？我觉得这对所有中国人都是一次提醒，因为再也没有谁比徐霞客描绘的中国壮美山河更扎实、更厉害了。把他放在世界范围内研究，都有自己独特的位置，他不太像中国文化培育出来的人。

俞敏洪：不太像。他年轻的时候就摆脱了中国文化的羁绊，他们家祖祖辈辈就不打算参加科举考试。他的高祖徐经跟唐伯虎一起到北京考试，被认定作弊，后来被禁止考试了，到徐霞客父亲那一代，其实已经可以参加科举考试了，但他们家开始做生意了，不再走中国传统的仕途。对徐霞客来说，相当于心灵得到了解放。

李成才：对。徐霞客给我们的提醒是，在三四百年的时间内，中国哪些东西变了，哪些东西没有变。我们关注徐霞客，其实是在关注中国的壮美山河，以及中国的城市化、工业化带来的副作用，他能够让人们思考很多世界范围内的东西。我们一谈到工业化、城市化，就会回到世界的坐标系下，因为全世界都在经历这些，但在这个过程中，我觉得我们可以进行一些凝视、反省。

俞敏洪：工业文明，再加上后来的信息文明，社会发展越来越好，人均收入也越来越高，我们的生活水平整体来说也得到了提升，但是有一点，人和大自然变得没那么亲近了。孩子晚上看不到星星，接触不到鸟语花香……我们也发现，这样的社会虽然增加了流动性，人类的生活水平提高了，但道德水平并没有提高，甚至在某种程度上是倒退的。你觉得这是什么导致的？

李成才：这个问题太大了，我答起来会很吃力，但我觉得我们的确远离自然了。自然的力量到底有多大？我们描绘不清楚。在工业文明中有无数人意识到了这个问题：脱离自然以后的严重性。比如美国曼哈顿为什么要设计中央公园？

俞敏洪：这是很有先见之明的。

李成才：它的设计理念就是这样的：我们不能让城市的人远离自然。城市化是一个很残酷的过程，也是一个诱惑很大的过程。城市让生活更美好，但它会带来一些副作用。还是以美国为例，美国40多位总统，2/3有自己的庄园。为什么？不是物质上的需要，我认为是心灵上的需要。

俞敏洪：现代人都在城市小小的公寓里，他们应该用什么方式跟自然保持亲近呢？你有一句话说得非常对：**离自然近的人，人性更单纯、简单**。

李成才：我谈一下我们团队独特的体验。我们拍过金融类的影片，比如《华尔街》《货币》《基金》《百年金融》等，我们会和金融界的人打交道，我们也拍植物类的影片，和自然、植物学家打交道，就形成了一套独特的体验。**金融是什么？是人性的发明。你和金融打交道，就是在和人性打交道。**货币是人发明的，股票是人发明的，债券也是人发明的。和金融界的人打交道，你会发现他们的表情是严峻的、不舒展的；但你在植物学家的表情里看到的都是那种单纯的东西，而且你会发现，喜欢养花、爱护花草的人的确不一样。所以我觉得，**和人性打交道、和自然打交道，会影响我们的一部分人格。**

俞敏洪：的确。在现代城市中间，我们每个人的表情都是不舒展的。但如果是在青藏高原、内蒙古高原，包括在新疆，和那里的老百姓打交道，会发现他们脸上有真正的笑容，那是真正的舒展，真正的毫无芥蒂。

李成才：我觉得那就是自然的力量，就是庄子说的"独与天地精神往来"。你常年在自然环境下生长，会对生命充满谦卑与敬畏之感，因为人类这点儿科学史总共也就两三千年，你调动全部力量来研究一片叶子、一棵树、一条鱼、一个微生物，其实也挺微不足道的。物种在不断变化，你越研究某一个物种，越会觉得自己所学的东西是那样的微不足道。

俞敏洪：越学越觉得自己无知。

李成才：对，艺术也是这样。贝多芬的《田园交响曲》不就是在模仿自然吗？圆舞曲《蓝色多瑙河》，也是在用音符描绘自然。我觉得这些都是自然给我们的。

俞敏洪：城市里的人能够通过哪些方式让我们更靠近自然，或者回到一种心情坦然、和自然相连接的状态中呢？比如听贝多芬的《田园交响曲》这样的音乐肯定是一种方法，看关于自然的书和纪录片肯定也是。还有其他方法吗？

李成才：我觉得一定要自己创造条件去接触、观察、凝视、记录自然，有机会还要去研究。有一个数据，疫情三年，BBC最受关注的节目是园艺频道，因为小花园是欧洲中产阶级家庭的标配。植物学是一个观察性学科，你观察植物，然后好好对待它，它就会好好对待你；你不好好对待它，它就死给你看。

俞敏洪：像我这样的，一养花就养死了。

李成才：你知道了生命的这种庄重性、坚强性还有脆弱性，就会好好呵护它。另外，你还能发现生命的本质。我们在影片里经常讲，你到热带雨林看那些物种，哪一个不带伤呢？

俞敏洪：对。你说过一句话，**"伤痕累累才是生命本来应该有的样子"**。

李成才：一种热带植物，从小就必须向阳而生，因为周围错综复杂的物种都要获取光线、获取能量，所以它必须不断改变自己的姿势，才能为自己争取一席之地。长得稍大一点，就有可能受到其他物种的伤害，包括被昆虫啃咬，包括被别的植物绞杀。每一个物种都有自己的天敌，只能跌跌撞撞、伤痕累累地生存下去。但这种美才是生命的壮美，才是地球上最古老的生命应有的样子。**我们的生命都是在这些生命的基础之上派生出来的，所以我们永远不能忘记：生命本应如此。我觉得，如果我们的孩子们都知道，生命中就应该有各种各样的困境、艰难、伤痕，他们就会有所准备，不会在遇到困难的时候变得消极。**

俞敏洪：从植物这种跌跌撞撞、伤痕累累地努力争取生存之地的过程中，人是能学到某些精神的。

李成才：你会开始重视所有生命。尽管有的叫植物、有的叫动物、有的叫微生物，但整体来说，我们都有同一个名字——生命。生命有共同的特质，比如我们都由细胞构成，我们的生长过程中都需要获取能量，所以它是竞争性的，是必须要努力的，这些是生命的特征。**如果你现在躺平，就已经违背了生命的特征。生命的特征就是向上的。**

▷ **植物是万物的子宫**

俞敏洪：阿来老师说过一句话，植物凋零，文学也就不会繁荣。你觉得这句话背后暗含什么样的意思？

李成才：字面意思。以《红楼梦》为例，曹雪芹对物种极其迷恋，他将每个人都跟一个物种连起来了。如果把《红楼梦》里的各种植物去掉，它可能就无法成为《红楼梦》了。

我觉得，在我们的文明里，植物是万物的子宫。因为没有植物就不会有动物，没有植物就没有中国文化。中国文化跟植物之间是一种脐带关系。但凡有人问你，中国人从哪里来？就一定要了解中国人最早驯化了哪些作物，我们的文字是怎么出现的，我们的集体规则是怎么出现的……这些都和植物密切相连。比如我们的文字里，有很多草字头、竹字头、禾木旁、绞丝旁、木字旁、米字旁，这些偏旁是从哪里来的？从植物里来的。我们的诗歌里的内容有 70% 到 80% 来自植物，这是有数据支撑的。比如《诗经》305 首诗，里面涉及 152 种植物，"蒹葭苍苍，白露为霜"等，这是因为中国人习惯托物言志，再加上中国文化里面有对植物特别迷恋的一面。

俞敏洪：我们好像从古代开始，对植物的观察就挺细的。比如屈原的《离骚》中涉及上百种不同的香草和花草，描写得非常细致，他也把自己比作那种非常干净、纯洁的香草。是不是从文化意义上说，中国从古代到现在，一直都很重视植物，比如中国把梅兰竹菊比作君子，好像全世界的其他文化中没有类似的观念。

李成才：**我们的文明来自植物，跟其他文明是不一样的**。比如日本，他们的文明来自海洋，因为它那个地方都是丘陵，自然条件非常差，物种也非常单一。

俞敏洪：中国文化中既然涉及那么多植物和人的关系，包括诗歌、文章中 70% 到 80% 的内容都是在描述植物和人的关系、大自然和人的关系。是不是可以这么说，只有当人面对植物的时候，内心的世界才会更丰富，才会真正产生更诗意的表达，因为在人看来，植物本身独立的存在就是一首诗？

李成才：那当然了。你想"桃之夭夭，灼灼其华"，不看到桃花，谁能有这样美妙的辞藻？太厉害了。

俞敏洪：是不是也有这样的观念：此花如果没人看，它就是一朵普通的花，但如果你看花一眼，你与花就都从此与众不同了？

李成才：我觉得这是人自恋了，花就是植物的一个生殖器官。我曾经在云南一个小学里给孩子上辅导课。云南是一个"花的国度"，我在那里问，花是干什么的？很多孩子就说是供人看、供人闻的……

俞敏洪：我们觉得花是为人而存在的，但其实花并没有这个意思。

李成才：一点儿这个意思都没有，花就是植物本身的需要。但我觉得人见到花以后，会有一种愉悦，这是人性对美的向往，是人性的本能，我们就喜欢看那样的色彩。况且我们的视网膜可以分辨那样的色彩，不像鸟和蜜蜂，它们的眼睛看到的色彩跟我们是不一样的，我们看到的是赤橙黄绿青蓝紫，它们没有这样的分辨能力。人多了这样一种能力，慢慢从生理上变成我们审美的一部分。这是老天的安排，老天很眷顾我们这个物种，让我们拥有这样的力量，拥有这样的分辨能力，拥有从自然中感知愉悦的能力。不管是听鸟鸣、闻花香，还是看山峦、看小溪，我们的心里总会有一种愉悦感。哪怕我们没有辞藻，在那一声赞叹或者默默观察中，也足以凭借那种愉悦感平复心里的很多东西。那种美是我们无法描绘的自然的力量，我们只是拍摄而已。我们只能通过加工，通过最大限度的理解，去不太变形地呈现出自然的样貌。只不过我们去了一些普通人无法去的地方，看到了一些普通人无法看到的物种，我们把它们拍了下来，我们受到这种职业的眷顾，这让我们率先理解了自然，率先感受到了这种魅力。

俞敏洪：每看完一集《影响世界的中国植物》，我就有一种舒展感。你在现场拍的时候，体会肯定更深。在你拍摄的时候，在你跟大自然亲近的过程中，有哪些收获是你拍之前根本没想到的？

李成才：其实挺多的。刚开始拍摄的时候，更多是纸上谈兵，慢慢深入之后，一些科学家会帮助你。比如在高海拔区域有一个物种叫塔黄，生长在海拔5000米左右的地方，它真的具有英雄般的气质。塔黄是多年生的草本植物，一般生长40年左右，一岁一枯荣，就为了开一次花，花开了才能繁衍后代，这是生命的本能。它在极其寒冷的环境下，每一年都匍匐在地面上吸取营养，不长高，直到它觉得自己今天可以开花了，就突然长起来，长到一两米高。最重要的是，还得有其他物种帮它传粉，不然它就白等了。在那样一个寒冷的地方，谁帮它传粉？有一种小昆虫叫迟眼蕈蚊，它会进去帮塔黄传粉。我们的解说词是"你给了它房子，它给了你下一代"。为什么说给它房子？花的苞片形成了一个温暖的空间，苞片里面的温度比外面高10度左右，所以小昆虫会进去。我们在《本草》那一集里专门讲了塔黄，真的是让人感动的物种，所以我们在联合国COP15（联合国《生物多样性公约》第十五次缔约方大会）云南宣传片《云南密码》里又拍摄了塔黄。当时我们 50 多人上去拍摄塔黄，那里是高海拔区域，用的又是电影机，拍摄起来很复杂。

俞敏洪：往后你是不是要拍更多有关自然和植物的纪录片？

李成才：对。将来我们还要做《影响中国的世界植物》。玉米、土豆、红薯、小麦、番茄、辣椒，都会拍。这个系列的第一部影片是《影响世界的中国植物》，是讲中国植物如何传播到世界各地，为世界带来福祉；反过来，其实在中华民族的繁衍和生息过程中，也受到了世界文明的滋养。

俞敏洪：文明肯定是互相滋养的。比如小麦就是几千年前进来的，后来有了番茄、辣椒，再后来是玉米、红薯、土豆，这些高产作物进来之后，让中国的人口有了重大改变，这些都非常了不起。

李成才：现在 BBC 也开始关注我们的影片了，他们购买了《影响世界的中国植物》的一些素材。我觉得尽管我们对这部影片倾尽了全部的力量，但对我们来讲，这也只是个 50 分左右的作品，都不一定及格。为什么？我们刚刚开始拍自然类的影片，尽管有饱满的热情、丰富的情感，包括对中国的自然、文明的迷恋，但仅仅靠这些东西是不够的，这是需要实践积累才能做好的东西。这部影片做完以后，我们还做了四五部这类影片，现在还有很多方案正在准备和拍摄中。我觉得每一部都会提高几分。中国现在做自然类影片的人越来越多了，再过 10 年或 20 年，**我相信会有一天，我们能够站在世界舞台上跟我们曾经无比尊敬的那些创作者对话。**

俞敏洪：因为中国有得天独厚的条件。全世界哪有这样垂直海拔 8000 米的自然分布带？只有中国有。十里不同天，一山有四季。

李成才：对，而且小气候特别多。小气候属于生长既充分又必要的条件，让物种如此繁荣。

俞敏洪：我觉得从中国人的本心来讲，跟大自然还是挺亲近的，内心还是充满了对大自然的渴望，这是不是跟中国五千年的农耕文明有关系？

李成才：有直接的关系。但凡农村里跟大地产生过联系的人，对整个自然的状态就会有不一样的感受。我早年间在西双版纳植物园里的时候，有些游客可能会故意掰一些树枝，摘一些什么东西，那些导游就特别紧张，他们会说，你们怎么可以这样呢？他们说不出太难听的话，但你能够知道，他们觉得这个行为太不可思议了，但他们没有合适的语言可以表达。

俞敏洪：不应该伤害植物。

李成才：就是不应该伤害。为什么要伤害它们呢？为什么不把它们当作生命看待呢？

俞敏洪：我们这代人离自然还是比较近的。年轻的时候都在农村长大，在树林中长大，在小河边长大，跟自然中的植物、动物有比较亲密的关系，这也成为我们人生的某种滋养。

▷ 让科学在纪录片中生动地流淌

俞敏洪：现在的孩子们，60%到70%已经在城里了，每天背着沉重的书包上学，除了周末爸爸妈妈难得带他们去农家乐的时候，大部分孩子已经没有机会认识植物、动物了，他们也没法把自己的生命泡在大自然中去舒展情绪、舒缓压力。你觉得某种意义上这是不是导致现在青少年抑郁症患者越来越多的原因之一？不仅因为学业压力，而且因为远离大自然，所以他们的身心发展不那么健康？

李成才：我们和一部分老师讨论过这样的话题，他们认为有这种可能性，而且是非常大的可能性，所以才让我们频繁地去大学校园里做生命教育。包括在我的老家唐山遵化的一所学校里也在讲这样一个话题。我们想让孩子最大限度地接受自然教育这一套体系。中国的城市化和工业化进程让我们远离了自然，目前的状态应该属于低谷，不应该比这再低了。应该有无数个教育工作者愿意承担起这样的责任，愿意让孩子们离开课本去看自然，或者把我们所学的东西用于认识自然。比如看见一片叶子，如果你学过化学，分析一下这片叶子里有多少种元素，它为什么靠叶绿素进行光合作用，叶子中是如何进行养分运输的？观察一下它的叶脉，和人的血管、骨骼有什么相似之处？我觉得这些课程都可以在自然界中完成。

俞敏洪：增加一些在大自然中给孩子讲述知识的课程，让孩子在与大自然的接触中，丰富自己的知识储备，这样应该会更好。

李成才：对。它叫作自然科学，我们却慢慢忘记了自然，只记住了科学。我们今天聊的话题是科学和纪录片，再回到自然中去，**要想跟自然对话，唯一的工具是科学**。

俞敏洪：现在国家也在强调青少年要学科学，但我们很容易把科学狭隘地理解成创新技术、芯片、人工智能。我觉得科学应该是更广泛的，甚至带有人文色彩。你定义你的纪录片是"用科学的方式来记录"，那你对科学的定义是什么？

李成才：弗朗西斯·培根讲过"知识就是力量"，他那个时候是科学已经开始参与社会变革的时候。此外，大家还要记住培根提出的一个关键点：**科学只是一种工具，一种认识真理的工具；它不代表正确，更不能代表真理。**

俞敏洪：所以从某种程度上说，科学是中性的？

李成才：它是中性的。它有一些特征，比如它是累加的、递进的、有局限的，这是我们对科学的基本定义。科学里面包含科学精神、科学方法、科学态度，这不仅是科学家要了解的，公民为了提高素养也要了解。**科学精神是一种怀疑精神；科学方法是一套有逻辑体系的东西；科学态度则是说，一个重大的社会问题来了，你要先用科学解释它**。这些是我们特别在乎的。我们之所以在 2010 年左右的时候定下这个 slogan，"让科学在纪录片中生动地流淌"，是基于我对这个国家的理解，对于我们的苦难的理解。既然我们是立言的人，是文化人，要参与一些文化的建设，甚至参与一些心灵的塑造，我们的武器是什么，我们的目标是什么，我们遵守的原则是什么？我们作为科学知识的传播者，至少这能说服我认同自己人生的价值和意义，不然我会不知道自己在做什么，我会禁不住反复地追问。**我们都是从农村出来的，太享受这种知识带来的丰盈的过程。它让我们一点点理解人性、理解生命、理解世界，让我们的思想变得越来越饱满**。我觉得这个过程非常美妙。

俞敏洪：用纪录片传播知识、传播智慧，是不是支撑你做下去的最主要的动力？

李成才：对。我作为一个文化人、一个纪录片导演、一个愿意读书的人，我的职责是什么，我怎么能说自己的生命是有价值和意义的？一旦内心产生了这些问题，那种力量就呼啸而来，你会问得自己发冷，不知道怎么面对，这是很重的分量。

俞敏洪：你现在不拍人，而是拍自然，是不是因为你发现很多东西已经没有办法通过拍人来表达，或者这种表达回答不了你内心的追问，反而到了自然中，能让你更舒展地表达？

李成才：其实就是离生命的本质更近了。

俞敏洪：我自己也有一个感觉：越老越希望每天走到大自然中。

李成才：对。离生命的本质更近了，这是一种更重要的眷恋。我之所以拍自然，就是太想看个究竟，太想调动人类现在所有可以解释自然的手段去呈现它，讲一棵树的故事、一朵花的故事、一个水果的故事、一粒谷子的故事。当然我们讲的是有限的，因为我们的知识是有限的，科学才诞生了两三千年。我们对一个物种的认识，其实是此时此刻的，是阶段性的，并不能代表它未来就是这个样子的。比如我们研究土壤，氮、磷、钾的关系，里面含有多少微生物，我们现有的这套科学工具只能研究到这个阶段，但这个探究、挖掘、呈现的过程是很美妙的，你获得的那些东西不会消失，而是会久久地停留在你的记忆当中。

俞敏洪：现在手机也能摄像了，个人也能做纪录片了，成本也不高。如果一个人想记录某一件事情，他应该用什么样的方式？我觉得现在孩子都可以去拍纪录片，比如记录一棵草的成长过程。我在疫情的时候最感动的一件事情就是，我们家边上的石头缝里长出了一株雏菊，我没事干，就每天盯着它看，看着它长。大概看了一个半月到两个月，从一棵苗开始，后来长出一片小叶子我都会感到兴奋，到最后开出黄色花朵的时候，我为它欢呼，也是在为生命欢呼。像这种情况，如果一个小孩去做，是不是会很好玩？

李成才：那当然了。如果一个孩子会观察、凝视、描绘，那他还会愁写作文言之无物吗？不会，他应该能写出非常漂亮的作文。

俞敏洪：边拍边描绘，把它变成一个小型纪录片。我觉得现在的家长应该鼓励孩子这么做，而不是让孩子天天拿着手机打游戏。

李成才：我觉得手机让记录变得特别平易近人、方便容易。现在的手机画质、音质甚至比我们20年前的专业设备都好。我在20世纪80年代花了490多块钱买了自己的第一台照相机，我到现在都愿意闻相机的金属味道。

俞敏洪：你80年代就有490多块钱买相机了？

李成才：我是南京炮兵指挥学院（现归属于中国人民解放军陆军炮兵防空兵学院）的，毕业以后就分在部队，负责拿照相机。在这之前，我上学的时候是班长，当时我们班上有一个人拥有了照相机。那时候刚刚改革开放，他们家承包了一条大型长途客运线，他就买了一台相机。我就利用班长的身份，把他这台相机变成我们几个人公用的了（笑）。到现在为止，我看到摄像机以后，仍然愿意去闻它的金属味道，尽管一般人都没有那种感觉。

俞敏洪：就像我喜欢闻拖拉机的味道一样。

李成才：对。现在是一个人人皆可记录的时代，个人作为作者拍摄纪录片变得容易了，可以从记录自己的家人开始。比如苏联曾经有一个导演，拍摄自己的女儿安娜，每年在她的生日问她几个问题：你最害怕的是什么？你最希望得到什么？每年都要问她。她16岁以后，他就把这些生日问答剪成了一部影片，我觉得就很好。但这仅适用于个人作者，不适用于专业机构。专业的东西仍然是专业的，有专业的一套要求。

俞敏洪：那当然。但如果从小学会了记录美好，长大了就会多出几个李成才，多出几个热爱纪录片的导演和摄像，就能把人类最美好的东西留下来。

李成才：未来一定会有比我们厉害得多的人出现，我们是铺路石。

俞敏洪：我一直认为，学会记录是人生特别美好的事情。我更多的是用文字来记录，所以我每隔一两年就会出一本书。比如去年我出了一本《我的2022》，就是因为疫情出不去，我把2022这一年身边发生的事情做了一个记录，没想到这本书很多人挺喜欢看，因为他们觉得这是日常生活的真实记录，能从你的日常生活中看到你到底是一个什么样的人。我也用图片记录，我每年都会做一个图片册（记录一年下来的图片）。但我从来没有做过视频记录，因为我不会剪辑视频。

李成才：也可以自己先记录，将来对你的文字会是一个很好的补充。因为摄像头本身就代表了你的眼睛，人类的记录工具已经发生了改变。

俞敏洪：现在有了短视频平台，有时候我会把生活中发生的一点小事拍下来放上去。

李成才：我也刚刚开始有了自己的短视频账号。我的宗旨就是，介绍我创作的纪录片、那些伟大经典的纪录片，还有那些影响我们创作过程的书籍。

俞敏洪：你把《影响世界的中国植物》变成了一本书，是纪录片解说词和图像的集成。里面的解说词真的让人印象非常深刻，并且多有教益。比如我随便翻一页，这里对竹笋的描述就特别棒，"每年秋天，竹林会用根茎的储备培育竹笋。在一整个冬季的休眠后，随着温度的回升，竹笋们开始萌动。只要开始一场丰沛的雨水，它们便能带着强大的能量，挣脱大地的束缚"。这是成人版的，儿童版的文字更大一些，图片也更大一些。

李成才：这两本书都获奖了。儿童版入选了"全国优秀科普作品100部"，成人版入选了"2022首都科普好书"。出儿童版的时候还有一个插曲。最开始我以为这部影片更多的受众是男士，因为这部影片很有哲学意味，都在讲生命是什么、宇宙是什么、人和宇宙的关系又是什么，结果大数据出来之后，说女性和儿童才是这部影片的主要观众。我当时就特别难过，觉得好对不起孩子，因为我们的解说词并不是很有故事性的那种，没有做到充分的生动化表达。所以后来我说我们不惜任何代价，要出一本儿童版的书。"不惜任何代价"是什么意思？这部影片播出的时候有时间表，大家都像打仗一样，所以影片播出以后，大家已经极其疲惫了，你要集中团队的人再创作一本给儿童的书，其实是很累的，但我们还是要不惜代价，一定要对得起孩子。

俞敏洪：现在你有自己的工作室了，如果未来有涉及教育、农业、文化、旅游、自然方面的纪录片，你觉得适合我参与，我可以调动新东方的力量给予一定支持。我们可以拍一些好的纪录片。

▷ 永不停止表达

俞敏洪：时间差不多了，最后给大家介绍几部你觉得值得看的纪录片吧。

李成才：我觉得 BBC 的纪录片都很不错。不管是《地球脉动》还是《生命》系列都很棒，包括《宇宙》《行星》以及对人体内部进行探索的《人体漫游》，都是非常杰出的影片。另外，我们的邻居日本 NHK 的影片有非常鲜明的特征，特别的现场、特别的纪实、特别的真实。像 NHK 的《里山》就是一部很好的自然类影片，区别于 BBC 的影片，它有自己国家鲜明的表达方式。纪录片里最讲究艺术性的是法国影片，我们都知道雅克·贝汉的《海洋》《迁徙的鸟》《微观世界》，后来又出现了扬·阿尔蒂斯-贝特朗的《家园》《人类》，那些是镜头在抚摸人的面孔，能够感受到人的焦虑、释怀和疼痛，我觉得这样的影片真的了不起。法国纪录片在世界纪录片里独树一帜，艺术性和思想性特别强，它的纪录片是可以走进电影院线的。

俞敏洪：你有纪录片走进过电影院线吗？

李成才：没有。我们想尝试，未来会尝试，现在水平还不够。

俞敏洪：但你拍的不少纪录片已经走出国门了。

李成才：对。包括《影响世界的中国植物》，有 13 个国家已经播了。其实每个国家的纪录片特征都不太一样。美国的纪录片资源是最丰富的，有探索频道、国家地理、历史频道等多个来源，有那么多类型可以供你选择。他们有一类影片就是为了探求真相、呈现真相、捍卫真相，比如《海豚湾》《难以忽视的真相》等，这些都和真实事件有直接关系，属于拍摄重大题材的社会类影片。这类直面社会现实、直接呈现事物真相的影片美国有很多。

俞敏洪：你觉得未来如果中国的纪录片想要走向繁荣，除了有你这样职业的、非常热爱这个行业的导演，还应该具备一些什么条件？

李成才：我觉得现在我们都是在口头上支持的比较多，在实际行动上，包括政府层面，没有拿出足够的力量。当然我们不能抱怨现有的环境，因为我们是站在局部的位置上看的，我们不知道打通这一套体系到底要如何做，我觉得这需要若干人去探索。

俞敏洪：你毫无疑问是先驱了？

李成才：不能叫先驱，这也太悲壮了。我觉得在中国有很多比我优秀得多的纪录片导演，而我属于其中一个劳模。我三十几年就没干过别的事，一直在拍摄，未来也会一直拍摄。

俞敏洪：你没有想过退休吗？

李成才：我觉得对我来讲，很多事情跟身体、年龄没有关系。比如肌肉的锻炼、生长跟年龄没有关系吧？心灵的生长跟年龄没有关系吧？

俞敏洪：我觉得有关系。年龄大了反应速度自然就慢了，跟不上时代了。

李成才：但你只要孜孜以求，它还是会生长的。我觉得**判断一个人老不老，就一个标准：求知欲**。

俞敏洪：我也是这样认为的。如果一个人的好奇心和求知欲还在，他就没老。

李成才：对。所以我有时候经常批评我们团队的人，年纪轻轻的怎么就没有那种好奇心、朝气、活力了呢？

俞敏洪：所以英语里有一句话，"头脑的青春才是真正的青春"。

李成才：**永远的好奇心、永远的求知欲、永远的饥饿状态**。我们将来肯定会有拍不动的时候，那就要调动另外的工具去表达。你不得不开始用你不擅长的方式去表达，比如你擅长文字，我不擅长，但我必须要用文字去表达了，因为摄像机用不起来了。你还得表达，因为你是一个表达者。我还是一个鼓掌者。我不是一个多聪明、多智慧的人，但我可以给那些聪明的人、影响我的人鼓掌。

俞敏洪：下次你的纪录片可以到我们平台上发布，会有更多人感兴趣的。

李成才：那是我的荣幸。希望有更多的人喜欢纪录片，支持纪录片，甚至可以参与纪录片的创作。其实现在很多创作是特别开放的，包括我们现在正在做的影片，大家可以用各种各样的方式支持，包括给我们提供很好的拍摄案例、创意、想法。我们作为纪录片的热爱者，希望更多的人能够接收到这份热爱，因为**纪录片很美妙，对我们的人生一定会有巨大的帮助。对我来讲，纪录片是上天给我们的一份礼物。如果很多人都能接收到这样的礼物，那是很美妙的。**

俞敏洪：谢谢李成才老师。从今天跟李成才老师的对谈中，我也有一些收获。**第一，热爱就是一切**。李成才老师走上拍摄纪录片之路是源于对纪录片的热爱，但我觉得这背后是对人、社会和大自然的热爱。李成才老师从拍人开始，拍人和社会背后一些重要的事情和原理，比如《华尔街》《货币》《基金》等，都在寻找人类社会发展的根本原因。到后来拍《影响世界的中国植物》，体现出了他一路热爱的过程。这种热爱不是对机器的热爱，也不是对纪录片本身的热爱，而是对纪录片所能承载的一种责任和情怀的热爱。中国需要像你这样认真拍纪录片的导演，以一种真诚的态度，以一种既给人带来美感，又给人带来愉悦、知识和智慧的方式拍摄更多的纪录片。

李成才：太过奖了。我只是择一事终一生。上天能给我一份这么好的礼物，我觉得已经很美妙了，只能尽最大努力不辜负纪录片。

俞敏洪：**第二，真实并不等于正确，但真实是在进行一种非常好的记录**。我们要真正探索一个事件背后的真实，有时候确实非常难做到。但用一种科学的态度记录真实，就是离真实更近的做法。李成才老师说的科学精神、科学方法和科学态度，把科学当作一种工具，尽自己所能来记录真实，是一种非常美好的态度，也让我们可以在真实中产生各自的思考。

第三，李成才老师之所以做这些纪录片，是希望与中国的发展同步，并且在中国的发展过程中提供一些案例和样本。这当然有一定的家国情怀在里面。我们都知道，祖国好，我们才会好；社会繁荣，我们个人才会进步。我们也谈到了个人知识产权保护、个人创造力保护的话题，所以也可以反过来说，如果一个社会能够对个人的创造成果、知识生产权益和其他权利进行保护，个人就会更愿意为这个社会做贡献，反过来就可以推动社会繁荣。这是一个双向奔赴的过程，朝着同一个目标，朝着更美好的生活和更美好的世界共同努力。

第四，中国是一个自然的大国，却是一个自然影像的弱国。中国丰富多彩的地理环境给我们提供了无穷无尽的可能性，但我们现在记录这些可能性的能力还有待提高，要多向世界上的优秀从业者学习，同时需要更多的专业人士热爱这些东西。

让我印象非常深刻的一点是，李成才老师拍《影响世界的中国植物》的时候有一个理念，把每一个植物都当作一个生命看待，他要替植物说话，要对生命做更深刻的思考。这个世界本来就是万物一体的，人不能脱离这个世界生活，更不能脱离植物和动物生活。我们也谈到，我们小时候因为跟大自然接触得更多，心灵得到了更好的滋养。现在城市里的孩子因为远离大自然，加上学习的压力，心理问题会比较多。我们希望以后到了周末，家长们不要老让孩子去补习班，而是尽可能多带孩子到大自然中，观察一草一木，看蓝天中白云飘过，听山林中的鸟语，闻道路上野花的花香，也许反而能对滋养孩子的心灵起到更好的作用。希望通过我们共同的努力，不仅能让大自然回到我们身边，还能让大自然和我们共舞，使我们的心灵更美好，让我们能够完整地和大自然共处，并且在这个过程中让我们的生命得以更精彩地绽放。

李成才：将来有机会我们一起拍摄纪录片、欣赏纪录片，享受纪录片的获得感。热爱纪录片真的是一件很美妙的事情。

俞敏洪：谢谢！我也代表2000万网友向你拍摄的纪录片表示感谢。让我们一起走进纪录片时代。

各位朋友，再见！

（对谈于2023年12月23日）

热爱就是一切 421

后记

"阿月,我有一些对话文字稿,我自己实在没时间一点点去顺,你是否可以帮我顺一下,让整个文字更加流畅?如果你帮我顺完,我就可以节约一些时间了。"

2022年的4月,我收到了俞老师发来的这条微信。

作为新东方的员工,从未与俞老师有过太多交流的我,内心诚惶诚恐,但也从那时候起,我跟着俞老师的脚印,开始了一场浩瀚的文字之旅,而现在,这套加起来百万字的图书终于出版,也算为这趟旅行做了一个阶段性的沉淀。

俞老师的身份,是复杂的。

他是上市企业的创始人,是曾经的政协委员,是大众眼中的KOL(关键意见领袖),是教了三十多年书的老师,而现在,他用近两年的时间、近百场直播对谈,给自己新添了一个身份——一名对话者。

2021年年底,"老俞闲话"上发布了一篇对谈,标题是《精神的力量——与刘大铭对谈》,那应该是俞老师第一次将自己与他人的对话转变成文字发布在自己的个人账号上。然后,在整个世界都被疫情所笼罩的2022年,俞老师在他的直播平台上开启了一场又一场酣畅淋漓的直播对谈。

近百位学者、诗人、作家、企业家纷至沓来,他们在俞老师的直播平台上分享自己的人生历程、真知灼见，探讨的话题从教育到成长、从人生到哲学、从历史到人文、从科学到真理。

整理这些对谈的过程，让我收获颇丰。这不仅来自俞老师所带来的不同领域的人们的万千姿态与卓绝视野，也来自我对俞老师本人更多的理解——作为新东方的文字工作者，这一点非常有利于新东方的内容创作。

如果细心去感受，会发现，俞老师在对谈的时候，不论嘉宾来自什么领域，他都会问到四个问题：

"你对现在的父母有什么样的建议？"
"对于现在的年轻人，你有什么样的建议？"
"你从什么时候开始读书的？"
"你从什么时候发现自己喜欢这件事的？"

从这四个问题，其实能看出来俞老师所关心的事情。第一个问题不言而喻，自然是他所关心的教育。作为一个在教育领域闯荡了三十余年的人，他热切地希望孩子们能拥有快乐的童年，能够在开放、自由、尊重的环境中成长为他们自己，所以他总在每一次对谈中问及这个话题，希望唤起家长们的重视。

第二个问题，也是现在社会普遍关注的问题。他希望通过自己的不断追问以及不同对话者的经验，能够给年轻人提供一些可参考的信息和答案。未来是年轻人的，如果年轻人有需要，他便会站出来提供他所能提供的关切。

第三个问题，熟悉俞老师的人都知道，他有多热爱阅读。阅读是最对得起自己付出的一件事，也正是因为阅读，他开启了他的直播对谈。毫不夸张地说，整个2022年，也正是他与他所带领的东方甄选，在整个社会刮起了不同以往的阅读之风，越来越多的人，在他的影响下，放下了手机，拿起了书籍，从方寸屏幕走向了万千书海。

而最后一个问题所探讨的话题，则是全体新东方人最为熟悉的话题——热爱。

热爱，这是早已刻进新东方基因里的一个东西。在新东方内部讲话的时候，俞老师总会引用他北大前辈樊锦诗的那句话："热爱可抵岁月漫长。"之所以不断提起这句话，是因为，他不希望新东方人是在工作流水线上被异化的人，他希望我们能做着自己热爱的事业。他真切地知道，当一个人能够做自己热爱的事情时，才能真正感知到人生的意义。也恰好因为新东方是这样一个鼓励追求热爱的企业，才会有那么多人因为热爱而聚集在一起。

不仅对新东方人是如此，俞老师在新东方外部做的每一场演讲，无论是面向大众的分享，还是面向学生的梦想之旅，其实都是想激励大家能够找到自己的人生热爱，这样，一个人在未来的海海岁月之中，才能心有所向，不负此生。

所以，每当整理到关于"热爱"的话题时，我总会想起刚加入新东方时，我和当时的公益负责人聊天，她和我说了这么一个细节。那是在2006年前后，俞老师带着一众集团演讲师奔走东北各地的县城中学做演讲。每到一所学校，俞老师和演讲师们都会拿出百分之两百的心力抛洒热血，对着台下几千上万的学子，分享那些关于励志、梦想、热爱的故事。在舟车劳顿十几天之后，行程终于要告一段落，其中一个人就问了俞老师一个问题：俞老师，大家这么累，这些演讲真的有用吗？俞老师想也没想地回答他：不一定都有用，但只要那几千几万个学生里能有一个人听进去了，进而改变了他的人生，那就足够了。

当然，这样的访谈也不只会对外产生影响，我作为一个旁观者，也会隐隐约约感觉到，近些年的经历以及他与众多嘉宾的对谈，对他本人也产生了一些影响。

比如，在今年新东方的财年大会上，俞老师长达一小时的讲话即将结束之时，他放下了手中那叠厚厚的手卡，沉寂几秒钟后，讲了下面这段话：

"各位新东方人，这片土地，这片故土，就是我们唯一的家乡。这片土地养育了我们，而这土地上的人们，都是我们的亲人、朋友、家长、孩子和我们的粉丝。他们都是我们的恩人，所以我们有责任，用我们的汗水让这片土地和土地上的人们变得更好、更幸福,同时也让我们自己变得更好、更幸福。

末了,他用艾青最广为流传的那句诗结束了他的讲话——"为什么我的眼里常含泪水?因为我对这土地爱得深沉"。

那个时刻,虽然摄像机直播的画面并不太清晰,但每个人都知道,他的眼里有热泪,他的声音里有哽咽。

在我的记忆里,俞老师似乎从未如此直白地表达过对家国、故土的热爱。所以我斗胆将这归因于过去两三年的经历,以及那些有着家国情怀的老师对他所产生的影响。比如92岁高龄的许倬云老先生在教师节前夕与他对谈时所表露的对于这个世界和年轻人的关切,又如施一公老师在访谈中展现出的对于中国学术、科学发展的不遗余力,再如梁建章老师谈及中国未来发展之时的不能自已……我相信,每一次这样的时刻,俞老师内心深处的汪洋都会掀起沉寂的大浪。

或许正因如此,他才会不顾周遭的反对,在教育领域之外,选择进入大家都不看好的农产品直播带货以及中老年文旅,因为在他看来,这些事情才是能"让这片土地上的人们变得更好、更幸福"的事情。

过去几年,在众人眼中,俞老师其实经历了一场又一场的跌宕起伏,从疫情后新东方业务的萎缩,到"双减"时不得已而为之的大量裁员,再到东方甄选的艰难起步与爆火……一路走来,似乎众人都将视线放在了他所有的成就之上。他们敬俞老师是条汉子,夸赞俞老师独具慧眼、躬身入局,而很多人都忽略了,在面临种种境况之时,仍要做出决定的俞老师,是如何独自一人面对命运的安排与一切未知的未来的。

这很正常,旁人总会关注结果,而忽略过程。但从俞老师的访谈中,我渐渐能感知到那个"过程"。因为每每谈起人生艰难的时刻,他总是用一种积极的态度去应对一切,如同加缪笔下的西西弗斯,他很清楚人的生命终有一天会走到终结,而在那些巨石一再落下的时候,他并不选择躺在大地上等待命运的到来,而是选择一而再再而三地将它推起。

他永远直面着人生经历里的每一次波澜，而后又用自己的双手造就每一次壮阔。不论是早期新东方内部的分崩离析，还是 2003 年"非典"的席卷，或是强势而来的浑水，再到后来众所周知"双减"之后的红色卡车、东方甄选，以及即将开启的中老年文旅，他总能在众人沉溺于消极与绝望的自说自话之时，头也不回地朝前跑去，然后做出自己能做出的最大改变，仿佛那些阵痛从未到来过。

　　于是，在某日完成某篇对谈之后，我给俞老师发了一条微信，我说："俞老师，您觉得您算是西西弗斯吗？"过了大概两分钟，他回复我："哈哈，我只是一个成熟的人罢了。"

　　"成熟"，两个字，就这样简单概括了他的 60 年。但只有新东方人知道，正是因为这份"成熟"，新东方这艘大船才能一而再再而三地驶离无望的大海，迈向新的航向。

　　我们未必知道这份"成熟"到底要如何习来，也很难去拥有俞老师这样同等跌宕的人生，但在未来的路上，希望我们这群年轻人都能在困境来临的时候，拿出西西弗斯对抗命运时的勇气，在那不可捉摸的人生路中，走出自己的一往无前。

　　以上。

2023 年 7 月 1 日
吴月

特 别 鸣 谢 吴 月 整 理